Klaus Besser
Die besten Hotels
in Europa

Klaus Besser

Die besten Hotels in Europa

Essen und Schlafen de luxe

Ullstein

Schutzumschlag: Theodor Bayer-Eynck
Foto: Mit freundlicher Genehmigung
Hôtel de Crillon, Paris
Satz: Fotosatz Otto Gutfreund,
Darmstadt
Druck und Binden: Ara-Druck,
Stuttgart
Printed in Germany 1987
ISBN 3-550-07816-1

Inhalt

Schweiz und Liechtenstein

Österreich

Italien

Spanien

England

Die Kriterien für Hotels

Dieser Guide bietet eine Auswahl der besten Hotels mit guten Restaurants in den europäischen Hauptstädten, den regionalen Metropolen, den Wirtschaftszentren und einigen internationalen Tourismus-Gebieten. Bis vor einigen Jahren mied der Gourmet bekanntlich die Hotel-Restaurants, deren angeblich »internationale« Küche meistens ebenso langweilig wie einfallslos war. Das hat sich heute geändert. Die mit der Nouvelle Cuisine einhergegangene Küchenreform hat in allen europäischen Ländern auch auf die Hotel-Restaurants animierend gewirkt. Einige von ihnen bieten heute sogar Spitzenqualitäten für Feinschmecker. Dieser Entwicklung wollte ich mit diesem Buch Rechnung tragen, nachdem ich 1978 die »Hundert besten Restaurants in Europa« und 1979 die »Hundert besten Landhotels in Europa« zusammengefaßt hatte. Dieser Guide überschneidet sich mit den vorigen Führern nicht; denn er behandelt ausschließlich das gute Essen, Trinken und Wohnen *unter einem Dach* in den wichtigsten Städten Westeuropas.

Interessieren wird es den Leser, nach welchen Kriterien von mir und einigen meiner Mitarbeiter gewertet wurde. Für die Hotels haben wir zusammen mit erfahrenen Fachleuten eine Liste mit maximal 100 Prozentpunkten zusammengestellt, die für einen hohen Normalstandard und für Extras in den Zimmern und im Service vergeben werden. Sie finden anschließend diese Liste, die sich mit dem System des bekannten britischen Hotelführers von Egon Ronay deckt.

Die Restaurants wurden nach dem bewährten Punkte-System der französischen Gourmet-Päpste Gault und Millau, von »Vif« und von vielen anderen Gastro-Kritikern bewertet. Die Kriterien im einzelnen sind anschließend ebenfalls aufgeführt.

Zur Benutzung des Guides ist wenig zu sagen, da ich keine Symbole verwende, sondern im Datenteil im Klartext angebe, was jeden Gast im Hotel und im Restaurant erwartet. Dieser Datenteil leitet vor allen Häusern die Beschreibung ein.

Dieser Führer wendet sich vor allem an reisende Geschäftsleute, Freiberufler und Politiker, die beruflich viel unterwegs sind und die Gelegenheit und Geld haben, in erstklassigen Häusern abzusteigen und zu speisen. Man könnte diesen Führer also leicht mit der Wortkeule »elitär« erschlagen. Doch was wären Hotellerie und Gastronomie ohne ihre Spitzenleistungen?

Die hier empfohlenen Häuser können angesichts des großen Luxus, des guten Service und der kochkünstlerischen Leistungen in den Restaurants nicht billig sein. Bewertet wurde also nicht der absolute Preis, sondern nur das Preis-Leistungs-Verhältnis.

Die Liste der Kriterien

In den letzten Jahren ist ein erstaunliches Phänomen in der Hotellerie zu beobachten: Die Hotels der großen Ketten wie Hilton oder Interconti und Steigenberger bemühen sich zunehmend um einen individuellen Service; andererseits aber haben bezüglich Ausstattung, Komfort und Service viele kleine Familienbetriebe die Großhotels hinter sich gelassen. Dabei ist das Verhältnis zwischen Preis und Leistung geradezu auf den Kopf gestellt worden: Reine Familienbetriebe bieten oft zu halbem Preis die doppelte Leistung: Der Gast, der im Doppelzimmer mindestens 300 DM pro Nacht ohne Frühstück zahlt, sollte in Wahrheit auch die entsprechende Dienstleistung haben. Doch weit gefehlt: in einem berühmten Hotel einer der größten Hotelketten dieser Welt gab es in einem Zimmer, das über 300 DM pro Nacht ohne Frühstück kostete, im Bad nur ein Waschbecken für zwei Personen, ein WC im Badezimmer und eine nicht funktionierende, fest eingebaute Dusche. Die Naßzelle war winzig, und die Dusche hinterließ ein Dampfbad. Das Zimmerfrühstück war karg: nur zwei Brotsorten, davon ein mampfiges, nicht aufgebackenes Brötchen und die üblichen abgepackten Industrieprodukte. In einem kleinen Familienhotel an der Lahn gab es zu genau halbem Preis ein Zimmerfrühstück mit sage und schreibe sieben Aufschnittellern, inklusive frisch gegrillten Regensburger Würstchen, Käse, Joghurt, frischen Früchten, Müsli und Säften.

Hier war das Bad wirklich luxuriös: eine Whirlpool-Wanne, abgetrennte Duschkabine, abgetrenntes WC, riesige Ablageflächen neben den zwei Waschbecken, zum halben Preis im Duplex-Apartment, dessen Schlafraum in der oberen Etage lag.

Die Großhotels sollten aufpassen, daß die Entwicklung sie nicht überholt. Man hat ausgerechnet, daß der Hotelgast im Schnitt täglich etwa anderthalb Stunden im Bad verbringt und daß der Badezimmerkomfort für ihn mit an erster Stelle steht. Diesem Bedürfnis entsprechen die oft winzigen Naßzellen der großen Hotelketten schon längst nicht mehr, und die Unsitte, den Gast ans Frühstücksbüffet im Restaurant zu zwingen, indem man das Zimmerfrühstück immer kärglicher macht, und auch noch mit einem Aufpreis für den Etagen-Service versieht, verärgert die Gäste mehr, als die Hotelmanager wahrhaben wollen.

Ich hoffe, daß die hier veröffentlichte Kriterienliste die Hoteliers zum Denken anregen wird. Sie sollten vielleicht weniger in pompöse Hotelhallen als in die Ausstattung von Zimmern und Bädern, sowie in die Dienstleistungen investieren.

Und hier die Kriterien-Liste:

Allgemeine Ausstattung
Alle Zimmer mit Bad und WC
Zimmer teilweise nur mit Dusche und WC
Zimmer mit Balkon oder Loggia
Etage oder Zimmer für Nichtraucher
Etage für alleinreisende Damen
Ausschaltbare Klimaanlage
Schallisolierte Fenster
Ruhige Zimmer zum Innenhof
Patio-Restaurant
Terrasse, auf der auch Essen serviert wird
Fenster trotz Klimaanlage zu öffnen
Eigene Garagen
Zahl der Kofferablagen
Sitzecke mit Frühstückstisch (nicht nur niedriger Couchtisch)

Grand lit-Doppelbetten
Zwei Einzelbetten
Hunde in Zimmern zugelassen?
Mehr als drei Suiten mit Salon
Größe der Doppelzimmer (mindestens 25 qm)
Zimmer mit Vorraum oder Diele
Ankleideraum mit begehbarem Schrank
Ausreichend Kleiderbügel und Hosenspanner
Stummer Diener zum Aufbügeln von Hosen
Großer Spiegel im Zimmer
Leselampen am Bett
Minibar
Radio
Farbfernseher
Qualität der Matratze (Federkern?)
Qualität der Decken mit Vollbezug (Daunen)
Boutiquen für Mode und Geschenke
Zeitungskiosk?

Die Bäder
Wie viele Bäder haben Außenfenster?
Wie viele haben nur Ventilation?
Sind die WCs abgetrennt oder wenigstens teilweise abgetrennt?
Pro Person ein Waschbecken?
Ausreichende Ablageflächen
Bidet
Abgetrennte Duschkabine
Rasier- und Schminkspiegel
Qualität der Hand- und Badetücher
Duschvorhang oder Glasschiebetüren?
Größe der Badezimmer (Naßzellen mindestens 6 qm oder kleiner?)
Neonlicht über den Spiegeln?
Accessoires im Bad:
obligatorisch: Duschgel, Seife, Kleenex (Minimal-Ausstattung),
darüber hinaus: Zahnputz-Set, Eau de Toilette, Körpermilch, Reinigungscreme zum Abschminken
Spezialpapier zum Schuheputzen – oder werden die Schuhe noch vom Hausdiener geputzt?
Schuhlöffel
Nähzeug
Bademäntel
Schwamm oder Waschlappen
Waage im Bad
Infrarotheizung des Bades
Handtuchtrockner
Kosmetikbox

Das Zimmerfrühstück
Mindestens 4 Brotsorten
Croissants und Vollkornbrot
Qualität des Kaffees
Warmhaltekännchen (Thermos)
abgepackte Industriekonfitüren?
Butter und Aufschnitt
Hausgemachte Marmeladen (offen)
Streichfähige Butter
Aufschnitteller
Müsli
Joghurt
Frisch gepreßte Säfte
Eierspeisen
Frühstück im Preis inbegriffen?
Frühstücksbüffet im Restaurant

Dienstleistungen
Wagenmeister, der den Wagen übernimmt, zum Parkplatz oder zur Garage fährt und ihn bei der Abreise dort wieder abholt
Wagen waschen und auftanken?
Concierge, der Eintrittskarten für Veranstaltungen besorgt
Wird der Gast auf sein Zimmer begleitet?
Bagagiste
Hunde im Restaurant zugelassen?
Fitness-Raum mit Geräten?
Deutliche Information für die Benutzung des Telefons?
Selbstwahltelefon
Täglicher Bettzeug/Handtuchwechsel?
Wird das Zimmer vor dem Abend noch einmal gemacht und das Bett aufgeklappt?

Zeitungen zum Frühstück?
Gourmet-Restaurant und Bistro mit einfacher Küche?
Bar, Discothek, Tanz, Kabarett

Sportmöglichkeiten
Eigener Swimmingpool beheizt
Freibad beheizt
Sauna
Massage
Fitness-Raum mit Übungsgeräten
Sonnenbank
Tennisplatz
Golfplatz

Schwachpunkt Frühstück

Selbst in den hier aufgeführten Spitzenhotels gehört neben den Bädern sehr oft das Frühstück auf dem Zimmer zu den Schwachpunkten. In dem Bemühen, die Gäste an das Frühstücksbüffet zu locken, ist das Frühstück, das man auf dem Zimmer serviert, häufig äußerst mager: Das sogenannte Kontinental-Frühstück besteht dann meistens aus nur einer Sorte pappiger Brötchen, einer Scheibe Grau- und einer Scheibe Schwarzbrot, einer abgepackten Scheibe Knäckebrot, drei oder vier Döschen abgepackter Industriemarmelade, die nur nach Zucker schmeckt, 10 bis 20 g abgepackter Butter, und oftmals bei entcoffeiniertem Kaffee nur löslicher Kaffee im Beutel, wozu heißes Wasser gereicht wird, so daß der Gast sich den Kaffee selbst aufschütten muß. Schlicht und einfach bedeutet das eine Zumutung, zumal man selbst für ein solches Frühstück noch einen Aufpreis von 3 bis 5 DM zahlen muß, was dem Gast die Lust raubt, auch noch Trinkgeld zu zahlen. Von den Herrlichkeiten, die es am Büffet gibt, keine Spur. Den absoluten Tiefpunkt an Dürftigkeit erlebte ich in einem französischen Hilton, wo es sage und schreibe nur eine Brötchen-Sorte gab, noch dazu eine pappige. Und das in einem Lande, wo es überall die herrlichsten Blätterteig-Croissants gibt!

Außerdem scheint es doch sehr schwierig zu sein, das Personal im Etagenservice auf die Bereitung eines kompletten Frühstücks zu schulen; viele Luxushotels scheinen nur Anfänger dafür anzustellen. Von einem auf den anderen Tag kann das Frühstück sich gewaltig verändern: Manchmal dauert es zehn Minuten, bis es nach der Bestellung ankommt, manchmal eine halbe Stunde und mehr. Einmal wird der Zukker zum Kaffee, ein andermal das Salz zum Ei vergessen. Einmal bekommt man nur gekochten Schinken statt des bestellten rohen, ein andermal nur eiskalte Butter, die sich nicht streichen läßt. Oft ist der Kaffee lauwarm, obwohl doch die Warmhalte-Kännchen (Thermoskannen) längst erfunden worden sind.

Einmal enthält das Kännchen gerade eine einzige große Tasse des Getränkes, ein andermal ist es nur löslicher Kaffee, wieder ein anderes Mal wird er nur aufgewärmt, was der Kaffeeliebhaber natürlich herausschmeckt. Selten gibt es Kaffee mit akzeptabler Qualität – oft ist er nicht frisch aus gemahlenen Bohnen gemacht, sondern viel zu lange vor dem Verbrauch aufgegossen worden. Schlimm ist in der Regel die Qualität der Käsebeilage: Manche Hotels scheuen sich nicht, völlig aromalose, fade Scheibletten aus der Industrieproduktion vorzulegen, andere servieren anstelle von Scheiben eines echten Frückstückskäses nur Weichkäse, den man zwar abends gerne nimmt, nicht aber zum Frühstück. Auch die Qualität der Wurstsorten ist oft geradezu abscheulich: Oder liebt jemand morgens jene vorwiegend aus Fettfarce bestehenden, in Metalldöschen gepreßten sogenannten Kalbsleber-Wurstmassen, deren Brät aus undefinierbaren Bestandteilen gemacht wurde? Oder liebt jemand etwa den nur nach Salz schmeckenden Schmelz-Ersatz-Käse, den man in luftdichten Folien liefert? Die Industrie-Frühstücksbeilagen mögen zwar hygienisch und praktisch für das Personal zu handhaben sein, doch für den Gast sind sie ein Grund, zum Frühstück das Haus zu verlassen und lieber in ein benachbartes Bistro zu gehen.

Ganz schlimm die Kalkulation: Wer auf dem Zimmer sogenannte »Extras« bestellt, zahlt laut jenem Bestellzettel, den man abends außen an die Tür hängt, gewaltige Aufpreise, die den Frühstückspreis rasch von etwa 18 DM auf 30 bis 40 DM ansteigen lassen. Wer sich jedoch an das Frühstücksbüffet begibt, erhält die auf dem Zimmer extra berechneten Spezialitäten sozusagen geschenkt!

Am Zimmerfrühstück erweist sich der Geist des Managements: Entweder ist es der Meinung, daß sich der Gast den Anforderungen der Rationalisierung und Technisierung anzupassen hat oder respektiert die Wünsche des Gastes. Ich meine, nicht der Gast ist für das Hotel da, sondern das Hotel für den Gast. Wer im Dienen und der Dienstleistung Verwerfliches sieht, sollte kein Hotel aufmachen oder leiten.

Häufigster Schwachpunkt: Das Bad

Bei der Bewertung der hier ausgewählten Hotels spielen Ausstattung und Größe der Bäder eine wichtige Rolle. Wie die Fachzeitschrift »Restaurant- und Hotel-Management« im August 1986 feststellte, herrscht in den Badezimmern der Hotels der »meiste Nachholbedarf«. Zur Zeit gehen 53 % aller Altbausanierungen in den Sanitär-Bereich.

Den ersten Schwerpunkt habe ich auf die abgetrennten oder integrierten WCs in den Bädern gelegt. Ich finde es einfach eine Zumutung, die geruchsbelästigende Toilette in eine Naßzelle zu setzen, die man mangels Außenfenster nicht einmal entlüften kann.

Die zweite Zumutung ist jenes Neonlicht im Bad, das nicht nur blendet, sondern auch noch die Hautfarbe so ungünstig verändert, daß die Damen bemüht sind, die Neon-Leichenfarbe wegzuschminken!

Sehr unpraktisch sind auch jene Mischduschen, die dem Gast nur die Wahl lassen, sich zu verkühlen oder zu verbrühen.

Ganz schlecht sind auch jene Duschvorhänge, die sich während des Duschens am Körper festsaugen.

Schließlich fehlt es in vielen sogenannten »Naßzellen« an ausreichenden Ablage-Möglichkeiten, die es nicht gestatten, den Inhalt des Toilettenköfferchens zweckvoll auszubreiten. Es scheint oft so, als ob die Inneneinrichter überhaupt nicht wissen, was ein reisendes Paar im Bad benötigt, wenn es Gepäck für ca. eine Woche mitführt.

Schließlich sind die meisten Hotelbadezimmer viel zu klein. Vier bis fünf Quadratmeter reichen für die Benutzung durch zwei Personen einfach nicht aus – besonders dann nicht, wenn noch WC und Bidet im Bad untergebracht sind.

Allen Hoteliers – auch denen der sogenannten Luxusklasse – sei geraten, sich ihrer Bäder vordringlich anzunehmen! Die meisten haben es sehr nötig: Denn Fachleute der Sanitärbranche haben längst festgestellt, daß die meisten Hoteliers immer noch nicht die Bedeutung der gewachsenen Ansprüche an Hygiene und Intimpflege zur Kenntnis genommen haben. Die unselige Erfindung der »Naßzelle« ohne Außenfenster mit dampfender Dusche und stinkendem WC dürfte wohl zu den größten Fehlleistungen unserer modernen Architekten und Einrichter gehören. Die Zeitschrift »Restaurant- und Hotel-Management« hat errechnet, daß der Hotelgast im Durchschnitt täglich eineinhalb Stunden im Badezimmer verbringt. Außer in den Bädern der Luxussuiten muß er sich in dieser Zeit meistens mehr ärgern, als daß er sich erfreuen kann. Daran sollten alle Hoteliers denken, die vorgeben, auf individuellen Service besonderen Wert zu legen – und das sind die meisten.

Wie in den Restaurants Maß genommen wird

1972 hat Klaus Besser das Punktebewertungs-System (0–20 Punkte) für Restaurants in Deutschland eingeführt. In Übereinstimmung mit seinen französischen Freunden Henri Gault und Christian Millau hat er es von ihnen übernommen, als es in Frankreich erst zwei Jahre alt war. Seither hat es sich als Orientierungshilfe für die Leser bewährt.

Köche und Gastronomen freilich sind diesen Noten nicht immer freundlich gesonnen. Verständlicherweise fühlen sich jene betroffen, die niedrige Wertungen erhalten haben. Ein alter erfahrener Koch hat uns einmal gestanden: »Köche sind eine ganz besondere Sorte von Menschen. Jeder, der ein bißchen was kann oder können möchte, hält sich für einen Escoffier, oder heute würde man sagen für einen Bocuse.«

Auch bei manchen Lesern herrscht oft eine ungenaue Vorstellung über die Punktwertung. Gewiß, bei zehn Punkte meinen wir wohl alle dasselbe: Sie bedeuten Durchschnitt.

Was darunter liegt, ist ebenfalls für alle klar ersichtlich: Kaum noch bis wenig oder nicht mehr empfehlenswert.

Je höher aber die Wertungen sind, um so mehr verschieben sich die Abstände zwischen den einzelnen Punkten. Der Sprung von 12 auf 13 besagt, daß dieses Restaurant schon beachtliche Leistungen zeigt und dafür die erste Krone erhält. 13 Punkte zeigen also schon ein erwähnenswertes Haus, dessen Besuch wegen einiger Spezialitäten zu empfehlen ist. Diese Punktzahl ist eine Art Schallgrenze. Ab hier zählen die Restaurants zu den herausragenden, bis hin zur Spitzenklasse, dem »Club der Besten«.

In diesem Führer zu den besten Hotelrestaurants kommen selbstverständlich nur Häuser vor, die mindestens 13 von 20 Punkten verdienen. Wir können uns deshalb die Symbole für 0–12 Punkte sparen, weil sie nie vorkommen würden. Indessen ist es nach wie vor interessant für Gäste und für Köche, die Kriterien zur Kenntnis zu nehmen, nach denen hier gewertet wurde. Ich halte es für unfair, Küchen öffentlich zu beurteilen, ohne zu sagen, auf welchen Grundlagen gewertet wurde.

Nun zu den Noten ab 15 aufwärts:

Zwischen 16 und 17 gibt es noch einmal einen Sprung. Ab 17 beginnt die Spitzenklasse, während der Unterschied zwischen 19 und 20 vollen Punkten vergleichsweise gering ist.

Und zu guter Letzt: Man kann (oder soll) diese Benotungen und im weiteren Sinn auch die Restaurantkritik zwar ernst nehmen – nicht aber todernst. Genuß bleibt letztlich eine ganz persönliche Sache. Fassen Sie also unser Punkt-System auch ein wenig spielerisch auf.

Wo die Punkte Sprünge machen
Die im Hotelteil befindlichen Kronen beziehen sich immer nur auf die Bewertung des Restaurants, nicht des Hotels

13: Die erste Krone für besondere Qualität. Diese Restaurants verdienen wegen einiger Spezialitäten besondere Beachtung.

14: Klare Tendenz zu einer »Großen Küche«. Ansätze zu fortschrittlichen Küchenpraktiken. Eigene Kreationen.

15: Zwei Kronen: Deutlicher Abstand zur Punktzahl 14. Bei allen Zubereitungen bemerkenswerte Handschrift. Es lohnt sich, für diese Restaurants einen Umweg zu machen.

16: Ebenfalls zwei Kronen. Noch bessere Leistungen, vor allem auch bei den Kleinigkeiten wie Appetithappen, Petits fours etc.

17: Drei Kronen werden vergeben für hervorragende Leistungen. In der Küche arbeitet man fortschrittlich, die Zubereitungen sind sauber, harmonisch, à la minute. Phantasievolle Schöpfungen. Hier beginnt die Spitzenklasse.

18: Rundherum interessanter und perfekter als 17.

19: Vier Kronen für Spitzenleistungen in allen Bewertungsbereichen.

20: Der Abstand von 19 zu 20 Punkten ist gering. In diesem Leistungsbereich handelt es sich nur noch um Nuancen.

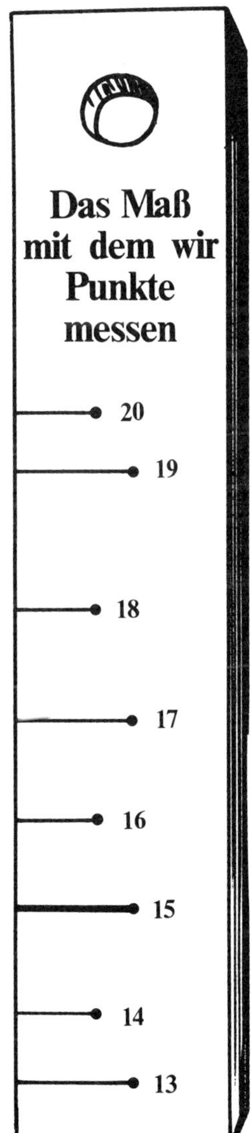

Die Bewertung der Küchenleistungen

1 Krone: 13–14 von 20 Punkten
2 Kronen: 15–16 von 20 Punkten
3 Kronen: 17–18 von 20 Punkten
4 Kronen: 19–20 von 20 Punkten

Kriterien für die Küche

1. Produkt-Einkauf:
a) Frische
b) Saison
c) Qualität

2. Zubereitungen:
a) à la minute
b) Koch- und Bratzeiten
c) Eigengeschmack der Produkte
d) Harmonie
e) Klares Aroma
f) Umgang mit Fetten
g) Gewürze und frische Kräuter

3. Saucen:
a) Beschaffenheit: leicht, schwer
b) Bekömmlichkeit (Mehlschwitzen?)
c) Klares Aroma
d) Harmonie mit dem Hauptprodukt

4. Gemüse:
a) Frische und Qualität
b) Eigengeschmack (zu stark gekocht?)
c) Sinnvolle oder unzweckmäßige Pürierungen

5. Salat-Kompositionen:
a) Qualität und Saison
b) Frische
c) Stützende oder erschlagende Saucen
d) Zubereitungen nach Wunsch

6. Käse:
a) Pflege
b) Größe der Auswahl
c) Bei kleinerer Auswahl: Komposition

7. Desserts:
a) Eleganz und Leichtigkeit
b) Frische Zubereitung
c) Einfallsreichtum

8. Accessoires:
a) Amuse-Gueules (Appetithappen)
b) Feingebäck zum Kaffee: Hausgemacht, Industrieware?

9. Aufbau der Speisekarte:
a) Routine oder Kreationen?
b) Zu groß – zu klein?
c) Tageskarte nach Markteinkauf
d) Relation Preis-Qualität

10. Weine:
a) Aufbau der Weinkarte
b) Ausreichende Bezeichnungen
c) Korrekte Temperaturen
d) Preiswürdigkeit

Deutschland

Wer viel durch Europa reist und in guten bis besten Hotels absteigt, wird zugeben: die deutsche Hotellerie hat sich in den letzten Jahren steil aufwärts entwickelt. Zur Gruppe der »Leading Hotels of the World« (Führende Hotels der Welt) gehören mehr deutsche als französische Häuser! Hier lautet die Rechnung fast umgekehrt wie in der Gastronomie, in der es immer noch mehr gute Restaurants in Frankreich als in Deutschland gibt.

Das größte Wunder hat sich in den Ketten der nationalen und internationalen Großhotels vollzogen. Noch Anfang der siebziger Jahre bekam man dort nur jene langweilige »internationale« Kost, die von Schildkrötensuppe, Dosenschnecken und Châteaubriand bestimmt war oder von Steak Hawaii und den am Tisch zubereiteten »Crêpes Suzettes«. Als erster Konzern in Deutschland begann Steigenberger noch zu Lebzeiten des Generalkonsuls mit einer durchgreifenden Küchenreform. Er engagierte den Franzosen Guy Bonnefoit als Leiter der gesamten Gastronomie des Konzerns und gab ihm grünes Licht für eine moderne Schulung der Hotelküche, die er zum Teil zu den Großmeistern der Kochkunst nach Frankreich und Belgien schickte und sie damit auch neu motivierte. Ergebnis: innerhalb weniger Jahre entwickelten sich fast alle Restaurants der über dreißig Steigenberger-Häuser zu Gourmet-Tempeln mit feinster Küche.

Auch in den Hiltons und Intercontis fand ein ähnlicher Wandel statt. In Wien hatte Werner Matt im »Prinz Eugen« des Wien-Hilton Zeichen gesetzt. Strasbourg, Mainz, Rotterdam, Brüssel folgten. Bei den Intercontis zeichneten sich Köln, Hamburg, Berlin und Luxemburg aus. Der Abstand zwischen den kleinen Gourmet-Restaurants und den Küchen der Großhotels wurde kleiner. Fast scheint es so, als gehe die Entwicklung wieder zurück. Der Verkünder der Nouvelle Cuisine der ersten Stunde, Paul Bocuse, hatte noch in den siebziger Jahren erklärt, die guten Restaurants gehörten in Zukunft den Köchen selbst, die sich selbständig machen würden und nicht mehr wie zu Escoffiers Zeiten nur Angestellte großer Hotels seien. Nur so könne sich der Koch als Herr über sein eigenes Geschäft die Qualität der Produkte und Zubereitungen bestimmen.

Diese Zeit scheint zu Ende zu gehen, nachdem sich allzuviele unerfahrene und unausgereifte Köche selbständig gemacht hatten, um dann nach kurzer Zeit wieder in die Pleite zu segeln; im Schutz von großen Konzernen konnten sich so ausgezeichnete Köche wie Pierre Pfister (Hilton, Mainz), Günter Scherrer (Hilton, Düsseldorf) und Hans-Peter Wodarz (Nassauer Hof = Thyssen) entwickeln. Entscheidend ist dabei gewiß, daß die Manager der Hotelketten selbst etwas von Gastronomie und der Bedeutung der Restaurants für das Gesamtunternehmen verstehen. Auf jeden Fall ist die Zeit vorüber, in welcher der Gourmet einen großen Bogen um die Hotelrestaurants machte. Im Gegenteil: oft bieten die schönen Hotelrestaurants wie der »Königshof« in München, die »Hanse-Stube« in Köln oder der »Quellenhof« in

Aachen zusätzlich zum guten Essen noch ein paar weitere Vorteile: nämlich einen festlichen Rahmen und einen perfekten Service. Stimmung und Service sind ja inzwischen fast gleichberechtigt neben das gute Essen getreten.

Wenn nur wenige Hotels 90 bis 100 von 100 Punkten erreicht haben, liegt das an den in der Einleitung beschriebenen, fast allgemein verbreiteten Schwächen der Hotellerie.

1. Hotel Vier Jahreszeiten

Bewertung: Hotel 90 %   Restaurant 17 Punkte

Neuer Jungfernstieg 9–14
2000 Hamburg 36
Tel.: 040/34941
Telex: 211629
Besitzer: Familie Haerlin
Direktor: Gerd Brantner
Küchenchef: Peter G. Hinz
Offizielle Klassifizierung: de luxe
Öffnungszeiten: Ganzjährig. Restaurant: Sonn- und Feiertags Ruhetag (jedoch »Grill« geöffnet)
Kleine Gruppenreisen
Hunde nicht erlaubt

Lage
Zentral, aber ruhig
Nächster Bahnhof: 1 km
Nächster Flughafen: 11 km

Zimmer und Preise
Insgesamt 175 Zimmer, davon
77 Doppelzimmer mit Bad/WC zu 335,– bis 425,– DM
92 Einzelzimmer mit Bad/WC zu 230,– bis 295,– DM
6 Einzelzimmer mit Dusche/WC zu 230,– bis 295,– DM
5 Doppelzimmer mit Balkon oder Terrasse
12 Apartments mit Salon zu 545,– bis 930,– DM
Normalfrühstück 19,50 DM
Preise inklusive Steuern und Service

Einrichtung
Stilmöbel, echte Antiquitäten. Doppelzimmer: 40–46 qm. In den Doppelzim-

mern Salonecke mit Tisch und Sesseln. 3–5 Sessel und Stühle, Schreibsekretär, Frühstückstisch, eigener Gepäckraum, alle Zimmer mit Doppeltüren, Tischlampen, Stehlampen, Nachttisch mit Leselampe, Lüster, große Spiegel, auf Wunsch Mini-Bar, Radio wird vom Empfang aus geregelt, Farbfernseher, Weckdienst durch Zentrale, keine Klimaanlage
Täglicher Bettzeugwechsel

Bäder
30 % haben Außenfenster, 70 % haben Ventilation. 1 Waschbecken, große Badewanne, Duschkabine, Bidet, Neonlicht, Handtuchtrockner
Zahnpflege-Set, Kleenex, Seife, Schaumbad, Waage, Rasierspiegel. Schwamm oder Waschlappen, Schuhe werden von Hand geputzt, Rasier-Set
Täglich Handtuchwechsel

Service
Portier, Wagenmeister. Der Gast wird auf sein Zimmer begleitet. Außer dem Frühstück werden auch Mahlzeiten auf den Zimmern serviert. Bügeln, Waschen, Reinigen 1 Tag, Zeitungsstand in der Halle. Prospekte, Pläne und Karten für Ausflüge, Fahrpläne für Züge und Flugzeuge, Hotelfilm: Hamburg-Film über TV in den Zimmern. Direktwahltelefon, Fahrstuhl, Bar, Boutiquen
Klimaanlage, Parkhaus, Kreditkarten: Amexco, Diners, Visa, Eurocard, JC. Geldwechsel

Sport
Tennis: 2 km
Golf: 20 km
Massage auf Bestellung

Frühstück
12 Brotsorten, offene Butter, selbstgekochte Konfitüren, im Etagenservice abgepackte Marmelade, Honig, frische Croissants, Eier, Joghurt, Cornflakes, Kaffee-Spezialmischung, echter Tee und Industrietee, frisch gepreßte Fruchtsäfte

Restaurant
Haerlin
Mittagessen 12.00–15.00 Uhr, Abendessen 18.00–22.00 Uhr
Abends Pianomusik, Klimaanlage
69 Plätze, konservativ-elegante Einrichtung, Räume für Gesellschaften mit 16–140 Plätzen, Bar
Küchenchef: Peter G. Hinz, seit 1980 im Hause, vorher im Inter Continental Hotel Hamburg, Inn on the Park, London, Kulm Hotel St. Moritz

Spezialitäten
Lachstartar mit marinierten Jakobsmuscheln (29,– DM)
Steinbuttmedaillon auf Limonenkaviarschaumsauce (52,– DM)
Charlotte von Seezunge und Hummer (54,– DM)
Pochierte Rinderfiletscheiben in Kräutersenfsauce (46,– DM)
Barberie-Entenbrust in Walnußsauce (45,– DM)
Terrine von 3 Schokoladen im Baumkuchenmantel (14,– DM)
Menü:
Mittags: 58,– DM. Abends: Feinschmeckermenü: 116,– DM.

Nicht zu leugnen, daß sich ein Hotel, welches der Familie gehört und von Familienmitgliedern geführt wird, von dem einer anonymen Aktiengesellschaft unterscheidet, dessen Direktor zwar dem Haus seinen Stempel aufprägen kann, aber der doch unter einem anderen Gesetz steht als dem der Familienbetriebe. Das ist genau der Unterschied zwischen dem Hamburger »Vier Jahreszeiten« und dem »Atlantic« schräg gegenüber an der Außenalster.

Die »Männer-Vogue« befragte vor einigen Jahren 250 Spitzen-Manager der Hotellerie selbst nach ihren »besten Hotels« in der Welt. Die Hamburger »Vier Jahreszeiten« gewannen den ersten Platz auf einer Liste von 30 Häusern, unter denen sich so berühmte Namen wie das Pariser »Ritz«, das Wiener »Imperial« und das Baden-Badener »Brenner's Parkhotel« befanden. Eine andere professionelle Befragung plazierte das Haus in Europa ebenfalls an erster Stelle, allerdings hinter den orientalischen Hotels in Bangkok, Singapur und Tokio. Das Vier Jahreszeiten rangierte noch vor dem Londoner »Connaught«. Diese beiden Häuser liegen in der Tat in ihrem Charakter dicht beieinander. Sie sind sich übrigens ihrer Qualitäten sehr bewußt, und vielleicht ist das »Connaught« noch eine Spur elitärer als das Hamburger Haus, das ebenfalls Werbung nicht mehr für nötig hält und auf die Journalisten mehr oder weniger pfeift.

Abgesehen von dieser reichlich hochmütigen Haltung der Inhaber und der Direktion ist die Behandlung der Gäste im übrigen vorbildlich höflich und liebenswürdig. Vom Wagenmeister, der den Wagen in die benachbarte Garage fährt, bis zum Zimmer-Service funktioniert alles bestens. Und die Haare in der Suppe, die ich im Restaurant 1979 noch finden konnte, hat der heutige Küchenchef Peter G. Hinz längst herausgefischt. Besonderes Lob verdient der leitende Oberkellner Botor, der souverän die schwarze Brigade seines Restaurants leitet und Hamburgs Prominenz so gut kennt wie kaum ein anderer. Im eleganten Hauptrestaurant »Haerlin«, das seinen Stern im Michelin wirklich verdient, zu speisen, ist stets ein angenehmes Erlebnis.

Die unterschiedliche Ausstattung der Zimmer mit ihren verschiedenen technischen Einrichtungen ist durch die Geschichte des Hauses bedingt: Es wurde nämlich nicht mit einem Schlage und in einem Zuge gebaut, sondern hat sich aus einem winzigen Haus mit elf Zimmern entwickelt, das der Schwabe Friedrich Haerlin im Jahre 1897 ersteigerte. Nach und nach wurden die umliegenden Gebäude und Grundstükke dazugekauft. Die heutige Besitzerin, Frau Agnes Haerlin, arbeitet selbst als Innen-Architektin an der geschmackvoll gelungenen Ausstattung aller Räume und leitet jede Renovierung selbst. Hierbei muß sie nicht so auf Sparsamkeit achten, wie es die Direktoren großer Aktiengesellschaften tun müssen, die gezwungen sind, stets an die Rendite der Anteilseigner zu denken.

Die WCs sind in den Doppelzimmern sogar abgetrennt, und neben den üblichen Accessoires im Bad gibt es noch ein Zahnpflege-Set mit Zahnbürste und Zahnpasta. Auch ein Rasier-Set steht den Herren zur Verfügung. Einziger Mangel: Das Neonlicht in den Bädern, von dem sich die Hoteliers offenbar nur schwer trennen können. Etagen-Service gibt es rund um die Uhr!

Das Frühstück ist auch auf dem Zimmer üppig und erlesen. Man kann im Restaurant frühstücken, aber ein Büffet gibt es dort nicht. Extras bestellt man à la carte.

Unter den 12 Brotsorten fallen die Croissants auf, die sich fast mit den echten aus Paris messen können.

Die Küche hat sich in den letzten Jahren von der internationalen Allerwelts-Kochkunst zu einer feinen und erleichterten Zubereitungsart entwickelt. Die Speisenkarte wurde verkleinert, und jetzt dominieren die Tageseinkäufe, die fast ganz die alte Standardkarte verdrängt haben. Lobenswert vor allem die halben Portionen, die von vielen Gerichten angeboten werden und sowohl Magen wie Geldbeutel entlasten. Beispiel: Das halbe »Navarin von Hummer und Languste« kostet 48 DM, während die ganze Portion fast das Doppelte ausmacht. Vorspeisen, Fische und Grillgerichte werden auf diese Art angeboten. Die Weinkarte ist heute reichlich bestückt und schlägt auch kostbarste Gewächse aus dem Bordelais und Burgund vor.

Neben dem Hauptrestaurant gibt es noch den »Grill«, in dem sich besonders Hamburger Geschäftsleute zu sogenannten Geschäftsessen treffen, die »Condi«, eine Hamburger Institution im Biedermeierstil in nobelster Konditoreiatmosphäre, sowie eine Bar mit Spätrestaurant und Tanz. Außer sportlichen Einrichtungen gibt es in diesem Hause nichts, was es nicht gibt.

Wenn ein Hotel die Auszeichnung »perfekt« verdient, dann dieses Haus: Service, Ausstattung und Küche halten sich die Waage.

Ein elegantes Apartment-
im Hotel Vier Jahreszeiten

2. Atlantic Hotel Kempinski

Bewertung: Hotel 85 % Restaurant 15 Punkte

An der Alster 72–79
2000 Hamburg 1
Tel.: 040/248001
Telex: 2163297 atl d
Direktor: Karl Th. Walterspiel
Besitzer: Kempinski AG
Küchenchef: Wolfgang Paulmann
Offizielle Klassifizierung: de luxe
Öffnungszeiten: Täglich
Gruppenreisen mit begrenzter Teilnehmerzahl
Hunde nicht erlaubt

Lage
Ruhig. Innenhof
Nächster Bahnhof: 0,5 km
Nächster Flughafen: 12 km

Zimmer und Preise
Insgesamt 282 Zimmer, davon
189 Doppelzimmer mit Bad/WC zu 310,– bis 380,– DM
80 Einzelzimmer mit Bad/WC zu 260,– bis 280,– DM
13 Apartments mit Salon zu 550,– bis 975,– DM
Normalfrühstück 23,– DM
Preise inklusive Service und Steuern

Einrichtung
Von antik bis modern. Zimmer 30 qm bis 50 qm. In den Doppelzimmern Salonecke mit Tisch und Sesseln. 2 Stühle, Schreibsekretär, Frühstückstisch, 1 Gestell für Kofferablage, alle Zimmer mit Diele und Einbauschränken, Tischlampen, Stehlampen, Nachttisch mit Leselampe, großer Spiegel, Mini-Bar, Radio »Self-Service«, Farbfernseher, Weckdienst von der Zentrale, teilweise Klimaanlage
Täglicher Bettzeugwechsel

Bäder
12 qm, 40 % mit Außenfenster,
60 % mit Ventilation, 1 Waschbecken, große Badewanne, teilweise Duschkabine, Bidet, teilweise WC im Bad, Handtuch-Trockner, Leuchtstoffröhren, Make-up-Spiegel
Zahnpasta, Kleenex, Seife, Schaumbad, Waage, Rasierspiegel, Schwamm oder Waschlappen, Einrichtung zum Schuheputzen
2 mal täglich Handtuchwechsel

Sport
Hallenbad
Tennis: 3 km
Golf: 15 km
Sauna, Massage, Fitness-Raum, Segeln und Rudern, Jogging

Service
Portier. Der Gast wird auf sein Zimmer begleitet. Mahlzeiten auf den Zimmern. Bügeln, Waschen, Reinigen 1 Tag. Wagen waschen und auftanken. Auf Wunsch Zeitungen zum Frühstück
Prospekte, Pläne und Karten für Ausflüge, Fahrpläne für Züge und Flugzeuge, Hotelportier: Stadtrundfahrten, Besorgung sämtlicher Theaterkarten, Mietwagen, Bar, Fahrstühle, Boutiquen
Privatparkplatz, abgeschlossene Garagen
Kreditkarten: Amexco, Eurocard, Diner's, Visa. Geldwechsel

Frühstück
6 Brotsorten, abgepackte Butter, englische Konfitüren, Honig, frische Croissants, Wurst, Käse, Kaffee-Spezialmischung, loser Tee, frische Fruchtsäfte, Frühstücksbüffet

Restaurant
»Atlantic-Grill«
Mittagessen 12.00–15.00 Uhr, Abendessen 18.00–23.00 Uhr
90 Plätze, 16 Räume mit insgesamt 800 Plätzen
Küchenchef: Wolfgang Paulmann
seit 1. 6. 1968 im Hause, vorher im Parkhotel Bremen, Kastens Hotel Luisenhof, Hannover

Spezialitäten
Kranz von Atlantikfischen auf zweierlei Saucen (46,– DM)
Steinbuttfilet Atlantik mit Brioche auf Champagnersauce (49,– DM)
gefülltes Seezungenfilet mit Trüffeln auf Hummersauce (45,– DM)
Schottisches Angusrind mit Pfeffersauce auf Schwarzwurzeln (49,– DM)
Hamburger Stubenküken gefüllt, kleine Gemüse, Trüffelsauce (42,– DM)
Barberie-Entenbrust mit Pilzmousse auf Gänselebersauce, Maximekartoffeln (45,– DM)
Menüs: 45,– bis 55,– DM (3- oder 4-Gangmenüs) mittags. Abends: 75,– bis 99,– DM (4- oder 6-Gangmenüs)

Hamburgs großes Luxus- und Tagungshotel liegt, wie die Konkurrenz »Vier Jahreszeiten«, direkt an der Alster. Es ist schwer zu sagen, welchem Haus man den Vorzug geben sollte: Die »Vier Jahreszeiten« sind um eine Nuance hanseatischer, vielleicht noch exklusiver, das »Atlantic« zweifellos internationaler, weltläufiger, betriebsamer. In bezug auf Luxus kann man beide Häuser kaum noch überbieten, im Service ist das Haus an der Binnen-Alster gegenüber vielleicht noch um einen Punkt höher einzustufen.

Die Küchen der beiden Hotels sind hervorragend. Spezialität im »Atlantic« sind die »Alster-Suiten« mit Blick auf die Außenalster, eine der schönsten Stadtlandschaften der Bundesrepublik. Die Suiten tragen die Namen berühmter Hamburger oder Deutscher: Albert Ballin, Hans Albers, Gerhart Hauptmann, Carl Zuckmayer, Richard Tauber, Gustaf Gründgens, Oskar Kokoschka...

Es gibt auch ein »Staats-Apartment«, in welchem vom Ministerpräsidenten der Volksrepublik China bis zu Liz Taylor, vom Kaiser von Japan bis Herbert von Karajan schon Größen aller Art genächtigt haben. Die Suiten bezahlt man mit einem Preis pro Nacht zwischen 550 und 975 DM (ohne Frühstück). Wer sich hier nicht prominent vorkommt, ist selber schuld. Man kann sich mit Hilfe eines solchen Hotels auch gesellschaftlich erhöhen.

Die Geschichte des »Atlantic« beginnt 1909 mit der Einweihung, als Franz Pfordte das Restaurant führte und Hamburg mit einer »Grande Cuisine« so beglückte, wie es Adlon in Berlin tat. Von vornherein betonte das »Atlantic« seinen internationalen Charakter durch die Einrichtung eines japanischen und eines maurischen Salons.

Seit 1968 ist Karl Theodor Walterspiel Generaldirektor des Hotels. Er hat die notwendig gewordenen Renovierungen durchgeführt und vor allem begriffen, daß ein gutes Restaurant die beste Visitenkarte eines jeden Hotels mit internationalem Anspruch ist. Bald nach einem geradezu katastrophalen Verriß meines Kollegen Gert von Paczensky in »Essen und Trinken« veranlaßte er eine durchgreifende Küchenreform, zu deren Vorbereitung er seinen Küchenchef und seinen leitenden Oberkellner auf Erkundungsreisen durch Frankreich und Belgien schickte. Danach präsentierte Küchenchef Paulmann eine neue Küche und eine leichtere Art zu kochen. Heute gibt es neben den oben aufgeführten Spezialitäten so originelle Kreationen wie »Zucchiniblüte mit Lachs gefüllt auf tomatierter Champagnersauce«, »Terrine von der Bresse-Poularde mit Avocadomus«, »Geräucherte Forellensuppe«, »Flan aus Pilzen auf Trüffelsauce« oder »Kranz von Lachs und Loup de mer auf zwei Saucen« – Zubereitungen, die sich der Nouvelle Cuisine mehr als der klassischen Küche annähern, ohne die freilich kein großes Hotel mit betuchter Kundschaft auskommen kann. Wenn nicht Hummer, Gänseleber und Trüffel verwendet werden, hat der reiche Gast nicht das Gefühl, wirklich gut gegessen zu haben. Das sind nun einmal die Mercedes', Jaguars und Rolls Royces der Küche!

Küchenchef Wolfgang Paulmann hat zusammen mit Walterspiel im »Atlantic« 1968 begonnen, wurde aber erst 1975 Küchenchef.

Die Geschichte des »Atlantic« ist nicht zu trennen von der Familie Walterspiel. Der Onkel des heutigen Generaldirektors war schon 1909 bei der Eröffnung dabei, als ein nobles Publikum bei pompöser Prachtentfaltung die Kochkünste von Alfred Walterspiel genoß, der extra aus Berlin herbeigeeilt war, um der Veranstaltung das kulinarische I-Tüpfelchen aufzusetzen. Über 50 Jahre später wurde der Neffe des berühmten deutschen Kochs oberster Chef des »Atlantic«, das sein Onkel mit eingeweiht hatte. Der erste Lehrmeister von Karl Theodor, Helmuth Gietz vom »Erbprinz« in Ettlingen, hatte ihm in einem Lehrzeugnis bescheinigt: »Er hat aufgrund seiner Fähigkeiten das Rüstzeug, ein überdurchschnittlicher Fachmann zu werden.« Prophetische Worte, die in Erfüllung gingen. Walterspiel-Neffe hat dafür gesorgt, daß das Haus an der Alster aus Hamburgs Geschichte nicht mehr wegzudenken ist. Die »Vier Jahreszeiten« betrachtet Walterspiel übrigens nicht als Konkurrenz. Beide Häuser haben sich sogar schon oft während ihrer Aufbauphasen geholfen.

3. Hotel Schweizerhof

Bewertung: Hotel 65 %
Restaurant 18 Punkte

Hinüberstr. 6
3000 Hannover 1
Tel.: 0511/34950
Telex: CH-Hof 923359
Besitzer: Hannoversche Hotel GmbH & Co. KG
Direktor: Uwe Flechsig
Küchenchef: Norbert Schu
Offizielle Klassifizierung: 3 Sterne
Öffnungszeiten: Täglich

Lage
Innenstadtbereich, an ruhiger Seitenstraße
Nächster Bahnhof: 55 m
Nächster Flughafen: 12 km

Zimmer und Preise
Insgesamt 84 Zimmer, davon
10 Doppelzimmer mit Bad/WC zu 267,– bis 287,– DM
22 Doppelzimmer mit Dusche/WC zu 237,– DM
7 Einzelzimmer mit Bad/WC zu 206,– DM
41 Einzelzimmer mit Dusche/WC zu 186,– DM
4 Doppelzimmer mit Balkon oder Terrasse
Preise inklusive Service, Steuern und Frühstück
Für Kinder Spezialpreise

Einrichtung
Modern, Doppelzimmer 28–32 qm, Doppelzimmer mit Salonecke und Tisch, 1 Sofa, 2–3 Sessel, Sekretär. 1 Gestell für die Kofferablage, Tischlampen, Stehlampen, Nachttisch mit Leselampe, großer Spiegel, Mini-Bar, Radio »Self-Service«, Farbfernseher, automatischer Wecker, keine Klimaanlage. Täglicher Bettzeugwechsel

Bäder
4–8 qm, alle Bäder mit Ventilation, Einzelzimmer 1 Waschbecken, Doppelzimmer 2 Waschbecken, Bidet, teilweise WC im Bad, Neonlicht
Kleenex, Seife, Schaumbad, Schuhputz-Service über Nacht
Täglicher Handtuchwechsel

Service
Portier. Der Gast wird auf sein Zimmer begleitet, außer dem Frühstück auch Mahlzeiten auf den Zimmern, von 7.00–23.00 Uhr
Wagen waschen, auftanken. Prospekte und Karten für Ausflüge, Fahrpläne für Züge und Flugzeuge. Fahrstuhl, Bar, öffentliche Garage. Geldwechsel, Kreditkarten: AX, DC, EC, Visa

Sport
Tennis: 10 Min. mit dem Auto
Sauna, Fitness-Raum, Squash

Frühstück
6 Brotsorten, offene Butter, hausgemachte Konfitüre, Honig, frische Früchte, Quark- und Joghurtspeisen, Markenkaffee, echter Tee in Blättern, Frühstücksbüffet

Restaurants
»Schu's Restaurant«
Geschlossen: 3 Wochen in den Sommerferien nach niedersächsischem Ferienplan. Mittagessen 12.00–14.00 Uhr, Abendessen 18.00–22.00 Uhr. Life-Piano-Musik, offene Terrasse, 45 Plätze, modern, Bar mit Salon
Küchenchef: Norbert Schu, seit 1983 im Hause, vorher in »Aubergine«, München, »Hostellerie du Château«, Fère-en-Tardenois

Restaurant im Art-Deco-Stil vom international bekannten Innenarchitekten Professor Krebs

Spezialitäten
Carpaccio von Jacobsmuscheln mit Kaviar (39,– DM)
Lasagne vom Lachs mit Gemüsebutter (42,– DM)
Courtbouillon vom Hummer mit Erstlingsgemüse (19,– DM)
Cassolette von Spargel und Trüffeln mit Wachteleiern (26,– DM)
Sauté von der Taube in Gänseleberсauce (40,– DM)
Das Beste von der Milchziege in Balsamessig (43,– DM)

»Gourmets Büffet«
40 Plätze. Bistro für Eilige mit Zubereitungen aus derselben Küche. Großes kaltes und warmes Büffet
Menüs:
Mittags: 45,– bis 58,– DM
Abends: 89,– bis 118,– DM

Hannovers Aufstieg von einer kulinarisch unterentwickelten zu einer gastronomisch – nach München und vor Köln – führenden Stadt gehört unbestreitbar zum neudeutschen »Küchenwunder«. Neben »Wittens Hop« und neuerdings »Amann« an der Eilenriede hat sich das Restaurant »Schu« des Schweizerhofes, neben Hannovers Hauptbahnhof dennoch ruhig gelegen, zu einer Gourmet-Institution entwickelt. Kein Wunder, wenn man erfährt, daß Norbert Schu, gerade 34 Jahre alt, bei einem Großmeister wie Eckart Witzigmann, München, oder Herrn Blot in der großartigen »Hostellerie du Château« von Fère-en-Tardenois bei Reims gelernt hat. Er macht eine der perfektesten und vernünftigsten »neuen Küchen« Deutschlands. Unvergeßlich seine meisterhaft ausgesuchte, noch bissig gebratene reine Gänseleber, sein Cassoulet von Maronen und Wachtel, seine knackigen und saftigen Flußkrebse und sein Lammfilet im Wirsingmantel – alles mit viel Sinn für Harmonie komponiert und auf den Punkt genau abgepaßt. Die Weinkarte zeichnet sich dadurch aus, daß sie nicht nur beste Gewächse enthält, sondern alle Weinbaugebiete Europas in kurzen, aber informativen Texten erläutert und dem Gast auf diese Art die Wahl erleichtert.

Erst Ende 1983 wurde der »Schweizerhof« als Hotel eröffnet. Das Gebäude war ursprünglich als Apartmenthaus geplant, dann aber von einer Hotel-Betriebsgesellschaft übernommen worden, welche die Apartments in Hotelzimmer umstrukturieren mußte. Die Bäder sind zwar relativ klein ausgefallen und können nicht alle unsere Pluspunkte auf sich vereinen; aber die Zimmer sind originell geschnitten und im allgemeinen recht großzügig und gemütlich in einen Schlaf- und einen getrennten Wohnteil eingerichtet. Nichts von der Uniformität vieler moderner Großhotels! Die Ausstattung des Restaurants und der Hotelzimmer lag in den Händen des Innenarchitekten, Professors und Diplom-Ingenieurs Karsten K. Krebs.

Das Restaurant glückte ihm besonders gut. Der Art-Deco-Stil verbindet sich ideal mit einer raffinierten Raumaufteilung: Die meisten Tischgruppen sind voneinander nicht durch Stellwände, sondern durch Pflanzen getrennt. Das gibt dem Raum ein Flair von natürlicher Eleganz und Festlichkeit. Zusammen mit den Inneneinrichtungen des Grafen Pilati in München und Köln (»Königshof« und »Hotel Excelsior-Ernst«) gehört dieses zu den schönsten und geschmackvollsten Restaurants in der Bundesrepublik.

Belebt wird die abendliche Stimmung in dem Restaurant noch durch den Pianisten Zsolt File, der eine dezente Hintergrundmusik liefert, die nicht stört, sondern die Stimmung anregt. Bemerkenswert auch der Service, der von der ebenso hübschen wie charmanten Frau des Küchenchefs liebenswürdig geleitet wird.

Man wohnt originell, gepflegt und bestens betreut in diesem Hause, das gleichzeitig eine ganz hervorragende Küche bietet. Im ganzen also ein Erlebnis voller Harmonie und Festlichkeit.

4. Landhaus Ammann – Hotel und Restaurant

Bewertung: Hotel 65 % Restaurant 16 Punkte

Hildesheimer Straße 185
3000 Hannover 1
Tel.: 0511/830818
Telex: 9230900
Inhaber: Helmut und Frieda Ammann
Küchenchef: Helmut Ammann
Öffnungszeiten: Täglich
Kleine Gruppenreisen
Hunde im Restaurant nicht erlaubt, nur im Zimmer

Lage
Am Wald, ruhig, Fußwege beginnen direkt am Hotel, Terrasse, Atrium-Hof
Nächster Bahnhof: 3 km
Nächster Flughafen: 20 km

Zimmer und Preise
Insgesamt 14 Zimmer, davon
12 Doppelzimmer mit Bad/WC zu 220,– bis 320,– DM
2 Doppelzimmer mit Dusche/WC zu 220,– DM
4 Doppelzimmer als Einzelzimmer mit Bad/WC zu 175,– bis 195,– DM
1 Doppelzimmer mit Balkon oder Terrasse
4 Apartments mit Salon zu 320,– DM
Preiseinklusive Service, Steuern und Frühstück
Für Kinder Spezialpreise

Einrichtung
Stilmöbel und Modern. Zimmer 20 qm – 25 qm, in den Doppelzimmern eine Salonecke mit Tisch und Sesseln, Schreibsekretär und Frühstückstisch. In allen 1 Kofferablage, Tischlampen, Stehlampen, Nachttisch mit Leselampe, großer Spiegel, Mini-Bar, Radio »Self-Service«, Farbfernseher mit englischem Programm, automatischer Wecker und

Weckdienst auf Wunsch. Keine Klimaanlage
Täglicher Bettzeugwechsel
Fahrstuhl. Direktwahltelefon. Privatparkplätze

Bäder
ca. 4,5 qm – 6 qm groß, alle mit Ventilation, 1 Waschbecken, Bidet, WC im Bad, 2 Zimmer haben jeweils 2 WC's, normale Beleuchtung
Kleenex, Schuhlöffel, Kleiderbürste, Nähzeug, Seife, Schaumbad, Rasierspiegel, keine Waage, keine Infrarotlampe, Schwamm oder Waschlappen, Einrichtung zum Schuheputzen, Duschhaube, Fön
Täglicher Handtuchwechsel

Service
Gepäckträger. Der Gast wird auf sein Zimmer begleitet. Auf Wunsch außer dem Frühstück Mahlzeiten auf den Zimmern bis 23.00 Uhr. Auf Wunsch Zeitungen zum Frühstück. Bügeln, Waschen und Reinigen
Prospekte, Pläne und Karten, Fahrpläne für Züge und Flugzeuge, Veranstaltungspläne

Frühstück
4 Brotsorten, offene Butter, hausgemachte Konfitüren, Honig, Frühstücksbüffet, Markenkaffee, echter Tee aus Blättern, frisch gepreßte Fruchtsäfte

Sport
Tennisplatz: 10 Min. entfernt
Golf: 10 km
Radfahren, Tischtennis, Wandern

Restaurants
Mittagessen von 12.00–14.00 Uhr, Abendessen von 18.30–22.00 Uhr
Bedeckte und offene Terrassen, Garten 50 Plätze
Stilmöbeleinrichtung. Hintergrundmusik. 3 Räume, die miteinander für Gesellschaften verbunden werden können: 120 Plätze. Bar mit Salon
Küchenchef: Helmut Ammann, seit 12. 1. 85 im Hause, vorher 16 Jahre »Burghotel Hardenberg«

Spezialitäten
Zitronennudeln mit Languste (35,– DM)
Variationen vom Lachs (27,– DM)
Geräucherte Lotte auf jungem Spitzkohl (41,– DM)
Gefüllte Perlhuhnbrust auf Kräutercrème (39,– DM)
Stubenküken und Hummer in Armagnac-Sauce (56,– DM)
Auflauf von Früchtebrot mit Amaretto-Sabajon (17,– DM)
Feste Menüs: 50,–, 95,–, 138,– DM, der Service im Preis inbegriffen

---

Wir können Helmut Ammann und seiner Frau, den früheren Pächtern des »Burghotels Herrenberg« in Nörten-Hardenberg nur wünschen, daß sie nach anfänglicher Durststrecke in den ersten beiden Jahren 1985/86 seit Errichtung ihres Hotels den gewünschten Erfolg haben werden. Sechzehn Jahre haben die beiden auf eine gänzlich selbständige Existenz hingearbeitet und erst 1984 mit dem Bau des schönen, geschmackvollen Landhauses an der Hannoverschen Eilenriede, dem beliebten Park der Stadt, begonnen. Sie hatten sich aber den Erfolg etwas größer versprochen, als der berühmte und mit einem Michelin-Stern belohnte Küchenmeister aus der Provinz in die Landeshauptstadt zog, um dort die Konkurrenten das Fürchten zu lehren; aber inzwischen hatte sich das hannoversche Küchenwunder vollzogen, und in »Wittens Hop« und »Schu's Restaurant« wurde so ausnehmend gut gekocht, daß Ammann nicht mehr die erste Küchengeige spielen konnte. Er mußte sich mit der Rolle des wenig geliebten »Dritten im Bunde« der hannoverschen Gourmet-Köche bescheiden.

Zu allem Unglück brannte ihm noch 1986 das Obergeschoß des Hauses ab, das inzwischen allerdings wieder repariert wurde. Hotel und Restaurant sind seit Sommer 1986 wieder in vollem Betrieb. Die Küche hat die schon in Nörten-Hardenberg bewährten Qualitäten einer maßvollen Nouvelle Cuisine behalten. Frische, Leichtigkeit und Harmonie stehen für Ammann über allen anderen klassischen Prinzipien. Das Restaurant ist elegant, aber etwas kühl geraten; mit den Jahren wird das Haus aber sicherlich jene Patina bekommen, die nur das Alter zuwege bringt; jetzt wirkt alles noch etwas zu neu und zu kühl.

Das Hotel mit seinen nur 14 luxuriösen Zimmern ist sozusagen ein Anhängsel an das Restaurant, das die Hauptrolle spielt; dennoch können wir es wegen der schönen Lage am Waldrand des Stadtparks empfehlen. Es liegt zudem bequem erreichbar gleichzeitig an einer großen Ausfallstraße und verfügt über einen großen, hauseigenen Parkplatz.

Besonders angenehm ist der Atriumhof mit einer überdachten Kaffeeterrasse; diese könnte sich zu einem idealen Treffpunkt für jene empfehlen, die nach einem Spaziergang durch die Eilenriede mit ihren interessanten Anlagen ihren Kaffee schlürfen und einen ausgezeichneten Kuchen dazu verzehren wollen.

Neben dem Hauptrestaurant bekocht Ammann noch die »Nudelstubb«, ein etwas bescheideneres Restaurant zu niedrigeren Preisen. Hier hat sich Ammann dem allgemeinen Trend zur Unterteilung der Gastronomie in eine Luxusabteilung und eine rustikale Küche angeschlossen, wie sie sich jetzt fast in allen großen Hotels zeigt.

Es ist zweifellos ein interessantes Haus auch für Kurzurlauber, die einfach nur im Stadtpark spazierengehen und gut essen und schlafen wollen.

Stolz ist Herr Ammann auf den enormen Weinkeller, der alle Schloßweine von gutem Ruf aus Burgund und Bordeaux enthält. Hier lagern ungefähr 50000 Flaschen. Dieser Vorrat hat Herrn Ammann veranlaßt, seine Weine auf Bestellung auch an seine Stammgäste und Kunden auszuliefern.

Nach dem Vorbild manch anderer Feinschmecker-Restaurants hat Ammann auch eine Boutique eingerichtet, in der man eine Reihe von Luxus-Lebensmitteln und Weinen erwerben kann. Sie wird wohl bis zum Erscheinen dieses Guides noch etwas besser ausgestattet sein, als sie es zu Anfang mit einem entschieden zu mageren Angebot gewesen ist.

Sosehr wir dieses Haus empfehlen können – ein »Landhaus«, wie es sich nennt, ist es natürlich nicht; denn es liegt an einer Hauptausfall-, der Hildesheimer Straße, die ziemlich dicht an der Vorderseite des Hotels vorbeiführt. Ruhig ist allein die Hinterseite, die zur Eilenriede hinausgeht. Das ändert aber nichts an der Tatsache, daß es sich um eines der schönsten kleinen Hotels der Region handelt.

5. Hotel-Restaurant Schloß Hugenpoet

Bewertung: Hotel 60 % Restaurant 17 Punkte

August Thyssen-Str. 51
4300 Essen 18 (Kettwig)
Tel.: 02054/6054
Inhaber: Jürgen Neumann
Direktor: Ulrich Grudda (Restaurant)
Küchenchef: Hans-Dietrich Marzi
Keine Gruppenreisen
Hunde im Restaurant nicht erlaubt

Lage
Ruhig, Park, Terrasse
Nächster Bahnhof: Düsseldorf. Essen, Kettwig-Stausee (S-Bahn)
Nächster Flughafen: 18 km

Zimmer und Preise
Insgesamt 19 Zimmer, davon
14 Doppelzimmer mit Bad/WC zu 210,– bis 240,– DM
5 Einzelzimmer mit Bad/WC zu 135,– bis 180,– DM
1 Einzelzimmer mit Dusche zu 135,– DM
1 Apartment mit Salon zu 320,– DM
Preise inklusive Service, Steuern und Frühstück
Vollpension außerhalb und in der Saison zu 85,– DM zuzügl. Zimmerpr.
Halbpension außerhalb und in der Saison zu 45,– DM zuzügl. Zimmerpr.
Nach Absprache Spezialpreise für Kinder

Einrichtung
Verschieden ausgestattet (17. und 18. Jh., antik), Doppelzimmer, 16–30 qm. Sessel. Doppelzimmer mit Tisch und z. T. Schreibsekretär. 1 Ge-

stell für Kofferablage. 10 Zimmer mit Diele und Einbauschränken. Tischlampen, z. T. Stehlampen, Nachttisch mit Leselampe. Beleuchtung je nach Stil, großer Spiegel, Mini-Bar, Radio »Self-Service«, Farbfernseher, Weckservice und Radio
Alle 2 Tage Bettzeugwechsel

Bäder
5–12 qm. 25 % der Bäder mit Außenfenster, 13 mit Ventilation. Z. T. 2 Waschbecken, 8 kleine und 10 große Badewannen, Bidet, normale Beleuchtung
Kleenex, Seife, Schaumbad, teilweise Waage, teilweise Rasierspiegel, Schwamm oder Waschlappen, Einrichtung zum Schuheputzen
Täglicher Handtuchwechsel

Service
Gepäckträger. Der Gast wird auf sein Zimmer begleitet. Außer dem Frühstück werden Mahlzeiten nach normaler Karte auf den Zimmern serviert 18.30–23.00 Uhr. Bügeln, Waschen und Reinigen 1 Tag. Wagen waschen
Prospekte, Pläne und Karten für Ausflüge. Fahrpläne für Züge und Flugzeuge
Direktwahltelefon, Fahrstuhl, Privat-Parkplatz, Geldwechsel. Kreditkarten: Diners, Amexco, Eurocard

Sport
Tennis, Jogging
Golf: 8 km

Frühstück
4 Brotsorten, offene Butter, hausgemachte Konfitüre, auf Wunsch Honig, frische Croissants, kleine Wurst- und Käsebeilage, Markenkaffee, loser Tee, frischen Orangen- und Grapefruitsaft

Restaurant
Mittagessen 12.00–14.30 Uhr, Abendessen 18.30–21.30 Uhr. Terrasse. 90 Plätze. Stilmöbel. Räume für Gesellschaften mit 16, 10 und 100 Plätzen
Küchenchef: Hans-Dietrich Marzi, seit 1. 4. 1976 im Hause, vorher in mehreren Commis-Stellen in der Schweiz, im »Erbprinz« zu Ettlingen, Schloßhotel Kronberg

Spezialitäten
Gourmetsalat nach Jahreszeit mit hausgemachtem Gänseleberparfait (32,– DM)
Flan von Pilzen auf Schnittlauchsauce (15,– DM)
Schottischer Räucherlachs mit Möwenei-Kaviar, Plinis und Sauerrahm (36,– DM)
Hechtklößchen in Hummersauce (39,– DM), halbe Portion (21,– DM)
Kalbsfilet im Spinatmantel mit Cognacsauce (48,– DM)
Sauerampfercrèmesuppe mit Wachtelei (10,– DM)
Aalterrine
Menü: 115,– DM für ein 7-gängiges Degustationsmenü

Dieses Haus rangiert bereits seit 1978 unter meinen »Hundert besten Landhotels in Europa«. Daß es ausnahmsweise auch in diesem Guide vertreten ist, verdankt es seiner – wenn auch absolut ruhigen – Lage im Ruhrgebiet, das man als Wirtschaftszentrum in Europa nicht übergehen kann. Neben der »Résidence« in Essen gehört das historische Wasserschloß eindeutig zu den ersten Adressen in diesem Raum, wo man gleichzeitig luxuriös übernachten und hervorragend speisen kann.

Das »Schloß Hugenpoet« verdankt seinen Aufstieg dem Sinn für Qualität und richtiges Rechnen des zweiten Neumanns, der es 1964 nach dem Tode seines Vaters

Schloß Hugenpoet: Mitten im Ruhrgebiet eine Oase der Ruhe

übernahm. Der Düsseldorfer Hotelier Kurt Neumann hatte das Schloß 1954/55 nach Abschluß eines Erbpachtvertrages mit der Familie von Fürstenberg mit einem Aufwand von 1,2 Millionen DM zu einem Hotel erster Klasse ausbauen lassen. Es gelang ihm aber nicht, das Schloß aus den roten Zahlen zu bringen. Das schaffte erst Sohn Jürgen, der 1964 einen neuen Pachtvertrag aushandelte und dann noch gut eine Viertelmillion in die Renovierung des Hauses steckte. Der Erfolg lag darin, daß er das Schwergewicht auf die Ausrichtung von Festlichkeiten und Banketten legte, womit auch heute noch das beste Geschäft gemacht wird. Nur mit dem Restaurant und mit den paar Zimmern (19) wäre finanziell der Erfolg nicht zu sichern. Noch einmal mußte Jürgen Neumann investieren: in die von den Behörden verordnete, kostspielige Sicherungsanlage gegen Brandgefahren.

Die Einrichtung ist eindrucksvoll: Das Treppenhaus aus schwarzem Marmor, fünf ebenso schöne wie große Kamine, alte Standuhren, über tausend Gemälde und Grafiken, darunter alte Niederländer aus der fürstenbergischen Sammlung, eine Schloßkapelle und angenehme Nebenräume machen den Aufenthalt für den Gast mit Sinn für Geschichte verlockend.

Manche der Zimmer haben burgartige, kleine Fenster und eine etwas lastende Einrichtung, zeigen jedoch sämtlich noble Eleganz und Festlichkeit. Hat man die Wahl, weil nicht alle Zimmer belegt sind, empfiehlt es sich, die zur Verfügung stehenden Zimmer vorher zu besichtigen, damit man das sich Zusagende aussuchen kann.

Der Erfolg Neumanns beruht auch darauf, daß er ein gutes Händchen bei der Auswahl seiner führenden Mitarbeiter hatte: Ulrich Grudda, der Restaurantdirektor, versteht es großartig, die Gäste zu beraten und höflich zu umsorgen. Küchenchef Hans-Dietrich Marzi arbeitet seit 1976 im Hause und hat schon vor über zehn Jahren grünes Licht für eine Küchenreform à la nouvelle bekommen. Er versteht es meisterhaft, klassische Rezepte mit neuem Geist und neuem Geschmack zu erfüllen.

Er und sein Vorgesetzter Neumann haben begriffen, daß die große Standardspeisekarte, wie sie einmal in den Hotels üblich war, das Ende einer guten Küche bedeuten muß. Schwerpunkt ist also heute die Tageskarte mit stets frischen und erfindungsreichen Zubereitungen.

Die Umgebung von Schloß Hugenpoet bietet einige Attraktionen: Wer den Baldeney-See bei Essen noch nicht kennt, wird hier sein Vorurteil gegen das Ruhrgebiet ablegen. Das Krupp-Denkmal, »Villa Hügel« genannt, ist einen Besuch wert, und die alte Abtei-Kirche von Werden wird Bildungsreisende anziehen.

Maßvoll spazierengehen kann man im kleinen Wald hinter dem Schloßpark. Wer wandern will, fährt zwei bis fünf Kilometer mit dem Wagen zum Höseler oder Ratinger Wald.

Im Schloß Hugenpoet wohnt man übrigens am ruhigsten während der Touristen-Saison: Ostern, Pfingsten, Weihnachten und im Juli und August. Dann ist der Schloßherr auch bereit, reduzierte Preise zu akzeptieren.

6. Hilton International

Bewertung: Hotel 65 %   Restaurant 16 Punkte

Düsseldorf GmbH
Georg-Glock-Straße 20
4000 Düsseldorf 30
Tel.: 0211/4377-0
Telex: 8584376
Besitzer: Deutsche Hilton Hotels (Germany) GmbH
Direktor: Manfred Stöcklein
Küchenchef: Gerhard Heusing
Offizielle Klassifizierung: 5 Sterne
Öffnungszeiten: Ganzjährig
Gruppenreisen möglich
Hunde in den Zimmern zugelassen

Lage
Nahe großer Durchgangsstraße, nachts sehr ruhig. Private Gärten, Terrasse
Nächster Flughafen: 5 km
Nächster Bahnhof: 5 km

Zimmer und Preise
Insgesamt 379 Zimmer, davon
354 Doppelzimmer mit Bad/WC zu 245,– bis 375,– DM
8 Einzelzimmer mit Bad/WC
1 Einzelzimmer mit Dusche/WC
8 Apartments mit Salon zu 750,– DM
Preise inklusive Service und Steuern
Frühstück:
Kontinentales Frühstück: 16,– DM
Frühstücksbüffet: 24,– DM
Vollpension in der Saison: 104,– DM
Halbpension in der Saison: 64,– DM
Kinder im Zimmer der Eltern frei

Einrichtung
Modern. Doppelzimmer 22 qm, 1 Sessel, 1 Stuhl, 1 Couchtisch, Schreibsekretär, 1 Kofferablage, 2 Suiten mit Diele und Einbauschränken, Tischlampen, Stehlampen, Nachttisch mit Leselampe, großer Spiegel, Mini-Bar, Radio »Self-Service«, Farbfernseher, Weckdienst von der Zentrale, Klimaanlage, Direktwahltelefon
Täglicher Bettzeugwechsel. Die Zimmer werden nach der Nachmittagsruhe noch einmal gemacht

Bäder
5 qm, in einer Suite Außenfenster, alle übrigen mit Ventilation im Bad, 1 Waschbecken, große Badewanne, abgetrennte Duschkabine in 2 Suiten, Bidet in 2 Suiten, WC im Bad, nur in 2 Suiten abgetrennt, Neonlicht
Kleenex, Seife, Schaumbad, Waage in den Suiten, Rasierspiegel in allen Suiten und 227 Zimmern, Infrarotlampe in einer Suite, Schwamm oder Waschlappen, Einrichtung zum Schuheputzen, Body Lotion, Duschhaube, disposal bag, Bademantel auf Wunsch
Täglicher Handtuchwechsel

Service
Portier. Der Gast wird auf sein Zimmer begleitet. Außer dem Frühstück werden auch Mahlzeiten auf den Zimmern serviert, rund um die Uhr, mit eingeschränkter Nachtkarte
Waschen und Reinigen jeweils montags bis samstags vor 9 Uhr: noch am selben Tag, nach 9 Uhr: am nächsten Tag, am selben Tag mit 50 % Aufschlag; Bügeln: 7.00–23.00 Uhr. Wagen waschen und auftanken, Zeitungen zum Frühstück; Prospekte, Pläne und Karten für Ausflüge, Fahrpläne für Züge und Flugzeuge, Theater-, Opernkalender, Kinopläne, Informationsmaterial über Ausstellungen/Sehenswürdigkeiten; 7 Fahrstühle, 1 Bar, 1 Discothek, 3 Boutiquen, 2 Restaurants
Privater Parkplatz mit 350 Stellplätzen
Geldwechsel, alle gängigen Kreditkarten

Sport
Hallenbad, Sauna, Massage, Fitness-Raum mit Geräten, Jogging-Parcours
Tennis: 3 km
Golf: 15 km

Frühstück
10 Brotsorten, verpackte Butter, abgepackte Marmelade, Honig, frische Croissants, alles weitere auf Wunsch, Kaffee: Jakobs Edelmokka, Tee sowohl Blätter als auch Teebeutel, Fruchtsäfte frisch gepreßt und aus Gläsern, Frühstücksbüffet

Restaurants
»San Francisco«
Küchenchef: Gerhard Heusing
Ganzjährig täglich geöffnet
Mittagessen: 12–15.00 Uhr, Küchenannahmeschluß: 15.00 Uhr
Abendessen: 19–24.00 Uhr, Küchenannahmeschluß: 23.00 Uhr
160 Plätze, Stil: San Francisco um die Jahrhundertwende
Abends Pianospieler, bedeckte Terrasse, Garten, Klimaanlage, Räume für Gesellschaften von 10 bis 1500 Plätzen, Bar

Spezialitäten
Hausgemachte Gänseleberterrine, Apfelsalat (32,– DM)
Jakobsmuscheln und Langostinos, Kerbelsabayon, wilder Reis (32,– DM)
Lottefilet in Fenchelbutter, Zucchini, neue Kartoffeln (28,– DM)
Rinderfilet in Kräutersenfsauce, Gemüse, Kartoffelplätzchen (42,– DM)
Kaninchen in Olivensauce, Sellerie-Gemüsenudeln (38,– DM)
Gratiniertes St. Pierre Filet, Blattspinat, Safrannudeln (32,– DM)
Menüs: 65,– bis 130,– DM
Neben dem im amerikanischen Stil der Jahrhundertwende eingerichteten »San Francisco« gibt es noch den »Hofgarten« mit dem Frühstücksbüffet, das um 6.30 Uhr serviert wird. Im übrigen gibt es hier vorwiegend regionale Spezialitäten und kleine Gerichte.

Seit 1949 steht der Name Hilton für die moderne, amerikanische Hotel-Kultur. Heute betreibt das Hilton-International 90 Hotels in 76 Städten und 44 Ländern und verfügt damit über 34795 Gästezimmer. Die Hilton-Philosophie hat zwei Seiten: Einerseits kann man den genormten, funktionellen Hotelkomfort als ziemlich langweilig empfinden, andererseits garantieren die Hiltons jedoch in sämtlichen Ländern ein gleichmäßig hohes Niveau in bezug auf Annehmlichkeiten und Hotel-Qualitäten. Einige europäische Hiltons, die ich in diesen Führer aufgenommen habe, zeichnen sich darüber hinaus jedoch durch eine besonders gute Küche aus. Dazu gehören die Hiltons in Wien, in Strasbourg, in Rotterdam, in Düsseldorf, in Brüssel und in Mainz. Viele Hiltons in den USA werden übrigens nicht unter dem Namen Hilton, sondern unter dem Namen »Vista International« betrieben. Damit nicht in sämtlichen Hiltons in aller Welt ein einheitlicher Stil der Uniformität allzusehr Vorschub leistet, verlangt das führende Management, daß jedes Hotel den örtlichen Gegebenheiten entsprechend gestaltet wird. Das bezieht sich sowohl auf die Innenarchitektur wie auf die Küche. Organisiert wird das Hilton-International mit seinen rund 38000 Beschäftigten von der New Yorker Zentrale aus mit nur etwa 200 Mitarbeitern.

Mit dem Restaurant »San Francisco« des Hilton-Düsseldorf verbinden mich viele Erinnerungen. 1975 hatte ich es zum ersten Mal ziemlich verrissen: 9 von 20 Punkten, das heißt, die Bewertung lag unter dem bürgerlichen Durchschnitt mit 10 von 20 Punkten. Es fand das alte Flambiertheater statt, wie überhaupt das »San Francisco« den Eindruck eines klassischen Grand-Restaurants bot. »Und was hilft mir die hübsche Türkin, wie zum Karneval mit Pluderhosen und Fez angetan, wenn sie mir eine völlig ausgetrocknete Havanna zu 18 DM pro Stück überreicht, die in diesem Zustand ihren Preis schon lange nicht mehr wert ist?«, schrieb ich damals.

Das ist lange her. Kurz nach Erscheinen dieser heftigen Kritik an Küche und Zeremoniell des Restaurants warf Küchenchef Günter Scherrer das Ruder herum: Er legte von nun an den Ton auf die kleine Tageskarte mit ihren Gerichten aus frisch eingekauften Produkten. Die Direktion verkündete eine neue Strategie, der gemäß ein Gourmet-Restaurant auch im Großhotel nicht nach den Dogmen der alten Küche der internationalen Hotels geführt werden kann. Das »San Francisco« unter Chef Scherrer entwickelte sich zu einem echten Feinschmecker-Tempel ersten Ranges, was der Michelin mit der Vergabe eines Sterns bestätigte.

Heute hat sich Günter Scherrer mit seinem »Victorian-Pub« in Kö-Nähe selbständig gemacht, und der großartige Maitre d'Hôtel, Kurt Aeberhard, arbeitet schon seit Jahren nicht mehr im Hilton (er zog wieder in die Schweiz, siehe Bellevue Palace, Bern); doch die Qualität der Küche hat sich nicht verändert, weil die Direktion klugerweise den engsten Mitarbeiter und Souschef Scherrers, Gerhard Heusing, 1984 zum Nachfolger des Küchenchefs machte. Heusing und Scherrer arbeiteten seit 1971 im Konzern zusammen. Ein Rückfall in die alte Hotelküche war also nicht zu erwarten.

Die festliche, etwas theatralische Stimmung im »San Francisco« ist erhalten geblieben, und der hervorragende Service arbeitet noch mit dem beträchtlichen Zeremoniell des alten Grandhotels. Doch die Qualität der Bedienung macht den Besuch dieses Hauses immer noch zu einem besonderen Erlebnis.

Die ständigen Gäste und Anhänger der Hilton-Küche versammeln sich seit Jahren von Zeit zu Zeit in der »Kuliothek«, die besondere Diners veranstaltet.

Das Hotel ist ein echtes Hilton-Großstadthotel mit allen Vor- und Nachteilen aller europäischen Großhotels, auf die in diesem Führer oft genug hingewiesen wurde. Indessen fanden in letzter Zeit einige Renovierungen statt, und der aufmerksame Leser des vorangestellten Datenteils wird schnell die neuen Extras erkennen, die das Hilton zu einem überdurchschnittlichen Großhotel gemacht haben.

In den letzten Jahren wurde ein großer Teil der Hotelzimmer renoviert. Fast überall gibt es jetzt in den Bädern Haartrockner und von innen beleuchtete Schmink- und Rasierspiegel. Die Badezimmer wurden auch mit zusätzlichen Lautsprechern und Telefonanschlüssen ausgestattet. Eine Besonderheit: das neunte und zehnte Stockwerk sind den Nichtrauchern vorbehalten.

Das Restaurant »San Francisco«

7. Excelsior Hotel Ernst

Bewertung: Hotel 85 %   Restaurant 15 Punkte

Domplatz
5000 Köln 1
Tel.: 0221/2701
Besitzer: Excelsior Hotel Ernst AG
Direktor: Siegfried Breunig
Küchenchef: Wolfgang Nestler
Offizielle Klassifizierung: de luxe
Öffnungszeiten: Ganzjährig
Gruppenreisen möglich
Hunde in den Zimmern zugelassen

Lage
Zentral, ruhige Zimmer zu Innenhöfen, Außenzimmer meist klimatisiert und schallisoliert, Terrasse
Nächster Flughafen: 15 km
Nächster Bahnhof: 200 m

Zimmer und Preise
Insgesamt 175 Zimmer, davon
109 Doppelzimmer mit Bad/WC zu 290,– bis 480,– DM
66 Einzelzimmer mit Bad/WC zu 225,– bis 360,– DM
Alle Außenzimmer mit Porte fenêtre und kleinem Austritt
Apartments mit Salon zu 850,– bis 1050,– DM
Preise inklusive Frühstück, Service und Steuern
Kinder im Zimmer der Eltern frei

Einrichtung
Stilmöbel, echte Antiquitäten. Doppelzimmer 24–42 qm, Salonecke, Tisch, 2 Sessel, 2 Stühle, Schreibsekretär, 1–2 Kofferablagen, alle Zimmer mit Diele und Einbauschränken, Tischlampen, Stehlampen, Nachttisch mit Leselampe, Lüster, großer Spiegel, Minibar, Radio vom Empfang geregelt, Farbfernseher, Weckruf von der Zentrale, Direktwahltelefon, teilweise Klimaanlage
Täglicher Bettzeugwechsel. Die Zimmer werden nach der Nachmittagsruhe noch einmal gemacht

Bäder
8–11 qm, Außenfenster in ca. der Hälfte der Zimmer, 2 Waschbecken, große Badewanne, teilweise abgetrennte Duschkabine, Bidet, WC in 40 % der Zimmer vom Bad abgetrennt, normale Beleuchtung
Kleenex, Seife, Schaumbad, Waage, Rasierspiegel, Schwamm oder Waschlappen, Einrichtung zum Schuheputzen, Radio, Telefon, Handtuchwärmer
Täglicher Handtuchwechsel

Service
Portier, Gepäckträger, Wagenmeister. Der Gast wird auf sein Zimmer begleitet. Außer dem Frühstück werden auch Mahlzeiten auf dem Zimmer serviert bis 24.00 Uhr. Bügeln, Waschen und Reinigen: vor 9.00 Uhr abgegeben, am selben Tag zurück. Wagen waschen und auftanken. Zeitungen zum Frühstück auf Wunsch
Prospekte, Pläne und Karten für Ausflüge, Fahrpläne für Züge und Flugzeuge, 24-Stunden Conciergerie-Service
4 Fahrstühle, Bar, Boutiquen, 2 Restaurants, abgeschlossene und offene Garagen, Geldwechsel, Kreditkarten: Amexco, Diners, Eurocard

Sport
Massage auf Wunsch
Tennis: 1,5 km
Golf: ca. 5 km

Frühstück
6–7 Sorten Brötchen und Brot, verpackte Butter und Industriekonfitüren auf

Ein komfortables Doppelzimmer im Excelsior

der Etage, offene Butter und offene Konfitüren im Restaurant, Honig, frische Croissants, Käse, Wurst, Quark, Diätprodukte, echter Tee in Blättern, frisch gepreßte Fruchtsäfte

Restaurant
»Hanse-Stube«
Ganzjährig täglich geöffnet
Mittagessen: 12.00–15.00 Uhr
Abendessen: 18.00–24.00 Uhr
80 Plätze, elegant
Terrasse, Klimaanlage, Räume für Gesellschaften bis zu 300 Personen, Piano-Bar

Spezialitäten
Gefüllter Steinbutt mit weißer Trüffelsauce (48,– DM)
Salm auf Sauerampfer (42,– DM)
Kalbsfilet mit Steinpilzrahm, Spätzle (42,– DM)
Mastochsenbrust vom Wagen, kalte Beilagen, Bouillonkartoffeln (34,– DM)
Warmes Schokoladensoufflé mit marinierten Orangenfilets
Rote Grütze, Vanillesauce
Menüs: zu 38,50 bis 95,– DM
Weine: Maximin Grünhauser Herrenberg, Riesling, Neuenahrer Kirchtürmchen

---

Billig ist es nicht gerade, das Hotel Excelsior-Ernst am Dom zu Köln; aber dafür ist es eines der am schönsten und künstlerisch am geschmackvollsten eingerichteten in Deutschland, wenn nicht in Europa. Einer der wenigen international anerkannten deutschen Innenarchitekten, Graf Pilati, hat das Haus eingerichtet, und vor allem dem Restaurant »Hanse-Stube« sein einmalig schönes, englisches Flair gegeben.

Immer noch die Nummer 1 in Köln: Excelsior Hotel Ernst

Pilati hat auch den »Königshof« in München auf klassizistische Art perfekt eingerichtet.

Mahagonigetäfelte Wände in der Garderobe und im Restaurant, farblich darauf abgestimmter Fußboden und Polsterung des Mobiliars, sparsame, aber erlesene Auswahl an Bildern, die dezent beleuchtet werden – eine dämmerlichtige Atmosphäre, in der sich die Bewegungsart »Schreiten« empfiehlt. Pilati hat hier eine Ambiance geschaffen, die höchsten Ansprüchen eines luxuriösen und gleichzeitig konservativen Geschmacks entspricht. Die Kühnheiten, deren er fähig ist, hat er sich der Stätte konzentrierter Weltläufigkeit vorbehalten, dort, wo die Internationalitäten zusammenströmen: für die Hotelhalle und die Telefonzentrale, eine bemerkenswerte Installation von verblüffender Bläue, bei der niemand so schnell auf den Gedanken kommt, es könne sich dabei um so etwas Banal-Funktionales wie eine Telefonzentrale handeln. Man ist eher geneigt, die Barhocker zu vermissen, damit man sich für einen Drink an die Theke setzen kann. Vornehm ist gar kein Ausdruck, um diesen, wie gesagt, kühnen Architektenstreich treffend zu bezeichnen.

Die 175 Zimmer des Hotels, davon 109 Doppelzimmer mit Bad und WC und 66 Einzelzimmer mit Bad und WC sind geschmackvoll mit zum Teil echten und kostbaren Antiquitäten eingerichtet. Die Zimmer, die zum Innenhof gehen, sind absolut ruhig, während alle Räume zur Straße schallisoliert sind. Es gibt zwar keinen privaten Parkplatz, aber ein Parkhaus liegt direkt gegenüber. Natürlich gibt es hier auch großzügige Apartments mit Salons zwischen 850 und 1050 DM. Die Zimmer sind ziemlich groß, nämlich 24 bis 42 qm. Die Hälfte der Zimmer hat Außenfenster in den Bädern, die also nicht nur Naßzellen sind. Pro Person gibt es stets ein Waschbecken. In 40 Prozent der Zimmer sind die WCs von den Bädern abgetrennt, immerhin etwas. Die elegantesten Zimmer liegen in jenem Anbau, der erst Ende 1986 fertig wurde und der ein zauberhaftes Treppenhaus aus Marmor mit einer riesigen Wendeltreppe enthält.

Die Direktion dieses Hauses weigert sich, ein Frühstücksbüffet im Restaurant einzurichten. Statt dessen gibt es ein gutes Zimmerfrühstück, das nicht nur abgepackte Industrieprodukte enthält. Auf Wunsch gibt es eine Käse- und Wurstplatte, Quark und sogar eine Diät.

Besonders angenehm ist es, während der warmen Sommermonate im Innenhof des Hauses zu speisen.

Obwohl in den letzten Jahren die Küche der »Hanse-Stube« nicht besonders großen Beifall bei den professionellen Restauranttestern von Gault-Millau und Michelin gewinnen konnte, bin ich der Meinung, daß die Küche, die Wolfgang Nestler macht, sehr anständig ist. Besonderes Lob verdient der Service, der von Restaurant-Direktor Romain Witt, einem Elsässer, geleitet wird. Er kümmert sich um alle Details in seinem Haus und ist übrigens auch im Aufsichtsrat der Hotelgesellschaft vertreten.

Bemerkenswert gut bereitet Wolfgang Nestler Fische und Krustentiere zu. Er hat sich auf diesem Gebiet ganz den Sitten der neuen Küche angepaßt und verwendet nur ausgezeichnete und frische Produkte. Zu seinen klassischen Spezialitäten gehört der gefüllte Steinbutt mit weißer Trüffelsauce (48 DM), der Salm auf Sauerampfer (42 DM) und die klassische Mastochsenbrust vom Wagen, die es sehr oft zum Lunch gibt. Wolfgang Nestler arbeitet seit 1980 im Hause und hat vorher in bedeutenden westdeutschen Restaurants gearbeitet.

8. Steigenberger-Hotel

Bewertung: Hotel 70 %   Restaurant 18 Punkte

Monheimsallee 52
5100 Aachen
Tel.: 0241/152081
Telex: 832864 quhof
Besitzer: Stadt Aachen
Direktor: Kurt F. Seidler
Küchenchef: Michael Görres
Offizielle Klassifizierung: First Class
Öffnungszeiten: Täglich
Gruppenreisen nach Vereinbarung
Hunde erlaubt

Lage
Ruhig. Höhenlage: 174 m. Kurpark, Park, Terrasse
Nächster Bahnhof: 2 km
Nächster Flughafen: 86 km Köln/Bonn, 85 km Düsseldorf

Zimmer und Preise
Insgesamt 186 Zimmer, davon
68 Doppelzimmer mit Bad/WC zu 238,– bis 308,– DM, 3 Doppelzimmer mit Balkon oder Terrasse
7 Doppelzimmer mit Dusche/WC zu 238,– bis 308,– DM
77 Einzelzimmer mit Bad/WC zu 155,– bis 225,– DM
24 Einzelzimmer mit Dusche/WC zu 155,– bis 225,– DM
5 Apartments mit Salon zu 400,– bis 600,– DM
Preise inklusive Service, Steuern und Frühstück
Vollpension in der Saison zu 69,– DM
Halbpension in der Saison zu 42,– DM
Für Kinder Spezialpreise

Einrichtung
Elegant, stilvoll. Doppelzimmer 13,8 qm–38 qm. In den Doppelzimmern Salonecke mit Tisch, 2 Sessel und Stühle, Schreibsekretär und Frühstückstisch. 1 Gestell für die Kofferablage. 65 Zimmer mit Diele und Einbauschränken. Tischlampen, Stehlampen, Nachttisch mit Leselampe, Beleuchtung, großer Spiegel, Mini-Bar, Radio »Self-Service«, Farbfernseher, Weckdienst, z. T. Lüftung
Täglicher Bettzeugwechsel

Bäder
70 mit Außenfenster, 117 mit Ventilation, 1 Waschbecken pro Person, kleine und große Badewanne, Bidet, 2 Suiten mit Gäste-WC, Neonlicht
Kleenex, Seife, Schaumbad, Waage, Einrichtung zum Schuheputzen, Badehauben, Bademäntel
Täglicher Handtuchwechsel

Service
Portier. Der Gast wird auf sein Zimmer begleitet, außer dem Frühstück werden auch Mahlzeiten auf den Zimmern serviert von 6.00–24.00 Uhr. Bügeln wenige Stunden, Waschen, Reinigen über den anderen Tag. Wagen waschen und auftanken. Zeitungen zum Frühstück Prospekte, Pläne und Karten für Ausflüge. Fahrpläne für Züge und Flugzeuge. Mietservice, Kulturelle Angebote. Direktwahltelefon, Bar, 5 Fahrstühle. Geldwechsel. Kreditkarten: Amexco, Diners Club, Eurocard, Visa, JCB

Sport
Thermalbad, Massage, Fitness-Raum, Reiten
Tennis: 200 m
Golf: 4 km 18 holes, 14 km 9 holes

Frühstück
6 Brotsorten, offene Butter, hausgemachte Konfitüre und abgepackte Industrieprodukte, Honig, frische Croissants, Markenkaffee, echter Tee in Blättern und Teebeutel, Fruchtsäfte, Frühstücksbüffet, auf Wunsch individueller Frühstücksservice

Parkrestaurant
Mittagessen 12.00–14.00 Uhr. Abendessen 18.30–21.45 Uhr. Piano-Musik, offene Terrasse, 80 Plätze, stilvolle Eleganz, Räume für Gesellschaften mit 10–1 800 Plätzen, Tee- und Kaminhalle
Küchenchef: Michael Görres, seit 1978 im Hause, vorher im Hotel Bayerischer Hof (München), Breidenbacher Hof (Düsseldorf), Hotel Königshof (Garmisch-Partenkirchen), German Food Center (London), Restaurant Kuckuck (Köln)

Spezialitäten
Terrine von neuen Kartoffeln mit gepökelter Entenbrust (42,– DM)
Lachs und Seezunge im zarten Hummergelee, Taschenkrebs-Basilikumvinaigrette (22,– DM)
Tranche vom Wolfsbarsch in Zucchinischuppen auf Champagner-Grapefruitsauce (45,– DM)
Kaninchenrückenfilet in Rosmarin auf feinem Bohnengemüse (34,– DM)
Kalbsfilet mit Bries und Artischocke auf Chicorée in Ingwersahne (43,– DM)
Marzipancrêpes in Apfelweinsauce mit feinem Schaumeis (11,– DM)
Menüs: ab 42,– DM

Man trifft sich gern in guter Gesellschaft

Wenn Sie einen außergewöhnlichen Urlaub machen möchten, sind Sie bei Steigenberger in den besten Händen

Die Urlaubszeit zählt für die meisten Menschen zur schönsten Zeit des Jahres – besonders, wenn man das Beste daraus zu machen versteht. Wie gut das auf feinere Art gelingt, zeigt das Kur- und Ferienprogramm von Steigenberger.

Ferienspaß – ganz exklusiv

Die Urlaubsarrangements der Steigenberger Hotels sind traditionsgemäß immer first class. Gelten sie doch für Häuser, in denen man stilvoll und höchst angenehm logieren kann. Neuestes Beispiel dafür ist das erste Steigenberger Hotel in Österreich: der „Alpenkönig" in Tirol. Dieses Feriendomizil bietet einem anspruchsvollen

Das Steigenberger Hotel Europäischer Hof in Baden-Baden

Gästekreis soviel Luxus und Eleganz, daß „Ferien vom Feinsten" zu erwarten sind. Auch in der Schweiz zeichnen sich Steigenberger Hotels durch beste Lage und Höhenluft aus. Das traditionsreiche Belvédère empfängt seine Gäste in Davos, 1.560 m hoch, umgeben von einer majestätischen Bergwelt. Seit seiner Übernahme durch Steigenberger hat das berühmte 5-Sterne-Hotel das ganze Jahr über Saison. Auch im Steigenberger Hotel in Saanen-Gstaad kann man Schweizer Gastlichkeit von ihrer besten Seite kennenlernen.

Steigenberger Hotels gibt es in:
Aachen · Augsburg · Baden-Baden · Bad Griesbach i. Rottal · Bad Kissingen · Bad Kreuznach · Bad Neuenahr · Bad Orb · Bad Reichenhall · Berlin · Bonn · Davos · Düsseldorf · Duisburg · Frankfurt/Main · Freudenstadt · Grafenau/Bayer. Wald · Konstanz · Lam/Bayer. Wald · Mannheim · Reith/Seefeld · Saanen-Gstaad · Scheveningen · St. Lucia/W.I. · Stuttgart

Wer Ferienspaß und den Komfort von Steigenberger verbinden möchte, kann das natürlich auch in Deutschland tun. Für Freunde zünftiger Wanderungen ist der Bayerische Wald ein wahres Dorado. Am besten wohnt man hier in den Steigenberger Hotels Sonnenhof. Dann kann sich die ganze Familie nach Herzenslust verwöhnen lassen. Hallenschwimmbad, Kegelbahnen, Disco-Club, Tennisplätze und ein Abenteuerspielplatz machen aus Sonnenhof-Ferien ein kurzweiliges Vergnügen.

In den Bayerischen Alpen logiert und kurt man ganz erstklassig im Steigenberger Hotel Axelmannstein, Bad Reichenhall. Auch im Schwarzwald, im Steigenberger Hotel in Freudenstadt, werden Kur, Fitness und gute Erholung sehr gepflegt. Und wer seine Freundschaft mit Berlin gern erneuern möchte, hat mit dem Steigenberger Berlin eine erste Adresse im Herzen der Stadt. Dies City-Domizil mit dem Luxus und Service eines Grandhotels ist nicht nur eine Geschäfts-, sondern auch eine Urlaubsreise wert ... und sei sie noch so kurz. Der Gast wird jeden Tag aufs neue genießen und es mit den phantasievoll zubereiteten Köstlichkeiten einer exquisiten Küche nicht genug sein lassen: Ist es doch auch ein Vergnügen, von einem aufmerksamen, hilfsbereiten Service umsorgt zu werden. Und in guter Gesellschaft Ambiente und Atmosphäre eines renommierten Hauses zu spüren.

Gute Ideen für einen sehr guten Urlaub

... davon gibt es bei Steigenberger genug. Unser Kur- und Ferienprospekt mit den Hotelarrangements 1987 stellt sie Ihnen vor. Und er zeigt auch, daß ein außergewöhnlicher Urlaub bei Steigenberger nichts Ungewöhnliches ist – sondern die Regel.

Wenn Sie gern mehr über Steigenberger Hotels und ihre Kur- und Ferienangebote wissen möchten, wenden Sie sich bitte an den Steigenberger Touristik Service, Postfach 160663, 6000 Frankfurt 16, Telefon (069) 215743.

STEIGENBERGER HOTELS

Es gibt wenige Hotels in Deutschland, in denen man sich so wohl fühlen kann wie in Aachens »Quellenhof«. Woran das liegt? Erstens atmet das Haus die Geschichte eines alten Grand-Hotels; es ist bereits 1916, mitten im Ersten Weltrkrieg vom Vertreter des deutschen Kaisers eröffnet worden. Zweitens wurde das Haus, das seit 1979 von dem Steigenberger-Konzern betrieben wird, mehrfach modernisiert und renoviert, so daß es trotz seines Alters auf Hochglanz gebracht ist, und drittens ist die Küche ebenso verführerisch gut wie im benachbarten Zwei-Sterne-Haus »Cala« von Gerhard Gartner im Kasino, viertens ist der Service unter Restaurantleiter Norbert Mahlberg von so tadelloser Perfektion, daß ich ihn für den Titel »Oberkellner des Jahres« vorgeschlagen habe, den der Wein-Importeur und Großhändler Segnitz in Bremen alljährlich vergibt.

Minuspunkte im Hotel sind kaum zu vermerken: ca. 117 von insgesamt 186 Bädern sind nur Naßzellen mit Ventilation ohne Außenfenster, die WCs sind nicht abgetrennt, Zahnpasta und Waschlappen fehlen. Das Angebot an Extras zum Normalfrühstück ist gewaltig: Nichts, was es nicht gibt, vom Müsli über Toast bis zu Schinken und Weißwürsten. Auch der Bio-Fanatiker wird bestens versorgt.

Michael Görres, der schon seit 1978 im Hause arbeitet, gehört zu den Assen des Steigenberger-Konzerns, obwohl er weder Bocuse, noch Witzigmann als seine Lehrmeister angeben kann. Er hat eine solide Karriere in großen Hotel-Restaurants durchlaufen vom »Bayerischen Hof« in München bis zum »Königshof« in Garmisch; was er heute macht, ist beste Nouvelle Cuisine ohne Übertreibungen. Seine mit der Saison gehende Speisenkarte ist stets eine interessante und anregende Lektüre für den Gourmet. Und wie Mahlberg den Gast berät und betreut, ist einfach vorbildlich. Hoffentlich weiß der Steigenberger-Konzern, was er an dieser Equipe hat!

Die Weinkarte verdient einige Pluspunkte:

1.) Reichhaltiges Angebot an offenen Weinen (0,25 l), darunter erstklassige Gewächse wie die Oberbergener Baßgeige von Franz Keller,

2.) reichliche Auswahl an halben Flaschen aus vielen Weinbaugebieten Europas,

3.) Steigenbergers Frankhof-Kellerei beliefert die Restaurants des Konzerns mit Weinen von Léon Beyer, einem der ersten Produzenten des Elsaß, Gewächsen von Max Chapoutier (Côtes du Rhône) und Joseph Drouhin (Burgund). Darüber hinaus führt der Quellenhof so seltene Gewächse wie den Tischwein aus dem Languedoc »Mas du Daumas Gassac«, den die internationale Fachpresse zu den besten Rotweinen der Welt rechnet, den »Château de Haute Serre«, einen Wein aus dem Cahors des Winzers Vigouroux oder den »Condrieux« von G. Verloux, einen der besten Weißweine von der Rhône.

Wer sich in der klassischen Eleganz dieses Hauses und bei der feinen Küche von Görres nicht wohlfühlt, ist selber schuld.

9. Hotel Inter-Continental Berlin

Bewertung: Hotel 65 % Restaurant 16 Punkte

Budapesterstraße 2
D-1000 Berlin 30
Tel.: 030/26020
Telex: 148380 ihc d
Inhaber: Hotelbaugesellschaft Budapesterstraße mbH
Direktor: Alfred Weiss
Küchenchef: Josef Haage
Offizielle Klassifizierung: de luxe
Öffnungszeiten: Ganzjährig
Kleine Hunde zugelassen

Lage
Zentral, wenige Minuten vom Kurfürstendamm und der Gedächtniskirche
Alle Zimmer haben schallisolierte Fenster
Nächster Bahnhof: 1 km
Nächster Flughafen: 10 km
10 Minuten mit dem Taxi bis zum Internationalen Congreß-Centrum und dem Messegelände
Hinter dem Hotel befindet sich ein direkter Weg zum Tiergarten

Zimmer und Preise
Insgesamt 600 Zimmer, davon
530 Doppelzimmer mit Bad/WC zu 230,– bis 425,– DM
70 Apartments mit Salon zu 525,– bis 1950,– DM
Doppelzimmer als Einzelzimmer zu 280,– bis 350,– DM
Alle Preise inkl. MWSt. und Service

Reichhaltiges Frühstücksbüffet pro Person 22,– DM
Vollpension: 70,– DM pro Person zuzüglich zum Zimmerpreis
Halbpension: 35,– DM zuzüglich zum Zimmerpreis
Halb- oder Vollpension sind nicht obligatorisch
Kinder bis 12 Jahre zahlen in der Brasserie pro Lebensjahr 1,– DM

Einrichtung
Zimmer ca. 30 qm, zeitlose Eleganz, Suiten ca. 180 qm, teilweise echte Antiquitäten
Doppelzimmer: Salonecke mit Tisch und Stühlen, 2 Sessel, 1 Zweiersofa, Schreibtisch, Frühstückstisch, 1 Kofferablage, 1 großer Spiegel, 12 Kleiderbügel, Tischlampen, Leselampen, zum Teil Stehlampen
70 Zimmer mit Vorraum, alle Zimmer mit Mini-Bar, Radio, Farbfernseher und Klimaanlage, Direktwahltelefon
Weckdienst über die Zentrale
Täglicher Bettzeugwechsel. Bei Bedarf wird am Nachmittag das Bett ein zweitesmal gemacht

Bäder
Größe 3 m × 1,8 m, kein Außenfenster, alle mit Ventilation und Leuchtstoffröhren, zum Teil 2 Waschbecken, große Badewanne, teilweise mit Bidet und abgetrennter Duschkabine, WC im Bad, teilweise zusätzliches Gäste-WC in den Suiten
Kleenex, Seife, Schaumbad, Waschlappen, Nagelfeilen, Haarwaschmittel, Spezialpapier zum Schuheputzen, keine Waage, kein Rasierspiegel, kein Handtuchtrockner, keine Zahnpasta

Service
Zeitungen zum Frühstück, täglich frische Bettwäsche und Handtücher, alle Mahlzeiten im 24 Stunden-Service auf den Zimmern (Spezialkarte), Bügeln, Waschen, Reinigen 1–2 Tage, Wagenmeister, Portier, Bellboys, der Gast wird auf sein Zimmer gebracht
Prospekte, Pläne und Karten für Ausflüge, Fahrpläne für Züge und Flugzeuge, Geldwechsel an der Kasse, PAN-AM-Check-Service bis 15.00 Uhr, Herren- und Damenfriseur, Kosmetiksalon, Blumenstudio, Zeitungsladen, Damen- und Herrenboutique, Kamin-Bar, Dachgarten-Bar, Six-Continents-Lounge, 6 Fahrstühle. Gebührenfreier Parkplatz (300 Plätze), Tiefgarage mit 100 Parkplätzen

Frühstück
Reichhaltiges Frühstücksbüffet in der Brasserie, nur kontinentales Frühstück auf den Zimmern. 17 Brotsorten, abgepackte Butter und Konfitüren, Honig, frische Croissants, frische Fruchtsäfte, Jacobs Kaffee (Gastronomiemischung), abgepackter Tee

Sport
Hallenbad, Sauna, Massage und Fitness-Raum im Hause
Golf: mit dem Auto ca. ½ Stunde
Tennis: mit dem Auto ca. 10 Minuten

Restaurant
»Zum Hugenotten«
80 Plätze, elegant und gediegen eingerichtet
ganzjährig geöffnet, täglich von 12.00–15.00 Uhr und von 18.00–24.00 Uhr
Hunde nicht zugelassen
Klimaanlage, Piano-Musik mit Juan Brunori
Kreditkarten: American Express, Diner's Club, Eurocard, Visa, Carte Blanche, JTB
Küchenchef: Josef Haage, seit 1980 im Hause, vorher im Maxim's Paris, Inter-Continental London, Vier Jahres-

Schade, daß man einen Wein nicht streicheln kann.

(Kurt Tucholsky)

Von jeher ist das Verhältnis zwischen Mensch und Wein ein sehr persönliches. Beständige Faszination gewinnt es durch die Chance neuer Geschmacksentdeckungen.

Eine solche Entdeckung sind die Weine der WALTHARI Weinkellerei: Ausgesuchte Weinpersönlichkeiten, die sich aufgrund ihrer edlen Herkunft nicht mit Nebenrollen im Wein-Scenario begnügen müssen.

Denn insbesondere bei unseren Spitzenlagen unterstreicht das einmalige WALTHARI-Ausbauverfahren ohne Zusatz von Schwefel und Konservierungsstoffen die wahre Klasse. Und vermittelt damit neue Freude am Wein.

All dies zu wissen, ist eine Vorstufe des Genusses. Beim Probieren werden Sie mit Gewißheit bereits aus dem derzeitigen WALTHARI Angebot einen Wein favorisieren, den auch Sie streicheln möchten.

WALTHARI. Auf Ihr Wohl.

WALTHARI

WALTHARI-Weine werden nur über den Handel vertrieben. Bezugsquellen-Nachweis über die WALTHARI-Weinvertriebsgesellschaft, Peterstraße 34, 5609 Hückeswagen, Telefon: 02192/7732.

zeiten in München und im Kulm-Hotel St. Moritz
Service im Preis inbegriffen
Mittagsmenü: 43,– DM und abends Chef's Dinner zu 89,– DM

Spezialitäten
Entenbrust mit Ananas in grüner Pfeffersauce, Kaiserschoten und Kartoffelflan
Lammfilet in Pinienkern-Basilikumsauce, gefüllter Zucchiniblüte und Eiernudeln
Langustinos in Mandelcrèmesauce mit Estragon, Spargelsoufflé und wildem Reis

---

Dies war einst ein »Hilton«. Nach einer herben Kritik, die ich Anfang der siebziger Jahre an dem seinerzeit im Western-Stil gehaltenen Restaurant geübt hatte, kam Konrad Hilton persönlich nach Berlin, um nach dem Rechten zu sehen. Der große Fortschritt in der Gastronomie des Hotels kam jedoch erst, als die Inter-Conti-Gruppe die Bewirtschaftung des Hauses übernahm. Seit 1980 operiert Josef Haage, der junge Küchenchef, im »Inter-Continental« – und zwar mit großem Erfolg. Er, der vorher in ersten Häusern Europas wie im »Maxim's« von Paris, in den »Vier Jahreszeiten« von München und im »Inter-Continental« von London gearbeitet hatte, gelang es binnen kurzem, die Küche seines Hauses in Berlins kleine Spitzengruppe hinaufzukochen. Er hatte sich seinen Souschef schließlich nach der »Steckel-Epoche« des Lévyschen »Maitre« von dort geholt, bevor dieses Haus bankrott machte.

Flaggschiff des Hotels ist das Restaurant »Zum Hugenotten«, daneben gibt es noch die große »Brasserie«, den »Dachgarten« und die »Kaminbar« mit jeweils etwas verschiedenen Angeboten zu verschiedenen Preisen.

In Berlin eine wirklich feine Küche zu machen, ist reichlich problematisch. Der Berliner liebt es eher deftig, und die Größe der »Brasserie« sagt es deutlich, wohin sich die Mehrzahl der Gäste gezogen fühlt! Zu einer weniger raffinierten, »rustikalen« Küche, was immer man darunter verstehen mag. Jedenfalls finden nur wenige Gäste Gefallen an »Langustinos in Mandelcrème-Sauce mit Estragon plus einem Spargelsoufflé«, der »Entenbrust mit Ananas in grüner Pfeffersauce« oder einer »Pinienkern-Sauce mit Basilikum«, die der Chef zum Lammfilet reicht.

Auf jeden Fall fehlt es dem Küchenmeister nicht an Erfindungsreichtum, den er allerdings in vernünftigen Grenzen hält und der ihn nicht verführt, absurde Geschmacksexperimente auf Kosten seiner Gäste zu machen.

Das Hotel gehört preislich und ausstattungsmäßig zu den oberen Spitzen der Luxusklasse. Schon die Halle mit ihrem dunkelgrauen Marmor und den sechs Ledersitzgruppen beeindruckt und sagt einem, was man hier für einen Aufenthalt zu bezahlen hat. Die 600 Gästezimmer mit ihren 1 150 Betten sind ebenso großzügig ausgestattet, wie die Bäder klein und zum Teil sogar unpraktisch sind, offensichtlich ein Erbteil des Vorgängers: Die Größe zwischen 5 und 6 qm ist bescheiden, alle Bäder sind Naßzellen, die sich nach der warmen Dusche in Dampfbäder verwandeln, die Ventilation ist zu schwach, um den Dampf wirkungsvoll abzusaugen, die Leuchtstoffröhren vermitteln keine günstige Beleuchtung für die Gesichter der Damen, die WCs sind im Bad, es gibt weder Waage, noch Rasierspiegel oder Zahnpasta. Das alles müßte nicht sein in einem Hotel der Luxusklasse mit entsprechend hohen Preisen.

Im übrigen fehlt es an nichts, und der Zimmerservice ist vorbildlich. Daß VIP's eine Extrabehandlung erfahren, muß nicht erwähnt werden, weil dies in allen Hotels der Welt so ist, vielleicht mit Ausnahme der kleinen Luxusherbergen auf dem Lande.

In den Hotelarkaden liegen 24 Geschäfte aller Art, die für Touristen interessant sein können und vorwiegend Luxusartikel anbieten. Eine 600 qm große Lounge »Six Continents« ist für Gespräche zwischen Geschäftsleuten und Touristen vorgesehen.

Nicht zu vergessen ist die praktische Lage zwischen Gedächtniskirche und dem nahen Tiergarten, einem idealen Gelände zum Spazierengehen. Das »Intercontinental«, wo man praktisch bequem vor dem Hoteleingang parken kann, ist der ideale Ausgangspunkt, um sich Berlin zu »erobern«.

Der Dachgarten des Inter-Continental

10. Hotel Steigenberger

Bewertung: Hotel 65 % Restaurant 16 Punkte

Los-Angeles-Platz 1
1000 Berlin 30
Tel.: 030/2 10 80
Telex: 181 444
Besitzer: Steigenberger Hotelgesellschaft AG
Direktor: Jean K. van Daalen
Küchenchef: Detlef Kortenhoff
Offizielle Klassifizierung: 4 Sterne
Öffnungszeiten: Ganzjährig, Gruppen werden angenommen
Hunde im Hotel erlaubt

Lage
Zentral, aber ruhig, wenige Minuten vom Kurfürstendamm und dem Europa-Center
Nächster Bahnhof: 0,5 km
Nächster Flughafen: 10 km

Zimmer und Preise
Insgesamt 378 Zimmer, davon 29 Suiten zu 500,– bis 1 500,– DM
349 Doppelzimmer mit Bad/WC zu 240,– bis 380,– DM
Doppelzimmer als Einzelzimmer zu 195,– bis 295,– DM
28 Apartments zu 550,– bis 750,– DM
Preise inklusive Service und Steuern, Frühstück extra zu 20,– DM
Vollpension für 70,– DM, Halbpension für 35,– DM
Kinder bis 12 Jahren kostenlos im Zimmer der Eltern

Einrichtung
Moderner Komfort, Zimmergröße 29 qm, alle Zimmer mit Diele, 2 Türen, Einbauschränken, Salonecke mit Tisch und 2 Sesseln, Sekretär, Frühstückstisch, 1 Kofferablage, 10–20 Kleiderbügel, Tischlampen, Stehlampen, Nachttische mit Leselampen, großer Spiegel, Mini-Bar, Farbfernseher, Klimaanlage, indirekte Beleuchtung, Radio, Weckdienst über Zentrale

GUT
FÜR DRE
STERNE.
Form Carat. In Weiß.
Oder mit vielen Dekoren.
Von Bauscher.
Führend in der
internationalen Gastronomi
Porzellanfabrik Weiden
Gebr. Bauscher.
Erste Spezialfabrik der We
für Hotelporzellan.
D-8480 Weiden.
Telefon (0961) 82-0.
BAUSCHER BW WEIDEN
Weltmarke der Tischkultur.

Täglicher Bettzeugwechsel, das Bett wird am Nachmittag ein zweitesmal gemacht

Bäder
4,5 qm groß, keine Außenfenster, Klimaanlage, Neonlicht, 1–2 Waschbecken, große Badewanne, Bidet nur in Suiten, WC im Bad, Kleenex, Seife, Schaumbad, Waage nur in Suiten, Waschlappen, Shampoo, Duschhaube, teilweise Fön, keine Zahnpasta, kein Rasierspiegel, keine Infrarotlampe
Täglicher Handtuchwechsel

Service
Portier, Gepäckträger, Wagenmeister, Schuhputz-Service, 24 Stunden-Service mit Etagen-Karte, Bügeln, Waschen, Reinigen 1 Tag, Zeitungen zum Frühstück, Gästebetreuung, Prospekte und Pläne für Ausflüge, Fahrpläne für Züge und Flugzeuge, Geldwechsel, Friseur, Zeitungsladen, Modeboutique, Büro- und Autoservice, Parfümerie, Reisebüro, 2 Bars, 1 Kneipe
80 Garagenplätze, 40 Parkplätze

Frühstück
Reichhaltiges Frühstücksbüffet, 10 verschiedene Brotsorten, abgepackte Butter, Konfitüre teils abgepackt, teils hausgemacht, Honig, frische Croissants, Azur- und Jacobs-Kaffee, echter Tee aus Blättern, frisch gepreßte Säfte, auf Wunsch Sekt

Sport
Hallenbad, 24° C, Sauna, Solarium, Massage, Trimmfahrräder
Tennis: 2 km
Golf: 10 km

Restaurants
»Park Restaurant«
110 Plätze und Ranke-Salon (40 Plätze), Stilmöbel, täglich von 12.00–15.00 Uhr und 18.30–24.00 Uhr, Hunde erlaubt, Pianomusik, im Sommer offene Terrasse, Klimaanlage
Kreditkarten: Diner's Club, American Express, Eurocard, Visa Mastercard
Küchenchef: Detlef Kortenhoff, seit 1984 im Hause, vorher im »Waldhotel Friedrichsruhe«, »Maitre« Berlin, Hilton-Hotel, Düsseldorf

Spezialitäten
Steinbutt mit Broccoli pochiert, Champagnersauce, tomatisierte Kartoffeln (40,– DM)
Terrine von Erstlingsgemüse mit Stopfleber (16,– DM)
Lammrücken auf Gemüse mit Steinpilzsauce überbacken (36,– DM)
Menüs für 33,– bis 110,– DM
Internationale Weine, Schwerpunkt Frankreich

»Berliner Stube mit Destille«
von 12.00 bis 15.00 Uhr und von 18.00 bis 24.00 Uhr geöffnet, insgesamt 184 Plätze

---

Das Steigenberger-Hotel Berlin war von Anfang an ein Volltreffer. Die Lage kann nicht idealer sein: Mitten im Zentrum der westlichen Hauptstadt an einem ruhigen Park, in drei Minuten zu Fuß ist man an der Gedächtniskirche, am Kurfürstendamm und an der Tauentzienstraße, man braucht kein Taxi, um zum Zoo oder zum Europa-Center zu kommen.

Das Haus wurde erst 1981 eröffnet. Direktor Jean K. van Daalen hatte vorher den »Nassauer Hof« in Wiesbaden geleitet und dort dem heute berühmt gewordenen Koch Woddarz Hilfestellung geleistet, als dieser im Hotel seine »Ente vom Lehel« eröffnete. Nachher war er auch in Berlin bemüht, sofort einen erstklassigen Koch auszuwählen, der das Haus sogleich zur Berliner Spitze hinaufkochen konnte. Ein guter Fisch ging ihm ins Netz: Robert Heinzelmann, der vorher auch in der Wiesbadener »Ente vom Lehel« gearbeitet hatte.

Es war damals nicht leicht, sich neben der erstklassigen Küche von Henri Lévy im »Maitre«, den »Grills« der Hotels Berlin und Kempinski durchzusetzen; aber es gelang dem Newcomer schon nach kurzer Zeit, sich einen Stern im »Michelin« zu erobern. Nun ist Detlef Kortenhoff (32) Nachfolger geworden, nachdem Heinzelmann seinen weiblichen Lehrling geheiratet und sich mit seiner Frau am Bodensee selbständig gemacht hatte. Kortenhoff hat ebenfalls in den besten Küchen gelernt: bei Eiermann im »Waldhotel Friedrichsruhe«, im »Maitre« von Berlin und im »San Francisco« des Hilton-Hotels in Düsseldorf. Der Stil der Nouvelle Cuisine ist geblieben, und ein Leistungsabfall, wie ihn der »Michelin« nach Entzug des Sternes zu erleben glaubte, ist nicht festzustellen.

Wie in fast allen modernen Großhotels sind die Badezimmer sehr klein, sind die Toiletten leider in den Bädern, und die Beleuchtung kommt meistens von Neonlicht-Kunststoffröhren, keineswegs ideal in den »Naßzellen« genannten Bädern ohne Außenfenster.

Doch übergehen wir diese Negativpunkte, wobei sich die Architekten in aller Welt verschworen haben, einen bereits in alten Grand-Hotels des vorigen Jahrhunderts erreichten Kulturstand wieder abzubauen und ihn durch den sogenannten Funktionalismus zu ersetzen. Ich jedenfalls bin zum Ergebnis gekommen, daß Hotelarchitekten selbst gar nicht reisen, sonst wüßten sie zum Beispiel auch von den Nöten eines Ehepaares, das mehrere Koffer mit sich führt, aber nur einen davon auf das einzige Koffergestell ablegen kann. Daß zwei Menschen zwei Kofferablagen benötigen, davon wußten auch die Einrichter des Steigenberger-Hotels in Berlin offenbar nichts.

Ansonsten ist jedoch die Einrichtung der Zimmer luxuriös zu nennen. Es fehlt buchstäblich an nichts, außer am Zimmerfrühstück, zu dem man sich wenigstens eine kleine Auswahl jener Extras wünschen würde, die das Frühstücksbüffet im Restaurant anbietet.

Kein modernes Großhotel entrichtet nicht seinen Tribut an die höchst moderne »Prolet-Welle«. Das manifestiert sich in der Eckkneipe, die sich »Destille« nennt und wo »dufte Happen-Pappen« in Gestalt einer Salzgurke, einer Bulette oder eines Soleis gereicht werden. Es gibt natürlich auch einen Schlag Erbsensuppe, Gulaschsuppe und eine Hühnersuppe mit Nudeln. Hinzu kommen »Strammer Max«, »Sülze« und »Berliner Grütze mit Vanillensauce«. Zu allem trinkt man ein »Berliner Kindl« oder eine »Berliner Weiße mit Schuß«.

Etwas nobler geht es in der »Berliner Stube« zu, einem regulären Restaurant mit vielen Berliner Spezialitäten. Wer es ganz nobel wünscht, speist à la nouvelle im »Park-Restaurant«, von einem sachkundigen Sommelier bei der Weinauswahl bestens beraten.

Die Preise für den Steigenberger-Komfort unterscheiden sich nicht von anderen First-Class-Hotels, weder für Zimmer, noch für Speisen und Getränke.

Sympathische Nebenerscheinung: Nachmittags treffen sich viele Stammgäste, alte und junge Leute im Café zum Gespräch oder in der Piano-Bar. Die Stimmung ist dort berlinisch, das heißt angenehm und lässig.

11. Hotel Berlin

Hotel noch ohne Wertung Restaurant 15 Punkte

Kurfürstenstraße 62
D-1000 Berlin 30
Tel.: 030/269291
Telex: 184332
Inhaber: Hotel Berlin AG
Direktor: Siegfried Müller
Küchenchefs: Hans-Dieter Phorr, Heinz-Hermann Panning
Offizielle Klassifizierung: 4 Sterne
Öffnungszeiten: Ganzjährig, Restaurant täglich von 12.00 bis 24.00 Uhr, außer Samstag mittag und Sonntag

Lage
Zentral in der Nähe des Geschäftszentrums von Berlin, nur wenige Minuten vom Kurfürstendamm entfernt
Nächster Bahnhof: Zoo, ca. 1,5 km
Nächster Flughafen: Tegel, ca. 7 km

Zimmer und Preise
Insgesamt 255 Zimmer (nach Fertigstellung des Kurfürstenflügels im April 1987 weitere 170 Zimmer) davon
112 Doppelzimmer mit Bad/WC zu 168,– bis 195,– DM
58 Doppelzimmer mit Dusche/WC zu 158,– DM
70 Einzelzimmer mit Bad/WC zu 105,– bis 145,– DM
15 Einzelzimmer mit Dusche/WC zu 105,– DM
1 Apartment mit 2 Salons zu 260,– DM
Alle Preise inklusive Frühstück, Mehrwertsteuer und Service
Vollpension/Saison: 136,– DM im Einzelzimmer
105,– DM pro Person im Doppelzimmer
Halbpension/Saison: 117,– DM im Einzelzimmer
86,– DM pro Person im Doppelzimmer
Vollpension außerhalb der Saison: 133,– DM im Einzelzimmer
103,– DM pro Person im Doppelzimmer
Halbpension außerhalb der Saison:
114,– DM im Einzelzimmer
84,– DM pro Person im Doppelzimmer
Halb- oder Vollpension nicht obligatorisch
Spezialpreise für Kinder

Einrichtung
Moderner Komfort, zweckmäßig eingerichtete Zimmer, jedoch alle ohne Balkon oder Terrasse. Alle Doppelzimmer (20 qm) mit 2 Sesseln, 2 Stühlen, Tisch und Frühstückstisch
In allen Zimmern 1 großer Spiegel, Nachttisch mit Leselampe, mindestens 1 Kofferablage, 10–15 Kleiderbügel, Platz für ca. 10 Kleidungsstücke im Schrank, indirekte Beleuchtung, Direktwahltelefon, Farbfernseher mit Videoprogrammen, keine Mini-Bar, keine Tisch- und Stehlampen, keine Klimaanlage
Keine Zimmer mit Diele
Salons mit Diele, 2 Türen, Einbauschränke und Sitzecke mit Tisch und 2 Stühlen
Die 170 neuen Zimmer im Kurfürstenflügel zusätzlich mit Diele, 2 Türen, Einbauschränken, Stehlampen, Sitzecke
Radio und Weckdienst über die Zentrale
Täglicher Bettzeugwechsel, die Betten werden am Nachmittag ein zweitesmal gemacht

Bäder
2,5 qm Größe, alle Badezimmer ohne Außenfenster, mit Ventilation und Neonlicht, 1 Waschbecken (in den Suiten 2), keine Bidets, keine abgetrennte Duschkabine, WC im Bad, Badewannen 160 cm groß, Handtuchtrockner, Kleenex, Seife, Schaumbad, Spezialpapier

Die neue Halle im Hotel Berlin

zum Schuheputzen, keine Zahnpasta, kein Rasierspiegel, keine Waage
Täglicher Handtuchwechsel

Service
Außer dem Frühstück keine Mahlzeiten auf den Zimmern, Zeitungen zum Frühstück, Bügeln, Waschen, Reinigen maximal 2 Tage, Portier, Gepäckträger, Wagen kann direkt gegenüber dem Hotel gewaschen und aufgetankt werden, Informationen über Einkaufsmöglichkeiten, Stadtrundfahrten, Konzerte, Oper- und Theateraufführungen (Kartenbestellungen), Sportmöglichkeiten, sowie Fahrpläne für Züge und Flugzeuge
2 Fahrstühle, Grill-Bar, Hotel-Bar, Souvenir-Shop, Geldwechsel in allen üblichen Währungen, privater Parkplatz, Abendessen bis 23.00 Uhr

Frühstück
Ca. 5 Brotsorten, abgepackte Butter und Konfitüren, Honig, Heimbs Kaffe (Spezialmischung), Industrietee, Dosensäfte, keine Croissants. Reichhaltiges Frühstücksbüffet, auch Extrawünsche nach warmen Eierspeisen wie pochierten Eiern oder Bacon & Egg werden erfüllt

Sport
Im Hotel selbst keine Sportmöglichkeiten, jedoch im Schwesternhotel »Ambassador« Sauna und Schwimmbad
Golf: 10 km
Tennis: ca. 10 Minuten vom Hotel
Ab April 1987 Fitness-Raum

Restaurants
»Berlin-Grill«
80–100 Plätze, Bankettträume für 10–500 Personen, Mobiliar verschiedener Stilrichtungen. Ganzjährig geöffnet
Keine Hunde
Privater Parkplatz, Bar mit Salon, offene und bedeckte Terrasse, Klimaanlage, Piano-Musik

Apollinaris
The Queen of Table Waters
Apollinaris
POLLINARIS THE QUEEN OF TABLE WATERS

Kreditkarten: AE, DC, Eurocard, Master Charge Visa, Traveller Checks
1. Küchenchef: Hans-Dieter Phorr, seit 20 Jahren im Haus, vorher im »Parkhotel« Frankfurt
2. Küchenchef: Heinz-Hermann Panning, seit 8 Jahren im Haus, vorher im »Tanne« in Braunlage, im »Kempinski« Berlin und im »Katzenberger's Adler« in Rastatt

Spezialitäten
Gegrillte Scampis mit Kräutern garniert, Sauce Diable und Kreolenreis (21,50 DM)
Kalbsmedaillon in Blätterteig, mit feinem Gemüse umlegt, Sauce Foyot (38,50 DM)
Jungschweinsfilet mit glasierten Apfelringen, Lauchcrêpe, Calvadossauce und Korinthenreis (32,50 DM)

Als es 1958 eröffnet wurde, war das Hotel ein Wunder an Modernität. Heute wirkt der Bau entschieden veraltet, und wer das Innenleben kennt, sollte nicht verschweigen, daß es mit dem Komfort nur so mittel bestellt ist. Die Zimmer sind klein (nur 20 qm im Doppelzimmer), die Bäder winzige Naßzellen ohne Außenfenster (damals wohl der letzte Schrei), alle WCs im Bad, nur ein Waschbecken für zwei Personen, Neonlicht, keine Bidets, keine Mini-Bar, Radio nur vom Empfang geregelt, kein Rasierspiegel, keine Waschlappen, keine Mahlzeiten auf den Zimmern.

Das alles wird nun anders werden. Der Vorstand der Hotel-Berlin AG, Jörg Alex, mit seinem Direktor Siegfried Müller, haben begriffen, daß eine große Investition dringend erforderlich war, wollte man in Berlin eine First-Class-Position behaupten. Rechtzeitig zur 750-Jahrfeier Berlins wurde der neue »Kurfürstenflügel« des Hotels mit 168 zusätzlichen Zimmern fertig. Im ersten Bauabschnitt wurde bereits die Erweiterung in Gestalt eines Tagungstraktes für 500 Personen im Mai 1986 eingeweiht. Im zweiten und dritten Abschnitt entstehen nun neben den Hotelzimmern noch 64 Apartments mit ein bis drei Räumen, die später auch im Rahmen des Hotels genutzt werden können. Mit Erscheinen dieses Guides aber sollen die wichtigsten Anbauten fertig werden. Die Zimmer sollen größer, die Bäder geräumiger und perfekter ausgestattet sein. Insgesamt will der Vorstand 60 Millionen Mark investieren.

Wer also im »Hotel Berlin« übernachten möchte, dem seien die Zimmer im Neubau empfohlen. Mit höheren Preisen im Vergleich zu dem Stammhaus muß man allerdings im Verlauf des Jahres 1987 rechnen.

Das Hauptrestaurant, der »Grill«, behauptet schon seit Jahren eine Spitzenleistung in der Berliner Gastronomie, wenn nicht überhaupt die führende Position unter den Hotelrestaurants. Niemand wußte zu sagen, warum das Restaurant im Michelin seinen Stern verloren hat. Gewiß wird im »Grill« immer noch viel Show gemacht: Zu Beginn einer Mahlzeit reicht man dem Gast ein heißes, feuchtes Tuch, an dem er sich die Hände reinigen soll. Aber im Ganzen bieten Service und Küche stets hervorragende Leistungen. Die Spezialitäten zeugen auch heute von einer großen Kreativität des Küchenchefs. Die »Backen vom Teufelsfisch (Lotte) in Tomaten-Buttersauce mit indianischem Gras« (fälschlich in allen deutschen Restaurants »Wilder Reis« genannt, obwohl dieses Produkt mit Reis nichts zu tun hat) oder die »Taubenbrüste auf Linsengemüse in Cognac-Rahm und mit Blinis von süßen Kartoffeln« sind ebenso köstliche wie phantasievolle Gerichte, die man in einem Großhotel dieser Art nicht erwartet. Trotz des schmerzhaften Sterne-Verlustes in der »Roten Bibel« gehört der »Grill« immer noch in die außerordentlich kleine Spitzengruppe der Berliner Restaurants, die arg zusammengeschmolzen ist, seitdem Henry Lévy mit seinem neuen »Maitre« in Berlin Pleite gemacht hat.

Im Gegensatz zu dem allbekannten, etwas vernachlässigten Zimmerfrühstück bietet das Büffet im Restaurant alle erdenklichen Extras, die man sich wünschen kann; auch können hier warme Eierspeisen oder Bacon and Egg geordert werden.

Man wohnt angenehm in der Kurfürstenstraße in Citynähe. Ein Bummel über den Tauentzien führt rasch zum Kurfürstendamm, und der Tiergarten ist auch nicht weit. Autofahrer finden einen riesigen Parkplatz direkt vor dem Hotel, und die Gourmets leiden hier keine Not wie sonst so oft in Berlin.

Außenansicht des Hotels mit Garten

12. Steigenberger-Hotel Frankfurter Hof

Bewertung: Hotel 80 % Restaurant 16 Punkte

Am Kaiserplatz
Postfach 160361
6000 Frankfurt/Main 16
Tel.: 069/20251
Telex: 411806 ho d
Telefax: 069/20251
Inhaber: Steigenberger Hotels AG
Direktor: Bernd O. Ludwig
Küchenchef: Bernhard Stumpf
Offizielle Klassifizierung: de luxe
Öffnungszeiten: Ganzjährig
Hunde erlaubt

Lage
Stadtmitte, alle Zimmer mit Schallschluckfenstern
Nächster Bahnhof: 1,5 km
Nächster Flughafen: 18 km

Zimmer und Preise
Insgesamt 400 Zimmer, davon
200 Doppelzimmer mit Bad/WC zu 270,– bis 560,– DM
200 Einzelzimmer mit Bad/WC zu 189,– bis 349,– DM
24 Apartments mit Salon zu 720,– bis 980,– DM und 1 Präsidenten-Suite
Steuern, Service und Amerikanisches Frühstück im Preis inbegriffen. Spezialpreise für Kinder

Einrichtung
Zeitlos elegant, modern mit Antiquitäten gemischt. 18–35 qm große Zimmer, 2 Sessel und Couchtisch, 1 Stuhl, Schreibtisch, Frühstückstisch, mindestens 1 Kofferablage, 100 Zimmer mit

Diele, 14 Kleiderbügel, im Schrank Platz für ca. 25 Kleidungsstücke, Tischlampen, Stehlampen, Nachttisch mit Leselampe, großer Spiegel, Mini-Bar, Farbfernseher, Direktwahltelefon, Weckdienst über die Zentrale
Täglicher Bettzeugwechsel. Am Nachmittag wird das Bett ein zweites Mal gemacht

Bäder
6–14 qm groß, 40 mit Außenfenster, die übrigen mit Ventilation, 1–2 Waschbekken, teilweise abgetrennte Duschkabine, teilweise mit Bidet, Badewanne, WC teilweise im Bad, zum Teil Neonlicht, Handtuchtrockner, Kleenex, Seife, Schaumbad, Schwamm, Spezialpapier zum Schuheputzen, teilweise mit Waage und Rasierspiegel, keine Zahnpasta, keine Infrarotlampe
Täglicher Handtuchwechsel

Service
Portier, Gepäckträger, Begleitung auf die Zimmer, alle Mahlzeiten im 24-Stunden-Service auf die Zimmer (Spezialkarte), Bügeln, Waschen, Reinigen 1 Tag, Zeitungen zum Frühstück, Pläne und Karten für Ausflüge, Fahrpläne für Züge und Flugzeuge, Mietwagen, Sekretariatsdienst, Dolmetscher, Paket-Service, Telex, Telegrammaufgabe, Geldwechsel, Friseur, Kosmetiksalon, Juwelier, Kiosk, Reisebüro, 3 Fahrstühle, Aperitifbar, Lipizzaner-Bar, 4 Restaurants, Garagen, Parkhaus. Kreditkarten: DC, Visa, EC, American Express

Frühstück
10 Brotsorten, 10 verschiedene Brötchenarten, abgepackte und offene Butter, abgepackte und hausgemachte Konfitüre, frische Croissants, Kaffee/Spezialmischung, echter und Industrietee, Honig, frischgepreßte Säfte, Frühstücksbüffet im Frühstücksraum

Sport
Massage auf Wunsch
Tennis: 2,5 km
Golf: 10 km

»Was ein wirkliches Grandhotel ist, habe ich erst jetzt in Frankfurt wieder gesehen, im Frankfurter Hof: Da weiß man doch, wofür man zahlt und tut's mit einer Art Freudigkeit...« Dieses Lob stammt nicht vom Hoteldirektor selbst, sondern vom Dichter Thomas Mann, der bekanntlich in fast allen großen Hotels der Welt gewohnt hat und diesen Brief an seinen Bruder Heinrich im Jahr 1907 schrieb.

Der »Frankfurter Hof« wird vom Steigenberger-Konzern als sein Flaggschiff bezeichnet. Als das Haus 1876 eröffnet wurde, war dies ein Staatsereignis und eine Sensation: 250 Zimmer, 20 Suiten, ein Speisesaal für 800 Personen, mechanische Aufzüge, Bäder und viel von dem, was heute zum Normalstandard gehört, damals aber noch Neuheit war. Ende 1939 erst erwarb Albert Steigenberger, dessen Stammhaus der »Europäische Hof« in Baden-Baden war, die Aktienmehrheit. Es war ein Unglücksjahr; denn der 2. Weltkrieg war ausgebrochen, und auch der »Frankfurter Hof« ging im Bombenhagel zugrunde. Erst 1948 konnte Steigenberger aus der Ruine wieder die ersten 20 Zimmer zaubern, aus denen heute 400 geworden sind. Der alte Prachtbau wurde wahrhaft prächtig renoviert.

An Lob, sowohl als Eigenlob wie solches aus der Presse, hat es dem »Frankfurter Hof« nie gefehlt. Ein paar Schwächen verhinderten in diesem Buch das Erreichen der 100-Prozent-Marke auf meiner Bewertungsliste. Sie seien vorweg genannt: In vielen Bädern gibt es nur Neonlicht, dessen Nachteile hinreichend bekannt sind. Bei unserem Besuch gab die Dusche nicht richtig heißes Wasser her, die automatische Mischdusche kam nicht über lauwarm hinaus, wobei sich die alte Frage stellt, warum die Einrichter unbedingt technische Neuerungen einführen müssen, die eigentlich nur Rückschritte sind: Die altbewährten zwei Hähne mit kaltem und warmem Wasser, bei denen man sein Duschwasser selbst mischt, sind doch kaum noch zu verbessern! Die sogenannten »Naßzellen« ohne Außenfenster stehen in krassem Gegensatz zu den großzügig und hervorragend eingerichteten Zimmern. Diese Zellen werden durch die Einbauten von WCs und Bidets noch zusätzlich verengt.

Indessen haben 80 Doppelzimmer Außenfenster, und die Hälfte davon hat abgetrennte Toiletten. Daß alle 400 Zimmer nicht einheitlich eingerichtet sind, liegt am Alter des Hauses – das erweist sich letztlich sogar als Vorteil, weil der Gast bei der Vorbestellung seine Wünsche bekanntgeben kann. Viele Gäste haben ihre Lieblingszimmer oder Lieblingssuiten, wenn man auch nicht immer allen gerecht werden kann.

Kleine Schwachpunkte: Der Kaffee kam in normalen Kännchen aufs Zimmer, obschon doch die hotelgemäßen Thermoskannen längst erfunden sind. Ergebnis: Das Getränk war lauwarm. An Kaffeepflege fehlt es selbst in den berühmtesten Grandhotels: Unser Nachmittagskaffee war ebenso lasch wie kühl (löslicher Kaffee?).

Damit endet unsere Negativliste: Die Ausstattung der Badezimmer ist im übrigen vorbildlich: Es gibt zusätzlich zu den üblichen Accessoires wie Seife, Kleenex und Duschgel noch Waschlappen und Bademäntel. In einigen Bädern gibt es zwei Duschen: eine per Hand zu bedienende und eine fest eingebaute.

Einen Wagenmeister, der dem Gast den Wagen abnimmt, um ihn in die Garage zu fahren, gibt es hier nicht. Das muß man selber machen; aber die Garage befindet sich direkt gegenüber vom Hoteleingang. Dennoch gab der mangelnde Wagenservice einen Minuspunkt.

Die vier Restaurants unterscheiden sich beträchtlich voneinander: Das »Restaurant Français«, das einen Stern im Michelin behauptet, kann sich unter Deutschlands Feinschmecker-Tempeln gut sehen lassen. Der festliche Rahmen und der gut funktionierende Service nach dem Essen garantieren ein erstklassiges Gourmet-Erlebnis. Die Fische sind so frisch, wie sie eben im Binnenland sein können, nur das Lamm war entschieden zu trocken und faserig. Mit diesem Produkt haben die besten Köche in Deutschland ihre Schwierigkeiten, weil die Importfirmen nur selten erste Qualität liefern. Ansonsten war bei unseren mehrfachen Essen in diesem Hause so gut wie nichts auszusetzen. Innerhalb des Konzerns gehört dieses Restaurant zusammen mit dem »Quellenhof« in Aachen, dem »Zeppelin« in Stuttgart und dem »Europäischen Hof« in Baden-Baden zur Spitze. Küchenchef Bernhard Stumpf arbeitet seit 1971 im Hause – eine beachtliche Zeit, bedenkt man, wie schnell sich sonst das Personal-Karussell in der Hotellerie dreht.

Kontrast: Die »Frankfurter Stubb«, ein Restaurant mit angeblich typisch regionalen Spezialitäten, die man halt lieben muß. Wer nicht Lokalpatriot ist, bleibt lieber im Restaurant Français oder im »Grill« oder im Bistro »Kaiserbrunnen 55«, wo er ebenfalls für bescheidenes Geld recht gute, einfache Gerichte erhalten kann.

Der »Frankfurter Hof« ist im ganzen ein Nobel- und Luxushotel mit einer eigenen Welt, in welcher der gehobene Gehalts- und Spesenempfänger alles findet, was er wünscht.

13. Parkhotel Frankfurt

Bewertung: Hotel 70 %   Restaurant 14 Punkte

Wiesenhüttenplatz 28–38
6000 Frankfurt am Main
Tel.: 069/2697-0
Telex: 4128808 pah d
Besitzer: Mövenpick – Unternehmungen
Direktor: Elmar K. Greif
Küchenchef: Heinz H. Imhof
Offizielle Klassifizierung: Tower: 5 Sterne, Parkhotel: 4 Sterne
Öffnungszeiten: Täglich. Restaurant »La Truffe«: Samstagmittag und Sonntag Ruhetag

Gruppenreisen
Hunde nur in den Zimmern zugelassen

Lage
Ruhig. Keine Höhenlage. Fußwege beginnen in 200 m (Mainufer)
Nächster Bahnhof: 200 m
Nächster Flughafen: 11 km

Zimmer und Preise
Insgesamt 279 Zimmer, davon
44 Doppelzimmer mit Bad/WC und
9 mit Collani-Bad zu 340,– bis 370,– DM

La Truffe
Savoir vivre in Frankfurt.
Die Parkstube
Feines und Frisches für jeden Tag.
CASABLANCA BAR
International, nostalgisch, piano entertainment.
Eine von Frankfurts Ersten Adressen.
Parkhotel Frankfurt
...das kleine Grand Hôtel
La Truffe
Parkhotel Frankfurt
CASABLANCA BAR
Wiesenhüttenplatz 28-38, Telefon (069) 26970

5 Doppelzimmer mit Dusche/WC zu 220,– DM
195 Einzelzimmer mit Bad/WC zu 220,– DM
9 Apartments mit Salon zu 400,– DM, Junior Suite bis 1300,– DM
Bis zu 16 Jahren sind Kinder im Zimmer der Eltern gratis
Preise inklusive Steuern und Service

Einrichtung
Stilmöbel in Mahagoni oder Eiche. Zimmer 14 qm bis 32 qm. In den Doppelzimmern eine Salonecke mit Tisch und Sesseln, Schreibtisch und kleiner Tisch. Pro Zimmer 1 Gestell für die Kofferablage, Tischlampen, Stehlampen, Nachttisch mit Leselampe, indirekte Türleuchte, Deckenlampe und Stehlampe, großer Spiegel, Einbauschrank, Mini-Bar, Radio »Self-Service«, Farbfernseher, Video deutsch/englisch, Weckdienst von der Zentrale, Klimaanlage, Direktwahltelefon
Täglicher Bettzeugwechsel. Abdeckservice ab 17.00 Uhr
Bar, Boutique mit Zeitungen, Zigaretten, Schokoladenverkauf. Privatparkplatz, Tiefgarage, Fahrstuhl, 3 Restaurants

Bäder
4 qm, 8 mit Außenfenster, alle mit Ventilation, im Neubau 1 Waschbecken, im Tower 2, 9 Zimmer haben große Bäder, sonst normal große Badewannen, teilweise Duschkabine, in manchen Bidet, WC im Bad
Tower: Normale Beleuchtung, Parkhotel: Neonlicht
Kleenex, Seife, Schaumbad, Waage nur in Kaisersuite, Rasierspiegel, Waschlappen, Schuhputzservice, Duschhauben, Shampoo, Bademantel, Nagelfeilen, Nähetui

Service
Portier, Gepäckträger. Außer dem Frühstück werden auch Mahlzeiten auf den Zimmern serviert von 6.30–0.30 Uhr. Zum Frühstück werden Zeitungen gebracht. Bügeln jederzeit, Wäscheservice/Reinigung täglich außer Sonntag. Wagen waschen
Prospekte, Pläne und Karten, Fahrpläne für Züge und Flugzeuge beim Concierge, Limousinen-Service

Frühstück
6 Brotsorten, offene Butter, Honig, täglich frische Croissants, Orangensaft, Markenkaffee, Tee in Beuteln, auf Wunsch Tee in Blättern, 17 Sorten, frisch gepreßte Fruchtsäfte, Frühstücksbüffett

Sport
Tennis: 5 km
Golf: 10 km
Sauna, Massage, Fitness-Raum mit Geräten

Restaurant
3 Restaurants
»Königsbrunnen« 48 Plätze
»La Truffe« 66 Plätze
»Parkstube« 70 Plätze
Durchgehend warme Küche von 11.00–23.00 Uhr
Hintergrundmusik
Bedeckte und offene Terrasse. Bankettträume bis zu 250 Personen. Casablanca-Bar
Küchenchef: Heinz H. Imhof, seit Dezember 1981 im Hause

Spezialitäten
Spargelsalat mit Crevetten auf Kresse (15,50 DM)
Maischolle mit Kartoffeln und Gurkensalat (23,50 DM)
Spargel mit Sauce Hollandaise, neue Kartoffeln (26,– DM)
Züricher Geschnetzeltes mit Rösti (25,– DM)

Kalbsschnitzel in Austernpilzsauce, grüne Nudeln (26,– DM)
Ragout von Kalbries und Crevetten (15,50 DM)

Tagesmenü: (29,50 DM)
Weine:
83er Schloß Vollrads Blausilber,
82er Hochheimer Hofmeister

Dieses Haus kokettiert mit dem Beinamen »Das kleine Grand-Hotel«. Mit insgesamt 230 Zimmern kann das Hotel allerdings wirklich nicht klein genannt werden. Der neuausgebaute »Tower« ist ein recht imposantes Gebäude, das sogar unter Denkmalschutz steht. Obwohl das Parkhotel heute zur Gruppe des Schweizer Mövenpick-Konzerns gehört, hat es sich noch nicht der sogenannten Mövenpick-Philosophie angeschlossen und wird es hoffentlich auch in Zukunft unter der Direktion von Elmar K. Greiff nicht tun. Die Mövenpick-Hotels sollen nämlich eigentlich keine Luxusherbergen sein, sondern eher solche für den reisenden Mittelstand, wie z. B. in Münster oder Braunschweig, wo weder ein dienstbarer Geist das Gepäck aufs Zimmer befördert, noch ein Wagenmeister dem Gast den Wagen abnimmt oder ein Zimmerkellner einen Kaffee aufs Zimmer bringt. Im Parkhotel, dem Flaggschiff von Mövenpick in Deutschland, herrschen zum Glück der Reisenden noch andere Sitten: Dienstleistungen sind hier keinesfalls verpönt. Ein »Voiturier« übernimmt den Wagen, um ihn in die benachbarte Garage zu fahren, ein »Bagagiste« trägt die Koffer ins Zimmer, und speisen kann der Gast, so er will, auch in den gemieteten eigenen vier Wänden. Service wird hier also noch großgeschrieben. Die Mövenpick-Philosophie scheint noch nicht bis nach Frankfurt vorgedrungen zu sein...

Eigentlich besteht das Hotel aus zwei verschiedenen Häusern: Der Teil, der sich »Tower« nennt, ist moderner und großzügiger auch in den Bädern ausgestattet und hat deshalb auch die offizielle Klassifizierung von fünf Sternen erhalten, der sogenannte »Neubau« hat nur vier Sterne und ist vergleichsweise etwas bescheidener geblieben. Die Preise entsprechen dem internationalen Standard aller Luxushotels mit gutem Service.

Die Zimmer im »Tower«, die ich vorzubestellen unbedingt empfehle, verfügen über einige bemerkenswerte Extras wie acht Bäder mit Außenfenstern, neun Zimmer mit großen Collani-Bädern (Doppel-Badewanne), zwei Waschbecken in den Doppelzimmern. Zum Abtrennen der Toiletten konnte man sich auch hier nicht entschließen. Schade bei der sonst so perfekten Ausstattung der Bäder im »Tower«.

Das Frühstücksbüffet im Restaurant ist außerordentlich reichhaltig, während das Zimmerfrühstück zwar nicht mager ist, aber bei weitem nicht so viele Köstlichkeiten enthält, wie man sie im Restaurant anbietet. Und hier liegt bei fast allen modernen Großhotels eine Schwachstelle. Warum sollte sich auch Mövenpick ausgerechnet in dieser Hinsicht von den Hiltons oder Holiday-Inns unterscheiden? Obwohl doch nichts einfacher wäre, ein paar Kleinigkeiten jener Dinge auf den Teller zu legen, die man dem Gast im Restaurant anbietet und die man ebensogut auf dem Zimmer servieren könnte.

Zu den besten Restaurants in der Großstadt Frankfurt, die recht sparsam mit guten Küchen ausgestattet ist, gehört das »La Truffe« im Parkhotel (man vergleiche: Frankfurt hat auf 612000 Einwohner vier Restaurants mit je einem Michelin-Stern,

Luxembourg mit 78912 Einwohnern ein Restaurant mit zwei Sternen und drei weitere mit einem Stern!). Die Küche steht unter der Leitung von Heinz H. Imhof, der seit Ende 1981 im Hause arbeitet. Er macht eine Küche, die sich neben der des »Restaurant Français« im Frankfurter Hof sehen lassen kann. Seine Spezialitäten sind weder extravagant, noch besonders kreativ; aber stets sauber, leicht und elegant zubereitet. Erstaunlich die große Weinauswahl: Man kann zwischen 250 Flaschen zwischen 30 und 1250 DM für einen Lafitte-Rothschild wählen. Besonders angenehm die Auswahl an vielen halben Flaschen. Schweizer Weine zu führen, ist für einen Schweizer Konzern selbstverständlich; aber das Angebot an kalifornischen Gewächsen aus dem Napa-Valley sollte doch extra angemerkt werden.

Neben »La Truffe«, dem Gourmet-Restaurant, gibt es, wie bei allen Großhotels allgemein üblich, die rustikale »Parkstube« mit 70 Plätzen, die zu etwas niedrigeren Preisen eine mehr bürgerliche Küche anbietet (z. B. Kaninchen-Terrine zu 17 DM, Kalbsschnitzel in Austernpilz-Sauce zu 26 DM, Seezungenfilets zu 34 DM und ein Salatbüffet zwischen 7,50 DM und 12 DM).

Die Lage an einem kleinen, parkartigen Platz gegenüber vom Hauptbahnhof gehört zu den Trümpfen dieses Hotels, das man rundherum empfehlen kann, solange es sich nicht der Mövenpick-Philosophie unterwirft. Halten Sie die Ohren steif, Herr Greiff!

14. Hotel Gravenbruch Kempinski Frankfurt

Bewertung: Hotel 65 %   Restaurant 16 Punkte

6078 Frankfurt/Neu-Isenburg 2
Tel.: 06102/5050
Telex: 417673
Besitzer: Kempinski AG
Direktor: Günther Haug
Küchenchef: Dieter Biesler
Offizielle Klassifizierung: de luxe
Öffnungszeiten: ganzjährig
geschlossen: Gourmet-Restaurant
Samstag und Sonntag
Gruppenreisen möglich
Hunde in den Zimmern zugelassen

Lage:
Ruhig, obwohl nahe einer Durchgangsstraße. Fußwege beginnen direkt am Hotel, 150000 qm Park mit See, Terrasse
Nächster Flughafen: 13 km
Nächster Bahnhof: 15 km

Zimmer und Preise
Insgesamt 347 Zimmer, davon
246 Doppelzimmer mit Bad/WC zu 355,– bis 365,– DM
71 Einzelzimmer mit Bad/WC zu 250,– bis 305,– DM
30 Apartments mit Salon zu 555,– bis 1 100,– DM
Preise inklusive Service und Steuern
Normalfrühstück: 23,– DM (Büffet)
Kinder bis zu 12 Jahren im Zimmer der Eltern kostenlos

Einrichtung
Rustikal-elegant, Suiten z. T. mit echten Antiquitäten, Doppelzimmer: 20–30 qm. Doppelzimmer mit Salonecke und Schreibsekretär, 3–4 Sessel und Stühle, 1 Kofferablage, alle Zimmer mit

Vorraum und Einbauschränken. Tischlampen, Stehlampen, Nachttisch mit Leselampe, indirekte Beleuchtung. Großer Spiegel, Mini-Bar, Radio vom Empfang aus geregelt, Farbfernseher, Weckdienst von der Zentrale, Klimaanlage, Direktwahltelefon
Täglicher Bettzeugwechsel. Die Zimmer werden nach der Nachmittagsruhe noch einmal gemacht

Bäder
6 qm, Ventilation, zwei Waschbecken, große Badewanne, Bidet in den Suiten, WC im Bad, Neonlicht
Kleenex, Seife, Schaumbad, Waage (in den Suiten), Rasierspiegel, Schwamm oder Waschlappen, Einrichtung zum Schuheputzen, Duschhauben, Einweghausschuhe, Fön
Täglicher Handtuchwechsel

Service
Portier. Der Gast wird auf sein Zimmer begleitet. Außer dem Frühstück werden auch Mahlzeiten auf den Zimmern serviert im 24-Stunden-Service. Bügeln, Waschen, Reinigen einen Tag. Wagen waschen und auftanken. Auf Wunsch Zeitungen zum Frühstück
Prospekte, Pläne und Karten für Ausflüge, Fahrpläne für Züge und Flugzeuge, Konzert- und Theatertickets, kostenloser Limousinen-Service, Rent-a-car, Joggingplan, Zeitungsservice im Frühstücksraum
Fahrstuhl, Bar, Boutiquen, Lancaster Beauty-Farm, 3 Restaurants, Privatparkplatz, abgeschlossene Garagen. Geldwechsel. Kreditkarten: Amexco, Diners, Visa, Eurocard, Access, Mastercharge

Sport
Beheiztes Schwimmbad im Freien und Hallenbad, hauseigener Tennisplatz, Sauna, Massage, Fitness-Raum mit Geräten, Reiten, Joggen, Lancaster-Schönheitsfarm
Golf: 8 km

Frühstück
6–7 Brotsorten, offene Butter, Konfitüren hausgemacht und Industrieprodukte, Honig, frische Croissants, reichhaltiges Frühstücksbüffet, Kaffee Spezialmischung, echter Tee in Blättern, Fruchtsäfte aus gefrorenen Fruchtkonzentraten

Restaurants
»Gourmet-Restaurant«
Geschlossen: Samstag und Sonntag und 4 Wochen während der hessischen Schulsommerferien
36 Plätze, Stilmöbel
Küchendirektor: Dieter Biesler
Küchenstil: Nouvelle Cuisine
Nur Abendessen: 19.00–1.00 Uhr
Klimaanlage. Räume für Gesellschaften: 5–600 Plätze, Bar

Spezialitäten
Jacobsmuscheln und Zuckerschoten in Trüffel-Vinaigrette (33,– DM)
Salat von Languste und Pfirsich (65,– DM)
Hummerragout auf weißen Nudeln Loriot (65,– DM)
Gratinierter Lammrücken, grüne Bohnen mit Minze – Ananaskartoffeln (48,– DM)
Getrüffelte Perlhuhnbrust auf Zucchini, Pilzkartoffeln (51,– DM)
Eiskonfekt mit Früchten (19,– DM)
Menü: 118,– bis 130,– DM
Weine: 1981 Johannisberger Schwarzenstein Spätburgunder Weißherbst, halbtrocken, 1985 Rüdesheimer Berg Rottland Riesling Spätlese, trocken

»Forsthaus-Restaurant« (120 Plätze)
Mittag + Abend geöffnet
Internationale Küche
Rahmen: elegant

»Tor-Schänke« (60 Plätze) ab 17 Uhr geöffnet	Regionale Gerichte, Niedrig-Preise Einrichtung: rustikal Küchenchef: Egon Maurer

---

Ausnahmsweise nehme ich dieses Hotel hier auf, obwohl es bereits in meinem Guide zu den »Hundert besten Landhotels in Europa« vorkommt. Es verdankt diese Sonderbehandlung zwei wichtigen Tatsachen: Erstens ist es trotz der ländlichen Lage an einem hauseigenen Park und an einem Stadtwald ein Frankfurter Großstadthotel, das sich besonders gut für Konferenzen und Tagungen eignet, und zweitens verfügt es über eine lobenswerte, neue, leichte Küche.

Das Hotel selbst ist zwar sehr luxuriös, was man auch bei Preisen zwischen 355 bis 365 DM pro Doppelzimmer und Nacht erwarten darf; leidet im übrigen aber unter den Schwächen aller modernen Großhotels, denen von den heutigen Innenarchitekten, die offensichtlich nur in alten Dogmen denken können, unter dem fadenscheinigen Vorwand der »Funktionalität« die gleichen Fehler eingebaut wurden: WCs in den Bädern, die keine Außenfenster zur Entlüftung haben, unzureichende Ventilation, Neonlicht über den Waschbecken, zu kleine Naßzellen (6 qm). Besonders originell sind jedoch hier die Accessoires, denen man noch »Einweg-Hausschuhe« hinzugefügt hat – eine höchst praktische Sache für alle, die ihre Haus-Pantoffeln nicht auch noch im Gepäck herumschleppen wollen.

Zum Ruhm des schön gelegenen Hauses hat das Sterne-Restaurant unter Küchendirektor Biesler entscheidend beigetragen: Seine Spezialitäten, die er im »Gourmet-Restaurant« serviert, sind ebenso einfallsreich wie fein zubereitet. Die »Jakobsmuscheln mit Zuckerschoten in Trüffel-Vinaigrette« und das »Hummerragout auf weißen Nudeln« sind schmackhafte, leichte und originelle Kreationen, die man woanders nicht so leicht findet. Seit acht Jahren leitet Biesler die drei Küchen, nachdem er vorher in den »Vier-Jahreszeiten« von München und in einigen Inter-Contis gearbeitet hatte.

Neben dem »Gourmet-Restaurant« gibt es noch das »Forsthaus-Restaurant«, wo Biesler eine mehr internationale Küche servieren läßt, während in der ab 17 Uhr geöffneten »Tor-Schänke« die regionale Kost zu Niedrigpreisen vorherrscht. Hier ist Egon Maurer als Küchenchef zuständig.

Die vor zwei Jahren eingerichtete »Lancaster-Schönheitsfarm« verfügt über fünf Kabinen, in denen man eifrig gegen Falten ankämpft und das Ringen der Damen um Verjüngung unterstützt – ein nützlicher Zeitvertreib für jene weiblichen Gäste, die ihre Männer auf Tagungen begleiten. Das ist die wahre Arbeitsteilung, von der die Feministen nur träumen können: Während der Mann arbeitend altert, können sich die Damen freizeitverbringend verjüngen!

Für Gäste, die sich sonst noch fit machen wollen, stehen zwei Möglichkeiten zur Verfügung: Man kann bestens im benachbarten Wald spazierengehen, wandern oder auch joggen, und man kann in einem ungewöhnlich eleganten Hallenbad oder im Freibad schwimmen.

Im ganzen: Eine gelungene Kreuzung aus Stadt- und Landhotel, Sport-, Fitnessanlagen, Freizeit- und Schönheits-Institut und großzügigem Tagungshotel. Mehr wird in der Hotellerie kaum geboten werden können.

15. Hotel Stuttgart International

Bewertung: Hotel 65 % Restaurant 17 Punkte

Plieninger Straße 100
7000 Stuttgart 80
Tel.: 0711/7202-1
Telex: 7255763
Besitzer: LEGA GmbH
Direktor: Wilfried Schrader
Küchenchef: Siegfried Keck
Offizielle Klassifizierung: First Class, 4 Sterne
Öffnungszeiten: Ganzjährig
Gruppenreisen möglich
Hunde in den Zimmern zugelassen

Lage
Ruhig. 420 m ü. d. M. Fußwege beginnen direkt am Hotel. Terrasse
Nächster Bahnhof: 12 km
Nächster Flughafen: 5 km

Zimmer und Preise
Insgesamt 198 Zimmer, davon
126 Zimmer mit Bad/WC, als Doppelzimmer zu 230,– bis 315,– DM, als Einzelzimmer zu 190,– bis 270,– DM
14 Doppelzimmer mit Dusche/WC zu 209,– bis 217,– DM
58 Einzelzimmer mit Dusche/WC zu 167,– bis 185,– DM
2 Apartments mit Salon zu 598,– bis 897,– DM
Preise inklusive Frühstück, Service und Steuern
Spezialpreise für Kinder

Einrichtung
Sachlich-modern, Doppelzimmer 19–39 qm. Doppelzimmer mit Salonecke, 2 Sessel, 1 Stuhl, Tisch, Schreibsekretär. 1 Kofferablage
Alle Zimmer mit Diele und Einbauschränken
Tischlampen, Stehlampen, Nachttisch mit Leselampe. Großer Spiegel. Minibar, Radio vom Empfang aus geregelt, Farbfernseher
Weckdienst von der Zentrale. Selbstwahltelefon
Täglicher Bettzeugwechsel

Bäder
4,5 qm. Ventilation. 1 Waschbecken, große Badewanne, WC im Bad. Neonlicht
Kleenex, Seife, Einrichtung zum Schuheputzen, andere Extras
Täglicher Handtuchwechsel

Service
Portier. Außer dem Frühstück werden auch Mahlzeiten auf den Zimmern serviert 7.00–23.00 Uhr. Bügeln, Waschen, Reinigen: 24 Std./täglich. Auf Wunsch Zeitungen zum Frühstück
Prospekte, Pläne und Karten für Ausflüge, Fahrpläne für Züge und Flugzeuge. Informationsmaterial über die Stadt
2 Fahrstühle, 2 Bars, 1 Discothek/Nightclub, Friseur, Kiosk, Bank, 3 Restaurants, privater Parkplatz, offene Garagen
Kreditkarten: American Express, Diners Club, Visa, Eurocard. Geldwechsel

Sport
Hallenbad, Sauna, Massage, Fitness-Raum mit Geräten
Tennis: 10 Minuten
Golf: ca. 25 km

Frühstück
6 Brotsorten, Butter verpackt und offen, Konfitüren hausgemacht und Industrieprodukte, Honig, Zusätzliches auf Wunsch. Kaffee 1. Sorte vom Haus Hag, echter Tee vom Wagen, 10 Sorten, frisch gepreßte Fruchtsäfte, Frühstücksbüffet

Das luxuriöse Hallenbad des Stuttgart International

Restaurant
»Paris Grill im Hotel Stuttgart International«
75 Plätze, modern
Mittagessen: 12.00–14.00 Uhr
Abendessen: 18.30–22.00 Uhr
Terrasse, Klimaanlage, Räume für Gesellschaften 5–750 Plätze, Bar mit Salon

Spezialitäten
Gebeizte Lachs- und Steinbuttrosette mit persischem Kaviar (20,50 DM)
Angeräucherte Salmschnitte in Meerrettichdampf gegart auf Apfelsahne (18,– DM)
Trüffelessenz mit Gänseleberscheiben (14,– DM)
Meerwolf in Salzkruste auf Fenchelstauden gebacken (42,– DM)
Saltimbocca vom Lammrücken (37,– DM)
Kaninchenrücken mit Kräuterflädle (36,– DM)
Menüs:
Fischmenü 90,– bis 100,– DM,
Gourmetmenü 90,– bis 100,– DM

Dieses Hotel macht, was meine allgemeinen Bemerkungen über die Nachteile der Großhotels betrifft, keine Ausnahme; aber der Geschäftsführer der LEGA-Hotel- und Gaststätten-Betriebs-GmbH mit den Häusern »Stuttgart International«, »Hotel

Unter gleicher Leitung mit gleicher Qualität: Stuttgart International und Schloßgarten Hotel Stuttgart

am Schloßgarten« und dem »Restaurant Palmscher Bau« in Eßlingen, Wilfried Schrader, weiß um die Bedeutung des persönlichen Service auch im Großhotel. Empfang, Zimmerservice und gute Küche in den Restaurants sind für ihn die besten Visitenkarten eines Hotels, das ansonsten leicht unter den Begriff der »Wohnmaschine« fallen könnte. Das Hotel selbst zeigt die üblichen Minuspunkte der meisten Großbauten: zu kleine Bäder, WCs in den Bädern, keine Außenfenster, Neonlicht über dem Waschbecken.

Architektonisch ist der Bau eine der üblichen großen Wohnmaschinen mit genormten Zimmern und kleinen »Naßzellen«, doch im übrigen ist die Betreuung der Gäste so individuell wie in kleinen und intimeren Häusern.

Für den Geschäftsführer ist das Hotel nicht nur ein Beruf, sondern auch sein Hobby. Vor allem fördert er in der Küche seines Restaurants eine Zubereitungsart, die man sonst nur in kleinen Gourmet-Tempeln erwartet. Schrader weiß, daß ein gutes Restaurant die Hauptattraktion auch für ein Großhotel ist. Auf den Zimmern überrascht ja heute nichts mehr: Farbfernseher, Direktwahltelefon, mit Accessoires gut ausgestattete Bäder sind so selbstverständlich, daß man kaum noch darüber reden muß. In der Gastronomie aber kann man sich durch Einfallsreichtum und Qualität profilieren und an Individualität gewinnen.

Für sein Konzept einer möglichst kreativen Kochkunst im Großhotel steht dem Geschäftsführer ein Koch mit Talenten zur Verfügung: Siegfried Keck (41), der nach Lehr- und Wanderjahren ebenfalls in Heidelberg landete und dort 1970 seine Meisterprüfung machte. Anschließend war er in so renommierten Häusern wie dem »Danieli« in Venedig und auf »Schloß Fuschl« bei Salzburg tätig. Seit 1972 leitet er die Küche des »Stuttgart International« und seit 1982 auch noch die Küche im »Hotel am Schloßgarten« in Stuttgart-Innenstadt. Von Geschäftsführer Schrader hat er seit der deutschen Küchenreform grünes Licht für die Entfaltung seiner Kreativität erhalten: Seitdem geht es im »Paris-Grill« des Hotels abends ab 18.30 Uhr wie in einem kleinen Gourmet-Tempel zu. Da aber die Zahl der aufgeschlossenen und zahlungskräftigen Gäste in Deutschland trotz Gourmet-Presse und einer enormen Kochbuch-Welle immer noch relativ bescheiden geblieben ist, muß jedes große Hotel auf die Wünsche nach einer preiswerten, regionalen Kost eingehen. So ist das rustikal eingerichtete »Schwabenbräu« der Ausgleich und der Gegenpol für den eleganten Paris-Grill. Die Mitte hält das »Kopenhagen«, ein Mittagsrestaurant auch für eilige Gäste, das preislich erschwinglich ist.

In der rustikal eingerichteten »Schwabenbräu-Stube« gibt es, was des Württembergers Herz höher schlagen läßt: neben der unvermeidlichen Flädle-Suppe für 4,85 DM natürlich die »Maultaschensuppe« für 5 DM und eine Tomatensuppe mit Champignons für 5,20 DM. Unter den Vorspeisen gibt es Salate zu 11,50 DM, drei Matjesfilets zu 13,50 DM und Schwäbischen Kartoffelsalat zu 4,40 DM. Zu den unvermeidlichen schwäbischen Spezialitäten gehören die »Gaisburger Marsch«, ein Suppentopf mit Rindfleisch, Gemüsen und Spätzle zu 13,50 DM, die geschmälzten Maultaschen zu 12,50 DM, die Kutteln mit Bratkartoffeln zu 10,20 DM und der Zwiebel-Rostbraten mit Rahmknöpfle zu 21,80 DM. Die Karaffen-Weine aus Baden-Württemberg liegen zwischen 4,60 DM und 6 Mark. Hier kann man sich also für wenig Geld reichlich satt essen und seinen Durst löschen.

Für besondere Veranstaltungen, Gesellschaften und Kongresse schlägt das Hotel 22 verschiedene Menüs zwischen knapp 30 und 95 DM vor (3–7 Gänge). Darüber hinaus ist der Küchenchef stets bereit, besondere Wünsche der Veranstalter zu erfüllen.

Die Salons und Tagungsräume sind für kleine Gesellschaften von acht bis zehn Personen ebenso wie für Großveranstaltungen bis zu 1 000 Personen eingerichtet.

Fazit: Das Angenehmste an diesem Hotel besteht darin, daß der Gast hier nicht als Nummer behandelt wird und sich nicht den Gepflogenheiten eines hochgestochenen Luxushotels anpassen muß, sondern daß man ihm alles bietet, was ihm gefallen könnte: Vom Kegeln bei Bier und deftiger Kost bis zum eleganten Gourmet-Restaurant kann er sich aussuchen, was ihm gefällt. Er kann auch abends an einer der vielen Sonderveranstaltungen im »London-Club« teilnehmen, der sich oft zum regelrechten Theater mit eigener Band erweitert und wo schon viel Prominenz des Showgeschäfts aufgetreten ist.

Geschäftsführer Schrader sieht selbst sehr deutlich die architektonischen Unzulänglichkeiten eines Großhotels. Hätte er das Sagen schon beim Bau gehabt, wäre vieles gewiß anders ausgefallen; aber diese Mängel sind ihm Ansporn, sie durch eine besonders persönliche Betreuung der Gäste und Veranstalter auszugleichen.

16. Steigenberger Hotel Graf Zeppelin

Bewertung: Hotel 65 %   Restaurant 15 Punkte

Arnulf-Klett-Platz 7
7000 Stuttgart 1
Tel.: 0711/299881
Telex: 722418 zepp d
Besitzer: Steigenberger Hotels AG
Direktor: Robert Herr
Küchenchefs: Adolf Niefer und Gert Herzog
Öffnungszeiten: Ganzjährig
Gruppenreisen möglich
Hunde zugelassen

Lage
Im Stadtzentrum gegenüber Hauptbahnhof
Nächster Flughafen: 12 km
Nächster Bahnhof: gegenüber

Zimmer und Preise
Insgesamt 280 Zimmer, davon
110 Doppelzimmer mit Bad/WC zu 340,– bis 400,– DM
130 Einzelzimmer mit Bad/WC zu 229,– bis 259,– DM
20 Einzelzimmer mit Dusche/WC zu 209,– bis 229,– DM
20 Apartments mit Salon zu 530,– bis 1060,– DM
Preise inklusive Frühstück, Service und Steuern
Halbpension nur für Gruppen ab 16 Personen
Kinder bis 12 Jahre im Zimmer der Eltern frei; Frühstück wird extra berechnet

Einrichtung
Englische Antiquitäten. Doppelzimmer durchschnittlich 28 qm. Doppelzimmer mit Salonecke und Schreibsekretär. Tisch, 2 Sessel, 1 Kofferablage, alle Zimmer mit Vorraum und Einbauschränken. Tischlampen, Stehlampen, Nachttisch mit Leselampe, indirekte Beleuchtung, großer Spiegel, Mini-Bar, Radio »Self-Service«, Kabelfernseher, nach Wunsch automatischer Wecker im Zimmer oder von der Zentrale, 60 % der Zimmer mit Klimaanlage, schalliso-

lierte Fenster, Selbstwahltelefon
Täglicher Bettzeugwechsel, das Zimmer wird nach der Nachmittagsruhe noch einmal gemacht

Bäder
6 bis 7,5 qm, 56 Bäder mit Außenfenster, alle Bäder mit Ventilation.
1–2 Waschbecken, große Badewanne, Bidet, WC im Bad, Neonlicht
Kleenex, Seife, Schaumbad, Waage, Schwamm oder Waschlappen auf Wunsch, Einrichtung zum Schuheputzen, Duschhaube
Täglicher Handtuchwechsel

Service
Portier. Der Gast wird auf sein Zimmer begleitet. Außer dem Frühstück werden auch Mahlzeiten auf den Zimmern serviert von 6.00 bis 24.00 Uhr. Bügeln, Waschen und Reinigen innerhalb eines Tages. Wagen waschen und auftanken möglich. Zeitungen zum Frühstück. Prospekte, Pläne und Karten für Ausflüge, Fahrpläne für Züge und Flugzeuge
3 Fahrstühle, Aperitif-Bar, »Scotch Club« mit Unterhaltung, 3 Restaurants, Garage mit direktem Zugang zum Hotel
Geldwechsel an der Hotelkasse. Kreditkarten: American Express, Diners Club, Visa, Eurocard, Mastercard, Access, Bankamericard, JCB

Sport
Hallenbad, Sauna, Massage
Tennis: ca. 10 km
Golf: ca. 30 km

Frühstück
8 Brotsorten, offene Butter, hausgemachte Konfitüre, Honig, frische Croissants und Brotwaren, auf Wunsch: Eier auf die verschiedensten Arten zubereitet, Vollwertkost, eingelegte Heringe. Kaffee Jacobs-Spezialmischung, echter Tee in Blättern, 10 Sorten. Frisch gepreßte Fruchtsäfte, amerikanisches Frühstücksbüffet

Restaurants
»Restaurant Graf Zeppelin«
Geschlossen: Samstag, Sonn- und Feiertage, 4 Wochen in den Sommerferien
Mittagessen: 12.00–14.30 Uhr
Abendessen: 18.00–22.30 Uhr
Zahl der Plätze: 60 an 20 Tischen
11 Salons für 10 bis 500 Personen

Spezialitäten
Steinbutt im Nudelteig, Champagnersahne und Karotten (47,– DM)
Pochiertes Kalbsfilet in legiertem Gemüsesud, Petersilienkartoffeln (38,– DM)
Lammrückenfilet in Schalottensauce, Ratatouille, Kartoffelpuffer (49,– DM)
Gebratenes Kalbsbries auf Kräuterrahm, Gemüsenudeln (37,– DM)
Mittagsmenü: 39,– DM
Gourmet Menü: 105,– DM
Weine: Brüssele Graf Adelmann/Trender Hohenlohe

»Zeppelin-Stüble«
Lautenschlagerstr. 2
Tel.: 0711/224013
Küchenchef: Gert Herzog
Ganzjährig täglich geöffnet
Durchgehend warme Küche: 11.00–24.00 Uhr
110 Plätze an 35 Tischen
Stil der Einrichtung: schwäbische Antiquitäten

Spezialitäten
Linsen und Spätzle mit Saiten und Rauchfleisch nach Thaddäus Troll (13,50 DM)
Schwäbische Schlachtplatte mit Fildersauerkraut, Spätzle, Kesselfleisch, Schweinszüngle, Leber- und Griebenwurst (16,60 DM)
Frische Schwarzwaldforelle in der Folie

gegart mit Champignons, Dillbutter und Salzkartoffel (19,70 DM)
Menü: ab 19,80 DM
Weine: Brüssele Graf Adelmann/Trender Hohenlohe

»Maukenescht«
Lautenschlagerstr. 2
Tel.: 0711/224013
Küchenchef: Gert Herzog
Ganzjährig täglich geöffnet
Durchgehend warme Küche: 11.00 bis 24.00 Uhr
60 Plätze an 15 Tischen
Gemütliches Wein- und Vesperstüble

Spezialitäten:
Maukenescht Roschtbroade mit Spätzle, Sauerkraut und Maultasche (22,90 DM)
Maukenescht – Vesper vom Holzbrett – mit hausgemachter Leberwurst, Schwarzwurst, geräuchtem Bauch, Schweinehals, Albschinken und Bergkäs (11,60 DM)
Saure Kuttle mit Brot (5,80 DM)
Wein: Schiller, Faßwein weiß und rot

Der Bahn-Reisende, der in Stuttgart ankommt, braucht kein Taxi, um die paar Schritte zum Hotel zurückzulegen. Ein Gepäckträger des Hauses kann vorher zum Zug bestellt werden.

Ich habe die Aufwärts-Entwicklung dieses Hauses seit 1978 regelmäßig verfolgt: War damals noch viel am Service und an der Küche der Restaurants auszusetzen, so wurden die Mängel inzwischen fast gänzlich behoben: Wurde 1978 das Zimmer am Nachmittag nicht noch einmal gemacht, wurde das Kaffee-Geschirr nicht abgeräumt, wurden die Handtücher abends nicht mehr gewechselt, obwohl man am Nachmittag gebadet hatte – sind solche Nachlässigkeiten der Gouvernante inzwischen behoben worden.

Im Spiegel der Restaurantführer macht sich der »Zeppelin« recht gut: ein Stern im Michelin, eine rote Kochmütze im »Varta«, nur Gault-Millau hat die Küche von 14 auf 13 Punkte zurückgestuft, die höchste Bewertung gab es im »Vif« mit 7 von 10 Punkten für die Restaurants.

Der Gast kann mit dem Aufzug direkt in den fünften Stock zum Schwimmbad fahren, von wo er einen großartigen Ausblick über Stuttgart und seine Weinberge genießt. Bemerkenswert auch das Frühstück, das sogar auf dem Zimmer großzügig mit vielen Extras serviert wird. Das Hotel verzichtet auf die sonst üblichen, berühmten Päckchen für Marmeladen und Butter, für deren Abfälle man eigens einen Papierkorb braucht: Hier werden erstklassige, hausgemachte Konfitüren und offene Butter serviert. Wer an das Frühstücksbüffet im Saal gehen möchte, kann zwischen 40 verschiedenen Genüssen wählen.

Die Zimmer, obwohl sämtlich renoviert, zeigen die üblichen Nachteile der Großhotels: Nur eine Minderheit von 56 Bädern hat Außenfenster, die anderen müssen sich mit Ventilation begnügen, obwohl überall die Toiletten in die Bäder integriert sind. Auch das Neonlicht ergibt einen Minuspunkt. Die Größe der Bäder kann man, im Vergleich zum Zimmerpreis, als angemessen betrachten (6–7,5 qm).

Meine Erfahrungen mit den Restaurants sind unterschiedlich: Mal aß ich im Restaurant des Grafen Zeppelin bei Küchenchef Niefer, der schon 25 Jahre lang im Hause kocht, ganz hervorragend, mal ziemlich mittelmäßig. Es ist verständlich, daß ein Küchenchef, der so lange in gleicher Stelle amtiert, gerne an seinen einmal eingefahrenen Sitten festhält und Neuerungen gegenüber zurückhaltend ist. Der Erfolg scheint ihm Recht zu geben: Von den Michelin-Direktoren bis zum Verleger des »Varta«, Dr. Mair (Geografischer Verlag) verkehren im »Grafen Zeppelin« alle, die Rang und Namen in und um Stuttgart haben.

Die beiden anderen Restaurants, »Zeppelin-Stüble« und »Maukenescht«, bieten eine billigere regionale Küche an, die von dem jüngeren Gert Herzog geleitet wird, der schon 14 Jahre im Hause arbeitet (siehe Spezialitäten im Datenteil!). Diese Zweiteilung der Küchen hat sich in allen Großhotels bewährt. Besonders, seitdem sich unsere Massen-Presse auf die angeblich elitären Feinschmecker-Restaurants eingeschossen hat, ist der Drang der Luxushotels zu populären Billig-Stuben größer geworden. Und in der Tat wird ja auch ein Paar mit 320 bis 400 DM für ein Doppelzimmer pro Nacht (mit Frühstück) nicht schlecht belastet. Verständlich, daß die Gäste dann wenigstens preiswert essen und trinken wollen.

Fazit: Unter den Steigenbergers gehört das von Robert Herr geleitete Hotel zweifellos zur Spitze.

Das Restaurant »Maukenescht« im Graf Zeppelin

17. Hotel am Schloßgarten

Bewertung: Hotel 65 % Restaurant 16 Punkte

Schillerstraße 23
7000 Stuttgart 1
Tel.: 0711/29 99 11
Telex: 722 936
Besitzer: LEGA GmbH
Geschäftsführer: Wilfried Schrader
Direktor: Alexander Huschka
Küchenchefs: Siegfried Keck und Franz Bornkessel
Offizielle Klassifizierung: 5 Sterne
Öffnungszeiten: Ganzjährig
Gruppen bis max. 15 Personen
Hunde in den Zimmern nur auf Anfrage

Lage
Zentral, ruhig (Schallschutzfenster mit geräuschisolierter Belüftung). Höhenlage: 200 m. Fußwege beginnen direkt am Hotel (Schloßgarten), Terrasse

Nächster Flughafen: 15 km
Nächster Bahnhof: 200 m

Zimmer und Preise
Insgesamt 126 Zimmer, davon
42 Doppelzimmer mit Bad/WC zu 270,– bis 290,– DM
1 Doppelzimmer mit Dusche/WC zu 290,– DM
39 Einzelzimmer mit Bad/WC zu 210,– bis 225,– DM
44 Einzelzimmer mit Dusche/WC zu 165,– bis 190,– DM
7 Doppelzimmer mit Balkon oder Terrasse
5 Apartments mit Salon zu 360,– bis 525,– DM
Preise inklusive Frühstück und Service
Spezialpreise für Kinder auf Anfrage

Einrichtung
Zeitlos elegant. Doppelzimmer 27–36 qm, 50 % mit Salonecke, 2 Sessel und Stühle, Schreibsekretär, Frühstückstisch, 1 Kofferablage, alle Zimmer mit Diele und Einbauschränken. Tischlampen, teilweise Stehlampen, Nachttisch mit Leselampe, Decken- oder Wandleuchter, großer Spiegel, Mini-Bar, Radio »Self-Service«, Stereo, Kassettenteil und Übertragung ins Badezimmer, Farbfernseher, zusätzlich AFN-Programm und Video, Weckruf durch Zentrale, Direktwahltelefon
Täglicher Bettzeugwechsel. Die Zimmer werden nach der Nachmittagsruhe noch einmal gemacht

Bäder
4 qm, alle mit Ventilation, 1–2 Waschbecken, große Badewanne, in allen Doppelzimmern Bidet, WC nur in zwei Zimmern abgetrennt, Neon-Warmlicht, Handtuchtrockner in den Doppelzimmern
Kleenex, Seife, Schaumbad, Rasierspiegel, Einrichtung zum Schuheputzen, Fön, Radioübertragung
Täglicher Handtuchwechsel

Service
Portier. Der Gast wird auf sein Zimmer begleitet. Außer dem Frühstück werden auch Mahlzeiten auf den Zimmern serviert nach Zimmerservicekarte von 12.00 bis 21.30 Uhr
Bügeln, Waschen, Reinigen: Abgabe 9.00 Uhr, Rückgabe 18.00 Uhr
Zeitungen zum Frühstück. Prospekte und Karten für Ausflüge, Fahrpläne für Züge und Flugzeuge, Theaterkarten-Besorgung, voller Concierge-Service
Fahrstuhl, Bar, Boutiquen, 2 Restaurants, Café mit Terrasse, geschlossene und offene Garagen
Geldwechsel. Kreditkarten: Amexco, Diners Club, Visa, Eurocard

Sport
Tennis: 5 km
Golf: 35 km

Frühstück
6 Brotsorten, verpackte Butter, Konfitüren hausgemacht und Industrieprodukte, Honig, frische Croissants, alles Gewünschte. 7 Sorten Tee, Fruchtsäfte teilweise frisch gepreßt, Frühstücksbüffet

Restaurants
»Zirbelstube«
Geschlossen: während der regionalen Schulferien, Montag und Samstag mittag, Sonntag mittags und abends
Mittagessen: 12.00–14.00 Uhr
Abendessen: 19.00–23.30 Uhr
Terrasse, Klimaanlage
55 Plätze, elegant-rustikal
Räume für Gesellschaften, 10–120 Personen, Bar, Bar mit Salon

Spezialitäten
Terrine von Räucherfischen und Seezunge auf Langustenrahm, marinierte Gurken (20,– DM)
Feinschmeckerterrine mit Gänseleber und Trüffeln (18,50 DM)
Geflämmter Lachs und Loup de mer mit Trüffelöl (24,– DM)
Gebratenes Hecht- und Wallerfilet auf Spinat-Kohlrabigratin, Kartoffelmousseline (38,– DM)
Steinbuttfilet mit Senf-Tomatenhaube auf Kräutersahne, Lauchherz und gemischter Reis (37,– DM)
Gebratene Riesengarnelen auf Orangensoße, bunte Nudeln (22,– DM)
Menüs:
Mittagsmenü: 49,– DM
Abendmenüs: 88,– und 94,– DM
Weine: Kleinbottwarer Brüssele Süßmund, Brackenheimer Zweifelberg Lemberger
»Schloßgartenrestaurant« 70 Plätze

Dieses Haus liegt direkt am ruhigen und reizvollen Schloßgarten etwas angenehmer als das »Steigenberger Hotel Zeppelin« gegenüber dem Hauptbahnhof. Das Haus am Schloßgarten liegt übrigens auch mit der Vorderfront zum Bahnhof, doch gehen die meisten Zimmer zum Garten hinaus und sind relativ ruhig für ein Stadthotel.

Die Vorfahrt ist bequem und öffnet sich direkt vor einer Tiefgarage. Die Hotelhalle ist nicht besonders attraktiv, dafür verfügt das Haus über eine stark frequentierte Terrasse, hinter der sich ein großes Café-Restaurant bis zur Fußgängerzone erstreckt, das jedoch von der Hotelhalle nicht begehbar ist und nur Zugänge von außen besitzt.

Die Zimmer sind keineswegs einheitlich eingerichtet. Es gibt noch eine Reihe von Einzel- und Doppelzimmern, die in dem etwas veralteten Stil eingerichtet sind, den man vor ein paar Jahrzehnten liebte. Sie sollen aber demnächst renoviert werden. Die am meisten zu empfehlende Etage ist die siebente, die vor drei Jahren auf das unter Denkmalschutz stehende Haus aufgestockt wurde. Hier hat man von allen Räumen einen schönen Ausblick über Park und Stadt. In den Suiten sind die Toiletten von den Bädern abgetrennt. Die Bäder zeichnen sich durch besondere Accessoires aus, wie Rasier-Set, Zahnputz-Set, Zahncreme, Aftershave und Mundwasser. Zu den Aufmerksamkeiten gehören in diesem Haus ein Schuhlöffel und Putzpapier sowie Schalter neben jedem Bett, von denen aus man die gesamte Lichtanlage in den Apartments steuern kann.

Das Hotel gehört zur Lega GmbH, und Geschäftsführer Schrader ist auch Direktor des »Stuttgart International« in Nähe des Flughafens. Auch der Küchenchef ist derselbe, nämlich Siegfried Keck, dessen Leistungen ihn an die süddeutsche Spitze der Gastronomie befördert haben.

Seine Zubereitungen sind außerordentlich einfalssreich und köstlich. Neben den oben aufgeführten Spezialitäten empfehle ich noch die köstliche Portwein-Essenz mit Gänseleber, die Taube mit Morcheln und die Artischocken mit Langustinos auf Tomaten-Vinaigrette.

Bemerkenswerte württembergische Weine, denen man vertrauen kann, darunter die Verrenberger, die Kleinbottwarer Brüsscle und die Schozacher. Man sollte hier bei den einheimischen Gewächsen bleiben, die zwischen 33 und 40 Mark kosten, anstatt sich an den teuren Franzosen zu 60 bis 300 Mark zu delektieren.

Neben dem Hauptrestaurant gibt es noch eine »Zirbelstube« ganz in Holz eingerichtet, deren Küche sich von der des Hauptrestaurants wenig unterscheidet. Siegfried Keck hat auch hier den Stil bestimmt: à la minute-Präparationen aus frischen Produkten in leichter, bekömmlicher Art.

Im »Hotel am Schloßgarten« ist man versucht, die Küche höher einzustufen als das Hotel. Denkmalschutz ist zwar wichtig; aber für Hotels nicht immer die beste Voraussetzung für Innovationen.

18. Europäischer Hof – Hotel Europa

Bewertung: Hotel 75% Restaurant 14 Punkte

Friedrich-Ebert-Anlage 1
6900 Heidelberg 1
Tel.: 06221/27101
Telex: 461840
Besitzer: Europäischer Hof Fritz Gabler GmbH & Co KG
Geschäftsführender Gesellschafter: Ernst-F. von Kretschmann
Direktor: Peter-A. Rübartsch
Küchenchef: Manfred Leiendecker
Oberkellner: Josef Breitschaft
Offizielle Klassifizierung: de luxe, 5 Sterne
Öffnungszeiten: Ganzjährig
Gruppenreisen möglich
Hunde in den Zimmern zugelassen

Lage
Stadtzentrum, Nähe Fußgängerzone, am Stadtpark mit ruhigem Innengarten, die zur Straße liegenden Fenster sind mit Spezial-Lärmstop-Fenstern versehen und verfügen über Ventilation. Höhenlage 110 m, Fußwege beginnen 1 Min. vom Hotel, im Gartenbereich Einnahme von kleinen Erfrischungen möglich, Terrassensaal mit voll versenkbaren Fenstern zum Garten hin
Nächster Flughafen: 75 km Frankfurt über Autobahn. Hotel-Limousinen Service mit Privatfahrer. Limousine/Taxi Shuttle Service. IC-Bundesbahnanschluß
Nächster Bahnhof: 900 m Heidelberg Hauptbahnhof

Zimmer und Preise
Insgesamt 154 Zimmer, davon 93 Doppelzimmer mit Bad/WC zu 260,– bis 330,– DM

35 Einzelzimmer mit Bad/WC zu 189,–/209,–/229,– DM
4 Einzelzimmer mit Dusche/WC zu 149,–/169,– DM
3 Doppelzimmer mit Balkon oder Terrasse
3 Einzelzimmer mit Balkon
7 Junior Suiten-Alkoven Doppelzimmer mit Bad zu 400,– DM
5 Junior Suiten-Alkoven Doppelzimmer mit Balkon oder Terrasse zu 440,– DM
3 Zwei-Zimmer-Apartments mit Salon zu 500,– DM
1 Zwei-Zimmer-Apartment mit Balkon zu 600,– DM
Preise inklusive Frühstück, Service und Steuern
Voll- und Halbpension auf Anfrage
Kinder bis 12 Jahren im Zimmer der Eltern gratis

Einrichtung
Echte Antiquitäten (Gemälde, Stiche, Kronleuchter, Schränke, Kommoden), Stilmöbel – zeitlos elegant
Doppelzimmer 28 bis 56 qm, Salonecke mit Tisch und Sesseln, 2 Sessel, 1 Stuhl, Schreibsekretär, 2 Kofferablagen, alle Zimmer mit Diele und Einbauschränken, Tischlampen, Stehlampen, Nachttisch mit Leselampe, indirekte Beleuchtung, Lüster, großer Spiegel, Minibar, Zentrale Radioanlage mit 5 Programmen inkl. engl. und franz. Programm, Farbfernseher mit Breitbandkabelanschluß, Radiowecker, telefonischer Weckruf durch die Zentrale auf Wunsch, teilweise individuell regelbare Klimaanlage, Direktwahltelefon mit automatischem Gebührendrucker
Täglicher Bettzeugwechsel. Die Zimmer werden nach der Nachmittagsruhe noch einmal gemacht

Bäder
5 bis 8 qm, 30 mit Außenfenster, 124 mit Ventilation, Doppelzimmer 2 Waschbecken, Badewanne 1,70 bis 2,00 m Länge, in einigen Bädern abgetrennte Duschkabine und Bidet, in 45 Zimmern (Neubau) WC abgetrennt, Handtuchtrockner in 65 Zimmern
Kleenex, Seife, Schaumbad, Waage, Rasier-Spiegel, Heizkörper, Schwamm oder Waschlappen, Einrichtung zum Schuheputzen, Fön, Rasierstecker 220/110 Volt, Telefonnebenanschluß, Radionebenlautsprecher, Elektrosteckdose, Hide-A-Line für Wäsche über der Badewanne
Täglicher Handtuchwechsel

Service
Portier, Gepäckträger, Wagenmeister. Der Gast wird auf sein Zimmer begleitet
Außer dem Frühstück werden alle Mahlzeiten nach großer Restaurant-Karte auf den Zimmern serviert von 6.30 bis 23.30 Uhr
Bügeln, Waschen und Reinigen an Werktagen – vor 9.00 Uhr abgegeben, am selben Tag zurück, Wagen waschen und auftanken, Zeitungen zum Frühstück kostenlos auf Wunsch
Prospekte, Pläne und Karten für Ausflüge, Fahrpläne für Züge und Flugzeuge, Limousine-Service, Besorgen von Theater- und Veranstaltungskarten, Stadtrundfahrten, Besichtigungen, Schiffsfahrten auf dem Neckar, Reservierung von Eisenbahn, Flug- und sonstigen Reisevorbereitungen sowie alle »Portier-Dienstleistungen«
6 Fahrstühle, Bar, Damen- und Herrenmode, Kindermode, Friseur, Geschenkartikel, Lederwaren, Parfümerie und Kosmetik, Juwelier, 3 Restaurants
Privater Parkplatz, Tiefgarage mit 200 Stellplätzen, abschließbare Plätze auf Bestellung
Geldwechsel, Kreditkarten: American Express, Diners, Eurocard, Visa

Sport
Schwimmbad (ab Sommer 87), Sauna, Massage, Fitness-Raum mit Geräten; joggen, reiten, rudern, segeln in der näheren Umgebung
Tennis: 1 km – diverse Anlagen
Golf: Heidelberg-Lobenfeld 18 km, 18-Loch-Turnierplatz

Frühstück
7–8 Brotsorten, offene Butter, Konfitüren Industrieprodukte, Honig, zusätzlich Wurst- und Käseplatte auf Wunsch, Kaffee Spezialmischung, Tee in Blättern, frisch gepreßte Fruchtsäfte

Restaurants
»Hotelrestaurant«
100 Plätze
Hunde nicht zugelassen

»Europ-Treff« (Cafeteria)
45 Plätze

»Zur Kurfürstenstube«/Grill
65 Plätze, Stilmöbel
Ganzjährig täglich geöffnet
Mittagessen: 12.00 bis 14.30 Uhr
Abendessen: 18.00 bis 23.30 Uhr
In Hotelhalle und Cocktailbar an verschiedenen Abenden Piano-Spieler, bedeckte Terrasse, Räume für Gesellschaften 10 bis 300 Personen, Bar, Bar mit Salon, Hunde zugelassen

Spezialitäten
Salate der Saison mit Brunnenkresse an Nußöl und Hummer – lauwarm (32,– DM)
Salate mit Blut-Taube und Entenstopfleber an Zimtsauce (32,– DM)
Das Beste vom Kaninchen, mit Aprikosen und Pflaumen, glaciertes Gemüse und Schalotten, Grünkernplätzchen (36,– DM)
Pyrenäen-Milchlamm mit Thymian gebraten an seiner Sauce, kleines Ratatouille, Ofenkartoffeln mit Steinpilzen (38,– DM)
Loup de mer an Médoc-Sauce mit seiner Garnitur, Langostinos, frische Sahnenudeln (42,– DM)
Gratinierte Beerenfrüchte mit Pistazieneis und Mandeln (14,– DM)
Frisch gebackener Blätterteig mit karamelisierter Orange und Birne an zweierlei Gratins (15,– DM)
Menüs:
3 Gänge zu 45,– DM
4 Gänge zu 58,– DM und mehr
Weine: Heidelberger Weine, Badische Weine

Es ist schon keine Legende: den Familienbetrieben merkt man es an, daß sie sorgfältiger und oft viel individueller geführt werden als die Hotels der weltumspannenden Ketten, die unter dem unerbittlichen Kommando eines General-Managements stehen und welche den Aktionären Dividende bringen müssen. Beste Beispiele für überragende Leistungen von Familien-Betrieben in Hotellerie und Gastronomie sind das »Vier Jahreszeiten« mit seinem Restaurant »Haerlin« in Hamburg, das »Colombi« in Freiburg mit seiner »Zirbelstube«, der »Königshof« in München mit seinem wunderschön gestalteten Restaurant in der ersten Etage über dem Stachus; und genau in diese Reihe gehört auch der »Europäische Hof« in Heidelberg.

Entsprechend den vielen verschiedenen Bauphasen sind die Zimmer nicht in einheitlichem Stil eingerichtet, aber stets mit einer außerordentlich luxuriösen Ausstattung versehen. Stumme Diener zum Aufbügeln von Hosen und eine elektronische Waage gehören zur Standardausrüstung aller Zimmer und Suiten, dazu Accessoires im Bad aller Art, inklusive Fön und Schminkspiegel. Angenehme Besonderheit: man muß in diesem Haus nicht den bekannten Zettel »Bitte nicht stören« außen an die Zimmertür hängen, sondern es gibt einen Schalter in Grün und einen in Rot, was bei Rot besagt »Bitte nicht stören«, und bei Grün »Bitte Zimmer aufräumen«.

In den Bädern, die in den neuen Anbauteil mit abgetrennten WCs versehen sind, gibt es ein Telefon und eine Lautsprecher-Anlage ebenso wie einen Handtuchtrockner. Schuhe werden in diesem Haus auch noch geputzt, wenn man sie abends vor die Tür stellt.

Einige Alkovenzimmer sind noch in einem alten Oma-Stil gehalten, zum Teil mit antiken Möbeln warm eingerichtet.

In dem ersten Anbau der Jahre 1975/76 sind Zimmer und Bäder etwas kleiner, die Ausstattung genormter; aber hier werden vorwiegend auch nur die Reisegruppen untergebracht, nicht die vollzahlenden, individuellen Gäste. In den beiden letzten Bauabschnitten liegen die üppigen, wohnlichen Suiten mit großzügigen Einrichtungen für die Kofferablage, mit einer Diele, die Einbauschränke oder begehbare Schränke und einen Ankleideraum enthält. Die Bäder sind mit einer abgetrennten Duschkabine ausgestattet, außerdem bietet die Whirlpool-Wanne zwei Duschen an, eine normale Handdusche und eine oben festeingebaute, bei der man den Strahl von grob auf fein regulieren kann. Die automatische Mischdusche funktionierte übrigens hier ausgezeichnet.

Das Frühstück entspricht dem eines familiären Landhotels: 6 Sorten Brot, darunter Croissants und Vollkornbrot, hausgemachte, offene Konfitüren, reichlich offene Butter, beste Extras wie Schweizer Käse, drei Sorten Wurst und zwei Sorten Schinken. Eine Tageszeitung ist automatisch dabei.

Sehenswert ist das hundert Jahre alte »Kurfürsten-Restaurant« mit seiner handwerklich hergestellten Holzdecke, im ganzen eine Mischung aus luxuriösem und regionalem Stil. Bemerkenswert die Küche: Ein perfekt abgepaßter Wolfsbarsch mit knackigen Gemüsen ging einem rosa gebratenen Frischlings-Rücken voraus, zu dem wir zwei Spitzenprodukte aus Frankreich tranken, den »Baron de L.« von der Loire und einen der besten Beaujolais-Crus, den »Château de la Chaize«, einen Brouilly, korrekt, d. h. kühl, serviert.

Prächtig und üppig mit bequemen Sesselecken sind die Halle und kleineren Salons ausgestattet. Eine besonders originelle Einrichtung ist eine automatische Garderobe: Man wirft eine Münze in einen Schlitz, bekommt eine Marke, dann öffnet sich ein ziemlich schmaler Spalt, durch den man die Garderobe auf einen Bügel hängt, die geordnet ist wie in einer chemischen Reinigung. Will man sein Stück abholen, gibt man die Marke wieder hinein, und dieses Kleiderkarussell fährt dann das Stück genau bis zu der Stelle, wo sich ein schmaler Schlitz geöffnet hat, und man kann seine Garderobe wieder herausnehmen.

Die Hotelanfahrt ist praktisch; man biegt von der Hauptstraße in einen kleinen Innenhof ein, wo man das Auto zunächst abstellen darf, und wo ein Wagenmeister das Auto übernimmt und in die Garage fährt, um es dort auch wieder abzuholen. Für Fußgänger ist die Lage des Hotels sehr praktisch; denn in wenigen Minuten ist man in der Hauptstraße mit ihrer Fußgängerzone. Über die Schönheiten Heidelbergs braucht hier nichts weiter gesagt zu werden; denn sie gehören zu den geradezu legendären Touristen-Attraktionen.

19. Colombi Hotel

Bewertung: Hotel 70 % Restaurant 17 Punkte

Roland Burtsche KG
Rotteckring 16
7800 Freiburg
Tel.: 0761/31415
Telex: 772750
Besitzer: Roland Burtsche
Küchenchef: Roland Burtsche
Offizielle Klassifizierung: de luxe
Öffnungszeiten: Ganzjährig
Gruppenreisen
Hunde nicht erlaubt

Lage

Zentrum. Fußgängerzone beginnt am Hotel. Colombi-Park. Terrasse
Nächster Bahnhof: ca. 200 m
Nächster Flughafen: ca. 60 km (Basel)

Zimmer und Preise

Insgesamt 102 Zimmer, davon
44 Doppelzimmer mit Bad/WC zu 174,– bis 209,– DM
10 Doppelzimmer mit Dusche/WC zu 174,– bis 209,– DM
5 Einzelzimmer mit Bad/WC zu 140,– bis 167,– DM
17 Einzelzimmer mit Dusche/WC zu 140,– bis 167,– DM
16 Doppelzimmer mit Balkon oder Terrasse
3 Apartments mit Salon zu 390,– bis 490,– DM
Ab April 1987 ist mit einer Erhöhung zu rechnen
Preise inklusive Service und Steuern
Normalfrühstück (Büffet): 18,– DM
Vollpension in- und außerhalb der Saison: 64,– DM
Halbpension in- und außerhalb der Saison: 32,– DM
Für Kinder Spezialpreise

Einrichtung

Elegant. Doppelzimmer 20–29 qm. Doppelzimmer mit Salonecke, Schreibsekretär, Frühstückstisch. 2 Sessel, 1 Stuhl, 1 Kofferablage, ca. 80 Zimmer mit Vorraum, ca. 22 Zimmer mit Einbauschränken. Tischlampen, Stehlampen, Nachttisch mit Leselampe, Lüster, indirekte Beleuchtung, großer Spiegel, teilweise Mini-Bar, Radio »Self-Service«, Farbfernseher, Weckdienst von der Zentrale, teilklimatisiert
Täglicher Bettzeugwechsel

Bäder

5–8 qm, ca. 20 Bäder mit Außenfenster, ca. 80 mit Ventilation, ca. 20 Doppelwaschbecken, der Rest einzeln, unterschiedlich große Badezimmer, teilweise Duschkabine, teilweise Bidet, Neonlicht und normale Beleuchtung, Handtucktrockner
Kleenex, Seife, Schaumbad, Rasierspiegel, Schwamm oder Waschlappen, Einrichtung zum Schuheputzen, Nähetui, Wäschebeutel, Streichhölzer, Duschhaube, Briefpapier, Briefkarten, Umschläge und Kugelschreiber
Täglicher Handtuchwechsel

Service

Portier. Der Gast wird auf sein Zimmer begleitet. Außer dem Frühstück werden auch Mahlzeiten auf den Zimmern serviert nach Spezialkarte 6.30–22.30 Uhr. Bügeln, Waschen, Reinigen 1 Tag. Auf Wunsch Wagen waschen und auftanken. Auf Wunsch Zeitungen zum Frühstück. Prospekte, Pläne, Karten für Ausflüge. Fahrpläne für Züge und Flugzeuge. Zeitschriften, Einkaufsmöglichkeiten, persönliche Auskünfte. Fahrstuhl, Bar,

Das elegante Foyer im Colombi Hotel

Boutiquen, Hotelgarage
Geldwechsel, Kreditkarten: American Express, Diners Club, Eurocard, Master Card, Visa

Sport
Tennis: ca. 1 km
Golf: ca. 4 km

Frühstück
5 Brotsorten, offene Butter, selbstgemachte Konfitüren, Honig, hausgemachtes Gebäck, verschiedene Eierspeisen, Porridge etc., Steak, Kaffee-Hotelmischung, echter Tee vom Teewagen, frisch gepreßte Fruchtsäfte, Frühstücksbüffet

Restaurant
»Falken- und Zirbelstuben«
Mittagessen: 12.00–15.00 Uhr, Abendessen 18.00–24.00 Uhr
Terrasse, Garten, teilklimatisiert. ca. 90 Plätze, elegant, Räume für Gesellschaften mit ca. 250 Plätzen, Bar, Bar mit Salon
Küchenchef: Roland Burtsche

Spezialitäten
Gebackener Kalbskopf mit Estragon-Vinaigrette (16,– DM)
Gefüllte Seezungenfiletschleifchen auf Kressesauce (23,– DM)
Canneloni mit feinem Kalbsbriesragout (17,– DM)
Steinbuttroulade an Champagner-Senf-Sauce (21,– DM)
Gefüllter Lammrücken in Blätterteig (35,– DM)
Süppchen von rosé Champagner mit Passionsfrucht-Sorbet (11,– DM)
Menüs:
Mittags: 29,– bis 59,– DM
Abends: 59,– bis 115,– DM
Weine: Bickensohler Herrenstück, Weißburgunder Kabinett trocken, Müllheimer Reggenhag Gutedel Kabinett trocken

Roland Burtsche machte innerhalb weniger Jahre aus dem bescheidenen »Colombi« ein Luxushotel mit erstklassiger, leichter Küche

Für Nordlichter und Rheinländer ist Freiburg im Breisgau die ideale Etappe auf dem Weg in den Süden, sei es nach Italien, an die Côte d'Azur oder nach Spanien. Von dieser praktischen Lage profitiert auch Roland Burtsches Hotel »Colombi«, bequem an der Ein- und Ausfallstraße von und zu der Autobahn gegenüber des Colombi-Parks gelegen mit seinem neugotischen Schlößchen, das heute ein frühgeschichtliches Museum beherbergt. Es kommt selten vor, daß Hotel und Restaurant in einem Haus in höchster Qualität harmonisch vereint sind, und es gibt nur wenige Häuser, die man mit dem Inhaber so identifizieren muß wie das Colombi, das Roland Burtsche vor acht Jahren übernahm und inzwischen aus einem Provinzhotel der Mittelklasse zu einem Luxus-Bau der First Class entwickelt hat. Die regionale und überregionale Presse, die Fachblätter für Gastronomie und Hotellerie schreiben seit Jahren nur überschwengliche Berichte über Roland Burtsches Haus und seine Arbeit, so daß es schwerfällt, ihm noch weiteres Lob zu spenden, das er gar nicht mehr braucht; denn er hat in allen Restaurant- und Hotelführern seine Auszeichnungen erhalten.

Burtsche ist ein weitgereister und welterfahrener Mann: Nach seiner Ausbildung als Metzger, die ihm heute als Koch sehr zugute kommt, ging er zunächst auf einen Bananenfrachter als Koch, dann wanderte er 1960 nach Kanada und in die USA aus, um erst fünf Jahre später in die Heimat zurückzukehren. Hier begann seine Karriere als Geschäftsführer und Pächter von Freiburger Restaurants, bis er soviel verdient hatte, daß er sich bei dem Besitzer des 1958 erbauten »Colombi Hotels«, einem Dr. Lauer, als Kommanditist einkaufen konnte, um das Haus schließlich als Komplementär und mit seiner Frau als Kommanditistin 1980 ganz zu übernehmen. Nun begann die Epoche der Renovierungen, mit denen Burtsche aus dem bescheidenen Stadthotel ein Luxushotel machte. Schöne, geschmackvolle Hotelzimmer entstanden in harmonischen und hellen Farbtönen und mit den besten technischen Einrichtungen. In den neuesten Suiten des derzeit letzten Bauabschnitts ist schon die Diele mit großen Kofferablagen, einem Schreibtisch und einem begehbaren Schrank ausgestattet. Die WCs in den modernen Bädern sind in der Regel abgetrennt, und die Toiletten besitzen eigene Waschbecken; es gibt zusätzlich noch Duschkabinen, Rasierspiegel, Fön und alle denkbaren Accessoires.

Die verschiedenen Bauphasen sind leicht auch in der Zimmereinrichtung zu erkennen: Eine Reihe von Räumen ist etwas altmodisch-bürgerlich ausgestattet, jedoch stets komfortabel und wohnlich. Im älteren Trakt sind die WCs noch in die Bäder integriert. Neu aufgebaut wird zur Zeit die sechste Etage mit großzügigen Apartments und Balkonen, die um das ganze Gebäude führen und einen herrlichen Ausblick auf Stadt, Münster und die umgebenden Berge des Schwarzwaldes gestatten.

Das Frühstück auf dem Zimmer kostet zwar einen beträchtlichen Aufpreis für die Etagenbedienung, ist jedoch von außergewöhnlicher Qualität. Zum Mißverständnis verführt die im Zimmer ausgelegte Speisekarte, die als Normalfrühstück sämtliche Extras eines großen Frühstücksbüffets aufführt und den Eindruck erweckt, als gäbe es das alles normalerweise auch. Indessen muß man diese Extras auf dem bekannten Bestellzettel, den man abends außen an die Tür hängt, aufführen. Jedoch sind weder Butter noch Konfitüren abgepackt, die Scheiben von diversen Schinkensorten sind frisch aufgeschnitten, es gibt reichlich Brotsorten, unter denen man allerdings ein frisches Vollkornbrot vermißt, und der Kaffee kommt mangels Thermos-Kännchen in ziemlich kleinen Portionen oft nur lauwarm aufs Zimmer. Im übrigen bietet der Frühstücksservice meistens das gleiche Bild wie in fast allen Hotels in Europa: Mal fehlt das Salz zum Ei, mal kommt die Butter so steinhart aus dem Eisschrank, daß man sie nicht streichen kann – irgend etwas fehlt fast stets. Das ist auch im »Colombi« nicht anders, obwohl im Ganzen die Qualität der Produkte hervorragend ist und keinen Vergleich mit dem Industriefrühstück in vielen Großhotels aushält.

Im »Colombi« kann man in zwei Restaurants speisen: in der eleganteren »Zirbelstube«, deren Name darauf hindeutet, daß Decke und Wände aus Zirbelholz hergestellt wurden, und die »Falkenstube« im regionalen Schwarzwälder Stil, mit ihren Sitzecken so gemütlich, wie die Einheimischen es lieben. Das Inventar dieser Stube hat Burtsche aus einer altbadischen Weinstube aufgekauft, darunter befinden sich Stühle, die von Hans Thoma original geschnitzt wurden und auch seine Signatur tragen.

Burtsches Küche gehört zu den besten Hotelküchen in ganz Deutschland, nur vergleichbar mit der des »Waldhotels Sonnora« oder des »Waldhotels Friedrichsruhe« von Lothar Eiermann. Zu den Höhepunkten meines Diners im »Colombi« gehörte ein Salat von der Taubenbrust, ein Lachstartar, eine vorbildlich abgepaßte Wildente und die wirklich frischen und saftigen Edelfische. Burtsche betreibt noch eine eigene Pâtisserie, die auch Cafés in der Innenstadt beliefert. Sowohl die Petits fours zum Kaffee wie die Soufflées waren von erster Qualität.

Hervorzuheben ist die ungewöhnlich große Weinkarte, die die besten badischen trockenen Gewächse umfaßt und ebenso die berühmtesten Franzosen.

Burtsche selbst ist in der Regel im Saal anwesend, um die Gäste zu beraten, im übrigen überwacht er am Paß jedes Gericht, das hinausgeht. Er ist ein Perfektionist, wie es sie selten in Hotels gibt.

Das Hotel liegt für die Erkundung Freiburgs ideal: Mit ein paar Schritten ist man am berühmten gotischen Münster, am Rathausplatz, auf den stets belebten Märkten und in den großen Fußgängerzonen. Mit Freiburgs originellen Schönheiten können nur wenige mittelalterliche Städte in Deutschland mithalten.

Freiburg mit seinem »Colombi« ist zweifellos eine Reise wert.

20. Hotel Vier Jahreszeiten Kempinski München

Bewertung: Hotel 85 % Restaurant 14 Punkte

Maximilianstraße 17
8000 München 22
Tel.: 089/23039-0
Telex: 523859 vier d
Telefax: 089/23030-693
Besitzer: Hotel Vier Jahreszeiten GmbH
Direktor: Michel D. Maass
Küchenchef: Harald Hackbarth
Offizielle Klassifizierung: 5 Sterne
Öffnungszeiten: Ganzjährig

Geschlossen: Restaurant Walterspiel: Montag mittag und Samstag mittag – Jahreszeiten-Eck: Sonntag
Gruppen auf Anfrage
Hunde in den Zimmern zugelassen

Lage
Zentral. Zimmer zum Innenhof absolut ruhig. Höhenlage: 620 m
Nächster Bahnhof: 4 km
Nächster Flughafen: 12 km

Zimmer und Preise
Insgesamt 365 Zimmer, davon
200 Doppelzimmer mit Bad/WC zu 315,– bis 485,– DM
121 Einzelzimmer mit Bad/WC zu 205,– bis 275,– DM
13 Einzelzimmer mit Dusche/WC zu 230,– DM
7 Doppelzimmer mit Balkon oder Terrasse
31 Apartments mit Salon zu 695,– bis 1170,– DM
Preise inklusive Service und Steuern
Normalfrühstück: 19,– DM
Kinder unter 12 Jahren im Zimmer der Eltern frei

Einrichtung
Antiquitäten bis modern. Doppelzimmer 18,6–40,8 qm. Doppelzimmer mit Salonecke, Schreibsekretär, mindestens 2 Sessel und 1 Stuhl, 1–2 Kofferablagen, ⅓ der Zimmer mit Diele und Einbauschränken, Tischlampen, Stehlampen, Nachttisch mit Leselampe, großer Spiegel, Mini-Bar, Radio »Self-Service«, Farbfernseher, Weckdienst von der Zentrale, Klimaanlage, Täglicher Bettzeugwechsel, die Zimmer werden nach der Nachmittagsruhe noch einmal gemacht

Bäder
16–12 qm. 87 Badezimmer mit Außenfenster, 278 mit Ventilation. 1–2 Waschbecken, große Badewanne, zum Teil abgetrennte Duschkabine, zum Teil Bidet, WC teilweise abgetrennt, Neonlicht
Zahnpasta (auf Wunsch), Kleenex, Seife, Schaumbad, Waage (teilweise), Rasierspiegel (teilweise), Waschlappen, Einrichtung zum Schuheputzen, Rose, Fön (teilweise), Mehrzwecksteckdosen, Duschhauben, Wäscheleine, Schuhlöffel; auf Wunsch Bademäntel und Reisenecessaire
1–2 mal täglicher Handtuchwechsel

Service
Portier. Der Gast wird auf sein Zimmer begleitet. Außer dem Frühstück werden auch Mahlzeiten nach Spezialkarte auf den Zimmern serviert 6.30–0.30 Uhr
Bügeln, Waschen, Reinigen wochentags von 7.30 bis 15.30 Uhr, auf Wunsch innerhalb eines Tages, Wagen waschen und auftanken. Zeitungen zum Frühstück
Prospekte, Pläne und Karten für Ausflüge, Fahrpläne für Züge und Flugzeuge, Stadtinformationen, Kempinski Journal, Kulturführer, Oper- und Theaterprogramm mit Kartenbesorgung
Direktwahltelefon, 4 Fahrstühle, Bar mit Tanzmöglichkeit zu eigenem Trio, Boutique, Friseur, Garage. Geldwechsel. Kreditkarten

Sport
Beheiztes Hallenbad, Sauna, Massage, Fitnessmöglichkeiten
Tennis: 2 km
Golf: mehrere Plätze im Umkreis von München

Frühstück
7 Brotsorten, auf den Zimmern abgepackte, im Restaurant offene Butter, Konfitüren Industrieprodukte, Honig, frische Croissants, Kaffee, Spezialmischung, Tee in Blättern (14 Sorten), frische Fruchtsäfte, Frühstücksbüffet

Restaurants
»Jahreszeiten-Eck«
Öffnungszeiten: 12.00–24.00 Uhr
90 Plätze. Klimaanlage, 7 Bankettträume für 6–600 Personen. Bar mit Salon.
Küchenchef: Harald Hackbarth (Küchenchef), Christian Bindig (Chef der Eck-Küche)

Spezialitäten
täglich neue Mittag- und Abendkarte
Menü: 45,– DM

Weine: 1983 Iphöfer Kronsberg, Sylvaner Kabinett, Weingut H. Wirsching / 1983 Würzburger Pfaffenberg, Weißer Burgunder Kabinett, Bürgerspital zum hl. Geist

Restaurant »Walterspiel«

Spezialitäten
Getrüffelte Kaninchensülze (28,– DM)
Borschtsch mit Sauerrahm und Kaviar (17,– DM)
Waller mit Krebsen und mit grünem Spargel (51,– DM)
Warmer Birnenflan mit Zimtsabayon (18,– DM)

Die Versuchung ist groß, in diesem Buch nur mit Superlativen um sich zu werfen und sich der Sprache der mittelalterlichen Panegyriker (Lobhudler) zu bedienen. Gelegentlich findet der VIP-Gast in den Münchner »Vier Jahreszeiten« eine 262 Seiten umfassende Lobeshymne auf München und sein exklusives Luxushotel sowie sein Restaurant »Walterspiel« vor, die in jener Schicki-Micki-Sprache versnobter Reise- und Gourmet-Journalisten abgefaßt ist, die sich in kuriosen Wortschöpfungen ergeht, wie zum Beispiel: »Direktor Maass, Hotelier mit mehr Phantasie als Illusion, versucht nicht, das Flair der frühen Jahre um jeden Preis zu hüten, garantiert aber dem Gast aus Droschkenzeiten genug Würde und dem gestreßten Zeitgenossen mit Flugschein ganz ›life‹ zu aller Glück.« Der arme »illusionslose« Herr Maass! Sollte er wirklich noch hundertjährige Gäste haben, die einmal in der Pferdedroschke vor dem Hotel vorfuhren?

Nun, das 1858 gegründete »Vier Jahreszeiten« an der Maximilianstraße von München, ist heute ein höchst nobles Haus mit der historischen Atmosphäre des alten Grand-Hotels. Das Hotel ist keinesfalls so feierlich, daß man nur in steifer »Würde« durch die Halle schreiten kann wie Panegyriker Finkbeiner behauptet. Wer mit dem Auto in die ziemlich enge Vorfahrt steuert, dem wird der Wagen im allgemeinen von einem Wagenmeister in die Garage gefahren – ein höchst erfreulicher Empfang, und wer den Meldezettel nicht selbst ausfüllen mag, dem nimmt ein dienstbarer Geist am Empfang gegen Vorlage des Passes diese unangenehme Arbeit ab.

Wie nicht anders zu erwarten, ist der Luxus in dem buchstäblich weltweit bekannten Haus beträchtlich. Von den insgesamt 365 Zimmern haben immerhin 87 ein Außenfenster im Bad, sind also nicht jene Naßzellen, die sich so schnell in ein Dampfbad verwandeln; daß die »Vier Jahreszeiten« nicht volle 100 Prozent erreicht haben, liegt daran, daß die WCs nur ausnahmsweise von den Bädern abgetrennt sind und daß das berüchtigte Neonlicht in den Bädern die Hautfarbe der Damen nicht eben verschönert. Ansonsten ist die Einrichtung der ganz verschieden gestalteten Zimmer und sehr großzügigen Suiten perfekt – zu bemängeln wären nur die stark gepfefferten Preise, die für ein Doppelzimmer zwischen 315 und 485 DM pro Nacht ohne Frühstück liegen.

Die Halle eines Luxushotels muß immer ein gesellschaftlicher Treffpunkt sein. Hier in München ist das besonders ausgeprägt. Die bunte, gläserne Deckenkuppel zeigt die Embleme des Hotels, und tiefe Sessel verbreiten eine Atmosphäre der Behaglichkeit. Hier werden politische und geschäftliche Besprechungen durchgeführt,

Besucher empfangen und Freunde getroffen. Aus der angrenzenden Bar hört man abends Pianoklänge und später sogar die diskrete Musik eines Trios.

Weder überpfeffert, noch übersalzen ist die fraglos gute, mehr klassische als neue Küche des Restaurants »Walterspiel«, die Küchendirektor Harald Hackbarth leitet. Seit zehn Jahren arbeitet er im Hause und ist Herr der Walterspiel-Küche, die auch unter seiner eigenen Leitung das »Jahreszeiten-Eck« betreut, das täglich sein Angebot wechselt, während im »Walterspiel« mehr auf eine klassische Standardkarte Wert gelegt wird. Hier gibt es ziemlich beständig bestimmte Spezialitäten wie die Kaninchensülze zu 28 DM, die russische Borschtsch mit Sauerrahm und Kaviar zu 17 DM, einen Waller mit Krebsen zu 51 DM oder ein Rinderfilet in Gemüsesauce zu 52 DM. Unter Hackbarth arbeiten zwei Küchenchefs für je eines der beiden Restaurants.

Die Atmosphäre im »Walterspiel« ist die eines luxuriösen Gourmet-Restaurants, in dem viel Prominenz von dem Namen des berühmtesten deutschen Koches angelockt wird: Für das »Jahreszeiten-Eck«, wo 90 Gäste Platz nehmen können, kocht Christian Binding (35) eine etwas einfachere, regionale Küche zu entschieden niedrigeren Preisen. Hier gibt es auch schon für 45 DM ein komplettes Menü, während es im »Walterspiel« von Küchenchef Jean-Marie Wloch für 70 bis 120 Mark zubereitet wird. Am Stil der Küche spürt der erfahrene Gourmet auch die Laufbahn des Küchendirektors Hackbarth: Er hat vorher 13 Jahre lang vor allem in Intercontinental-Hotels gearbeitet, nicht aber in den kleineren und berühmteren Gourmet-Tempeln von Frankreich und Deutschland.

Im ganzen: ein ebenso schönes wie bequemes, extrem luxuriöses aber auch besonders teures Hotel, dessen Zimmer auf dem höchsten Standard ständig renoviert werden und dessen Restaurant die Anhänger der klassischen Kochkunst befriedigen wird.

Der Salon eines Apartments im Hotel Vier Jahreszeiten

21. Hotel Königshof

Bewertung: Hotel 80% Restaurant 17 Punkte

Karlsplatz 25
8000 München 2
Tel.: 089/551360
Telex: 5-23616
Besitzerin: Helga Geisel
Direktor: Klaus D. Schreiber
Küchenchef: Wolfgang Abrell
Offizielle Klassifizierung: de luxe
Gruppenreisen werden angenommen
Hunde in den Zimmern zugelassen

Lage
Ruhig. Höhenlage 500 m. Fußwege beginnen direkt am Hotel
Nächster Bahnhof: 100 m
Nächster Flughafen: 15 km

Zimmer und Preise
Insgesamt 105 Zimmer, davon
66 Doppelzimmer mit Bad/WC zu 270,– bis 320,– DM
22 Einzelzimmer mit Bad/WC zu 170,– bis 240,– DM
11 Apartments mit Salon zu 400,– bis 550,– DM
Preise inklusive Service und Steuern
Normalfrühstück 15,– DM
Kinder bis 12 Jahre im Doppelzimmer frei

Einrichtung
Stilvolles Interieur, klassisch. Zimmer 22 qm. Doppelzimmer mit Salonecke und Tisch. Schreibsekretär. Frühstückstisch. 2–3 Sessel und Stühle, pro Bett 1 Kofferablage, Einbauschränke, teilweise Diele. Tischlampen, teilweise Stehlampen, Nachttisch mit Leselampe, Lüster, indirekte Beleuchtung, großer Spiegel, Mini-Bar, Radio »Self-Service«, Farbfernseher, Weckdienst von der Zentrale, Klimaanlage
Täglicher Bettzeugwechsel

Bäder
ca. 6 qm. Alle mit Ventilation, teilweise 2 Waschbecken, normale Badewanne, teilweise Bidet, teilweise WC im Bad, normale Beleuchtung, teilweise Handtuchhalter
Kleenex, Seife, Schaumbad, Rasierspiegel, Einrichtung zum Schuheputzen
Täglicher Handtuchwechsel

Service
Portier. Der Gast wird auf sein Zimmer begleitet. Außer dem Frühstück auch Mahlzeiten auf den Zimmern nach Spezialkarte 6.00–22.30 Uhr. Bügeln, Waschen, Reinigen von 9.00–18.00 Uhr. Wagen waschen und auftanken. Auf Wunsch Zeitungen zum Frühstück
Prospekte, Pläne und Karten für Ausflüge. Fahrpläne für Züge und Flugzeuge. Besorgung der Karten für Oper, Theater und sonstige Veranstaltungen
Geldwechsel. Kreditkarten: Visa, Eurocard, Amexco, Diners. Direktwahltelefon, Fahrstuhl, Bar, Boutiquen

Sport
Tennis: ca. 5 km
Golf: 20 km
Sauna und Massage in Hotelnähe

Frühstück
6 Brotsorten, offene Butter, Industrieprodukte im Glas, Honig, frische Croissants, Königshof-Frühstück mit Aufschnittplatte, Englisches Frühstück mit Cereals, Eierspeisen. Kaffee-Spezialmischung, Tee in Blättern. Auf Wunsch frisch gepreßter Orangensaft

Restaurant
»Königshof«
Mittagessen 12.00–15.00 Uhr. Abendes-

Eines der schönsten Restaurants Deutschlands gestaltete der international bekannte Innenarchitekt Graf Pilati: Neue Küche in klassizistischer Umgebung

sen 18.45–23.30 Uhr
Hintergrundmusik. Klimaanlage.
80 Plätze, Stilmöbel, Räume für Gesellschaften mit 100 Plätzen, Bar
Küchenchef: Wolfgang Abrell, seit 3. 10. 1977 im Hause

Spezialitäten
Hausgebeizte Lachsforelle in Dillsahne
Hummer in Vanillebutter
Lotte au pistou
Perlhuhnterrine mit Salat von Champignons und Böhnchen
Suprême von der Taube im Wirsingmantel
Carré von französischem Lamm mit Kräutern der Provence
Menüs: 94,– bis 124,– DM

1984 ist der engagierte Hotelier und Gastronom Carl B. Geisel viel zu früh, 49jährig, mitten in leidenschaftlicher Arbeit an der Verbesserung seiner drei Hotels in München und in Bad Mergentheim (Königshof und Excelsior sowie Hotel Viktoria) verstorben. Seine Frau Helga führt heute die Hotels alleine und mit dem gleichen Ehrgeiz und der gleichen Sachkenntnis weiter. Ihr aus dem Ausland zurückgekehrter Sohn unterstützt sie dabei.

Der Münchener »Königshof« gehört heute zu den Paradepferden der deutschen Hotellerie: Keine Gourmet-Zeitschrift ist in den letzten Jahren an ihm vorbeigegangen. Dabei hatte Herr Geisel jahrelang kein leichtes Leben mit den Gastrokritikern. Oft ist das Haus küchenmäßig als mittelmäßig eingestuft worden, so daß sich die Inhaber schließlich entschlossen, das gesamte Restaurant gründlich zu überholen. Ein international bekannter Architekt, Graf Pilati, nahm 1979 den Umbau vor und stattete die 120 Zimmer mit dem modernsten Komfort aus. Auch die Küche wurde nicht nur technisch, sondern auch feinschmeckerisch überholt. Das Ergebnis schlug sich schnell in den großen Restaurant- und Hotelführern nieder: Der Aral verlieh dem Restaurant vier gekreuzte Bestecke von fünf möglichen, Guide Michelin verlieh einen Stern, der Varta 1983 schon zwei Kochmützen. Auch sonst rangiert das Restaurant unter den besten in Deutschland in allen »Hitlisten«.

Der damalige Küchenchef Hackbarth befreite sich von den Pflichtübungen der internationalen Allerweltsküche und dem Zwang, Zugeständnisse an die deutsche Schnitzelküche zu machen. Die Karte wurde verkleinert, alle Zubereitungen erheblich verfeinert. Heute steht die Küche unter der Leitung des ehemaligen Souschefs Wolfgang Abrell, seit 1979 im Hause und seit 1984 oberster Chef. Seine Zubereitungen zeigen Maß und Stil und weichen geschickt den verlockenden Absurditäten der Nouvelle Cuisine aus, ohne langweilig zu sein. Abrell hat von der schweren bayerischen Kost Abschied genommen und zeigt dennoch Originalität, ohne die nun einmal kein Aufsehen in München zu erregen ist. Zu seinen originellsten Kreationen gehört z. B. die Languste oder der Hummer in Vanille-Butter, ein Gericht, dem ich 18 von 20 Punkten geben würde. Das Vanille-Element harmoniert großartig mit dem süßlichen Fleisch von Hummer oder Languste.

Das Hotel mit seinen 105 raffiniert und geschmackvoll eingerichteten Zimmern kann sich neben allen berühmteren First-Class-Hotels sehen lassen. Hier werden die Schuhe noch jede Nacht von Hand geputzt. Das sei selbstverständlich, sagt man im Hotel. Aber diese Kleinigkeit zeigt, welche Vorstellung von individuellem Service man im »Königshof« hat.

Über Geschmack läßt sich bekanntlich streiten, aber niemand wird in Frage stellen, daß Graf Pilati mit der Innenausstattung des Königshofes ein besonderer Wurf gelungen ist. Das helle, freundliche und festliche klassizistische Restaurant dürfte heute der schönste Speisesaal eines Hauses in München sein. Man muß den Besuch zwar nicht auf die berühmte »besondere Gelegenheit« beschränken, aber das Restaurant des Königshofes bietet nun einmal einen Rahmen, der Alltagstrott und Routine vergessen läßt und für Jubiläumstage den angemessenen Rahmen bietet. Großen Gesellschaften stehen große und kleine Extraräume zur Verfügung.

Die Lage des Hotels kann für Münchner Verhältnisse nicht günstiger sein. Man blickt von den meisten Zimmern direkt auf den Stachus, bei dem die Fußgängerzone beginnt, die zum Rathausplatz führt. Man braucht weder Taxi noch U-Bahn, um sich die schönsten Teile der Münchner Innenstadt zu Fuß zu erobern.

Unter den Doppelzimmern gibt es einige, in denen das WC abgetrennt ist. Eine perfekte Schallisolierung und gut funktionierende Klimaanlage sorgen dafür, daß man auch nachts ruhig schlafen kann. Die Badezimmer sind im Verhältnis zu den großen Ketten-Hotels relativ groß, nämlich ungefähr 6 qm. Leider haben die Bäder keine Außenfenster, sondern nur Ventilation.

Ganz hervorragend funktioniert der Zimmerservice, für den es eine Extraspeisenkarte gibt. Das Königshof-Frühstück enthält eine Aufschnittplatte, es gibt aber noch ein englisches Frühstück mit weiteren Extras.

Im ganzen: In diesem Hotel fühlt man sich besonders persönlich betreut und liebenswürdig behandelt. Es scheint so, als habe Frau Geisel ihr gesamtes Personal auf eine bestimmte Art von individueller Höflichkeit getrimmt. Das ist wohltuend in unserer Zeit und könnte den Reisenden veranlassen, den Königshof zu seinem bevorzugten Nachtquartier und Tages-Restaurant zu machen.

Ein behagliches Doppelzimmer im Königshof

22. Hotel Preysing

Bewertung: Hotel 75 % Restaurant 16 Punkte

Preysingstr. 1
8000 München 80
Tel.: 089/48 10 11
Telex: 05/29 044
Besitzer: Hans Würbser
Direktor: Hans Würbser
Offizielle Klassifizierung: de luxe
Küchenchef: Gottfried Lenz
Öffnungszeiten: 23. 12. – 6. 1. geschlossen
Keine Gruppenreisen
Hunde erlaubt

Lage
Ruhig. Beginn des Englischen Gartens
Nächster Bahnhof: 4 km
Nächster Flughafen: 7 km

Zimmer und Preise
Insgesamt 76 Zimmer, davon
14 Doppelzimmer mit Bad/WC zu 248,– DM (6 Doppelzimmer mit Balkon)
51 Einzelzimmer mit Bad/WC zu 160,– bis 215,– DM
5 Einzelzimmer mit Dusche/WC zu 135,– DM
5 Apartments mit Salon zu 310,– bis 450,– DM
Preise inklusive Steuern, Service und kontinentalem Frühstück
Kinder bis 6 Jahre im Zimmer der Eltern frei

Einrichtung
Modern, die Suiten bayrisch. Doppelzimmer ca. 20 qm. 2 Sessel und Stühle. Doppelzimmer mit Schreibsekretär und Frühstückstisch. 2 Kofferablagen. 59 Zimmer mit Diele und Einbauschränken. Tischlampen. Stehlampen und Nachttisch mit Leselampe. Indirekte

Beleuchtung. Großer Spiegel, Mini-Bar, Radio »Self-Service«, Color-TV, automatischer Wecker und Weckdienst von der Zentrale, Klimaanlage
Täglicher Bettzeugwechsel

Bäder
4 qm. 12 mit Außenfenster. 1–2 Waschbecken, große Badewanne. Teilweise mit abgetrennter Duschkabine. Bidet, 4 mit abgetrenntem WC. Neonlicht
Zahnpasta, Kleenex, Seife, Schaumbad, Waage, Rasierspiegel, Infrarotlampe, Schwamm oder Waschlappen, Einrichtung zum Schuheputzen, Pantoffeln, Zahnbürsten, Duschhaube, Fön, Rasierschaum und Hobel, Raumspray
Täglicher Handtuchwechsel

Service
Der Gast wird auf sein Zimmer begleitet. Außer dem Frühstück auch Mahlzeiten auf den Zimmern. Frühstück 7.00–11.00 Uhr, Abendessen 18.00–24.00 Uhr. Bügeln, Waschen, Reinigen 1 Tag. Zeitungen zum Frühstück. Fahrpläne für Flugzeuge. Stadtrundfahrten, Ausflugsfahrten, Kulturprogramm, Stadtpläne
Direktwahltelefon, 2 Fahrstühle, Bar, Vitrinen, Tiefgarage. Geldwechsel

Sport
Hallenbad, Sauna, Massage auf Wunsch, Fitness-Raum, Jogging, Radfahren, Tischtennis
Tennis: 10 Min. Fahrt
Golf: 15 Min. Fahrt

Frühstück
9 Brotsorten, verpackte Butter, abgepackte Industrieprodukte, Honig, frische Nußhörnchen, sonntags aufgebakkene Croissants, Müsli, Joghurt, Omelette, Spiegeleier oder Rühreier mit Schinken oder Speck, Markenkaffee, echter Tee in Blättern oder Industrie-Tee in Säckchen, frisch gepreßte Fruchtsäfte

Restaurant
»Preysing-Keller«
Geöffnet 18.00–1.00 Uhr
Hintergrundmusik. Terrasse, auf der serviert wird. 70 Plätze, rustikal elegant, Räume für Gesellschaften mit 50 Plätzen, Bar, Bar mit Salon
Küchenchef: Gottfried Lenz, seit März 1980 im Hause, vorher im Schloßhotel Pontresina, Palacc Luzern, Grand Hotel Stockholm, Mont Cervin Zermatt, Tantris München

Spezialitäten
Hummer in eigenem Gelee mit Estragonsauce (26,–DM)
Kalbszunge in Gemüsevinaigrette mit Meerrettich (16,50 DM)
Pot au feu von der Ente mit Rote Bete (12,50 DM)
Seeteufel in Senfsaatsauce mit Kräutern (36,50 DM)
Kalbsniere mit Champignonduxelles gefüllt in Rotweinsauce (29,– DM)
Beeren mit Topfencrème überbacken, weißes Schokoladeneis (11,50 DM)
Menüs: 7 Gänge 98,50 DM

Trotz seiner fast zentralen Lage am Rande des Englischen Gartens kann man hier die Ruhe eines Landhotels genießen und außerdem eine hervorragende Küche: Im Michelin einen Stern, im Varta eine Kochmütze, im Aral zwei Kochlöffel, bei Gault-Millau zwei Kochmützen und 15 Punkte, im Vif 17 von 20 Punkten.

Die Fassade läßt nicht vermuten, daß diese Herberge inwendig so komfortabel, mit Liebe und Geschmack eingerichtet ist. Trotz der Nähe zu Verkehrsknotenpunk-

RESTAURANT

Essen so gut wie Wohnen: Der Preysing-Keller im gleichnamigen Hotel

ten und großen, stark frequentierten Straßen findet man in diesem Haus abseitige Ruhe, und man kann, wenn man nach einem Einkaufsbummel pflastermüde oder nach Verhandlungsgeschäften erschöpft ankommt, problemlos Erholung finden: Durch ein erfrischendes Bad etwa im hauseigenen Schwimmbad oder durch eine Siesta in einem der behaglich eingerichteten Zimmer.

Auch die einfachen Zimmer haben nichts von der sonst üblichen, langweiligen Standard-Monotonie der Großhotels. Die Apartments und Suiten sind sogar echte Juwelen. Sofern die Einrichtung den eigenen Geschmack trifft, wird man sich hier gerne auch häuslich etablieren wollen. Ab 2000 DM ist es möglich, sich ganzmonatlich im Hause einzurichten. Daß die Zimmer überall über jeden Komfort verfügen, versteht sich von selbst. Das reicht in der oberen Preiskategorie vom Farbfernsehgerät, getrennter Gästetoilette, Minibar und Obstkorb, Badezimmer-Inventar mit Kleenex-Tüchern, Badezusätzen; Zahnbürsten, Bademänteln usw. bis hin zum automatischen Rolladensystem und einer Generalanlage, die das Licht komplett löscht, wenn man das Zimmer verläßt, so daß man nicht erst tausend Knöpfe drükken muß.

Das Besondere der Preysing-Küche ist, daß der verantwortliche Küchenchef sowohl bei hausfraulichen Rezepten wie Semmelknödeln in Rahm mit Steinpilzen als auch bei den Nobelprodukten größte Sorgfalt in die Zubereitung legt. Gottfried Lenz ist um die dreißig Jahre alt, aber schon ein junger Meister. Siebzehn Monate im »Tantris« haben das ihre getan, um seine Talente zur Entfaltung zu bringen. Was unter dem Begriff »regionale Küche« im gastronomischen Sprachgebrauch rangiert, aber selten auf den Teller gelangt, wird in diesem Restaurant serviert. Die erwähnten Semmelknödel in Rahm mit den frischen Pilzen waren mustergültig für das, was gutbürgerliche Küche sein könnte, und man hätte im Augenblick des Genießens dieses Gericht gegen keinen Hummer tauschen mögen. Lenz verzichtet auf tollkühnes Experimentieren, das sensible Zungen vergrault und die Nouvelle Cuisine in schiefes Licht gesetzt hat.

Zu den Preisen: Einen Abend im Preysing-Keller kann man sich ohne weiteres leisten, ohne skrupulös überlegen zu müssen, ob man hier noch einmal hingehen kann. Relativ preiswert ist es stets. Das gilt auch vom Hotel. Ein Doppelzimmer im Hause von Herrn Würbser kostet nur wenig mehr als ein Einzelzimmer in Münchens anderen Nobel-Herbergen. Man kann jedoch die Qualität dieses Hauses mit den Luxushotels ohne weiteres vergleichen. Das »Preysing« ist überschaubar, und eine wirkliche Behandlung des Gastes von Mensch zu Mensch sozusagen ist hier noch möglich. Das gelingt nur, weil der Besitzer auf jedes Detail persönlich achtet.

Vor drei Jahren wurde noch der sogenannte »Preysing-Pub« eröffnet. Dazu gehören eine Bar und ein Live-Pianist, der abends für Stimmung sorgt. Eine kleine Speisenkarte und eine enorm große Bar-Karte bieten alles, was der Gast nach einem guten Essen nur wünschen kann.

23. Pflaums Posthotel

Bewertung: Hotel 70% Restaurant 17 Punkte

Nürnberger Str. 14
8570 Pegnitz
Tel.: 09241/7250
Telex: 642433 PPP
Besitzer: Andreas und Hermann Pflaum
Direktor: Andreas Pflaum
Küchenchef: Hermann Pflaum
Öffnungszeiten: Ganzjährig
Kleine Gruppenreisen
Hunde erlaubt

Lage
Ruhig. Höhenlage: 450 m, 170 km markierte Wanderwege, 4000 qm Garten, Blumenterrasse mit Brunnen
Nächster Bahnhof: 3 km
Nächster Flughafen: 57 km Nürnberg, 27 km Bayreuth

Zimmer und Preise
Insgesamt 50 Zimmer, davon 25 Suiten
alle Zimmer werden als Doppel- oder Einzelzimmer vermietet
Doppelzimmer mit Bad/WC zu 150,– bis 370,– DM
Einzelzimmer mit Bad/WC zu 115,– DM
Apartment mit Salon zu 220,– bis 680,– DM
Preise inklusive Service, Steuern und Frühstück
Kinder im Zimmer der Eltern frei

Einrichtung
Antiquitäten, modern, Zimmer 19–65 qm. Salonecke, 2–5 Sessel und Stühle, Schreibsekretär, Frühstückstisch, Kofferablage, Diele mit Einbauschränken, teilweise Tischlampen und Stehlampen, Nachttisch mit Leselampe, Lüster, indirekte Beleuchtung, großer Spiegel, Minibar, teilweise Radio »Self-Service« und vom Empfang aus, Farbfernseher mit eigenem Programm, teilweise automatischer Weckdienst von der Zentrale
Auf Wunsch täglicher Bettzeugwechsel

Bäder
4–15 qm. 10 Bäder mit Außenfenster, 40 mit Ventilation. 2 Waschbecken, große Badewanne, teilweise mit Whirlpool, teilweise mit Bidet, teilweise WC vom Bad abgetrennt, Neonlicht und normale Beleuchtung
Auf Wunsch Zahnpasta, Kleenex, Seife, Schaumbad, Waage, Infrarotlampe, auf Wunsch Schwamm oder Waschlappen, auf Wunsch Einrichtung zum Schuheputzen
Täglicher Handtuchwechsel

Service
Portier, der Gast wird auf sein Zimmer begleitet. Außer dem Frühstück werden auch Mahlzeiten auf den Zimmern serviert, normale Karte, 16 Stunden. Bügeln, Waschen, Reinigen 1 Tag
Wagen waschen und auftanken. Zeitungen zum Frühstück. Btx-Service. Direktwahltelefon, Fahrstuhl, Bar, Boutiquen, Privatparkplatz, abgeschlossene Garagen. Geldwechsel. Kreditkarten: Amexco, Diners, Euro, Visa

Sport
Schwimmbad, Massage, Fitness-Raum mit Geräten, Kegeln, Billard, Fischen
Tennis: 1 km
Golf: 19 km

Frühstück
6–12 Brotsorten, offene Butter, hausgemachte Konfitüren, Honig, frische Croissants, Wurst, Käse, Müsli, Kaffee-Spezialmischung, echter Tee in Blättern, frisch gepreßte Fruchtsäfte, Frühstücksbüffet

Restaurant
Rôtisserie »Pflaums Speisegarten«
Mittagessen 12.00–14.00 Uhr
Abendessen 18.30–21.00 Uhr
Während der Bayreuther Festspiele und Nürnberger Messe bis 24.00 Uhr
Klassische Musik, Blumenterrasse mit Brunnen, Garten. Räume für Gesellschaften mit 40 Plätzen. Stil, modern, Bar mit Salon
Küchenchef: Hermann Pflaum, seit 1960 im Hause, vorher in Deutschland und der Schweiz

Spezialitäten
Tatar vom Bachsaibling mit Forellenkaviar, Reibekuchen, Crème fraiche (26,– DM)
Kressesüppchen (9,50 DM)
Zanderfilet gratiniert, Blattspinat (34,– DM)
Fränkisches Täubchen (39,– DM)
Zicklein aus dem Backofen (49,– DM)
Menüs: 108,– DM
Weine: Würzburger Stein Sylvaner Kabinett Bürgerspital, Homburger Kallmuth Sylvaner Kabinett

---

Geht es um die beste PR-Arbeit für Hotels und Restaurants, so denkt man an zwei Namen: an Hans-Peter Wodarz in Wiesbaden und an Andreas Pflaum in Pegnitz. Wenn einer sein Haus an den Mann, d. h. an den Gast, zu bringen versteht, ist es der

Neben den kulinarischen Genüssen die Gesundheit pflegen: »Pflaums« neuer Fitness-Raum mit vielen Übungsgeräten

bärtige Andreas, dessen Talente die seines Bruders Hermann Pflaum, des poetischen Küchenchefs, zu ergänzen verstehen.

Daß ich dieses Haus in diese Sammlung der Besten in Europa aufgenommen habe, verdankt es

a) seiner Lage zwischen Nürnberg und Bayreuth und seiner Begehrtheit bei Besuchern der Nürnberger Messen und der Wagner-Festspiele im nahen Bayreuth,
b) seiner ebenso konsequenten wie schmackhaften Feinschmeckerküche im kompromißlosen Stil der Nouvelle Cuisine.

Hermann Pflaum ist ein deutscher Küchenreformer der ersten Stunde, der ebenso viele Auszeichnungen wie größte Lobeshymnen in der Presse verdiente. Zu seinen schon klassisch gewordenen Spezialitäten gehören das »Kalbsherz Pflaum auf fränkische Art«, das »Zicklein aus dem Backofen«, sein »Kresse-Süppchen« und seine »Warme Apfeltorte«. Unter Leitung von Andreas Pflaum wird der Service von liebenswürdigen jungen Mädchen aus der Gegend ausgeführt. Neben dem modern und elegant eingerichteten Hauptrestaurant gibt es noch eine kleine in Holz gehaltene Stube, in der zu sitzen eigentlich ein Vorrecht für die Stammgäste bedeutet. An Prominenz in der Festspielzeit fehlt es in diesem Haus nie: Von den berühmtesten Dirigenten, Sängern und Komponisten bis hin zu den Politikern und Ministern hat hier schon fast alles einmal gewohnt.

Als Ergänzung zu den Wagner-Festspielen bieten die Pflaums jährlich ein »Wagner-Spectaculum«, oft Parodien, an, bei denen sich kulinarische, literarische und musikalische Genüsse ergänzen.

So lautete das dritte Spectaculum 1984 »Don Tristano e Donna Isotte«, das vierte (1986) hieß »Cosima Notte« oder »Notre Dame de Bayreuth«.

Neun Akte, unterbrochen von den Gängen eines edlen Menüs, wurden zwischen 20 Uhr und Mitternacht aufgeführt. Dabei mußten die Gäste oft die Räume wechseln und sich sogar an die Tische in der Nähe des Swimmingpools begeben, in welchem einst auch die Wagnerschen Rheintöchter herumplantschten.

Das Hotel und seine umfassenden Einrichtungen, die vom ständig bespielten Video-Zuschauerraum über Spielräume bis zum Swimmingpool, den Fitnessräumen und Boutiquen reichen, besteht aus einer Mischung von Großstadt- und Landhotel. Der Zuschnitt der 25 Suiten ist großzügig mit zum Teil extravaganten Bädern und Whirlpools und WCs mit Marmordeckeln. Eine Bar »Zum Säbel Napoleons« und ein Zeitschriftenstand, wo es auch Davidoff-Zigarren, Bücher und Souvenirs gibt, besteht neben einer ständigen Kunstausstellung. All dies mitten in der tiefsten Provinz, die an diesem Ort überhaupt nicht provinziell anmutet. Der moderne Hotel-Anbau, den man neben den alten Fachwerk-Gasthof gesetzt hat, enthält die oft üppig ausgestatteten Zimmer. Hier befinden sich vor allem die Suiten mit ihrem großen Komfort und vielen Spielereien, die Andreas Pflaum offensichtlich sehr liebt. So kann man z. B. mit einem Drehschalter die Helligkeit der Lampe am Nachttisch steuern oder sich unter eine große Bogenlampe im Sessel niederlassen.

PPP, wie sich Pflaums Posthotel nennt, ist ein Haus, das jedem etwas bietet, den Jungen ebenso wie den Alten; alle Arten von Training und Sport können hier betrieben werden, Komfort in den Zimmern, erstklassige Küche für Gourmets, individuelle Betreuung auf allen Ebenen, für Festspiel- und Messebesucher ein Ort der Entspannung, für Urlauber ein praktisch gelegenes Haus in Nähe der immer noch ruhigen »Fränkischen Schweiz«.

24. Brenner's Parkhotel

Bewertung: Hotel 90 % Restaurant 16 Punkte

An der Lichtentaler Allee
7570 Baden-Baden
Tel.: 07221/3530
Telex: 781261
Besitzer: Dr. August Oetker KG
Direktor: Richard Schmitz
Küchenchef: Albert Kellner
Öffnungszeiten: Ganzjährig
Gruppenreisen bis max. 30 Personen
Hunde sind nur in den Zimmern zugelassen

Lage
Sehr ruhig, aber zentral. Höhenlage: 160–260 m ü. M., Fußwege beginnen direkt am Hotel, Privatpark, Terrasse
Nächster Bahnhof: 6 km
Nächste Flughäfen: Frankfurt: 125 km, Stuttgart: 104 km, Straßburg: 75 km

Zimmer und Preise
Insgesamt 106 Zimmer, davon
35 Doppelzimmer mit Bad/WC zu 210,– bis 650,– DM
40 Einzelzimmer mit Bad/WC zu 170,– bis 390,– DM
4 Einzelzimmer mit Dusche/WC zu 170,– bis 390,– DM
64 Doppelzimmer mit Balkon oder Terrasse
8 Apartments mit Salon zu 1200,– bis 1750,– DM und auf Anfrage
21 Junior-Suiten
Preise inklusive Service und Steuern
Normalfrühstück: 17,– DM
Vollpension in und außerhalb der Saison: 110,– DM
Halbpension in und außerhalb der Saison zu 80,– DM

Einrichtung
Stilmöbel, Antiquitäten. Doppelzimmer 43,5–64 qm. Doppelzimmer mit Salonecke und Schreibsekretär. 5 Stühle, 1 Sofa. 3 Sessel. 1–3 Kofferablagen, 95 % der Zimmer mit Diele und Einbauschränken. Tischlampen, Stehlampen, Nachttisch mit Leselampe, Lüster, andere Deckenlampen, Lampe am Frisiertisch. Großer Spiegel, Minibar, Radio »Self-Service«, Farbfernseher, Weckdienst von der Zentrale
Täglicher Bettzeugwechsel

Bäder
10,5–12 qm. Außenfenster oder Ventilation. Fast alle mit 2 Waschbecken, große Badewanne, einige mit abgetrennter Duschkabine, 90 % der Bäder mit Bidet, in den Einzel- und Doppelzimmern WC im Bad, Neon-Warmlicht. Zahnpasta, Kleenex, Seife, Schaumbad, Waage, beleuchteter Rasierspiegel, auf Wunsch Infrarotlampe, Waschlappen, Schuhe werden geputzt, Bademantel und andere Extras
Mehrfach am Tag Handtuchwechsel

Service
Portier, der Gast wird auf sein Zimmer begleitet. Außer dem Frühstück werden auch Mahlzeiten auf den Zimmern serviert, 6.30–2.00 Uhr. Bügeln sofort, Waschen und Reinigen 1–2 Tage, Wagen waschen und auftanken, auf Wunsch Zeitungen zum Frühstück
Prospekte, Pläne und Karten für Ausflüge. TV-Programm, Stadtplan Baden-Baden, Programm der Bäder- und Kurverwaltung usw.
3 Fahrstühle, 2 Bars, Unterhaltungs- und Tanzmusik in den Bars, Boutiquen, Privatparkplatz. Geldwechsel: Kreditkarten: American Express, Diners

Sport
Hallenbad, Sauna, Massage, Fitness-Raum, Joga, Gymnastik, Sportlehrer
Tennis: ca. 150 m
Golf: ca. 1 km

Frühstück
10 Brot- und Brötchensorten, offene Butter, offene hochwertige Industrieprodukte, Honig, vorgebackene Croissants, Markenkaffee, echter Tee in Blättern, frisch gepreßte Fruchtsäfte

Restaurant
»Schwarzwaldstube«
Restaurant: Mittagessen 12.00–14.00 Uhr
Abendessen 19.00–21.00 Uhr
Schwarzwaldstube: Mittagessen 12.00–14.00 Uhr
Abendessen 18.30–23.00 Uhr
Im Restaurant Pianomusik, Hintergrundmusik in der Schwarzwaldstube.
Terrasse
Restaurant: 120–240 Plätze, klassisch-traditionell
Schwarzwaldstube: 40 Plätze, rustikal
Terrassensalon mit 35 Plätzen, Parksalon mit 10 Plätzen, Roter Saal mit 130 Plätzen. 2 Bars
Küchenchef: Albert Kellner, seit 21 Jahren im Hause

Spezialitäten
Terrine von Perlhuhn und Gänseleber (25,– DM)
Badische Grünkernsuppe (12,– DM)
Frische Nudeln mit Lachs und Schnittlauch (24,– DM)
Seezungenfilets mit Estragonfüllung in Vermouthsauce (46,– DM)
Brüstchen von Bresser Hähnchen mit Steinpilzen in Sahne (45,– DM)
Eisauflauf Stephanie, Fruchtmark (ab 2 Pers.) (38,– DM)
Menüs:
4-Gang-Menü: ca. 60,– bis 80,– DM
Abends: ca. 65,– bis 90,– DM
Wein: Neuweierer Maurerberg

In der Kur- und Casino-Stadt immer noch einsame Spitze: Das »Brenner's«

Ein Großhotel im Sinne der Hiltons und der Intercontis ist es nicht, das »Brenner's« in Baden-Baden; wohl aber ein großes Hotel mit seinen 107 Zimmern innerhalb eines elitären Hotelimperiums, zu welchem das »Bristol« in Paris mit seinem Zwei-Sterne-Restaurant, das »Parkhotel Vitznau« am Vierwaldstätter See und das »Grandhôtel du Cap« auf dem Cap d'Antibes an der Côte d'Azur gehören. Es ist ja ein bißchen Mode geworden, daß Großunternehmer aus ganz anderen Branchen sich nebenbei auch in der Hotellerie betätigen wie Grundig mit seinem Hotel »Forsthaus« bei Fürth, seinem Hotel »Schloß Fuschl« bei Salzburg, dem »Vistaero« bei Monaco und der »Bühlerhöhe« im Schwarzwald oder die Stinnes-AG mit ihrem »Nassauer Hof« in Wiesbaden. So hat die KG des Backpulver-Oetkers das »Brenner's« zusammen mit den drei anderen Palasthotels übernommen. Selbst seitdem sich Kunstfreund Rudolf August Oetker von der aktiven Geschäftsführung seines Konzerns im Jahre 1981 zurückgezogen hat – die Hotels blieben sein Hobby, um das er sich heute noch persönlich kümmert.

Ich werde nie vergessen, wie sich Direktor Schmitz im »Brenner's« um meine Frau bemühte, als sie 1974 zum ersten Mal in seinem Haus logierte. Sie bekam plötzlich scheußliche Zahnschmerzen infolge eines vereiterten Weisheitszahnes, und als Herr Schmitz davon erfuhr, brachte er uns in seinem Wagen zu seinem Zahnarzt in der Nähe und wartete während der ganzen Behandlungszeit auf uns, um uns wieder zurück ins Hotel fahren zu können. Das war in der Tat die perfekteste persönliche Betreuung, die wir je in einem Hotel erlebt hatten.

Es war genau in jenem Jahr, als Richard Schmitz die Geschäftsführung des »Brenner's« übernommen hatte. Das Haus litt damals unter einer gewaltigen Überalterung der Gäste: Das Durchschnittsalter lag bei 70 Jahren! Junge Kundschaft war kaum in Sicht. Auch das Personal war überaltert mit dem schönen Ergebnis, daß sich vor allem die älteren Oberkellner recht hochnäsig benahmen, wenn man nicht zum alteingesessenen Stammpublikum der Millionäre gehörte. Man behandelte uns im festlichen Speisesaal wie Neulinge, die eigentlich nicht hierher gehörten. Am liebsten hätte man uns die Sauce über den Frack gegossen...

Diese Zeiten hat Schmitz energisch beendet. Er selbst, damals ein noch nicht vierzigjähriger Aufsteiger, verjüngte den ganzen Laden mit dem Ergebnis, daß heute, nach dreizehnjähriger Tätigkeit, das Durchschnittsalter der Gäste auf Mitte Fünfzig gesunken ist. Leute unter Vierzig sind allerdings noch immer eine Seltenheit; denn wer kann sich die Preise einer Nobelherberge wirklich leisten? Die alten Paare dominieren immer noch, verbreiten aber eine angenehme Geruhsamkeit für jene, die wirklich Entspannung und Ruhe im schönen Baden-Baden suchen.

Die Lage ist eines Landhotels würdig: Ein großer Teil der Zimmer geht zum Flüßchen Oos und dem Park an der Lichtentaler Allee hinaus; die begehrte Fußgänger-Promenade führt rechter Hand zum Spielkasino, das wegen seiner historischen Säle schon allein einen Besuch wert ist, linker Hand zur Gönneranlage, einem prächtigen Park, in dem man sich lange ergehen kann. Gegenüber liegt die Baden-Badener Kunsthalle mit ihren ständig wechselnden Ausstellungen. Vor dem Kasino erstrekken sich zwei Boutiquenstraßen für Fußgänger, in der unter anderem jene Schmuckboutique liegt, die der berüchtigte Dr. Scholl angeblich überfallen hat. Daneben lockt das Stadttheater zum Besuch vorwiegend amüsanter Boulevard-Stücke.

Das »Brenner's« besteht aus vier Teilen: Dem Hauptbau mit dem Hotel und seinen Alkovenzimmern, zu denen stets ein Balkon gehört, auf dem man sommers frühstücken kann, dem Zwischenteil »Parkvilla« genannt, mit eleganten Suiten, dann das bildschöne Schwimmbad, die Lancaster-Schönheitsfarm, wo Kosmetikerinnen beherzt gegen Falten kämpfen, um aus Siebzigjährigen Fünfzigjährige und aus Vierzigjährigen Zwanzigjährige zu machen, und die »Schwarzwaldklinik Villa Stephanie«, wo Frau Dr. Melms als leitende Ärztin gegen Arterienverkalkung und Rheuma angeht, nicht ohne ihren Patienten einige Pfunde überschüssiges Fett durch eine 1 000-Kaloriendiät abzunehmen.

Das »Brenner's« ist also mehr als ein normales Hotel: Es ist Hotel, Klinik, Sport- und Schlankheitsfarm in einem und sehr geeignet für eine Rundum-Auffrischung. Wer den Luxus liebt – und wer liebt ihn nicht? –, kommt in den Suiten voll auf seine Kosten: Eine große Diele mit Kofferablage und Kleiderhaken, ein Schlafzimmer mit Schrankwand, Schreibtisch, Fernseher, Sitzecke, Sesseln, einem Stiefelknecht und Schuhanzieher – ein geschmackvoller Salon mit teuren, echten Antiquitäten, riesigem Schreibtisch, großer Sitzgruppe – ein helles, freundliches Bad mit Außenfenster und abgetrennter Toilette, große Wanne mit ausziehbarer und versenkbarer Dusche, viel Platz für Ablage, ein Set Davidoff für den Herrn mit Eau de Toilette, Aftershave, Duschgel und Zahnputzset, ein weiteres Set für die Dame von Jil Sander mit Körpermilch, Eau de Toilette, Duschgel und Zahnputzset, diese beiden Sets stehen in einem durchsichtigen Toilettenköfferchen auf dem Waschtisch, dazu ein großes Stück Seife von Lancaster, ein stummer Diener zum Aufbügeln von Hosen, ein Rasierspiegel, ein Fön, eine Waage, Bademäntel, selbstverständlich Kleenex, Telefon im Bad und auf der Toilette – das alles ist wohl ziemlich das Maximum an Komfort, das sich denken läßt.

Bemerkenswert das Frühstück, das sich hier ca. 70 Prozent der Gäste aufs Zimmer kommen lassen. Es gibt davon drei Formen: ein einfaches, ein etwas üppigeres und ein ganz üppiges unter dem Namen »Fürstliches Frühstück«. Direktor Schmitz hält es für den Stil seines Hauses unangebracht, ein Frühstücksbüffet im Restaurant einzurichten. Deshalb bietet er eine reichliche Frühstückskarte an, auf der neben den drei Sorten von Frühstücken auch noch weitere Extras bestellt werden können wie Eierspeisen, Speck, Würstchen, Früchte und Cornflakes.

Das Hauptrestaurant, für das Küchenchef Albert Kellner schon seit ca. 20 Jahren arbeitet und für das er einen Michelin-Stern erhalten hat, geht auf fast alle Sonderwünsche gerne ein. Ich konnte bisher kein Haar in der Suppe finden. Wie üblich heute in allen Hotels, bietet die regionale »Schwarzwaldstube« eine etwas billigere und rustikalere Küche als im Hauptrestaurant an. Hier kann man auch in sportlicher Kleidung hingehen, während das Abendrestaurant korrekten Anzug verlangt.

Persönliche Betreuung, Beharren auf Spitzenqualität auf allen Gebieten, Eingehen auf Sonderwünsche sind immer noch die großen Vorteile im »Brenner's«. Mit gutem Grund gehört es zur Vereinigung der »Leading Hotels in the World«, und innerhalb der Gruppe gewiß zu den allerersten Hotels. Eine junge Empfangsdame hat ihren Tisch direkt neben der Rezeption, und sie erläutert den Gästen, was man in Baden-Baden und in der Umgebung alles unternehmen kann. Jeder kann sich aussuchen, was er wünscht: Wanderungen, Rundfahrten, Weinproben bei badischen Winzern, Shopping-Spaziergänge, Theaterbesuche, Konzerte, Führungen durchs Kasino. Nichts was man sich bei »Brenner's« nicht antun kann; man kann aber auch unbehelligt von jedem Betrieb und von jedem Verkehrslärm still auf seinem Balkon sitzen und den schönen Park genießen.

Was kostet dieser Luxus? Nicht mehr als in jedem guten Großstadthotel: Einzelzimmer mit Bad und WC zu 140–290 DM, Doppelzimmer mit Bad und WC zu 190–410 DM, Alkovenzimmer zwischen 580 und 650 DM, Suiten zwischen 930 und 1700 DM.

In der Schwarzwaldklinik »Villa Stephanie« mit ihren 37 Betten in 27 Zimmern liegen die Preise zwar etwas höher, dafür sind drei Mahlzeiten im Preis mit einer Standarddiät inbegriffen – also letztlich sind die Zimmerpreise nicht höher als die im Haupthaus.

Verbilligte Pauschalarrangements gibt es für die Schönheitsfarm in Zusammenhang mit dem Hotel bei einem Aufenthalt von 6 und 7 Tagen und für »Brenner's Spa«, einer Kureinrichtung des Hotels.

Doppelzimmer in Brenners Parkhotel

25. Park Hotel Bremen

Bewertung: Hotel 70 % Restaurant 13 Punkte

Im Bürgerpark
2800 Bremen 1
Tel.: 0421/3408-0
Telex: 244343
Besitzer: Park Hotel GmbH
Direktor: Wilhelm Wehrmann
Bankettbereich: Hans-Jürgen Rupp
Parkrestaurant: Stefan Madaus
Meierei Bürgerpark: Joachim Himmelskamp
Offizielle Klassifizierung: 5 Sterne
Öffnungszeiten: Ganzjährig
Gruppenreisen
Hunde zugelassen

Lage

Ruhig, trotzdem zentral. Fußwege beginnen direkt am Hotel. Privatpark
Nächster Flughafen: ca. 10 km
Nächster Bahnhof: ca. 800 m

Zimmer und Preise

Insgesamt 150 Zimmer, davon
50 Doppelzimmer mit Bad/WC zu 250,– bis 280,– DM
3 Doppelzimmer mit Dusche/WC zu 250,– DM
51 Einzelzimmer mit Bad/WC zu 235,– DM
33 Einzelzimmer mit Dusche/WC zu 195,– DM
3 Einzelzimmer ohne Bad
37 Doppelzimmer mit Balkon oder Terrasse
10 Apartments mit Salon zu 350,– bis 650,– DM
Preise inklusive Service und Steuern
Normalfrühstück: 12,– DM
Frühstücksbüffet: 20,– DM pro Person
Vollpension in der Saison: 84,– DM
Halbpension in der Saison: 42,– DM

Kinder bis zu 14 Jahren im Zimmer der Eltern frei

Einrichtung
Jedes Zimmer anders, überwiegend Stilmöbel, teilweise modern. Doppelzimmer 40–80 qm. Doppelzimmer mit Salonecke mit Tisch und Sesseln, Tisch und Schreibsekretär. 3 Sessel, 1 Stuhl, 1 Kofferablage (auf Wunsch mehr), alle Zimmer mit Diele und Einbauschränken. Tischlampen, Stehlampen, Nachttisch mit Leselampe, Wandleuchten. Großer Spiegel, Minibar, Radio »Self-Service«, Farbfernseher, Weckruf von der Zentrale
Täglicher Bettzeugwechsel. Abends Aufdeckdienst, der noch einmal Ordnung macht

Bäder
15–30 qm. 10 Badezimmer mit Außenfenster. 1 Waschbecken je Person. In den Suiten große, sonst normale Badewanne, abgetrennte Duschkabine. In einigen Zimmern Bidet. Über den Spiegeln normale Beleuchtung, sonst Neonlicht. In einigen Zimmern Handtuchtrockner, ca. 30 abgetrennte WCs
Kleenex, Seife, Schaumbad, Waage (in den Suiten), Rasierspiegel, Schwamm oder Waschlappen, Einrichtung zum Schuheputzen, Bademantel, Duschhaube
Täglicher Handtuchwechsel

Service
Portier. Der Gast wird auf sein Zimmer begleitet. Außer dem Frühstück werden auch Mahlzeiten auf den Zimmern serviert nach Spezialkarte von 6.00 bis 24.00 Uhr
Bügeln, Waschen, Reinigen: Normal: am nächsten Tag zurück, Express: am selben Tag zurück. Wagen waschen. Auf Wunsch Zeitungen zum Frühstück. Kostenloses Videoprogramm
Prospekte, Pläne und Karten für Ausflüge, Fahrpläne für Züge und Flugzeuge, Buchungen für Flüge, Bahnfahrten, Theaterkarten etc.
Direktwahltelefon, 3 Fahrstühle, Tanzbar mit Lifemusik, Damen- und Herrenfriseur, Parfümerie, Verkaufsvitrinen, 2 Restaurants. Privatparkplatz, eine abgeschlossene Garage. Geldwechsel. Kreditkarten: Amexco, Diners, Visa, Eurocard

Sport
Fitness-Raum mit Geräten geplant. Kostenloser Fahrradverleih, kostenloser Verleih von Jogginganzügen und Laufschuhen, Rudern auf dem See
Tennis: ca. 3 km
Golf: ca. 12 km

Frühstück
4–5 Brotsorten, Butter verpackt und offen, Konfitüren als offene Industrieprodukte, Honig, frische Croissants, auf Wunsch: Joghurt, Müsli, Würstchen, Cornflakes, verschiedene Säfte, Quark, Obst, Pfannkuchen. Echter Tee in Blättern. Fruchtsäfte auf dem Frühstücksbüffet aus der Dose, auf Wunsch frisch. Frühstücksbüfett

Restaurants
»Meierei Bürgerpark« und »Parkrestaurant«
100 Plätze, rustikal im Schweizer Stil
Hintergrundmusik, bedeckte Terrasse, Garten, Klimaanlage
Besondere Räume für Gesellschaften: »Kuhstall« für max. 80 Personen

Spezialitäten
Eine halbe Avocado gefüllt mit Kalbsbries (18,– DM)
Mit Lachsmus gefüllte und überbackene Seezungenröllchen auf Blattspinat (39,– DM)
Sülze vom pochierten Lachs/Schnitt-

lauchsahne (19,– DM)
Poulardenbrust mit Austernpilzen gefüllt/Sherryrahm (32,– DM)
Barbarieentenbrust mit frischen Pfifferlingen (39,– DM)
Salat von frischen Beeren mit Dickmilchmousseline (10,– DM)
Menü: 27,– bis 42,– DM

Das Bremer Parkhotel zeichnet sich durch eine geradezu ideale Lage aus: Trotz der Nähe von Hauptbahnhof und Stadtzentrum liegt es wie ein ruhiges Landhotel an einem schönen See, dem Hollersee, und ist umgeben von Bürgerpark und Stadtwald. Hier hat sich inmitten der Großstadt ein gepflegtes Stück Natur erhalten, und der Gast des Hotels kann hier schöner spazierengehen als von vielen sogenannten Landhotels aus.

Der erste große Pluspunkt des Hauses ist die seit 1980 Zug um Zug durchgeführte Renovierung, mit der man die »Nierentisch«-Epoche der fünfziger Jahre überwand. Die erstaunlich großen Zimmer zwischen 40 und 80 qm (inklusive Bad) bieten heute jeden erdenklichen Luxus und sind äußerst geschmackvoll ausgestattet.

Besonders eindrucksvoll die Bäder, die sich mit denen der Suiten in Baden-Badens »Brenner's« vergleichen lassen. In ca. 30 Zimmern sind die WCs sogar abgetrennt, in 5 Zimmern allerdings nur durch eine Mauer. Die Vereinigung der »Leading Hotels of the World« betrachtet in abgetrennten Toiletten ein wichtiges Element des wirklichen Luxushotels. Ich freue mich, daß man das nicht nur als mein privates Hobby betrachtet und daß das abgetrennte WC sich zum Kriterium für Spitzenhotels gemausert hat.

Der dritte Pluspunkt des Parkhotels ist die sehr individuelle Gästebetreuung durch Dominique Wehrmann, Ehefrau des geschäftsführenden Direktors, der, bevor er im März 1986 das Direktorium übernahm, sechs Jahre als stellvertretender Direktor gearbeitet hatte. Die gelernte französische Pädagogin gibt jedem Gast das Gefühl, daß man ihn besonders gerne empfängt.

Der vierte Pluspunkt besteht in der Gastronomie des Hauses, die sich von der biederen, internationalen Hotelküche zu modernen Höhen aufgeschwungen hat. Selbst an der Biowelle nimmt Wehrmann insofern teil, als er täglich ein vegetarisches Menü anbieten läßt, daß sogar recht schmackhaft zubereitet wird.

Zu der Hotelgesellschaft gehören zwei Restaurants: die selbständig vom Haus geführte »Meierei Bürgerpark« unter Küchenchef Joachim Himmelskamp (31) und das im Hotel befindliche »Parkrestaurant« unter Küchenchef Stefan Madaus. In beiden Häusern hat sich die Qualität der Produkte und der Zubereitungen verfeinert, so daß von der veralteten Hotelküche schon längst keine Rede mehr sein kann. Das vegetarische Menü wird bis jetzt jedoch nur im Hauptrestaurant des Hotels angeboten, doch Direktor Wehrmann denkt daran, es auch in der »Meierei Bürgerpark« einzuführen.

Immerhin akzeptieren ungefähr 15 Prozent der Gäste die vegetarische Kost. Die Biowelle rollt heute bis in die großen Hotels. Bald wird es kein ernstzunehmendes Hotelrestaurant mehr geben, das weder Reduktions- noch Vollkost-Biomenüs anbietet.

Für Wehrmann ist die Betonung der Gastronomie um so wichtiger, als er 54 Prozent des Gesamtumsatzes des Hauses im gastronomischen Bereich erzielt. Die Auslastung des Hotels betrug 1985 68 Prozent. Tagungen und Sonderveranstaltungen spielen schon wegen der ausgezeichneten Lage des Hauses eine besonders große Rolle, was allerdings auch den Durchschnittspreis für die Zimmer auf ca. 130 DM gesenkt hat, während der Einzelreisende für sein Zimmer mindestens 195 DM ohne Frühstück hinblättern muß. Wer solo reist, ist selber schuld!

Natürlich gibt es im Parkhotel auch ein Snackrestaurant, wo man für relativ wenig Geld einen Imbiß nehmen kann. Ein Café mit Terrasse zum Hollersee und eine Halalibar ergänzen das Angebot. Neben sieben Tagungsräumen verschiedener Größe steht ein riesiger Ballsaal für 900 Personen zur Verfügung.
Im ganzen eines der am schönsten gelegenen Stadthotels in Deutschland.

26. Hilton International Mainz

Bewertung: Hotel 75 %   Restaurant 17 Punkte

Rheinstraße 68
6500 Mainz
Tel.: 06131/2450
Telex: 4187570
Besitzer: Mainzer Aufbau Gesellschaft mbH
Generaldirektor: Erich Morscher
Küchenchef: Pierre Pfister
Offizielle Klassifizierung: de luxe
Öffnungszeiten: Ganzjährig
Gruppenreisen möglich
Hunde auf Anfrage zugelassen

Lage
Ruhig, am Rheinufer. Fußwege beginnen direkt am Hotel. Terrasse
Nächster Flughafen: Frankfurt 25 km
Nächster Bahnhof: Mainz 4 km

Zimmer und Preise
Insgesamt 435 Zimmer, davon
395 Doppelzimmer mit Bad/WC zu 220,– bis 385,– DM
32 Einzelzimmer mit Bad/WC zu 170,– bis 330,– DM
4 Doppelzimmer mit Balkon oder Terrasse
4 Apartments mit Salon zu 500,– bis 950,– DM
Preise inklusive Service und Steuern
Frühstück:
Continental: 17,– DM
American vom Büffet: 24,– DM
Ein Kind im Zimmer der Eltern gratis, bei zwei oder mehr Kindern 2 Doppelzimmer zum Preis von 2 Einzelzimmern

Einrichtung
Modern, in Pastelltönen; die Präsidentenzimmer mit Antiquitäten. Doppelzimmer 20,7 bis 23,2 qm, Salonecke mit Tisch und Sesseln, 2 Sessel, 1 Stuhl, Tisch, Schreibsekretär, eine Kofferablage, zwei der Zimmer mit Vorraum und Einbauschränken, alle übrigen betritt man direkt vom Flur. Tischlampen,

Stehlampen, Nachttisch mit Leselampe, Lüster und indirekte Beleuchtung in den Suiten, großer Spiegel, Minibar, Radio mit 5 Kanälen, Farbfernseher mit 8 Kanälen, automatischer Wecker, auf Wunsch Weckdienst von der Zentrale, Klimaanlage, Telefon über Hauszentrale Täglicher Bettzeugwechsel. Die Zimmer werden nach der Nachmittagsruhe noch einmal gemacht
Größe der Suiten: mit Bad 96 qm, ohne Bad 84 qm

Bäder
3,96 qm (im Rheinflügel), ein Badezimmer mit Außenfenster, alle übrigen mit Ventilation, ein Waschbecken, große Badewanne, abgetrennte Duschkabine nur in den Präsidentenzimmern, WC im Bad, nur in den Präsidentenzimmern abgetrenntes WC, Neonlicht und normale Beleuchtung, Handtuchtrockner
Kleenex, Seife, Schaumbad, Rasierspiegel nur in Präsidentensuiten, Waschlappen, Einrichtung zum Schuheputzen. Zahnpasta, Waage, Infrarotlampe, Zahnbürsten, Rasierapparate, Haarfön und alles weitere auf Anfrage
Täglicher Handtuchwechsel

Service
Portier. Der Gast wird auf sein Zimmer begleitet. Außer dem Frühstück werden auch Mahlzeiten auf den Zimmern serviert, 24-Stundenservice, zwischen 23.00 und 6.00 Uhr nur Sandwiches.
Bügeln, Waschen und Reinigen durchgehend, Wagen waschen und auftanken, auf Anfrage Zeitungen zum Frühstück Prospekte, Pläne und Karten für Ausflüge, Fahrpläne für Züge und Flugzeuge, Koran, »Die Lehre Buddha's«, Spielkarten, Schach. 4 Fahrstühle, 2 Bars, Discothek, Souvenirs, Tabakshop, Friseur, 3 Restaurants, privater Parkplatz, abgeschlossene Tiefgarage. Geldwechsel 24 Stunden, Kreditkarten: American Express, Visa, Mastercard, Access, Eurocard, Diners Club, ICB

Sport
Sauna, Massage, Fitnessraum mit Geräten, Fitness- und Joggingprogramm am Rhein entlang
Tennis: 5 Min.
Golf: 24 km (Wiesbaden)

Frühstück
10 Brotsorten, verpackte Butter, auf den Zimmern abgepackte Konfitüren, am Büffet hausgemachte Konfitüren, Honig, frische Croissants (Konditoren im Haus), vom Standardbüffet: Bioprodukte, Aufschnitt (à la minute), Früchte, Kompotte, Milch-, Joghurtprodukte. Kaffee Spezialmischung, Tee in Säckchen, Fruchtsaftkonzentrat, auf Wunsch gegen Aufpreis frische Säfte

Restaurants
»Rheingrill«
Geschlossen: Montag ganztags und Samstagmittag
Mittagessen: 12.00 bis 14.30 Uhr
Abendessen: 18.30 bis 22.30 Uhr
120 Plätze, klassische Einrichtung (wird voraussichtlich 1987 umgebaut)
Hindergrundmusik, Klimaanlage, Rheinbar direkt vor dem Restaurant, Atriumbar im Domflügel

Spezialitäten
Sülze von Edelpilzen auf Cognac-Kräutersauce
Legiertes Steinpilzsüppchen unter der Blätterteighaube
Schwarze Salmlasagne auf Safranmousseline
Sorbet »Création Pierre Pfister« (Schmetterling mit Cassis-Passionsfrucht-Sorbet)
Gefüllte Lammkotelettes im Netz mit Lorbeersauce
Apfelpizza mit Zimteis

Weine: Schloß Vollrads, Fürst v. Metternich

»Römische Weinstube«
Geöffnet: 11.00 bis 23.00 Uhr
170 Plätze

Terrasse, Garten mit Rheinblick

»Le Bistro«
Geöffnet: 11.00 bis 22.30 Uhr
70 Plätze
Gartenterrasse

Wer sich leisten kann, eine Monatsmiete für eine Übernachtung auszugeben, lebt im Hilton von Mainz wahrhaft im Luxus: Die Suiten vor allem sind fürstlich eingerichtet und bieten einen großartigen Blick von einem Balkon aus über den Rhein, so daß man fast vergißt, nahe am Stadtzentrum zu logieren. Im Frühjahr 1983 wurde zusätzlich zum Altbau am Rhein neben der Rheingoldhalle ein fünfgeschossiger Anbau mit 195 zusätzlichen Zimmern gegenüber an der gleichen Straße errichtet, den man über eine gläserne Brücke vom Altbau her erreichen kann, der aber über einen eigenen Empfang und eine großzügige Hotelhalle verfügt. Nun stehen 435 Zimmer der Luxuskategorie zur Verfügung.

Mit ein paar Fußminuten ist der Gast im Stadtzentrum. An der Rheinseite halten die Passagierschiffe, mit denen man Ausflüge in die berühmten Weinorte des Rheingaues und bis hin nach Köln und Düsseldorf buchen kann. Die Promenade am Rhein gehört zu den großen Attraktionen von Mainz.

Das Hotel bildet eine Einheit mit der Rheingoldhalle, in welcher der Ball des Sports neben vielen Präsentationen großer Autofirmen regelmäßig stattfindet. Die Hiltonküche kocht auch für diese Halle, in der bis zu 3000 Gedecken serviert werden können. Es gehört zu den großen Leistungen von Küchenchef Pierre Pfister, daß er soviel Tagungsgäste gleichzeitig mit höchster Qualität versorgen kann. Er ist aber auch nicht ein gewöhnlicher Küchenchef: Er trägt den Titel des Küchendirektors und Food-and-Beverage-Managers, ähnlich wie sein berühmter Kollege Werner Matt in Wien, der den Posten des Küchenchefs am Wien-Hilton mit dem des Managers im Konzern der Austria-Imperialkette vertauschte.

Das Sensationelle am Hilton-Mainz ist die Küche von Pierre Pfister: Der in Strasbourg 1948 geborene Franzose, der zwischen 1962 und 1978 alle Stationen, die ein Koch durchlaufen kann, absolviert hat, machte sich im Hilton einen großen Namen, so daß es heute als Ehre gilt, bei ihm gelernt zu haben. Er ist nicht nur ein kreativer Koch, sondern Organisator von großem Format. Es will schon etwas heißen, in der Rheingoldhalle mit Foyer und Nebenräumen mit 3474 Gästen, im »Goldsaal« für 500 Menschen, im Feinschmeckerrestaurant »Rheingrill« für 120, im »Bistro« für 70 und in der »Römischen Weinstube« für 180 Gäste zu kochen. Zwar steht ihm für den »Rheingrill« eine Extrabrigade zur Verfügung, die ständig neu geschult wird (so bildeten sich seine Köche im Sommer 1986 bei »Le Divellec« in Paris, einem dort führenden Fischrestaurant und im Zwei-Sterne-Restaurant von Michel Beyls im »L'Oasis« von Brüssel weiter), aber immerhin bleibt es eine große organisatorische Aufgabe, Sonderveranstaltungen und die ständig geöffneten Restaurants mit 60 Köchen zu versorgen!

Den Ton legt Meister Pfister auf die Tagesangebote, die, wie es sich gehört für ein Feinschmeckerrestaurant, nicht sehr zahlreich sind: fünf Vorspeisen etwa, zwei Suppen, zwei Fischgerichte, sechs Hauptgänge und drei Desserts. Vom Wagen gibt es auch hier, wie in allen Hiltons, die US-Hochrippe, das beste Rindfleisch der Welt, das bezüglich Aroma und Konsistenz das Charolais weit übertrifft.

Besonders möchte ich noch auf die »Römische Weinstube« hinweisen, die mit roten Ziegelsteinen, nachgemachten römischen Säulen, aber auch mit echt archäologischen Funden ausgestattet wurde. Viele Pflanzen, originelle Gemälde, gemütliche Ecken, ein heiterer Wintergarten, von dem aus man auf den Rhein blickt – und das modernste Büffet in Deutschland zur Selbstbedienung.

Die Speisen stehen nämlich unter einem Luftschleier, der alle schlechten Elemente wie Rauch und Atemluft von ihnen fernhält. Das Büffet ist rund angeordnet, damit sich soviele Gäste wie möglich schnell selbst bedienen können. Das Komplettbüffet bietet warme und kalte Speisen, Salate, Suppen und Desserts sowie Käse. Eine komplette Mahlzeit mit drei Gängen in einer selbst zu bestimmenden Menge kostet nur 25 DM, die Desserts und die Salate 8,50 DM. Dieses Büffet wird besonders stark von Geschäftsleuten und Angestellten frequentiert, welche die Dauer ihres Essens selbst bestimmen können – angesichts der knapp gehaltenen Mittagspausen in Deutschland besonders wichtig.

Im Gegensatz zu der originell, warm, mit Witz und Pfiff eingerichteten »Römischen Weinstube« zeigt das Gourmetrestaurant »Rheingrill« einen etwas langweiligen, genormten Luxus. Hier hätten sich die Innenarchitekten etwas mehr einfallen lassen können. Wie man das besser macht, zeigen die Innenausstatter im Kölner Hotel Excelsior, dem Münchner Königshof oder in »Schu's Restaurant« des »Schweizerhofes« in Hannover. Es sollte doch dem Hiltonkonzern möglich sein, so kreative Innenarchitekten wie Professor Dr. Krebs in Hannover oder den Grafen Pilati aus München anzuheuern.

Doch das meisterliche Essen von Pierre Pfister ist hier das große Erlebnis. Seine Küche ist ebenso fein wie leicht und einfallsreich und vermeidet die Unsitten der Nouvelle Cuisine. Ich kann jedem Feinschmecker empfehlen, nach Mainz ins Hilton nicht nur des Wohnens wegen, sondern auch wegen des hervorragenden Essens zu fahren.

Der prächtige Goldsaal im Hilton

27. Hotel Nassauer Hof

Bewertung: Hotel 80 % Restaurant 17 Punkte

Kaiser-Friedrich-Platz 3–4
6200 Wiesbaden
Tel.: 06121/133-0
Telex: 4186847
Besitzer: Stinnes AG
Direktor: Karl Nüser
Küchenchef: Harald Schmitt
Öffnungszeiten: Ganzjährig
Gruppenreisen möglich
Hunde in den Zimmern zugelassen

Lage
Nahe einer großen Durchgangsstraße, ruhig durch schallisolierte Fenster, Zimmer zum Innenhof sehr ruhig. Kurpark 300 m entfernt, Terrasse
Nächster Flughafen: Frankfurt 30 km
Nächster Bahnhof: 1,5 km

Zimmer und Preise
Insgesamt 209 Zimmer, davon
149 Doppelzimmer mit Bad/WC zu 325,– bis 420,– DM
25 Einzelzimmer mit Bad/WC zu 245,– bis 315,– DM
13 Einzelzimmer mit Dusche/WC zu 225,– DM
1 Doppelzimmer mit Balkon oder Terrasse
21 Suiten zu 500,– bis 1700,– DM
Preise inklusive Service und Steuern
Frühstücksbüffet 24,– DM
Preise für Voll- und Halbpension auf Anfrage
Kinder bis 12 Jahren im Zimmer der Eltern frei
Kinderbett frei

Ein Erlebnis
herber Frische
KARLSBERG
UR-PILS
KARLSBERG
UR-PILS
Die herbe Frische die so gut bekommt
Ein Pils der deutschen Spitzenklasse
KARLSBERG BRAUEREI · HOMBURG-SAAR
0,33 l
KARLSBERG
UR-PILS
Die herbe Frische
ie so gut bekommt
M+D

Einrichtung
Stilmöbel und modern, Doppelzimmer 35–45 qm, Salonecke, mind. 2 Sessel und 1 Stuhl, Tisch, Schreibsekretär, 1–2 Kofferablagen, ca. 100 Zimmer mit Diele und Einbauschränken, übrige Zimmer mit kleinem Vorraum, Tischlampen, Stehlampen, Nachttisch mit Leselampe, großer Spiegel, Minibar, Radio »Self-Service«, Farbfernseher, auf Wunsch Weckruf durch die Zentrale, teilweise Klimaanlage, Direktwahltelefon
Täglicher Bettzeugwechsel, die Zimmer werden nach der Nachmittagsruhe noch einmal gemacht

Bäder
5–10 qm, 85 mit Außenfenster, 124 mit Ventilation, 1 oder 2 Waschbecken, große Badewanne, abgetrennte Duschkabine, Bidet bei ca. 40 Zimmern, WC in ca. 45 Zimmern vom Bad abgetrennt, Neonlicht
Zahnpasta, Kleenex, Seife, Schaumbad, Waage, Rasierspiegel, Infrarotlampe, Schwamm oder Waschlappen, Einrichtung zum Schuheputzen, Duschhaube, Nähetui, Fön, Shampoo
Handtuchwechsel mehrmals am Tag, nach Gebrauch

Service
Portier, Wagenmeister, Pagen für das Gepäck. Der Gast wird auf sein Zimmer begleitet. Außer dem Frühstück werden auch Mahlzeiten auf den Zimmern serviert, nach Spezialkarte von 6.30 bis 23.30 Uhr. Waschen und Reinigen ca. 8 Stunden, Bügeln ca. 1 Stunde. Auf Wunsch Wagen waschen und auftanken, Zeitungen zum Frühstück nur auf Bestellung. Prospekte, Pläne und Karten für Ausflüge, Fahrpläne für Züge und Flugzeuge, Babysitter, Sekretärin, Dolmetscher auf Anfrage, Mietwagenbestellung, Transfers auf Bestellung
4 Fahrstühle, 2 Bars, Friseur, Parfümerie, 4 Restaurants, Tiefgarage mit ca. 100 Stellplätzen. Geldwechsel, Kreditkarten: Amexco, Diners, Eurocard, Visa, Mastercard, Access

Sport
Thermalbad 32 °C, Sauna, Massage, Solarium, Joggingmöglichkeiten gegenüber im Kurpark
Tennis: ca. 1,5 km
Golf: 3 Plätze: 2 km, 8 km, 15 km

Frühstück
5 Brotsorten, 4 Brötchensorten, offene Butter, abgepackte Industriekonfitüren, Honig, frische Croissants, echter Tee in Blättern, Fruchtsäfte aus der Dose, Frühstücksbüffet: verschiedene Wurst- und Käsesorten, Shrimps, gekochte Eier, Rührei mit Bacon, Joghurt, Müsli, Quark, Milch, Obst, Corn-flakes, verschiedene Obst- und Gemüsesäfte

Restaurants
»Die Pfanne«
Küchenchef: Harald Schmitt
Ganzjährig täglich geöffnet
Mittagstisch: 12.00–14.30 Uhr
Nachmittagskaffee mit Kuchenbüffet und Auswahl kleiner Gerichte
Abendtisch: 18.00–22.30 Uhr
Kleine Abendkarte: bis 24.00 Uhr
115 Plätze, rustikal
Hintergrundmusik, Terrasse, Klimaanlage, Räume für Gesellschaften
250 Plätze, Bar, Bar mit Salon

Spezialitäten
Parfait von hausgemachten Forellen
Schwäbisches Hochzeitssüppchen
Rochenflügel in Frankfurter Apfelwein gedünstet
Hechtklößchen nach badischer Art
Lammstelze in Basilikumjus mit kleinen Gemüsen
Quarkknödel auf Zwetschgenröstern

Menü: z. B. Lunchbüffet 33,– DM
Weine: Rheingauer: Steinberger, Schloß Vollrads, Schloß Johannisberg

»Die Ente vom Lehel«
Tel.: 06121/133666-668
Inhaber: Hotel Nassauer Hof GmbH
Restaurateur: Hans-Peter Wodarz
Küchenchef: Herbert Langendorf
Geschlossen: Sonntag, Montag, Feiertage, 4 Wochen während der hessischen Schulferien, 2 Wochen Anfang Januar
Geöffnet: 11.00 bis 24.00 Uhr
60 Plätze, künstlerisch-elegant
Hintergrundmusik, Aperitif-Bar

Spezialitäten
Etouffé-Taubenbrüstchen und -herzen mit sautierten Pfifferlingen (26,– DM)
Unsere Heide-Mastente mit Entenleber-Sauce für 2 Pers. (96,– DM)
Weine: 1985er Rauenthaler Baiken, Riesling Kabinett trocken, 1983er Hattenheimer Nußbrunnen, Riesling Spätlese trocken, Langwerth von Simmern, beide für »Ente vom Lehel« abgefüllt

»Enten-Bistro«
20 Plätze, mit Terrasse 35 Plätze, heiter-elegant

Spezialitäten
Pot au feu von Edelfischen in Riesling-Sauce mit kleinen Gemüsen (33,– DM)
Baltik-Lachs auf Reibekuchen mit Beluga-Kaviar (38,– DM)

»Enten-Keller«
Geöffnet/Geschlossen: siehe »Ente vom Lehel«
35 Plätze, stilvoll-rustikal
Biertheke

Spezialitäten
Enten-Terrine mit rotem Frisée-Salat und Cassis-Sauce (10,– DM)
Gefüllter Ochsenschwanz in Spätburgunder mit jungen Gemüsen (24,– DM)

Wer vor allem am guten Essen interessiert ist, wird die »Ente vom Lehel« des Restaurateurs Hans-Peter Wodarz der »Pfanne« unter Küchenchef Harald Schmitt vorziehen. Wodarz hat nach dem Umzug seiner »Ente im Lehel« in den Nassauer Hof vor allem für sich selbst und weniger für das Hotel PR gemacht – und dies, wie man heute weiß, mit großem Talent und viel Erfolg. Er ist zweifellos ein genialer gastronomischer Werbemann, der mit seinem Wiesbadener Straßenfest und mit vielen Sonderveranstaltungen stets Volltreffer gelandet hat. Man vergißt über dieser erfolgreichen Tätigkeit gelegentlich, daß die Stinnes AG mit ihren Luxushotels hinter dem auf Anhieb erfolgreichen Unternehmen des bekannten Kochs stand und daß die gute »Enten«-Küche von Herbert Langendorf geleitet wird, während sich Wodarz selbst heute mehr als Manager betätigt und versteht, der stets weiß, woher der Wind weht.

Die zentrale Lage des Hauses erscheint ideal und reizvoll: Gegenüber liegt das Kurhaus mit Spielkasino, eine Boutiquen-Galerie und ein großer Park, der zum Spazierengehen einlädt. Empfang und Betreuung durch Portier und Concierge könnten besser nicht sein. Man kann im Hause schwimmen, saunen, sich massieren lassen, sonnen und im gegenüberliegenden Park joggen.

In 45 Bädern von den 209 Zimmern sind die Toiletten abgetrennt, die Bäder sind zum Teil recht groß (bis 10 qm), es gibt eigene Duschkabinen, und die Ausstattung mit Accessoires ist großzügig.

Alle Zimmer verfügen über einen kleinen Vorraum. Hundert von ihnen haben eine richtige Diele mit Einbauschränken. Die Einrichtung zeigt Stil und Geschmack. Die Preise sind entsprechend hoch; aber hier wird auch einiges geboten, was weit über dem Durchschnitt der modernen Großhotels steht. Der Bau hat eben den Vorteil, daß er nicht allzu modern und »funktionell« ist – was immer man darunter versteht. Meistens ist ja das »Funktionelle« nur unbequem, und das Wort »Funktion« ist nichts als eine Ausrede für mangelnden Komfort.

Das Frühstück ist auch auf dem Zimmer recht üppig. Zu neun verschiedenen Brotsorten wird offene Butter gereicht, nur die Konfitüren sind wie heute üblich abgepackt. Am Büffet im Restaurant gibt es natürlich die vielfältigsten Extras, von denen jedoch das Gewünschte auch auf dem Zimmer gereicht wird.

Ohne Frage gehört der Nassauer Hof in die erste Reihe der europäischen Hotels, und die »Ente vom Lehel« zu den geschmackvoll eingerichteten echten Gourmet-Tempeln Deutschlands mit einfallsreicher Küche. Einige Kreationen von Wodarz gehören bereits zu den Klassikern der Nouvelle Cuisine, darunter der »Dialog der Früchte«, ein Dessert von origineller Feinheit.

Wer einfacher und schneller speisen will, geht in den »Enten-Keller«, in das »Bistro« nebenan, wo er auch gut sich mit Luxusprodukten versorgen kann, oder in die »Pfanne«. In diesen Institutionen wird zweifellos nicht so fein und originell gekocht wie in der »Ente« selbst. Aber besonders mittags hat man ja nicht immer Lust auf ein Galadiner. Wie man sieht, hat der »Nassauer Hof« ein ganzes gastronomisches Imperium aufgebaut, wo für jeden Geschmack und für jeden Stil etwas geboten wird.

Im ganzen: Im Nassauer Hof zu wohnen und zu speisen ist ein eindrucksvolles Erlebnis.

RASSE, KLASSE, ELEGANZ.
Seit 1843
DEINHARD
LILA
RIESLING
DEINHARD & CO. KOBLENZ · DEUTSCHLAND
Deinhard Lila Riesling:
Die Weine der
Deinhardschen Weingüter
veredeln seinen
Riesling-Charakter.
Deinhard Lila Riesling
gibt es trocken,
halbtrocken und brut.
DEINHARD. MACHT LUST AUF SEKT.

Restaurants mit Übernachtungsmöglichkeit

In diesem Sonderkapitel habe ich vier Häuser zusammengefaßt, die in erster Linie wegen ihrer Restaurants berühmt sind und erst in zweiter Linie auch Zimmer anbieten. Für den Gourmet, der gerne abends diniert, ist es angenehm, wenn er nach Weingenuß sich nicht mehr an das Steuer seines Wagens setzen muß, sondern im gleichen Hause übernachten kann. In Frankreich ist das sehr häufig der Fall: Einige der berühmtesten Drei-Sterne-Restaurants bieten auch Zimmer an, wie Pic in Valence, wie Alain Chapel in Mionnay, wie Roger Vergé bei Cannes, wie Michel Guérard in Eugénie-les-Bains, die sämtlich über mehr oder weniger luxuriöse Zimmer verfügen.

Die Formel der Gebrüder Baumann in Fürth ist: kostbar speisen, aber preiswert wohnen. Dies ist deshalb ein einfaches Hotel mit kleinen Duschbädern. Die Böttlers in Homburg an der Saar bieten schon etwas komfortablere Zimmer, und die Kaufmanns in Grevenbroich schließlich den großen Luxus in ihren neuen Apartments. Eines ist aber allen dreien gemeinsam: Es sind in erster Linie Gourmetrestaurants und nicht Hotels mit guten Restaurants. Ich habe sie hier extra behandelt, damit niemand auf die Idee kommt, ich hätte Baumann in Fürth mit »Brenner's« in Baden-Baden oder mit dem »Vier Jahreszeiten« in Hamburg verglichen.

28. Hotel Restaurant Baumann

Bewertung: Hotel 30 %   Restaurant 18 Punkte

Schwabacher Str. 131
8510 Fürth
Tel.: 0911/777650 oder 776770
Besitzer: Klaus und Werner Baumann
Restaurantdirektor: Klaus Baumann
Küchenchef: Werner Baumann

Lage
Große Durchgangsstraße, Rückseite sehr ruhig. Höhenlage ca. 300 m.
Am Hotel in ca. 300 m Fußwege
Nächster Bahnhof: 800 m
Nächster Flughafen: 5 km

Zimmer und Preise
Insgesamt 21 Zimmer, davon
12 Doppelzimmer mit Dusche/WC zu 78,– bis 85,– DM
9 Einzelzimmer mit Dusche/WC zu 48,– DM
Preise inklusive Service, Steuern und Frühstück
Für Kinder Spezialpreise

Einrichtung
Modern. Doppelzimmer 18–25 qm. 1 Stuhl, 1 Sessel. In den Doppelzimmern Schreibsekretär und Frühstückstisch. 1 Kofferablage, Tischlampen, 1 Deckenleuchte, Schwarzweißfernseher, auf Wunsch Farbfernseher, Weckdienst von der Zentrale
Täglicher Bettzeugwechsel

Bäder
Duschbäder 5–8 qm. 3 mit Außenfenster. 1 Waschbecken, normale Beleuchtung, WC im Bad
Zahnpasta, Seife, Kleenex, Schaumbad, Einrichtung zum Schuheputzen
Täglicher Handtuchwechsel.

Service
Portier. Der Gast wird auf sein Zimmer begleitet. Außer dem Frühstück werden auch Mahlzeiten auf den Zimmern serviert, 12.00–14.00 Uhr und 18.00–22.00 Uhr. Wagen waschen und auftanken.
Auf Wunsch Zeitungen zum Frühstück
Prospekte, Pläne und Karten für Ausflüge. Fahrpläne für Züge und Flugzeuge
Privatparkplatz. Fahrstuhl. Geldwechsel. Kreditkarten: Eurocard, Diners, Amexcocard

Sport
Tennis: ca. 500 m
Golf: 5 km

Frühstück
4 Brotsorten, offene Butter, hausgemachte Konfitüren, Honig, frische Croissants, Wurst, Käse, frisches Obst, Markenkaffee, Blättertee, frische Fruchtsäfte

Restaurant
»Baumann«
Mittagessen: 12.00–14.00 Uhr
Abendessen: 18.00–22.30 Uhr
50 Plätze. Moderne Räume für Gesellschaften mit 30 Plätzen
Küchenchef: Werner Baumann, seit August 1972 im Hause, vorher im Hotel Olivella, Morcote/Tessin, Vieux Manoir, Meyriez-Morat, Rozatschhotel

Spezialitäten
Leckerbissen nach Markteinkauf (20,– DM)
Leichte Crème vom frischen Waldmeister mit St. Petersfisch (9,80 DM)
Schaum vom jungen Steinbutt mit

Restaurant mit Vorrang: Klaus und Werner Baumann betreuen alle Gäste persönlich

Speisesaal im Restaurant Baumann

Lauch (16,– DM)
Ganze Königsbrasse in Würzbrühe (28,– DM)
Bresser Taubchen in feiner Sauce, Gratin dauphinois (34,– DM)
Warmer Schwarzbeerkuchen mit Tannenhonigreis (9,80 DM)

Die Karte ändert sich alle 2 Tage
Menüs:
Mittag: 17,80/28,80 DM
Abends: nach Saison 80,– DM
Weine: Würzburger Innere Leiste – Riesling, Kabinett, Sommerhäuser Reifenstein – Scheurebe, Kabinett

---

Außer Baumann nichts gewesen, darf man von Fürth mit Fug und Recht behaupten; denn provinzieller kann eine Industriestadt wohl nicht mehr sein. Im City-Center, einer großen Ladenpassage, ist das Musizieren ebenso verboten wie das Betteln und »Herumstehen«. Diese Galerie darf also kein Treffpunkt sein. Die Bürokraten der städtischen Verwaltung können sich wohl nur ein öffentliches Leben in Langeweile vorstellen. Schlimm, wenn in diesen heiligen Hallen einer musizieren würde. Welche Unordnung im deutschen Fürth!

Da ist dann das Haus Baumann ein richtiger Lichtpunkt. Die Formel der Baumanns ist ebenso geschickt wie erfolgreich: erlesen speisen zu ziemlich teuren Preisen, dafür günstig und bescheiden wohnen. Die 21 Zimmer bedeuten nur einen Service für jene Gäste, die abends nach dem Weingenuß nicht mehr ans Steuer möchten: Schlichte Zimmer mit winzigen, aber funktionierenden Duschbädern mit WC, ein ruhiger Innenhof. Doppelzimmer für 78 bis 85 DM inklusive eines prächtigen und gepflegten Landfrühstücks!

Im Gegensatz dazu das luxuriöse Restaurant, geschmackvoll und attraktiv gestaltet, mit guter allgemeiner und individueller Beleuchtung, ein aufmerksamer Service, geleitet von Klaus Baumann und seiner Frau. Unbegreiflich, daß der konservative Michelin diesem Haus nur einen Stern zubilligt. Da sind »Aral« und »Gault-Millau« schon zuverlässiger: vier von fünf Bestecken dort und zwei Kochmützen hier. Die alle zwei Tage wechselnde Speisenkarte liest sich spannend wie ein Kriminalroman: meisterhaft abgeschmeckte Vorgerichte, darunter ein saftiges Kalbsbries mit grünem Spargel in Schnittlauch-Vinaigrette, eine Bisque von frischem Hummer mit Armagnac (22 DM), frische Steinpilze in Franken-Riesling mit Kräutern (24 DM), ein Waller in schaumiger Altbier-Sauce und grünem Spargel (31 DM), fränkische Taube farciert und in der Blase gegart mit gedämpften Gemüsen. Wer es dann noch fassen kann, wähle den üppigen »großen Dessertteller von Werner Baumann«.

Eindrucksvolle Weinkarte, darunter die besten aus Franken und den sensationellen große Weißwein »Coulée de Serrant« vom Weingut der Madame Jolie.

Es gibt noch feste Menüs von 4 bis 7 Gängen zwischen 79 und 130 DM. Im Ganzen: eines der besten Restaurants in Deutschland mit preiswerter Übernachtungsmöglichkeit.

29. Hotel-Restaurant Schweizerstuben

Bewertung: Hotel 60 % Restaurant 17 Punkte

Kaiserstraße 72
6650 Homburg/Saar
Tel.: 06841/1411-2
Telex: 447116
Besitzer: Fam. Norbert Böttler
Direktor: Norbert Böttler
Küchenchef: Norbert Böttler
Öffnungszeiten: Ganzjährig
Restaurant: Sonntag Ruhetag
Kleine Gruppenreisen
Hunde erlaubt

Lage
Zentral an einer lauten Ausfallstraße, ruhige Front zum Garten und zur Seitenstraße
Nächster Bahnhof: 1 km
Nächster Flughafen: 20 km

Zimmer und Preise
Insgesamt 18 Zimmer, davon
3 Doppelzimmer mit Bad/WC zu 140,– bis 180,– DM
7 Doppelzimmer mit Dusche/WC zu 140,– bis 180,– DM
1 Einzelzimmer mit Bad/WC zu 82,– bis 102,– DM
7 Einzelzimmer mit Dusche/WC zu 82,– bis 102,– DM
3 Apartments mit Salon zu 102,– bis 180,– DM
Preise inklusive Service, Steuern und Frühstück
Für Kinder Spezialpreise

Einrichtung
Massive Stilmöbel. Zimmer 28–72 qm. Doppelzimmer mit Salonecke und Tisch, 3–4 Sessel und Stühle, Schreibsekretär. 1 Kofferablage. Tischlampen, teilweise Stehlampen, Nachttisch mit Leselampe, großer Spiegel, Radiowekker mit Weckautomatik, Farbfernseher, auf Wunsch Weckdienst von der Zentrale, keine Klimaanlage
Täglicher Bettzeugwechsel

Bäder
3–6 qm. 2 Bäder mit Außenfenster, 16 mit Ventilation, 1 Waschbecken, teilweise 2, abgetrennte Duschkabine, Neonlicht
Zahnpasta, Kleenex, Seife, Schaumbad, Waage, Rasierspiegel, Einrichtung zum Schuheputzen, Fön
Täglicher Handtuchwechsel

Service
Auf Wunsch wird der Gast auf sein Zimmer begleitet. Bügeln, Waschen, Reinigen max. 24 Std., zum Frühstück werden Zeitungen gebracht. Alle Prospekte des Verkehrsvereins Homburg und Umgebung, Fahrpläne für Züge und Flugzeuge
Direktwahltelefon. Privatparkplatz. 7 abschließbare Garagen. Geldwechsel

Sport
Tennis: mit dem Auto 3 Min.
Golf: 20 km
Kostenloser Fahrradverleih

Frühstück
6 Brotsorten, verpackte Butter, 4 hausgemachte Konfitüren, Honig, Kaffee-Spezialmischung, frische Fruchtsäfte, Frühstücksbüffet

Restaurant
»Schweizerstuben«

Im Mittelpunkt der Schweizerstuben: Das vorzügliche Restaurant des Inhabers und Küchenchefs Norbert Böttler

Das elegant-rustikale Restaurant

Mittagessen: 11.30–14.00 Uhr
Abendessen: 18.30–22.00 Uhr
Hintergrundmusik, 61 Sitzplätze, elegant-rustikal, 1 Raum mit 40 Plätzen
Küchenchef: Norbert Böttler, seit 1966 im Hause, vorher in First-Class-Häusern in der Schweiz, Spanien und bei der englischen Regierung in London

Spezialitäten
Terrine von Gänsestopfleber (25,– DM)
Seeteufel-Roulade auf Schnittlauch-Sauce (34,– DM)
Soufflierte Lachsschnitte mit Hechtmousse (35,– DM)
Gratin von Hummer und Kohlrabi in Safranschaum (28,– DM)
Medaillons vom Lammrücken in Basilikum (36,– DM)
Sautierte Kalbsnieren in Cidre-Essig-Sauce (30,– DM)
Menü: ab 65,– DM
Weine: 1983er Saarburger Kupp, Riesling Spätlese trocken

Das Saarland ist mit erstklassigen Hotels, die über excellente Restaurants verfügen, nicht gerade üppig bestückt. Das beste Haus mit einer Spitzenküche scheinen mir die »Schweizerstuben« des Ehepaars Böttler in Homburg/Saar zu sein. Wer das Haus erst einmal von außen an der Durchgangsstraße sieht, wird enttäuscht sein. Man beginnt, die Qualitäten dieses Hotelrestaurants zu ahnen, wenn man am Eingang in der verkehrsberuhigten Seitenstraße, der Kaiserstraße, vorfährt und seinen Wagen auf dem Privatparkplatz abgestellt hat. Von hinten macht sich das Haus entschieden besser, nach hier hinaus gehen auch die drei Apartments mit je zwei Schlafzimmern, einem Salon und einem schönen Bad, alle jedoch in einem ziemlich bieder-bürgerlichen Stil eingerichtet. Der große Luxus soll in etwa zwei Jahren ausbrechen, sobald die Böttlers ihren jetzt geplanten Anbau mit ein paar neuen Luxusapartments und einer Gartenterrasse beendet haben werden.

Doch auch heute schon bietet das Hotel ausreichenden Komfort, wenn auch zum großen Teil die Duschbäder mit den integrierten WCs etwas klein geraten sind. Dafür liegen aber auch die Preise weit unter dem Niveau der Großstadthotels. Doppelzimmer mit Bad und WC zwischen 140 und 188 DM inklusive Frühstück – das empfindet man als geschenkt, vergleicht man mit den internationalen Hotelketten.

Die Ausstattung der Minibäder ist indessen komfortabel, es gibt sogar ein Zahnputz-Set. Auf dem Nachttisch steht eine elektrische Uhr mit elektronisch betriebenem Wecker. Farbfernseher und Selbstwahltelefon sind auch hier selbstverständlich.

Die Hauptattraktion dieses Hauses ist das Restaurant mit seiner sternewürdigen Küche. Absolut unverständlich, daß der Michelin seinen Stern hier noch zurückhält. Der Gault-Millau, sonst eher zurückhaltend, hat der Küche von Herrn Böttler dreizehn Punkte und eine Haube verliehen, der »Aral« hat das Restaurant ebenfalls hoch bewertet. Böttlers Küche ist ebenso einfallsreich wie fein, obwohl sie sich nicht auf die sonst üblichen Miniportionen der Nouvelle Cuisine verlegt hat. Bei Böttler wird jeder satt – und zwar auf eine überaus raffinierte Weise. So wird die reine Gänseleber nicht als die übliche Pastete serviert, sondern als saubere, naturbelassene Scheibe, die freilich ziemlich stark gewürzt wurde, von einem nicht nur optisch eindrucksvollen, sondern recht üppigen frischen Blattsalat aus verschiedenen Sorten begleitet. Dieser Salat ist hier mehr als reine Dekoration.

Auch die Entenbrüste waren von einem richtigen, gut angemachten, frischen Salat begleitet, der mehr als nur das übliche Beiwerk war. Zusätzlich gab es noch ein paar Stücke von der gebratenen Entenleber.

An deutsche Küche erinnert die mit Schinkenspeck gewürzte Gerstensuppe, während die Fischsuppe mit ihren vielen frischen Kräutern und Gewürzen ganz Nouvelle Cuisine war. Besonders schmackhaft erweist sich Böttlers Fischküche, bei der er phantasiereiche Kompositionen liebt: z. B. Hummer und Petersfisch oder den soufflierten Lachs, der noch mit Hechtmus gefüllt ist – eine vorbildlich abgepaßte, sehr aromatische und saftige Lachsscheibe, oder die Seeteufel-Roulade im Wirsingblatt auf Champagner-Sauce. Diese Fischgerichte sollten dem Michelin eigentlich ihre zwei Sterne wert sein. Man kann sie kaum noch besser machen.

Das Menü ist im ganzen ohne Fehl und Tadel: Die Sorbets als Trenngang zwischen Fisch und Fleisch eingeschoben, zeigen vorbildliche, schaumige und zarte Konsistenz ohne jedwede Eiskristalle.

Die gewaltige Weinkarte umfaßt 400 Positionen, und ihre Preise sind maßvoll kalkuliert. Dies ist die Ausnahme in den Gourmetrestaurants. Selbst die besten Loire-Weine, wie der »Clos de la Poussie«, kostet nur 38 DM!

Das Frühstück auf dem Zimmer ist so üppig, wie man es sonst nur an den Büffets antrifft: sechs Sorten Brot, Müsli, zwei Sorten Joghurt, zwei Pakete Frosties, zwei Aufschnitt-Teller mit Wurst, Schinken und Käse, frischer Orangensaft, zwei Schalen offene Konfitüre, aromatischer Kaffee aus frisch gemahlenen Bohnen.

30. Zur Traube

Bewertung: Hotel 70 % Restaurant 19 Punkte

Bahnstraße 1
4048 Grevenbroich 1
Tel.: 02181/68767
Telex: 8517193 TRAUD
Besitzer und Küchenchef: Dieter L. Kaufmann
Offizielle Klassifizierung: 2 Sterne
Geschlossen: Sonntag und Montag; Karwoche, letzten 2 Wochen im Juli und 20. 12. bis 15. 1.
Keine Gruppenreisen
Hunde nicht zugelassen

Lage
Durchgangsstraße, schallisolierte Fenster, Fußwege beginnen direkt am Hotel, privater Garten
Nächster Flughafen: 35 km (Düsseldorf)
Nächster Bahnhof: 1 km

Zimmer und Preise
Insgesamt 6 Zimmer, davon
3 Doppelzimmer mit Bad/WC zu 160,– bis 280,– DM
1 Einzelzimmer mit Bad/WC zu 120,– DM
2 Apartments mit Salon zu 380,– DM
Preise inklusive Frühstück, Service und Steuern

Einrichtung
Echte Antiquitäten, Doppelzimmer 35–58 qm, Salonecke mit Tisch, 2 Sessel, 2 Stühle, Schreibsekretär, Kofferablage, 5 Zimmer mit Diele und Einbauschränken, Tischlampen, Stehlampen, Nachttisch mit Leselampe, indirekte Beleuchtung, großer Spiegel, Minibar, Radio Selfservice, Farbfernseher, Weckdienst

Vertrieb: Peter Eckes
mit beschränkter Haf
"Man sagt uns nach, wir gingen nur zur Haute Cuisine, mon Perrier."
"Wir gehen zu allem, cher ami, solange es vom Besten ist."
SOURCE
perrier
aus Frankreich
Prickelnde Elégance
SOURCE PERRIER
ORIGINALABFÜLLUNG
SOURCE
perrier
aus Frankreich
Prickelnde Elégance
SOURCE PERRIER
ORIGINALABFÜLLUNG
"Uns, die kleine, grüne prickelnde Elégance aus Frankreich, treffen Sie überall, wo man auf sich hält. Jetzt werden wir uns auch in Deutschland öfter begegnen. Treffen wir uns doch gleich auf die klassische Art: Perrier pur. Sollten wir noch nicht da sein, wo Sie sind, warten Sie bitte einen Moment. Selten hat sich ein bißchen Geduld so gelohnt."
"Perrier. Wir kennen uns doch!"

von der Zentrale, Direktwahltelefon, Klimaanlage
Täglicher Bettzeugwechsel; die Zimmer werden nach der Nachmittagsruhe noch einmal gemacht

Bäder
7,5–15 qm, 5 mit Außenfenster, 1 mit Ventilation, 2 Waschbecken, normalgroße Badewanne, 1 mit abgetrennter Duschkabine, Bidet, in 4 Bädern abgetrenntes WC, normale Beleuchtung, Handtuch-Trockner
Kleenex, Seife, Schaumbad, Rasierspiegel, Infrarotlampe, Schwamm oder Waschlappen, Einrichtung zum Schuheputzen, Fön, Nähutensilien, Telefon auf WC
Mehrmals täglich Handtuchwechsel

Service
Gepäckträger. Der Gast wird auf sein Zimmer begleitet; außer dem Frühstück werden auch Mahlzeiten zu den Restaurantzeiten auf dem Zimmer serviert; Bügeln, Waschen und Reinigen 1 Tag; Zeitungen zum Frühstück
Die Inhaber stehen persönlich für Auskünfte zur Verfügung
Privater Parkplatz, abgeschlossene Garagen, Geldwechsel, Kreditkarten: Diners, Euro, Amexco

Sport
Tennis: 1 km
Golf: 30 km

Frühstück
7 Brotsorten, offene Butter, hausgemachte Konfitüren, Honig, Eier, Käse, Aufschnitt, Früchte, echter Tee in Blättern, frisch gepreßte Fruchtsäfte

Restaurant
»Zur Traube«
Geschlossen: Sonntag, Montag, Karwoche, letzten 2 Wochen im Juli und 20. 12. bis 15. 1.
Mittagessen: 12.00–13.30 Uhr
Abendessen: 18.30–21.30 Uhr
50 Plätze, Stilmöbel
Hintergrundmusik, Hunde nicht zugelassen, Raum für Gesellschaften für 70 Plätze, Bar mit Salon

Spezialitäten
Parfait vom Stör mit Caviar (38,50 DM)
Salat vom Hummer in Trüffelvinaigrette (42,50 DM)
Langustinen in Kerbelschaum mit Nudeln (29,50 DM)
Wachtel gefüllt mit Kalbsbries in Trüffeljus (48,50 DM)
Dessertteller »Zur Traube« (18,50 DM)
Menüs: Zu 98,– und 135,– DM

Die Struktur des Restaurants und Hotels (zwei Sterne im Michelin) ähnelt den »Schweizerstuben« in Homburg an der Saar: In einer ebenfalls altdeutsch-bürgerlich-rustikalen Umgebung wird eine Küche serviert, die vielleicht noch einen Punkt feiner ist. Kaufmanns Kochkünste rangieren für mich ganz oben an der Spitze in Deutschland, sozusagen gleich hinter Witzigmann. Das kleine Hotel mit seinen nur sechs Zimmern, davon zwei Suiten, wurde kürzlich renoviert, und die Apartments sind jetzt so luxuriös und geschmackvoll eingerichtet, wie man sie in den Großhotels nur selten findet: Salon und Schlafzimmer ganz in hellgrau und lindgrün, mit Marmor gänzlich ausgekachelte Bäder, abgetrennte Toiletten, alle nur denkbaren Accessoires inklusive Zahnputz-Sets und Schuhputzzeug, in den Salons ein richtiger Eßtisch, so daß man nicht in gebückter Haltung frühstücken muß. In dem modernen, hellen Dekor machen sich die wenigen Stilmöbel im Schlafzimmer ausgezeichnet.

Das Vorfahren an dem Haupteingang des Hotels an der Seitenstraße auf dem eigenen Parkplatz mit vier abschließbaren Garagen ist bequem und praktisch. Auf der einen Straße liegt das Hotel an einer stark befahrenen Durchgangsstraße, an der anderen, ebenso wie das Haus in Homburg an der Saar, an einer verkehrsberuhigten Seitenstraße.

Im Gegensatz zu den bemerkenswert modernen Apartments zeigt das Restaurant noch den etwas düsteren, altdeutschen Bürgerstil, der eigentlich einer Renovierung bedarf, zumal hier eine der besten neuen Küchen des Landes serviert wird, die auch optisch modern ausschaut.

Die reine Gänseleber wird von Kaufmann nicht durch Alkohol verfremdet und schmeckt nach Aroma und Konsistenz ebenso perfekt wie im Südwesten Frankreichs, wo sie »zu Hause« ist.

Hinreißend ebenfalls die zwei Scheiben vom gebeizten Lachs und dem marinierten Wolfsbarsch, das letzte Produkt von fast durchsichtiger, glasiger Konsistenz. Dazu als Beilage ein mit echtem Kaviar gefülltes Fischmus.

Besonders phantasievoll die Komposition von Krustentieren und Fischen wie die Hummerwurst mit einer kleinen Langustine und einer saftigen Hummerschere.

Bestechend die Zitronensauce zu der vorbildlich abgepaßten Nuß von der Jakobsmuschel, wie überhaupt die Saucen eine der großen Stärken Kaufmanns sind.

Unter den Fleischgerichten empfehle ich die Geflügelpräparationen wie z. B. die saftigen Scheiben von der Flugente mit knackigen grünen Bohnen und kurzer, leichter Bratensauce.

Der Käsewagen enthält neben 13 Ziegenkäsen 16 weitere Käsesorten, die bestens gepflegt und à point serviert wurden. Die Dessertkreationen aus frischem Obst, Schokoladenmus und Bavaroise zeigen die Meisterhand des Pâtissiers Kaufmann.

Die Weinkarte der Traube mit ihren Bordeaux-Raritäten, die bis ins Jahr 1852 zurückgehen (ein Gruaud-Larose 1852 zu 2350 DM pro Flasche), wurde bereits mehrfach von Fachverbänden prämiiert. Sie gehört gewiß zu den zwei oder drei besten in der Bundesrepublik.

Kaufmann, der die »Traube« mit seiner Frau seit 1962 führt, hatte sich Anfang der siebziger Jahre von der altdeutschen Schnitzelküche des kleinstädtischen Restaurants auf Nouvelle Cuisine umgestellt und hat heute einen internationalen Ruf.

Bemerkenswert das Frühstück: Es war das sensationellste, das wir jemals in Europa genossen hatten. Sieben Sorten Brot, Toast, Grau- und Schwarzbrot, feinste Blätterteig-Croissants, ca. ein halbes Pfund streichfähige Butter, eine Eierspeise, drei Aufschnittplatten, Beiz-Lachs, marinierte Schnitte vom Wolfsbarsch, Wurst und Schinken, drei Sorten Käse, frisch gepreßter Orangensaft, erstklassige Kaffeemischung, eine große Schale Walderdbeeren auf Kiwischeiben, ein Viertelliter ganz dicke, frische Sahne, eine Kanne normale Milch, eine Kanne Kaffeesahne.

Die verkehrsberuhigte Nebenstraße an der Seite des Hotels führt an der Erft entlang zu einer Brücke, die den Gast in einen schönen Stadtpark führt, wo er am Ufer der Erft weiterspazieren oder Rundgänge machen kann. In fünf Minuten erreicht man zu Fuß auch die Fußgängerzone, ein ziemlich großes Einkaufszentrum, das stets belebt ist.

Das Einzugsgebiet der »Traube« ist das ganze Ruhr- und Rheingebiet, wobei sich die Gäste aus Düsseldorf und Köln in etwa die Waage halten. Hierher fährt man des wunderbaren Essens wegen.

31. Romantik-Hotel »Résidence«

Bewertung: Hotel 60% Restaurant 16 Punkte

Auf der Forst 1
4300 Essen 18 (Kettwig)
Tel.: 02054/8911-13
Telex: 8579-129
Besitzer: Uta und Berthold Bühler
Küchenchef: Berthold Bühler
Geschlossen: Sonntag und Montag außerhalb der Messezeiten, 3 Wochen in den Sommerferien
Keine Gruppenreisen
Hunde im Restaurant erlaubt

Lage
Sehr ruhig, zentral zwischen Düsseldorf

und Essen, Garten hinter dem Haus, Terrasse, Höhenlage 115 m
Nächster Flughafen: Düsseldorf, 25 km
Nächster Bahnhof: S-Bahnhof, 3 Min. Fußweg

Zimmer und Preise
Insgesamt 18 Zimmer, davon
1 Doppelzimmer mit Bad/WC zu 220,– bis 240,– DM
14 Doppelzimmer mit Dusche/WC zu 175,– bis 195,– DM
3 Einzelzimmer mit Dusche/WC zu 135,– bis 150,– DM
2 Suiten mit Salon zu 220,– bis 240,– DM
Preise inklusive Steuern, Service und Frühstück

Einrichtung
Jugendstil mit echten Antiquitäten, Zimmer 16–50 qm (Suite) groß, in einigen Salonecke mit Tisch und Sesseln, Schreibsekretär und Frühstückstisch, 2 Zimmer mit Diele, in allen mindestens 1 Kofferablage, Tischlampen, Nachttisch mit Leselampe, Deckeneinlaßstrahlern, sehr großer Spiegel, Mini-Bar, Radio-Wecker, Farbfernseher, keine Klimaanlage, Direktwahltelefon
Täglicher Bettzeugwechsel. Weckdienst auf Wunsch vom Empfang

Bäder
4–5 qm groß, 10 mit Außenfenster, 8 mit Ventilation, 1 Waschbecken, in der Suite 2, abgetrennte Duschkabine, Suite mit Bidet, WC im Bad, normale Beleuchtung
Kleenex, Seife, Schaumbad, Spezialpapier zum Schuheputzen, kein Rasierspiegel, keine Waage, auf Wunsch Waschlappen und Infrarotlampe
Täglicher Handtuchwechsel, auf Wunsch öfter

Service
Der Gast wird auf sein Zimmer begleitet, auf Wunsch Zeitungen zum Frühstück, kleine Gerichte aus der normalen Speisekarte auf die Zimmer, kalte immer, warme nur zur Restaurantöffnungszeit; Bügeln, Waschen, Reinigen 1 Tag; Prospekte für Ausflüge, Fahrpläne für Züge und Flugzeuge, Theaterpläne der Städte Essen und Düsseldorf
Begrüßungsüberraschung
1 Bar, privater Parkplatz, Geldwechsel, Kreditkarten: American Express, Eurocard, DC, Visa

Sport
Tennis: 1–2 km
Golf: 2 km
Reiten, Surfen, Segeln in der Nähe

Frühstück
6 Brotsorten, abgepackte Butter, hausgemachte Konfitüre, Honig, frische Croissants, Markenkaffee, echter Tee in Blättern, Flaschensäfte, auf Wunsch frischgepreßte, Frühstücksbüffet, auf Wunsch Frühstück auf die Zimmer

Restaurant
»Résidence«
Nur Abendessen von 18.30–22.00 Uhr
ca. 30 Plätze, besonderer Raum für Gesellschaften mit 20 Plätzen, Jugendstil-Einrichtung, Hintergrundmusik, Terrasse, Bar mit Salon
Küchenchef: Berthold Bühler, seit Oktober 82 im Hause, vorher im »San Francisco« bei Günter Scherrer

Spezialitäten
Perlhuhnbrust im Sesammantel mit Honigsoße und Quarkplätzchen (39,– DM)
Kartoffel-Kerbel-Suppe mit Seeteufelroulade (13,– DM)
Parfait von Pfefferminz auf dunkler Schokolade mit Himbeersoße (16,– DM)
Menüs:
79,– DM viergängig, 98,– DM siebengängig

Der elegante Speisesaal im Romantik-Hotel »Résidence«

Ähnlich wie Schloß Hugenpoet eine Oase mitten im Ruhrgebiet, 18 km südlich von der Industriemetropole Essen. Das Ehepaar Bühler hat eine alte Villa mit einer schönen Sommerterrasse im heiteren Jugendstil renovieren und zu einem Hotel ausbauen lassen. Wenn es auch nicht der ganz große Luxus ist, so erwartet den Gast aber eine außerordentlich gepflegte Atmosphäre. Das gilt für den heiteren Rahmen, den guten Komfort, den ungewöhnlich liebenswürdigen und persönlichen Service und vor allem für das erstklassige Restaurant, das zu den besten im ganzen Ruhrgebiet gehört. Die Zimmer sind teilweise etwas klein, aber dafür gibt es zwei Suiten mit Salons, die immer noch weit weniger kosten als ein Einzelzimmer in den deutschen Großhotels. 14 der insgesamt 18 Zimmer haben nur eine Dusche und das WC im Bad. Dafür gibt es aber den besonderen Komfort des Bademantels für jeden

Gast und stets einen kostenlosen Begrüßungstrunk. Dies ist das ganz persönlich geführte kleine Familienhotel, vergleichbar nur mit den »Schweizerstuben« in Homburg an der Saar, der »Traube« in Grevenbroich und dem »Baumann« in Fürth.

Den Schwerpunkt bildet auch hier das Restaurant. Berthold Bühler hat bei Günter Scherrer (früher Küchenchef im »San Francisco« im Düsseldorfer Hilton, heute Patron im »Victorian Pub« an der Kö) gelernt, was Neue Küche bedeutet. Die Speisekarte zu lesen, ist bereits ein reines Gourmetvergnügen: sie bietet fast nur Gerichte außerhalb der früher üblichen Hotelroutine an. Die Perlhuhnbrust im Sesammantel mit Honigsauce und Quarkplätzchen ist ebenso phantasievoll und köstlich wie die ganz anders geartete Fasanenbrust in Trüffelsauce (30 DM). Besonders raffiniert Bühlers Fischgerichte, bei denen der Begriff »Kreation« wirklich angebracht ist: zum Beispiel »Babylachsroulade in Mangoldblättern auf Krebsschaum« (28 DM), junger Steinbutt mit Endivien-Püree gefüllt in Räucherbutter (30 DM) oder der marinierte Seeteufel mit Kerbelkefir und Flußkrebsen (19 DM). Aber auch Klassikern wie den Lammgerichten, vermag Bühler ganz ungewöhnlich neue Geschmacksnoten abzugewinnen: Lammrückenfilet mit Leber in Wirsingmantel, Tomaten-Rosmarin-Jus, Zwiebelpüree und Salzkartoffeln (für 2 Personen 74 DM).

Besonders preiswert ein Wochenendkurzurlaub: großes Diner am Samstagabend und üppiges Frühstück am Sonntagfrüh mit einer Übernachtung. Das in die Stadt Essen eingemeindete Kettwig ist eine hübsche Kleinstadt mit vielen altmodischen Gassen geblieben, wo man im Ruhrgebiet höchst angenehm leben kann.

Frankreich

Meine Erfahrungen in den berühmtesten Hotels von Paris und Frankreich decken sich nicht ganz mit den oft allzu hymnischen Lobes-Schilderungen vieler französischer Gastro-Kritiker. Die Hotellerie auf dem Lande ist, wie ich in meinem Buch »Die hundert besten Landhotels in Europa« feststellte, in Frankreich besonders hochentwickelt, und hier gibt es nach Lage, Luxus und Küche viele Häuser, die den deutschen Landhotels mit wenigen Ausnahmen weit überlegen sind.

Anders in den Städten und Wirtschaftszentren, denen sich dieses Buch widmet: Hier hat die deutsche Hotellerie mindestens gleichgezogen. Paris ist insofern ein Sonderfall, als die Preise in dieser Stadt an Nepp grenzen. Wenn man in einem Hotel an der Oper für ein gewöhnliches Doppelzimmer 600 DM zahlt und dann im viel zu kleinen Bad nur ein Waschbecken für zwei Personen und ein WC vorfindet, welches die Spülung nur mit einem explosionsartigen Knall in Gang setzt, der durch mehrere Etagen zu hören ist, und wenn man zum mageren Frühstück löslichen Kaffee aus Beuteln serviert bekommt, den man sich selbst aufgießen muß, dann hört die Gemütlichkeit auf.

Oder wenn eines der besten Häuser der Stadt, das »Crillon« an der Place de la Concorde, keine Anfahrt für im Auto anreisende Gäste freimacht, damit man wenigstens sein Gepäck ausladen kann, so hat das mit gutem Service nichts mehr zu tun. Wir mußten in der zweiten Reihe halten, weil der Hoteleingang vollgeparkt war, und der Wagenmeister erklärte uns, wir sollten es doch später noch einmal versuchen! Service eines Luxushotels, in welchem der Preis für ein Doppelzimmer pro Nacht bei 600 DM erst beginnt?

Ich habe wegen der an Nepp grenzenden Preise der Luxus-Hotels mit guten Restaurants noch ein paar Tips für alle jene Paris-Reisenden aufgenommen, die nicht ein Monatsgehalt für eine Übernachtung mit einem Essen ausgeben wollen und können. Ausnahmsweise habe ich einige zauberhafte, private und abseitige Hotels ausgesucht, in denen man sehr angenehm wohnt und außerdem die schöne Atmosphäre dieser zauberhaften Stadt genießen kann.

Im übrigen ist Frankreich mit einigen Häusern der Côte d'Azur, Nizza, Marseille, Toulouse, wo viele deutsche Techniker arbeiten, Avignon und Bordeaux vertreten. Reims wurde bereits in meinem Buch über die besten Landhotels berücksichtigt (Boyer-les-Crayères).

Ein besonderes Kapitel ist das »Ritz« von Paris. Ich kenne es seit Jahren, und der inzwischen verstorbene Charles Ritz zeigte mir noch vor zehn Jahren persönlich das ganze Haus einschließlich aller Kellerräume, die ich durchwandern mußte. Merkwürdigerweise verweigerte mir ausgerechnet der deutsche Generaldirektor Klein, der für einen Ägypter das Haus heute verwaltet, die Ausfüllung meiner Fragebogen, die für den Datenteil unerläßlich gewesen wäre, mit der Bemerkung, er lege keinen Wert auf Werbung in meinem Guide. Das ist besonders erstaunlich, weil das

PAUL H. NATUS

April 19

WEIN-KATALOG

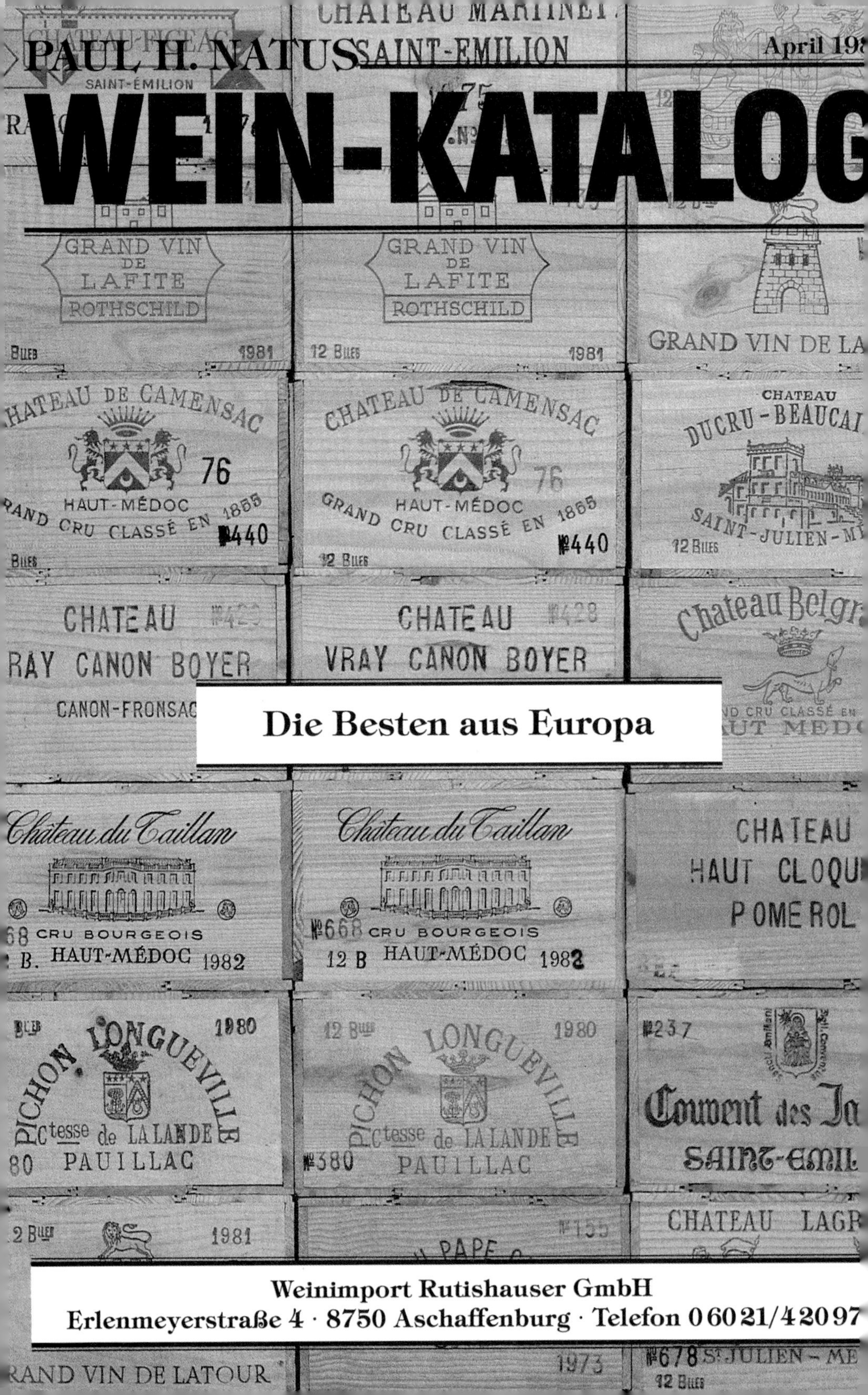

Die Besten aus Europa

Weinimport Rutishauser GmbH
Erlenmeyerstraße 4 · 8750 Aschaffenburg · Telefon 06021/42097

»Ritz« die Spitzenstellung unter den Pariser Hotels längst verloren hat. Das »Crillon«, das »Bristol« oder das »Meurice« haben inzwischen von Rahmen und Küche her das Ritz eingeholt. Da man im Ritz sowieso nur auf ein Millionärs-Publikum Wert legt, ist es kein Mangel, wenn es hier nicht aufgeführt wird.

Einen großen Teil der Häuser außerhalb von Paris und Bordeaux hat mein Mitarbeiter Francis Mérino getestet und beschrieben. Er bearbeitet seit Jahren die Côte d'Azur und ihr Hinterland für Frankreichs führende Gourmet-Zeitschrift »Gault-Millau« und hat auch an meinen Führern zu den »Hundert besten Restaurants« und den »Hundert besten Landhotels in Europa« mitgearbeitet.

32. Hôtel Le Bristol

Bewertung: Hotel 95 % Restaurant 18 Punkte

112 Rue du Faubourg St. Honoré
F-75008 Paris
Tel.: 0033/42/669145
Telex: 280961 BRISHOT
Besitzer: Sté. Jammet le Bristol
Direktor: Raymond Marcelin
Küchenchef: Emile Tabourdiau
Offizielle Klassifizierung: 4 Sterne
Öffnungszeiten: Ganzjährig
Gruppenreisen möglich
Hunde nicht zugelassen

Lage
Stadtzentrum, aber ruhig, privater Garten mit 1200 qm, Terrasse
Nächste Flughäfen: Orly, Roissy Charles de Gaulle
Nächster Bahnhof: Gare St. Lazare

Zimmer und Preise
Insgesamt 188 Zimmer mit Bad/WC
Doppelzimmer zu 1600 bis 2600 FF
Einzelzimmer zu 1150 bis 1600 FF
108 der Zimmer mit Grand lit
45 Apartments ab 5000 FF
Preise inklusive Service, zuzüglich 18,6 % Steuern
Kontinentales Frühstück zu 80 FF

Einrichtung
Stilmöbel Louis XV, Louis XVI, Gemälde. Doppelzimmer 35–55 qm, Salonecke, 3–5 Sessel und Stühle, Schreibtisch, Kofferablage, Diele mit Einbauschränken, Nachttisch mit Leselampe, Lüster, Stehlampen, Wandleuchten, großer Spiegel, Minibar, Radio »Self-Service«, Farbfernseher, Weckruf von der Zentrale
Telefon direkt und über Zentrale, Klimaanlage
Täglicher Bettzeugwechsel. Die Zimmer werden nach der Nachmittagsruhe noch einmal gemacht

Bäder
12–20 qm, ganz in Marmor, einige mit Außenfenster, 2 Waschbecken, große Badewanne, abgetrennte Duschkabine, Bidet, WC abgetrennt mit Telefon, Neonlicht, Handtuchtrockner
Kleenex, Seife, Schaumbad, Rasierspiegel, Bademäntel, Schwamm oder Waschlappen, Duschgel, Duschhaube
Täglicher Handtuchwechsel

Service
Portier, Wagenmeister, Gepäckträger, der Gast wird auf sein Zimmer begleitet, außer dem Frühstück werden auch Mahlzeiten auf dem Zimmer serviert, 24-Stunden-Service; Reinigen und Bügeln ein Tag; Zeitungen zum Frühstück
Prospekte, Pläne und Karten für Ausflüge, Fahrpläne für Züge und Flugzeuge, Concierge-Service
Fahrstuhl, Bar, Parfümerie, Friseur, 2 Restaurants, abgeschlossene Garage
Geldwechsel, Kreditkarten: Carte Bleue, American Express, Eurocard, Visa, Diners, Mastercard

Sport
Hallenbad, Sauna
Golf: 10 km

Frühstück
5 Brotsorten, offene Butter, Konfitüren Industrieprodukte, Honig, frische, hausgemachte Croissants, echter Tee in Blättern, frisch gepreßte Fruchtsäfte

Restaurant
»Le Bristol«
Ganzjährig täglich bis 23.00 Uhr geöffnet, 70 Plätze, Piano-Bar, Sommerrestaurant im Garten, Klimaanlage, Räume für Gesellschaften

Spezialitäten
Salade landaise au mesclun
Tartare de Saumon frais à la Ciboulette
Saumon fenouilleté et son émincé de papaye
Escalope de saumon au sauternes
Filets de sole homardine aux morilles
Crépinettes de rognon de veau aux feuilles d'épinards
Tagesmenü: 370 FF

Der Oetker-Konzern verfügt über drei Hotels der Luxusklasse in Europa: das »Brenner's Parkhotel« in Baden-Baden, das »Bristol« in Paris (seit 1977) und das »Cap d'Antibes Eden Roc« an der Côte d'Azur.

In Paris gehört das »Bristol« zu den letzten Palast-Hotels alten Stils mit einem geradezu unglaublichen Luxus, den man allerdings sehr teuer bezahlen muß. Die Preise für ein Doppelzimmer beginnen bei knapp 600 DM und enden bei knapp 900 DM ohne Frühstück, das noch mit ca. 28 DM zu Buche schlägt, ohne daß dabei Extras wie bei einem amerikanischen oder englischen Frühstück enthalten sind. Mit einem Abendessen im Zwei-Sterne-Restaurant des Hauses tut man gut daran, mit 1000 DM für zwei Personen und eine Übernachtung zu rechnen. Auf diese Preise kommen noch 18,6% Steuern. Wären nicht die Leistungen dieses Hauses ebenfalls außerordentlich groß, wäre man geneigt, von Nepp zu sprechen.

So setzt sich denn auch die Klientel dieses Hotels aus den Reichen dieser Welt zusammen und jenen, die nicht aus eigener, sondern aus der Tasche der Staaten zahlen: Diplomaten, Politiker, Firmenbosse, Scheichs und ein paar Millionäre und Milliardäre, die für ihren Lebensunterhalt das Hundertfache ausgeben können, das ein Normalbürger verbraucht.

LA VEUVE (DIE WITWE) CLICQUOT. 1778 – 1866

VIVE LA VEUVE!

CHAMPAGNE
Veuve Clicquot-Ponsardin
MAISON FONDÉE EN 1772
REIMS
FRANCE

Für Politiker und Diplomaten ist das Haus wie geschaffen; denn es liegt nur 200 m vom Präsidentenpalast, dem Elysée, entfernt. Die Lage ist für jeden Paris-Besucher ideal: Die Rue Faubourg St. Honoré ist die Modestraße der Welt, wo sämtliche Modefirmen Frankreichs und des Auslands ihre Boutiquen haben, und bis zu den Champs Elysées geht man knapp fünf Minuten zu Fuß. Auch das Seine-Ufer, die Oper, die Madeleine und der Louvre sind schnell per pedes zu erreichen.

Günstiger kann ein Palasthotel kaum liegen.

Die Anfahrt mit dem Wagen ist bestens organisiert und nicht so miserabel wie im »Crillon«, wo einem der Wagenmeister sagt, es sei leider keine Vorfahrt möglich, man solle doch später noch einmal wiederkommen. Nein, hier kann man in Ruhe vorfahren, das Gepäck ausladen, und ein Wagenmeister übernimmt es, das Auto in die nahe Garage mit ihren 200 Stellplätzen zu fahren.

Das »Bristol« verfügt außer seiner idealen Lage im Herzen der Weltstadt noch über weitere Trümpfe, mit denen es die Konkurrenz ausstechen kann: Das Sommer-Restaurant besitzt den traumhaft schönen, stilvollen und ruhigen Innenhof mit 1200 qm Größe, die meisten Badezimmer der Doppelzimmer und Suiten sind die schönsten von Paris mit fast durchweg abgetrennten Toiletten und besonderen Duschkabinen, und in allen Gemeinschaftsräumen hängen oder stehen wertvolle künstlerische Werke, Gemälde, Tapisserien und Skulpturen, die zwischen dem Gründungsjahr des Hauses (1924) und 1930, im Louvre ersteigert wurden. Die Hallen und Flure gleichen einer ständigen Kunstausstellung. Schließlich und nicht zuletzt das Restaurant, von Küchenchef Emile Tabourdiau mit seinen über 40 Köchen bekocht, die natürlich auch für die Bankette zuständig sind. Von Mai bis Oktober wird im Sommer-Restaurant in dem zauberhaften Innenhof serviert, vom Oktober bis April im ovalen Winterrestaurant mit seiner eine ganze Wand bedeckenden antiken Tapisserie. Dieser Speisesaal gehört zu den zwei oder drei schönsten von Paris und ist seit 1924 unverändert geblieben. Ein durch und durch geschulter Service serviert eine Küche, die mit ihren zwei Sternen im »Michelin« und 17 von 20 Punkten im »Gault-Millau« zu den besten von Paris überhaupt gehört.

In dieser Stadt gibt es tatsächlich noch ein Gourmet-Publikum, welches eine so kreative Küche wie die von Tabourdiau zu schätzen weiß. Davon können Köche in deutschen Großstädten nur träumen!

Ob es sich um das Lachs-Tartar mit Schnittlauch, den Lachs mit Fenchel und Papaya, die Lachsschnitte in Sauternes-Sauce oder die Scheiben von der Kalbsniere in Spinatblättern handelt – alles zeugt von einem ausgeklügelten Raffinement und von einem erstklassigen Einkauf, der es versteht, unter den besten Produkten auszusuchen. Der Rahmen des Winterrestaurants ist weder protzig noch super-modern; er ist bei aller Pracht intim und warm: Schöne Fresken schmücken die Decke, handgeschnitzte Hölzer die Wände, das Silber stammt natürlich von Christofle, das Porzellan von Haviland (einmal nicht von Bauscher aus Weiden).

Das Bristol verfügt auch über ein Schwimmbad, das derselbe Architekt ausgestattet hat, der die Yachten von Onassis und Niarchos baute. Es ist nicht mit Marmor ausgestattet, wie sonst üblich, sondern mit Teakholz und gibt aus der sechsten Etage den Blick auf die Dächer von Paris und auf eine in Augentäuschmanier gemalte Bucht am Mittelmeer frei. Ein sehr teures, aber seinen Preis rechtfertigendes Haus.

33. Hôtel De Crillon

Bewertung: Hotel 90 % Restaurant 18 Punkte

10 Place de la Concorde
Paris 75008
Tel.: 0033/42/65 24 24
Telex: 290 204
Besitzer: Sociéte du Louvre
Generaldirektor: Philippe Roche
Küchenchef: Jean-Paul Bonin
Offizielle Klassifizierung: 4 Sterne, de luxe
Öffnungszeiten: Ganzjährig
Gruppenreisen nicht möglich
Hunde nur in den Zimmern zugelassen

Lage
In der Nähe der Tuilerien, nachts ruhig, Terrasse
Nächste Flughäfen: Charles de Gaulle 40 Minuten, Orly 20 Minuten
Nächste Bahnhöfe: Lyon, Austerlitz, Nord, Est, 15 Minuten

Zimmer und Preise
Insgesamt 185 Zimmer, alle mit Bad/WC
Doppelzimmer zu 1 960 bis 2 250 FF
Einzelzimmer zu 1 460 bis 1 600 FF
33 Apartments zu 3 195 FF
4 der Apartments mit Terrasse
Preise inklusive Service und Steuern
Frühstück: 85 FF

Einrichtung
Klassisch, Doppelzimmer 20–35 qm, mit Salonecke, 1 Sessel, 2 Stühle, Schreibsekretär, Kofferablage, Diele mit Einbauschränken, Nachttisch mit Leselampe, Lüster, Stehlampen, indirekte Beleuchtung, Wandleuchten, großer Spiegel, Minibar, Radio »Self-Service«, Farbfernseher, Weckdienst von der Zentrale, Klimaanlage, Direktwahltelefon
Täglicher Bettzeugwechsel. Die Zimmer

werden nach der Nachmittagsruhe noch einmal gemacht

Bäder
4–6 qm, Außenfenster und Ventilation, 2 Waschbecken, Normalbadewanne, abgetrennte Duschkabine, Bidet, WC abgetrennt, Normalbeleuchtung
Kleenex, Seife, Schaumbad, Waage, Rasierspiegel, Bademäntel, Schwamm oder Waschlappen, Spezialpapier zum Schuheputzen, Haartrockner
Täglicher Handtuchwechsel

Service
Portier, der Gast wird auf sein Zimmer begleitet, außer dem Frühstück werden auch Mahlzeiten auf dem Zimmer serviert, 24-Stunden-Service, Reinigen und Bügeln innerhalb eines Tages, Wagen waschen und auftanken, auf Wunsch Zeitungen zum Frühstück, Prospekte, Pläne und Karten für Ausflüge, Fahrpläne für Züge und Flugzeuge
3 Fahrstühle, Bar, Cocktail Lounge, 2 Restaurants, Garage gegenüber dem Hotel, Geldwechsel, Kreditkarten: American Express, Visa, Diners, Master Charge, JCB

Sport
Jogging, Tennis: 15 Minuten
Golf: 25 Minuten

Frühstück
4 Brotsorten, offene Butter, hausgemachte Konfitüren, Honig, frische Croissants, kleines amerikanisches Frühstück, echter Tee in Blättern, frischgepreßte Fruchtsäfte

Restaurants
»L'Obélisque«
Geschlossen: Samstagabend und Sonntag
»Les Ambassadeurs«
Ganzjährig täglich geöffnet
Gäste werden bis 22.30 Uhr angenommen
80 Plätze, klassische Einrichtung
Pianomusik, Terrasse, Klimaanlage, Räume für Gesellschaften mit maximal 120 Plätzen, Bar. 2 Sterne im Michelin. Moderne, leichte Küche.

Man sollte es nicht glauben; aber es ist wahr, was uns vor einem der teuersten und schönsten Luxushotels der Welt in Paris passiert ist: Das »Crillon« liegt an der Place de la Concorde neben der US-Botschaft. Es gibt keine ständig freigehaltene Vorfahrt für die Wagen der Gäste, obschon ein »Voiturier« mit zwei Gehilfen ständig Wache hält. Wir mußten in der zweiten Reihe halten, weil die wenigen Parkplätze vor dem Hotel von Rolls Royces und Mercedes 500 vollgeparkt waren, inklusive Hotel-Eingang. Neben uns hupte aufgeregt ein Bus, und der Voiturier sagte uns, wir sollten es später noch einmal versuchen. Inzwischen sollte man wohl eine Runde in dem mörderischen Verkehr von Paris drehen? Oder?

Gewiß ist die nicht freigehaltene Hotel-Vorfahrt der Hauptmangel an diesem ansonsten schönen und besten Hotel von Paris. Da lobe ich mir die ausgezeichneten Wagen-Services im »Bristol« in der Rue Faubourg St. Honoré oder im »Grand-Hotel« in der Rue Scribe an der Oper, wo die Anfahrten für neue Gäste stets freigehalten werden.

Das klassizistische Gebäude, unter Ludwig XV. vom Architekten Louis-Ange Gabriel erbaut, steht heute unter Denkmalschutz. Es beherbergt das einzige rein französische Palasthotel der Stadt, das nicht einer ausländischen Gesellschaft gehört

– wie das »Ritz« und »Royal Monceau« (arabisch), das »Grand-Hotel« und »Meurice« (amerikanisch) oder das »Bristol« (deutsch). Nur das »Crillon« gehört einer rein französischen Gruppe, den »Hotels Concorde« unter der Präsidentschaft des Champagnerfürsten Jean Taittinger. Seit 1979 ist Philippe Roche Direktor des Hotels, das seitdem mit einem Aufwand von ca. 100000 DM pro Zimmer im ursprünglichen Stil restauriert wurde. Unter Leitung von Jean-Lou Robert (Architekt der Oper), Sonia Rykel und Direktor Roche wurden Dutzende von Stukkateuren, Holzschnitzern und Bildhauern engagiert, um das Innere des Gebäudes historisch getreu aufzufrischen. Zusätzlich wurden alle technischen Einrichtungen wie Leitungen, Bäder, Kühlräume, Fernsehanlagen erneuert.

Im großen und ganzen sind die Pariser Luxushotels trotz ihrer enormen Preise, die weit über dem deutschen Niveau liegen, gut frequentiert. Lediglich 1986 brachte einige Rückschläge. Im Prinzip garantiert nur eine Belegung im Jahresdurchschnitt von 55 % eine ausgeglichene Bilanz. Am schlechtesten stand wegen des Ausbleibens der Amerikaner das »Ritz« da: mit 46 % lag es unter der Rentabilitätsgrenze. Um so erstaunlicher, daß ausgerechnet der deutsche Direktor dieses Hauses kein Interesse daran hatte, in diesem Guide vertreten zu sein. Aber auch die anderen Pariser Luxushotels mußten Einbußen hinnehmen: Am besten stand noch das »Crillon« mit 76 % da, während das »Bristol« nur 70 % bekam. Das »Plaza« figuriert mit 67 % und das »Prince de Galles« mit 68 % ziemlich am Ende der Liste.

Der 1758 erbaute Palast an dem größten Platz von Paris, der heute einer Autorennstrecke gleicht, beherbergt ein Hotel, dessen Qualitäten überwältigend sind. Alle allerdings nicht immer sehr großen Zimmer sind mit erlesenem Geschmack in verschiedenem Stil eingerichtet, keine »Funktionalität«, kein Einheitsstil. Marmor in der Halle und in allen Bädern, kostbare Hölzer, Kunstwerke und erlesene Teppiche und Tapisserien dominieren. Ein Gedicht die Halle aus Marmor aus Siena, geradezu unglaublich die Salons, die zu den Suiten gehören und von den arabischen Scheichs oft Monate vorher bestellt werden.

Ein ebenfalls ganz in Marmor und Spiegeln gehaltener Speisesaal, »Les Ambassadeurs«, verschlägt einem den Atem ob seiner strahlendfestlichen Eleganz. Das Restaurant ist der Trumpf des Hauses; denn auch Herr Taittinger weiß, daß im Paris der Feinschmecker nur ein gutes Restaurant sein Hotel wirklich attraktiv machen kann. Wie auch im »Bristol« serviert man sommers die Mahlzeiten im offenen Patio unter Sonnenschirmen.

Auch das kleinere und billigere Restaurant »L'Obélisque« zeigt Eleganz: Die Wände sind holzgetäfelt, die Lüster von Lalique sind aus kostbarem Baccarat-Kristall.

Die WCs sind durchweg von den Bädern abgetrennt, und die großen Doppelzimmer und Juniorsuiten verfügen über gesonderte Wohnteile.

Küchenchef Bonin hatte schon vor seinem Eintritt ins »Crillon« im Konkurrenzhotel »Bristol« einen Stern im Michelin erkocht. Heute hat er deren zwei und im »Gault-Millau« 17 von 20 Punkten, womit seine Küche zu den besten von ganz Paris zählt. Einmal in der Woche geht er früh um vier Uhr zum Großmarkt von Rungis, um dort selbst die besten Produkte einzukaufen. Nichts ist zu kostbar für seine Küche. Jede Woche bezieht er seine nicht pasteurisierte Sahne aus Strasbourg, die Fische kommen auf schnellstem Wege von der Atlantikküste direkt in seine Küche. Über 30 Köche und Pâtissiers arbeiten bei ihm, darunter vier Sous-Chefs. Im »Obélisque« gibt es Gerichte »schon« für 60 Mark, was man in einem solchen Haus bereits einen »demokratischen« Preis nennt.

Bonin verläßt sich nicht auf die momentanen Eingebungen seiner Köche. Er liebt die wissenschaftliche Methode zu kochen. Wenn er einmal ein Rezept als optimal erklärt hat, muß es bis aufs Gramm genau ausgeführt werden, damit eine gleichbleibende Qualität garantiert werden kann. Und sie wird hier bis zur Perfektion geübt, ob es sich um Scheiben von der Jakobsmuschel »Sonia Rykel« handelt, das Omelette mit Trüffeln, das in der Salzkruste gegarte Wolfsbarschfilet mit Kräutersalat oder das Kalbsbries mit Krebsen in Blätterteig. Üppige Käseauswahl mit seltenen Ziegenkäsen und eine große Karte hausgemachter Desserts.

Da fast 40 % der Gäste Amerikaner sind, hat sich Direktor Roche entschlossen, ein Frühstücksbüffet einzurichten. US-Bürger frühstücken im Gegensatz zu den Franzosen nicht gerne auf dem Zimmer. Dennoch ist auch das Zimmerfrühstück nicht zu beanstanden. Alle Extras werden auch vom Etagenservice gereicht.

Wäre da nicht der schlechte Empfang des Wagens an der nicht vorhandenen Einfahrt (falls man nicht gerade einen Rolls fährt!), könnte man von einem rundherum perfekten Hotel sprechen, dessen Stil einzigartig ist.

Wer alle Vorzüge des Hauses genossen hat, wird sich kaum noch an den hohen Preisen stoßen – nur haben muß er es, das Geld!

Salon Marie Antoinette

34. Sofitel

Bewertung: Hotel 70 % Restaurant 15 Punkte

20 Quai Gailleton
F-69002 Lyon
Tel.: 0033/78/427250
Telex: 330225
Telekopie: 72400550
Besitzer: Hotels Sofitel
Direktor: Werner Seiss
Küchenchef: Guy Girerd
Offizielle Klassifizierung: 4 Sterne, de luxe
Öffnungszeiten: Ganzjährig
Gruppenreisen möglich
Hunde auf den Zimmern zugelassen

Lage
Stadtzentrum, Doppelglasfenster
Nächster Flughafen: 30 km (Satolas)
Nächster Bahnhof: 1 km (Perrache)

Zimmer und Preise
Insgesamt 196 Zimmer mit Bad/WC
Doppelzimmer zu 960 bis 1075 FF
Einzelzimmer zu 630 bis 825 FF
97 der Zimmer mit Grand lit
4 Apartments zu 1760 bis 2500 FF
Preise inklusive Service und Steuern
Frühstück: zu 59 FF
Kinder im Zimmer der Eltern gratis

Einrichtung
Modern. Doppelzimmer 26–29 qm, Salonecke, 1 Sofa, 1 oder 2 Sessel, Schreibsekretär, Kofferablage, Diele mit Einbauschränken, Nachttisch mit Leselampe, Lüster, Stehlampen, indirekte Beleuchtung, Wandleuchten, großer Spiegel, Minibar, Radio von der Rezeption geregelt, Farbfernseher, automatischer Wecker und Weckruf von der Zentrale, Klimaanlage
Täglicher Bettzeugwechsel. Die Zimmer werden nach der Nachmittagsruhe noch einmal gemacht

Bäder
7,5 qm, einige mit Außenfenster, 1 Waschbecken, große Badewanne, Bidet, WC im Bad, Neonlicht
Kleenex, Seife, Schaumbad, Bademäntel, Schwamm oder Waschlappen, Spezialpapier zum Schuheputzen, Duschhaube, Nähzeug
Täglicher Handtuchwechsel

Service
Portier, der Gast wird auf sein Zimmer begleitet, außer dem Frühstück werden auch Mahlzeiten auf den Zimmern serviert, von 6 bis 23.15 Uhr, Bügeln und Reinigen 24 Stunden, Wagen waschen und auftanken; Zeitungen zum Frühstück, Prospekte, Pläne und Karten für Ausflüge, Fahrpläne für Züge und Flugzeuge
Fahrstuhl, 2 Bars, Boutiquen, 2 Restaurants, abgeschlossene Garage, Geldwechsel, alle Kreditkarten

Sport
Tennis: 2 km
Golf: 30 km

Frühstück
3 Brotsorten, verpackte Butter, Industriekonfitüren, Honig, frische Croissants, Frühstückskarte (Cornflakes, Eier, Omelettes etc.), frisch gepreßte Fruchtsäfte

Restaurant
»Les Trois Dômes«
Ganzjährig täglich geöffnet
Gäste werden bis 22 Uhr angenommen
72 Plätze, modern
Hintergrundmusik, Hunde nicht zugelassen, Klimaanlage, Räume für Gesellschaften mit 700 Plätzen, 2 Bars

Der Wintergarten im Sofitel

Spezialitäten
Salade de Caille et foie gras sur emincé d'artichaut et œufs pochés (80 FF)
Mousseline de Carpe des Dombes aux grenouilles (72 FF)
La fricassée de langoustines et sole au whisky (154 FF)
Volaille de Bresse pochée et sa garniture (112 FF)
Le pigeon en crapaudine aux échalotes (118 FF)
L'Aile de Canette au Citron et Gingembre (87 FF)
La charlottine Brillat-Savarin au Marc du Bugey (56 FF)
Menüs:
165, 205, 275 FF
Weine: Beaujolais, Côte du Rhône

Das Sofitel hat sich zu einem Treffpunkt der Gourmets im lyonnaiser Leben entwikkelt. Täglich werden dort große Empfänge abgehalten, Seminare und Kongresse, die von einer ausgezeichneten Küche versorgt werden. Die Zimmer sind sämtlich klimatisiert und kürzlich renoviert worden. Der Blick auf die Rhône mit ihren drei Kirchen auf dem linken Ufer hat dem Restaurant den Namen gegeben: »Les trois Dômes«.

Der Küchenchef Guy Girerd hat sich den begehrten Titel des »Besten Arbeiters von Frankreich« erworben. Ein anderer »bester Arbeiter«, Maxime Durand, ist Pâtissier, und man muß ihm bescheinigen, daß sein Wagen mit Desserts keinen Vergleich zu scheuen braucht. Das Restaurant des Sofitels ist ganzjährig täglich geöffnet, und man begegnet dort mehr Leuten aus Lyon als Hotelgästen. Das ist zweifellos eine Garantie für die Qualität, denn die Einwohner dieser Stadt sind in ganz Frankreich als kritische Gourmets bekannt. Probieren Sie die lauwarmen Spargel, die mit einem kleinen Glas Sherry serviert werden. Dieses Gericht zeugt von der Aufmerksamkeit, die man der Harmonie zwischen den Speisen und den Weinen widmet. Die junge Ente in Trüffelsauce, die »Saint Marcellins« von der Käserei, aus der sich auch Bocuse bedient, das Birnengericht auf Lyoner Art. Die Weinkarte bietet die besten Weine Frankreichs. Das Beaujolais ist nahe, und es empfiehlt sich, hier ein kühl zu trinkendes Gewächs aus dem Beaujolais zu wählen. Für ein Abendessen mit Wein muß man gut 100 Mark rechnen. Das Restaurant hat im Gault-Millau 14 von 20 Punkten erhalten.

Die beiden Chefs sind auch zuständig für den »Sofishop«, einen Luxussnack, der in der Nacht geöffnet hat und für den kleinen Hunger gedacht ist. Man kann übrigens von diesem Hotel aus die Stadt genießen, ohne das Hotel gänzlich verlassen zu müssen, denn eine Menge von Luxusboutiquen umgibt das Haus und den Empfang, einschließlich Coiffeur, Pelzhändler, Blumenhandlung, Geschenken und Mode.

»Wer in Lyon in der gastronomischen Branche tätig ist, hat es mit einem fachmännischen, überaus kritischen Publikum zu tun«, erklärt der deutsche Generaldirektor des Hauses, Werner Seiss, der aus Bayern stammt und sich zuvor in der ganzen Welt herumgetrieben hatte. Seine Ausbildung verdankt er Spitzenhäusern wie den »Vier Jahreszeiten« in Hamburg oder dem »George V.« in Paris. Obwohl das »Sofitel« ständig in Renovierungen investiert hat, sollen 1988 und 1989 die Halle und alle Zimmer überholt werden. Seiss will die Spitzenstellung seines Hauses in Lyon behalten. Innerhalb der Kette der Sofitels, die inzwischen 60 Hotels in Frankreich mit ca. 10000 Betten umfaßt, ist das Haus in Lyon eines der bedeutendsten in der Qualität des Hotels und des Restaurants. Ohne eine besonders gute Küche ist in der Hauptstadt der Gourmets in Frankreich kein Blumentopf zu gewinnen.

35. Sofitel Aquitania

Bewertung: Hotel 50 %   Restaurant 13 Punkte

F-33 300 Bordeaux-Le Lac
Tel.: 0033/56/508380
Telex: 570557
Besitzer: Sofitel
Direktor: Alain Carrier
Küchenchef: Daniel Chastagnier
Offizielle Klassifizierung: 4 Sterne
Öffnungszeiten: Ganzjährig
Gruppenreisen möglich
Hunde zugelassen

Lage
Vorort, ruhig. Fußwege beginnen am Hotel, Park
Nächster Flughafen: 1 Viertelstunde
Nächster Bahnhof: 20 Minuten

Zimmer und Preise
Insgesamt 212 Zimmer
alle mit Bad/WC
Doppelzimmer zu 505 bis 585 FF
Einzelzimmer zu 435 bis 485 FF
110 Zimmer mit Grand lit
2 Apartments zu 850 FF
Preise inklusive Service und Steuern
Frühstück: 39 FF
Kinder bis 10 Jahre frei

Einrichtung
Modern. Doppelzimmer 20 qm, mit Salonecke, 2 Sessel, 1 Stuhl, Schreibsekretär, Kofferablage, Diele mit Einbauschränken, Nachttisch mit Leselampe, Stehlampen, großer Spiegel, Minibar, Radio »Self-Service«, Farbfernseher, automatischer Wecker, Klimaanlage, Direktwahltelefon
Bettzeugwechsel alle zwei Tage. Die Zimmer werden nach der Nachmittagsruhe noch einmal gemacht

Bäder
5 qm, Ventilation, 1 Waschbecken, große Badewanne, abgetrennte Duschkabine, Bidet, WCs abgetrennt, Neonlicht Kleenex, Seife, Schaumbad, Rasierspiegel, Bademäntel, Schwamm oder Waschlappen, Spezialpapier zum Schuheputzen
Täglicher Handtuchwechsel

Service
Gepäckträger, der Gast wird auf sein Zimmer begleitet, außer dem Frühstück werden auch Mahlzeiten auf den Zimmern serviert, 24-Stunden-Service, Reinigen und Bügeln innerhalb eines Tages, Wagen waschen und auftanken auf Wunsch, Zeitungen zum Frühstück, Informationen, Fahrstuhl, 3 Bars, Boutiquen, 2 Restaurants, Privatparkplatz, Geldwechsel, Kreditkarten: Carte Bleue, Diners Club, Amex, Eurocard

Sport
Tennis: 1 km
Golf: 2 km

Frühstück
2 Brotsorten, abgepackte Butter, Konfitüren Industrieprodukte, Honig, frische Croissants und Brioches, Zusätzliches nach Karte (Eier), 2 Teesorten, frisch gepreßte Fruchtsäfte

Restaurants
»Pub«
Ganzjährig täglich geöffnet
80 Plätze, modern

»Le Flore«
Ganzjährig täglich geöffnet
80 Plätze, modern
Hintergrundmusik, während der Saison Terrasse, Veranstaltungsraum mit 1 200 Plätzen, 3 Bars

Spezialitäten
Suprême de Saint Pierre aux deux Beurres (75 FF)
Darne de Saumon en Papillote (65 FF)
Coq au Vin du Médoc (55 FF)
Aiguillettes de Magret de Canard aux Airelles (70 FF)
Tournedos Poêlés aux Morilles (75 FF)
Noisettes d'Agneau au Thym (80 FF)
Menüs: Pub: 60 FF, Flore: 180 FF

Wer beruflich zu Messen oder Sonderausstellungen zu dem Ausstellungsgelände von Bordeaux reisen muß, dem sei diese Adresse empfohlen. Sie steht in scharfem Kontrast zu dem intimen Haus »La Réserve« im Vorort Passac, bietet aber dem Gast den Vorteil des großen, genormten Komforts. Überraschenderweise sind hier die Bäder von den WCs abgetrennt worden; doch verfügen sie ansonsten als echte Naßzellen nur über Ventilation, und auch im Doppelzimmer nur über ein Waschbecken und Neonlicht. Immerhin: wenigstens ein Plus gegenüber zwei Minuspunkten.

Bäder und Zimmer sind klein, so daß man hier mit gewissem Recht von der durchrationalisierten Hotel-Maschine sprechen kann, die jedoch hier durch die Restaurants aufgewertet wird. Im Hauptrestaurant »Le Flore« regiert Daniel Chastagnier (41), der in den beiden von Gault-Millau mit einer Haube bewerteten Restaurants des Sofitel-Konzerns in Toulouse und Bordeaux gearbeitet hat, bevor er 1986 den Posten des Küchenchefs des »Aquitania« übernahm. Er bemüht sich darum, auch hier eine Haube oder einen Stern im Michelin zu erkochen, was bei der großen gastronomischen Konkurrenz in Bordeaux-Stadt nicht leicht sein dürfte. Einige Spezialitäten jedoch lohnen den Besuch bei ihm: zum Beispiel das »Suprême de Saint Pierre mit zwei Buttersaucen« oder der »Coq au Vin du Bordeaux«. Im übrigen macht der neue Chefkoch eine gute klassische Küche ohne große Überraschungen.

Im einfacheren Bistro »Le Pub« gibt es Menüs schon ab 20 DM, während sie im »Flore« gut 60 DM kosten.

Das Zimmerfrühstück ist, wie in den meisten Großhotels in Frankreich, recht mager: Zu nur zwei Sorten Brot gibt es die üblichen abgepackten Butterwürfel und Marmeladen der Industrie.

Bar, Schwimmbad und Diskothek ergänzen das Angebot eines Hotels, das sich soeben eine neue und elegante Halle zugelegt hat und das seine Zimmer ständig auf Hochglanz hält.

Man kann nicht behaupten, daß die öde Landschaft des Ausstellungsgeländes von Bordeaux eine Attraktion ist: Auch der See daneben ist nur mäßig interessant. Hauptvorteile für den Ausstellungsbesucher: Er ist gleich im Zentrum des professionellen Interesses, muß keine langen Wege oder Taxifahrten zurücklegen und ist komfortabel bei gutem Essen untergebracht.

36. Frantel, Hôtel und Restaurant »L'Oursinade«

Bewertung: Hotel 55 %   Restaurant 14 Punkte

Rue Neuve St.-Martin
13001-Marseille
Tel.: 0033/91/919129
Telex: 401886
Besitzer: Frantel Hotels
Direktor: Cloud Pelaud
Küchenchef: René Alloin
Offizielle Klassifizierung: 4 Sterne
Öffnungszeiten: Ganzjährig
Gruppen werden angenommen
Hunde erlaubt

Lage
Ruhig, ganz in der Nähe des alten Hafens, oberhalb des »Jardin des Vestiges«
Nächster Bahnhof: St. Charles, 1 km
Nächster Flughafen: ca. 25 km
Verwaltung der EG im gleichen Block
Internationales Handelszentrum

Zimmer und Preise
Insgesamt 200 Zimmer, alle mit Bad/WC, davon
124 Einzelzimmer zu 445 bis 495 FF
76 Doppelzimmer zu 500 bis 550 FF
Keine Apartments
Preise inklusive Steuern und Service
Frühstück: 45 FF
Kinder bis 12 Jahre kostenlos im Zimmer der Eltern

Einrichtung
Moderner Komfort, Zimmergröße 20 qm, alle mit Vorraum, Salonecke mit Tisch und Sessel, 1 Stuhl, 1 Schreibtisch, Kofferablage, Schrank für 20 Kleidungsstücke, 6 Kleiderbügel, Nachttisch mit Lampe, Stehlampe, Wandleuchten, Spiegel, Mini-Bar, Radio, Wecker, Farbfernseher, Direktwahltelefon, Klimaanlage. Täglicher Bettzeugwechsel

Bäder
6 qm groß, alle ohne Außenfenster, mit Ventilation und Neonlicht, 1–2 Waschbecken, große Badewanne, Bidet, WC teils im Bad, teils abgetrennt
Zahnpasta, Seife, Kleenex, Schaumbad, Schwamm, Spezialpapier zum Schuheputzen, keine Infrarotlampe, kein Rasierspiegel, kein Bademantel, kein Handtuchtrockner, keine Dusche, keine Waage
Täglicher Handtuchwechsel

Service
Gepäckträger, der Gast wird auf sein Zimmer gebracht, Reinigen, Waschen, Bügeln in 6–24 Stunden, Spezialkarte für den Zimmerservice, Zeitungen zum Frühstück, Informationen über Ausflüge, Fahrpläne für Züge und Flugzeuge
Einkaufsläden, Bar, Geldwechsel, 2 Aufzüge, öffentlicher Parkplatz unterhalb des Hotels

Frühstück
Frisches Brot, Zwieback, Weißbrot, abgepackte Butter und Konfitüren, Honig, frische Croissants, Joghurt, Eier, Wurstplatte, Kaffee Arabica, Teebeutel, Dosensäfte, auf Wunsch auch frischgepreßte Säfte

Restaurant
»L'Oursinade«
70 Plätze, Salonräume für 10–300 Personen, komfortable Einrichtung
Im August sowie an Sonn- und Feiertagen geschlossen, bis 22.00 Uhr geöffnet
Bedeckte Terrasse zum Frühstück, Bar, Hintergrundmusik, Klimaanlage
Kreditkarten: Carte Blanche, American

Express, Diner's Club, Eurocard
Küchenchef: René Alloin, seit 1977 im Hause
Menüs: zwischen 154–228 FF
Weine: Aus der Umgebung (Bandol Rouge, Cassis Blanc)

Spezialitäten
Seezungen- und Lachsschnecken (88 FF)
Herz vom Schwein auf Paprika und Muscheln (78 FF)
Nougateis auf eingemachten Früchten

Innerhalb dieser großen Hotelkette ist das Marseiller Frantel eines der interessantesten Häuser, vor allem was sein Restaurant, die »Oursinade« betrifft. Das Hotel ist für die ganze Organisation typisch: ein großer viereckiger Turm im Herzen von Marseille, innerhalb eines großen Gebäudes, in dem sich ein bedeutendes Handelszentrum befindet und auch das »Mittelmeerische Internationale Handelszentrum«, wo sich die Verwaltung der EG eingerichtet hat. Die Zimmer haben den üblichen standardisierten Komfort, sind funktionell und komfortabel, Direktwahltelefon, Farbfernseher für die internen französischen Programme und zum Anschluß an Video-Recorder. Der Blick über die Stadt ist sehr schön, und man sollte ein Zimmer zum alten Hafen bevorzugen, wo es unbestreitbar den schönsten Blick und die schönste Einrichtung gibt. Einen so schönen Blick wie von den Zimmern hat man unglücklicherweise vom Restaurant des Hotels nicht, das dafür eine freundliche Dekoration bietet und eine kluge Organisation, wo große und bequeme Tische auch zu kleinen Einheiten zusammengestellt werden können. René Alloin, ein aus Lyon gekommener Küchenchef, leitet seit der Eröffnung dieses Frantel eine Mannschaft von talentierten Köchen; er hat von Anfang an Wert auf regionale Platten gelegt, die er in modernem Stil zubereitet und denen er Eleganz gegeben hat, die man früher nicht kannte. Man sollte also diese »Oursinade« probieren, die dem Restaurant den Namen gegeben hat, eine geschmackreiche Fischsuppe, in der auch kleine Garnelen der Region verwendet werden, abgeschmeckt mit dem Corail von Seeigeln, und man sollte unbedingt jene Platten probieren, die der Chef nach alten Kochbüchern aus den Bibliotheken von Marseille und Aix-en-Provence wiederentdeckt hat. Die Desserts sind ganz auf der Höhe dieser interessanten Küche zu vernünftigen Preisen, der Service ist höflich und zuständig.

37. Sofitel Vieux-Port

Bewertung: Hotel 65 % Restaurant 16 Punkte

36, Boulevard Charles Livon
F-13007 Marseille
Tel.: 0033/91/529019
Telex: 401 270
Besitzer: Accor
Direktor: Jean-Louis Chadel
Küchenchef: Marc Bayon
Offizielle Klassifizierung: 4 Sterne, de luxe
Öffnungszeiten: Ganzjährig
Gruppenreisen möglich
Hunde zugelassen

Lage
Am Hafen, Spazierwege am Meer, Privatterrasse
Nächster Flughafen: Marseille-Provence 25 km
Nächster Bahnhof: St.-Charles 4 km

Zimmer und Preise
Insgesamt 130 Zimmer mit Bad/WC, Grand lit
Doppelzimmer zu 650 bis 890 FF
Einzelzimmer zu 550 bis 790 FF
3 Suiten zu 1600 FF
24 der Zimmer mit Terrasse
Preise inklusive Service und Steuern
Frühstück: 50 FF
Kinder bis 12 Jahre im Zimmer der Eltern gratis

Einrichtung
Modern. Doppelzimmer 27 qm, Salonecke mit Tisch, 1 Stuhl, 2 Sessel, Schreibsekretär, Kofferablage, man betritt das Zimmer direkt vom Flur, Nachttisch mit Leselampe, Stehlampen, indirekte Beleuchtung, großer Spiegel, Minibar, Radio »Self-Service«, Farbfernseher, Klimaanlage
Täglicher Bettzeugwechsel. Die Zimmer werden nach der Nachmittagsruhe noch einmal gemacht

Bäder
5 qm, Ventilation, 1 Waschbecken, mittelgroße Badewanne, Bidet, WC abge-

trennt, Neonlicht
Kleenex, Seife, Schaumbad, Infrarotlampe, Bademäntel, Schwamm oder Waschlappen, Spezialpapier zum Schuheputzen, Duschhaube, Nähzeug, Haartrockner
Täglicher Handtuchwechsel

Service
Wagenmeister, Gepäckträger, der Gast wird auf sein Zimmer begleitet, außer dem Frühstück werden auch Mahlzeiten auf den Zimmern serviert, Bügeln und Reinigen innerhalb eines Tages, Wagenwaschen auf Wunsch, lokale Zeitungen zum Frühstück, Prospekte, Pläne und Karten für Ausflüge, Fahrpläne für Züge und Flugzeuge
Fahrstuhl, Bar, Teesalon, Privatparkplatz, abgeschlossenc Garage, Geldwechsel

Sport
Segeln, Tauchen in der Nähe, Tennis gegenüber dem Hotel
Golf: 25 km

Frühstück
5 Brotsorten, verpackte Butter, Industriekonfitüren, Honig, frische Croissants, Tee in Säckchen, frisch gepreßte Fruchtsäfte

Restaurant
»Les Trois Forts«
Ganzjährig täglich geöffnet
Gäste werden bis 22.15 Uhr angenommen
65 Plätze, modern
Hintergrundmusik, Hunde zugelassen, Klimaanlage, Räume für Gesellschaften mit 15 bis 160 Plätzen, Bar

Spezialitäten
Tartare de loup en pannequet de saumon fumé (96 FF)
Salade tiède de lentilles aux huitres (76 FF)
La matelote d'œufs de cailles aux câpres et clovisses (53 FF)
L'escalope de daurade rôtie au confit d'aubergines (98 FF)
L'osso bucco de baudroie aux spaghettis des courgettes (88 FF)
Les noisettes de chevreuil au miel criques ardéchoises (110 FF)
Le mint-chocolat (42 FF)
Menü: 195 FF
Weine: Cassis Clos St. Madeleine, Bandol Domaine de Pibarnon

Das große Sofitel von Marseille befindet sich im Umbau. Die weniger angenehmen Zimmer rangieren inzwischen unter der Marke »Novotel«, der anderen Hotelgruppe der »Groupe Accord«. Dies wird für das Sofitel die Gelegenheit sein, sein gesamtes Angebot zu verbessern, damit es von nun ab die Marke »Prestige« rechtfertigt, die es nun vorzeigt. Alle Zimmer öffnen sich jetzt also inklusive der schönen Terrassen, die zum Teil zu ihnen gehören, auf die großartige Stadtlandschaft des alten Hafens, das typische Marseiller Bild. Sie sind alle neu ausgestattet worden, neu möbliert und ausreichend groß, um eine bequeme Salonecke für die Gäste zu bieten. Das Hotel ist ganz auf die Aufnahme von Geschäftsleuten abgestellt, es bietet seinen Kunden Telex, Telekopierer, Sekretariat und Versammlungsräume, in denen man auch Ausstellungen durchführen kann.

In der vierten Etage des Hotels befindet sich das Restaurant, das vollständig verglast ist und den alten Hafen beherrscht. Auf diese Art vergißt man etwas das überladene, in Blau gehaltene Dekor, das im einzelnen sehr gelungen ist. Marc Bayon, ein Küchenchef im Vollbesitz seiner Kräfte (knapp 40), macht für die »Trois Forts« eine heitere, elegante und interessante Küche, die ganz mit der Saison geht und in der man häufig einen feinen Salat von Linsen mit Jakobsmuscheln oder auch mit Gänseleber, die kleinen Felsenrötlinge von einer Rotweinsauce begleitet findet und ein ausgezeichnetes Lamm, das mit den Kräutern der Haute-Provence gewürzt wird. Daneben bietet er auch einige Hausfrauengerichte nach traditioneller Art an, wie einen Kalbskopf in Vinaigrette. Aber dieses Restaurant zeichnet sich auch durch einen Pâtissier aus, der zu den besten Frankreichs gehört und der eine geradezu verführerische Dessert-Karte vorstellt. Der Service wird sehr professionell von einem Maitre d'Hôtel geleitet, der auch die kostbaren Havannazigarren verwaltet. Die Weinkarte ist nicht eben billig.

38. Le Petit Nice

Bewertung: Hotel 70 %   Restaurant 18 Punkte

Anse de Maldormé
F-13007 Marseille
Tel.: 0033/91/521439
Telex: 401565 PASSÉDA
Besitzer: Familie Passédat
Direktor: Albertine Passédat
Küchenchefs: Jean Paul und Gérald Passédat
Offizielle Klassifizierung: 4 Sterne
Geschlossen: 2. 1. bis 8. 2.
Keine Gruppenreisen
Hunde auf den Zimmern zugelassen (Zuschlag)

Lage
Ruhig, direkt am Meer. Privater Garten, Terrasse
Nächster Flughafen: 25 km
Nächster Bahnhof: 4 km

Zimmer und Preise
Insgesamt 17 Zimmer, davon
13 Doppelzimmer mit Bad/WC zu 700 bis 1000 FF
2 Apartments zu 1600 bis 2000 FF
3 Zimmer mit Terrasse
Preise inklusive Service und Steuern
Frühstück: 63 FF

Einrichtung
Doppelzimmer 18–30 qm, Doppelzimmer mit Salonecke und Schreibsekretär, Kofferablage, alle Zimmer mit Diele und Einbauschränken, Nachttisch mit Leselampe, Minibar, Radio, Farbfernseher, automatischem Wecker, Klimaanlage
Täglicher Bettzeugwechsel. Die Zimmer werden nach der Nachmittagsruhe noch einmal gemacht

Bäder
6 bis 8 qm. Außenfenster und Ventilation
Zahnpasta, Kleenex, Seife, Schaumbad, Waage, Rasierspiegel, Bademantel,

Schwamm oder Waschlappen, Spezialpapier zum Schuheputzen, andere Extras, WCs, z. T. abgetrennt
Täglicher Handtuchwechsel

Service
Gepäckträger, der Gast wird auf sein Zimmer begleitet, außer dem Frühstück werden auch Mahlzeiten auf den Zimmern serviert
Bügeln, Waschen und Reinigen, Zeitungen zum Frühstück, Prospekte, Pläne und Karten für Ausflüge, Fahrpläne für Züge und Flugzeuge
Direktwahltelefon, Fahrstuhl, Bar, Privatparkplatz, Garage, Geldwechsel, Kreditkarten: Visa, American Express

Sport
Meerwasserschwimmbad im Freien, Windsurfen, Segeln, Tauchen
Tennis: 4 km
Golf: 20 km

Frühstück
3 Brotsorten, offene Butter, hausgemachte Konfitüren, Honig, frische Croissants

Restaurant
»Restaurant Passédat«
Geschlossen: Montag
Terrasse, Garten, Klimaanlage
80 Plätze, modern
Bar

Jean-Paul Passédat hat im Lauf der Jahre aus seinem »Petit Nice« das eleganteste Haus von Marseille gemacht, das von allen belaufen wird, die in der Stadt etwas gelten: von den Politikern, den Rechtsanwälten und den Chefs der großen Unternehmen. Der äußerst luxuriöse Garten liegt oberhalb des Meeres, und es ist unglaublich, daß man hier nur wenige Minuten vom Zentrum von Marseille entfernt ist. Die Passédats haben kürzlich fünf neue Suiten eingerichtet, die die 15 Zimmer ergänzen. Bewundernswerte Aussicht, absolute Ruhe, totaler Komfort (»Le Petit Nice« gehört zur Gruppe von Relais et Châteaux), jedes Zimmer in einem anderen Stil eingerichtet. Das Ganze ist ohne jeden Geschmacksfehler gemacht worden und so entworfen, daß eine Atmosphäre von Entspannung und Charme regiert, und jede sogenannte Funktionalität ausgelassen wurde. Auch die Dekoration des Eßsaales ist im vergangenen Jahr erneuert worden, und zwar in einem zeitgenössischen Stil, der sich durch Gleichmaß und Heiterkeit auszeichnet: Zweifellos hat man damit die Rückkehr des Sohnes an den Herd feiern wollen, von Gérald Passédat also, der lange Lehrjahre hinter sich gebracht hat bei den größten französischen Köchen. Es wird hier eine meisterhafte und phantasievolle Küche gemacht, die extrem raffiniert ist und oft an der Grenze zum Manierismus steht, manchmal aber auch sehr persönlich und elegant ist. Überraschend sind Gerichte wie die Froschschenkel mit Schweinefüßen in Cressonnette-Sauce, großartig in ihrer Einfachheit sind die heißen Austern oder die Scheiben vom Wolfsbarsch in jungfräulichem Olivenöl. Üppige Desserts, auch sie einfallsreich, und ein prächtiger Weinkeller: Jean-Paul Passédat sammelt seit Jahren in seinem klimatisierten Keller alles, was die französischen Gebiete an anspruchsvollen Gewächsen hergeben. Man speist in diesem Hause auf höchstem Niveau, und alles könnte perfekt sein, wäre der Service etwas persönlicher.

39. Grand Hôtel De L'Opéra

Bewertung: Hotel 65% Restaurant 17 Punkte

1 Place du Capitole
F-31000 Toulouse
Tel.: 0033/61/218266
Telex: 521998 F (ESPI)
Besitzer: Philippe Espitalier
Direktorin: Michèle Drouin
Küchenchef: Dominique Toulousy
Offizielle Klassifizierung: 3 Sterne
Öffnungszeiten: Ganzjährig
Gruppenreisen möglich
Hunde zugelassen

Lage
Sehr ruhig, Innenhof, Terrasse, privater Garten
Nächster Flughafen: 7 km
Nächster Bahnhof: 1 km

Zimmer und Preise
Insgesamt 49 Zimmer, davon
47 Zimmer mit Bad/WC
2 Zimmer mit Dusche/WC
34 Zimmer mit Grand lit
3 Zimmer mit zwei Betten
9 Einzelzimmer
Einzelzimmer zu 330 bis 680 FF
Doppelzimmer zu 480 bis 940 FF
Apartments zu 1050 FF
Preise inklusive Service und Steuern
Frühstück: 48 FF

Einrichtung
Italienischer Stil. Doppelzimmer 15 bis 55 qm, einige Zimmer mit Salonecke, 2–5 Sessel und Stühle, Schreibsekretär,

Kofferablage, Nachttisch mit Leselampe, Stehlampen, Wandleuchter, großer Spiegel, Minibar in 6 Zimmern, Radio von der Rezeption geregelt, Farbfernseher, Direktwahltelefon, Weckruf auf Wunsch automatisch oder von der Zentrale, Klimaanlage
Täglicher Bettzeugwechsel. Die Zimmer werden nach der Nachmittagsruhe noch einmal gemacht

Bäder
5 qm, einige Bäder mit Außenfenster, übrige mit Ventilation, 1–2 Waschbekken, große Badewanne, Bidet, WC im Bad, Neonlicht
Zahnpasta, Kleenex, Seife, Schaumbad, Spezialpapier zum Schuheputzen, Shampoo, Nähzeug, Streichhölzer
Täglicher Handtuchwechsel

Service
Portier, Wagenmeister, Gepäckträger, der Gast wird auf sein Zimmer begleitet, außer dem Frühstück werden auch Mahlzeiten in den Zimmern serviert nach Restaurantkarte 12.00–14.30 Uhr und 20.00–22.30 Uhr, Bügeln und Reinigen innerhalb eines Tages, Wagen waschen und auftanken, Zeitungen zum Frühstück, Prospekte, Pläne und Karten für Ausflüge, Stadtplan in jedem Zimmer sowie Telefonbuch, Postkarten, Briefpapier
Fahrstuhl, Bar, Geldwechsel, Kreditkarten: American Express, Carte Bleue, Diners Club, Eurocard

Sport
Schwimmbad im Freien
Tennis: 10 Min. mit dem Wagen
Golf: 10 km (Vieille Toulouse), 30 km (Palmola)

Frühstück
4 Brotsorten, offene Butter, Konfitüren Industrieprodukte, Honig, frische Croissants, zusätzlich Eierspeisen, Kaffee 100 % Arabica, reiner Ceylon-Tee oder aromatisierte Teesorten nach Wunsch, frisch gepreßte Fruchtsäfte

Restaurant
»Les jardins de l'Opéra«
Inhaber: Dominique Toulousy
Geschlossen: Sonntag und Feiertage, eine Woche um den 15. August
Mittagessen: 12.00–13.30 Uhr
Abendessen: 20.00–22.30 Uhr
50–60 Plätze, italienischer Stil im Hof und im Saal. Hintergrundmusik, Terrasse, Klimaanlage, 6 kleine Salons für 4 bis 20 Personen, Bar

Spezialitäten
Ravioli de foie gras de canard au fumet de truffes (150 FF)
Le Gateau de foies blonds au caramel de Porto
Le poisson du manché aux huitres chaudes
Les Rognons de veau à la moutarde et au citron
La Souris d'agneau rotie et son jus parfumé
Les desserts chauds et les desserts à base de chocolat
La grande assiette de nos desserts maison
Menüs: 150, 190, 300 FF inklusive 15 % Service
Weine: Fronton Bellevue la Forêt

Die Halbmillionenstadt Toulouse ist ein bedeutendes Handels- und Industriezentrum Frankreichs. In der Hauptstadt der Flugzeugindustrie wurde die Concorde gebaut, schließlich der Airbus, und die Stadt beherbergt zahlreiche ausländische und auch deutsche Techniker und Arbeiter. In jedem Oktober findet der »Internationale Salon der Techniken und der Zukunftsenergien« statt. Toulouse ist auch Universitätsstadt, und auch die Künste und Antiquitäten finden hier einen großen Markt in dem jährlich stattfindenden Salon der Antiquitätenhändler. Trotz der vielen Besucher, die jährlich in diese Stadt kommen, ist die Ausstattung mit Hotels etwas ungenügend. Um so bedeutender war die Initiative des Managers Philippe Espitalier, der das alte Gebäude des Opernhotels restauriert hat.

Optisch steht im Mittelpunkt ein zauberhafter Innenhof mit einer Mauer, an der sich Rebstöcke hochschlängeln. Auch die Fassade aus dem 17. Jahrhundert deutet noch auf den ursprünglichen Zweck des Gebäudes hin: es wurde speziell für den Papst Innozenz III. errichtet. Heute sind nur noch wenige Stücke des ursprünglichen Baues übriggeblieben. In den dreißiger Jahren wurde er in ein Hotel umgewandelt, nachdem er im 19. Jahrhundert die Ballettschule der Toulouser Oper, die ganz in der Nähe liegt, beherbergt hat. Die Halle, die sich auf den freundlichen florentinischen Innenhof öffnet, hat ihr üppiges, altmodisches Dekor behalten, und die alten Deckenbalken in den Fluren vibrieren, wenn man mit festem Schritt durch sie schreitet. Dies sind also nur wenige Reste des ursprünglichen ehrwürdigen Baues, der inzwischen vollständig restauriert wurde: Freundliche und geschmackvoll eingerichtete Zimmer, sehr schöne Bäder, und natürlich die moderne Standardausrüstung wie Direktwahltelefon, Farbfernseher mit einem besonders zu bezahlenden Kanal des Satellitenfernsehens ebenso wie Telex, Telekopie, Sekretariat und andere technische Einrichtungen.

Der Inhaber hat Monsieur Dominique Toulousy und seine Frau zum Küchenchef und Restaurantdirektor gemacht. Man kann sommers wunderbar in dem ruhigen und schön eingerichteten Innenhof mit dem kleinen Schwimmbecken speisen. Man bedauert nur ein wenig den distanzierten Empfang durch die Gattin von Herrn Toulousy, die den Service leitet, der vor allen Dingen mit jungen und sehr kompetenten Leuten bestückt ist. Die Speisekarte ist kurz und verführerisch und enthält zum Teil etwas komplizierte Gerichte: einen hellen Geflügelleberkuchen, karamelisiert und mit Portweinsauce, Rötlingsfilets mit Ochsenmark, ein Kompott von Entenschenkeln mit Backpflaumen, Kalbsnieren mit Birnen und Gewürzwein mit einer kleinen Zuckermelone, die angeschmort wurde –, all das reflektiert eine technisch sehr gelungene Küche, die nahe der Perfektion ist, aber dank ihrer Ausgeklügeltheit nicht elegant genug. Die einzige Erinnerung an die regionalen Traditionen bestehen im Cassoulet von Dominique Toulousy, ein Gericht, das klugerweise erleichtert wurde und sich heute als Nouvelle Cuisine gibt. Bemerkenswert auch die Arbeit des Kochs an den Fischen, die im allgemeinen von ausgezeichneter Feinheit sind. Hervorragende Desserts werden schön dargeboten, und die Weinkarte zeichnet sich durch preiswerte Weine des Südwesten Frankreichs aus. Sie erlauben es, die im übrigen üppigen Rechnungen etwas zu begrenzen. Man kann auch feste Menüs zum festen Preis wählen.

40. Sofitel

Bewertung: Hotel 60 % Restaurant 14 Punkte

Aeroport
F-31700 Blagnac
Tel.: 0033/61/711125
Telex: 520178
Direktor: François Picaud
Küchenchef: Pierre-François Dreneau
Offizielle Klassifizierung: 4 Sterne
Öffnungszeiten: Ganzjährig
Gruppenreisen möglich
Hunde auf den Zimmern zugelassen

Lage
Am Flughafen, Spazierwege beginnen am Hotel, Terrasse
Nächster Bahnhof: 4 km (Toulouse)

Zimmer und Preise
Insgesamt 100 Zimmer mit Grand lit, Bad/WC
Doppelzimmer zu 560 bis 635 FF
Einzelzimmer zu 495 bis 635 FF
2 Mini-Suiten zu 635 FF
Preise inklusive Service und Steuern
Frühstück: 43 FF
Kinder bis 12 Jahre gratis

Einrichtung
Modern. Doppelzimmer 20–30 qm, Salonecke, Tisch, 2 Sessel, 1 Stuhl, Kofferablage, Diele mit Einbauschränken, Nachttisch mit Leselampe, Stehlampen, indirekte Beleuchtung, Wandleuchten, großer Spiegel, Minibar, Radio »Self-Service«, Farbfernseher, 9 Kanäle, davon 3 amerikanische, Weckruf von der Zentrale, Direktwahltelefon, Klimaanlage
Täglicher Bettzeugwechsel. Die Zimmer werden nach der Nachmittagsruhe noch einmal gemacht

Bäder
8 qm, Ventilation, 1 Waschbecken, große Badewanne, Bidet, WC im Bad, Neonlicht
Kleenex, Seife, Schaumbad, Infrarotlampe, Schwamm oder Waschlappen, Spezialpapier zum Schuheputzen, Haartrockner, Shampoo
Täglicher Handtuchwechsel

Service
Gepäckträger, der Gast wird auf sein Zimmer begleitet, außer dem Frühstück werden auch Mahlzeiten auf den Zimmern serviert von 12.00 bis 14.00 Uhr, von 19.30 bis 23.00 Uhr, Bügeln und Reinigen 24 Stunden, Zeitungen zum Frühstück, Prospekte, Pläne und Karten für Ausflüge, Fahrpläne für Züge und Flugzeuge, Fahrstuhl, Bar, Privatparkplatz, Geldwechsel, alle Kreditkarten

Sport
Bedecktes Schwimmbad, hauseigener Tennisplatz, Sauna, Tischtennis
Golf: 5 km

Frühstück
4 Brotsorten, verpackte Butter, Konfitüren Industrieprodukte, Honig, frische Croissants, nach Karte: Eier, Schinken, Joghurt, Omelettes, amerikanischer Kaffee und Espresso, 3 Sorten Tee in Säckchen, frisch gepreßte Fruchtsäfte

Restaurant
»Le Caouec«
Ganzjährig täglich geöffnet
Gäste werden angenommen zum Mittagessen bis 14.00 Uhr, zum Abendessen bis 23.00 Uhr
55 Plätze, modern
Hintergrundmusik, Klimaanlage, Räume für Gesellschaften bis 150 Personen, Bar

Swimmingpool im Sofitel

Spezialitäten
Foie gras de canard (88 FF)
Bisque de Langoustines (38 FF)
Médaillon de veau à la sauce roquefort (72 FF)
Aiguillettes de canard aux myrtilles (82 FF)
Chariot de Pâtisserie (27 FF)
Preise zuzüglich 15 % Service
Weine: Côtes de Pouzet, Fronton

Da viele deutsche Techniker und Politiker Toulouse per Flugzeug besuchen, geben wir hier noch ein modernes Hotel am Flughafen an: das Sofitel in Blagnac, dem Flughafen der Stadt.

Es handelt sich um ein altes Haus, das von der Gruppe Holiday Inn errichtet wurde und dann in die Kette von Sofitel überging. Man findet also alle bezeichnenden Merkmale eines Holiday Inn wie ein im Haus befindliches Schwimmbad mit Sauna, ziemlich große Zimmer, von denen man die mit ungeraden Nummern wählen sollte. Denn sie sind im allgemeinen mit zwei Betten ausgerüstet worden, ausgenommen jene, die man pompöserweise Suiten genannt hat. Die Suite unterscheidet sich von den normalen Doppelzimmern nur dadurch, daß man einen Minisalon angegliedert hat. Das Sofitel Blagnac ist deshalb interessant, weil es neben dem Flughafen liegt und dennoch nur 10 km vom Zentrum von Toulouse entfernt ist. Auch die Airbus-Werke sind in der Nähe.

Das Hotel verfügt also über eine treue Kundschaft von Geschäftsleuten, denen man außer Telex und Telekopierer ein Sekretariat zur Verfügung gestellt hat. Das Hotel ist mit einer Parabolantenne ausgerüstet, so daß man auch amerikanische Satellitenprogramme in den Zimmern empfangen kann. Diese wurden kürzlich renoviert und neu dekoriert in Pastellfarben von Blau und Rosa. Die Renovierung des Speisesaales soll demnächst folgen.

Im Restaurant »Le Caouec« sollte man sich nach der stets erneuten Tageskarte richten, die die besten frischen Produkte aufführt. Die Standardkarte wurde von den Inhabern sehr eingeschmolzen, und es scheint so, daß daran die staatliche Preiskontrolle, die hier sehr streng gehandhabt wird, beteiligt war. Zu den Spezialitäten gehört ein leichtes Biskuit von Langustinen mit Schnittlauchspitzen, der kleine Rötling, der mit Beurre Blanc serviert wird, was nicht unbedingt eine gelungene Geschmackskomposition ist – während die gute gebratene Entenbrust mit frischen Feigen hervorragend schmeckt. Selten reichliche Käseplatte mit den berühmten kleinen Ziegenkäsen aus der Landschaft Lot und ein großer Dessertwagen mit einer relativ kleinen Auswahl beenden das Menü. Der Service ist liebenswürdig, die Auswahl an Weinen ausreichend, aber im ganzen ist das Restaurant gemessen an der Qualität des Ganzen etwas zu teuer. Zur Entschuldigung kann angeführt werden, daß die toulousische Region nicht die besten Märkte Frankreichs hat.

41. Hilton International Strasbourg

Bewertung: Hotel 65 % Restaurant 17 Punkte

Avenue Herrenschmidt
F-67000 Strasbourg
Tel.: 0033/88/37 10 10
Telex: 890363 Hiltels
Besitzer: Société d'exploitation hôtelière du Palais S. A.
Direktor: Jurg Zimmermann
Küchenchef: Dominique Michou
Offizielle Klassifizierung: 4 Sterne, de luxe
Öffnungszeiten: Ganzjährig
Gruppenreisen möglich
Hunde in den Zimmern zugelassen

Lage
149 m ü. d. M., Spazierwege beginnen beim Hotel. Das Hotel liegt in einer Grünanlage. Zwei Terrassen
Nächster Flughafen: 12 km
Nächster Bahnhof: 2 km

Zimmer und Preise
Insgesamt 247 Zimmer, alle mit Bad/WC
Doppelzimmer zu 585 bis 695 FF
Einzelzimmer zu 540 bis 650 FF
5 Apartments
Preise inklusive Service und Steuern
Frühstück: 49 FF
Kinder im Zimmer der Eltern gratis

Einrichtung
Zeitgenössisches italienisches Design, modern. Doppelzimmer 30 qm, mit Salonecke, 2 Sessel, 1 Sofa, Schreibtisch,

Kofferablage, Diele mit Einbauschränken, Nachttisch mit Leselampe, Stehlampen, Schreibtischlampe, großer Spiegel, Minibar, Radio »Self-Service«, Farbfernseher, Weckdienst, Klimaanlage
Täglicher Bettzeugwechsel. Die Zimmer werden nach der Nachmittagsruhe noch einmal gemacht

Bäder
7–8 qm, Ventilation, ein Waschbecken, große Badewanne, Bidet, WC im Bad
Kleenex, Seife, Schaumbad, Bademantel, Schwamm oder Waschlappen, Spezialpapier zum Schuheputzen
Täglicher Handtuchwechsel

Service
Concierge, Portier, Gepäckträger, der Gast wird auf sein Zimmer begleitet, außer dem Frühstück werden auch Mahlzeiten auf den Zimmern serviert, 24-Stunden-Service, Waschen, Bügeln innerhalb eines Tages außer am Wochenende, auf Wunsch Wagen waschen und auftanken, Zeitungen zum Frühstück, Prospekte, Pläne und Karten für Ausflüge, Fahrpläne für Züge und Flugzeuge, allgemeine touristische Informationen, Reservierungen, Direktwahltelefon, drei Fahrstühle, Pianobar BUGATTI, 2 Boutiquen, 2 Restaurants, Klimaanlage, Privatparkplatz, Geldwechsel, Kreditkarten: Amexco, Diners, Carte Bleue/ Visa, Carte blanche, Eurocard, Master

Sport
2 Tennisplätze vor der Hotelterrasse, Sauna, Joggingpfad
Golf: 10 km

Frühstück
Diverse Brotsorten und »Gugelhupf«, abgepackte Butter, Konfitüre Industrieprodukt, Honig, frische Croissants, Elsässisches Büffet: (Aufschnitt, Käse, Würstchen), Teemischung in Säckchen, frischgepreßte Fruchtsäfte

Restaurant
»La Maison de Bœuf«
Geschlossen: Samstagmittag, die ersten drei Wochen im August und in den Ferien im Februar
Maximal 70 Plätze, viktorianische Eleganz, Hintergrundmusik
Fünf Salons, 25 bis 330 Personen

»Le Jardin« mit Terrasse
Elsässer Spezialitäten

Spezialitäten
Saumon frais extra doux fumé artisanalement (72 FF)
Foie gras de canard fait Maison (90 FF)
Charlotte de Volaille au foie gras (76 FF)
Millefeuille de Ris de Veau à la Confiture d'Oignons (88 FF)
Côte de Bœuf américaine (114 FF pro Person)
Filet de Bœuf au Pinot Noir et à la Moëlle (96 FF)
Menüs: Menü 145 FF, Abends: Degustationsmenü 240 FF
Weine: Beyer Les Ecaillers 1983 Riesling, Klipfel Sigille 1983 Pinot Noir

---

Die Hilton-Hotels, ehemals als unpersönliche Wohnmaschinen denunziert, haben in den letzten Jahren in bezug auf Service und Gastronomie beträchtlich aufgeholt. Die Fassaden der Hiltons sind allerdings meistens ziemlich langweilig und phantasielos gestaltet und erinnern mehr an Bürohochhäuser als an Hotels. Das gilt für Brüssel ebenso wie für München oder Rotterdam. Das Innenleben der Häuser entschädigt aber meistens für die Langeweile des Äußeren.

Bereits die Halle des Straßburger Hilton ist ein ausgesprochenes Schmuckstück, aufgelockert mit Pflanzen und mit schön angeordneten Sitzgruppen. Die Halle ist hier ein beliebter Treffpunkt für Gespräche und Verhandlungen. Neben der Halle öffnet sich die sogenannte Bugatti-Bar, in der abends ein Pianist Live-Musik macht. Dahinter rechts geht es in das Restaurant »Maison de Bœuf« und links in das Bistro »Le Jardin«, von dem aus schöne Terrassen vor einer Sportanlage liegen. Man kann im Sommer auch draußen essen.

Die Zimmer zeigen den üblichen genormten Komfort der Großhotels, sind ziemlich geschmackvoll zwischen Beige- und Grautönen ausgestattet, und es fehlt ihnen eigentlich an nichts. Die funktionellen Zimmer, zu denen Automatiktüren führen, für die man keinen Schlüssel mehr braucht, sondern nur eine Lochkarte, die man in einen Schlitz hineinsteckt, und die man stets in der Tasche bei sich tragen kann, ohne daß ein Vorgänger, der schon einmal dieses Zimmer bewohnt hat, den Schlüssel benutzen könnte; jeder Gast bekommt eine individuelle Codenummer.

Alle Zimmer haben eine einzustellende automatische Klimaanlage, die man jedoch ausschalten kann, sofern man die Fenster öffnen möchte, was hier ohne weiteres möglich ist.

Die Bäder sind wie die in modernen Großhotels mit üblichen Naßzellen eingerichtet, und das WC befindet sich im Bad. Leider gibt es oft in Doppelzimmern auch nur ein Waschbecken. Im übrigen sind alle Accessoires reichlich vorhanden.

Die Lage des Hotels ist praktisch: In unmittelbarer Nähe befinden sich mehrere Kongreßzentren und europäische Institutionen, die geradezu herausfordern, daß die Teilnehmer im Hilton wohnen. Eine Schwachstelle ist das eher französische, das heißt magere Frühstück. Es gibt normalerweise nur drei Sorten Brot, ein mampfiges Croissant, ein ebenfalls mampfiges Weißbrötchen und eine Art Rosinenkuchen. Neben zweimal zehn Gramm Butter steht ein abgepacktes Gläschen Honig und ein Gläschen Marmelade, es gibt ein wirklich winziges Glas Orangensaft dazu und einen Kaffee. Keinerlei Aufschnitt oder sonstige Ergänzungen beim Zimmerfrühstück.

Üppig dagegen ist das Frühstücksbüffet, das unten im Restaurant angerichtet wird. Hier kann man alles genießen, was der verwöhnte Gast sich nur immer wünschen mag. Nachmittags wird das Frühstücksbüffet durch ein Tortenbüffet ersetzt, das schönste Produkte aus der hauseigenen Pâtisserie anbietet, darunter Zitronenkuchen, Erdbeertorte, Schokoladenmus, Schwarzwäldertorte, Kiwitorte, Johannisbeertorte und Petit fours für jene, die nicht gleich ein riesiges Stück Kuchen verzehren wollen.

Daß ich das Hilton von Strasbourg unter meine besten Hotels aufgenommen habe, liegt vor allem am Restaurant, das Küchenchef Dominique Michou ganz hervorragend bekocht. Er arbeitet seit September 1981 im Hause und steht heute rund 40 Köchen und Auszubildenden vor. Bevor er nach Straßburg kam, hatte er im Hilton von Brüssel gearbeitet, das in seinen beiden Restaurants ebenfalls zwei ausgezeichnete Küchen besitzt.

Michou ist mit Recht stolz auf eine nur selten an große Hotelrestaurants vergebene Auszeichnung, nämlich den »Goldenen Schlüssel« von Gault-Millau. Henry Gault erklärte 1983: »Es ist sehr selten, daß wir einen solchen Preis an ein Hotelrestaurant vergeben, das obendrein noch zu einer internationalen Hotelgruppe gehört.« Ein Jahr nach der Vergabe des »Goldenen Schlüssels« von Gault-Millau zog der gefürchtete »Michelin« mit einem Stern nach, den auch noch das »San Francis-

co« im Hilton-Düsseldorf besitzt. Überhaupt ist es bemerkenswert, wieviel bedeutende Köche sich im Hilton-Konzern zusammengefunden haben: in Mainz Elsässer Pierre Pfister, in Wien war es Werner Matt im »Prinz Eugen« des Hotels Hilton, bevor er vom Austria-Konzern abgeworben wurde, im Düsseldorfer »San Francisco« war es Günter Scherrer, bevor er sich selbständig machte, und in Brüssel ist es Michel Theurer, der eine der besten Küchen der belgischen Hauptstadt serviert.

Vielleicht hört Michou das Wort Nouvelle Cuisine nicht gerne; aber alles, was aus seiner Küche kommt, entspricht den Prinzipien der neuen, leichten Küche. Sonst hätte er auch wohl nicht von dem Propheten der Nouvelle Cuisine, von Gault-Millau, den Goldenen Schlüssel erhalten.

Wie es bei einem Straßburger Restaurant eigentlich nicht anders sein kann, gehören die Entenleber-Präparationen zu den Spezialitäten von Michou. Es gibt auch hier, wie in den anderen europäischen Hiltons, die wunderbare amerikanische Prime-Rib, das beste Rückenstück des unvergleichlich schmeckenden amerikanischen Rindes, mit dem kein einziges europäisches Rindfleisch konkurrieren kann.

Wundern kann man sich nur über die vernünftigen Preise: In dem sehr eleganten und kultivierten Hauptrestaurant kosten Menüs zwischen knapp 50 und 80 DM mit vier bis sechs Gängen, die Preise für die Spezialitäten liegen durchweg um gut 10 bis 20 Prozent unter den Preisen, die man dafür in deutschen Gourmet-Tempeln hinblättern muß.

Bemerkenswert das Bistro »Le Jardin«, mit seiner schönen Sommerterrasse, von der aus man die großen Sportanlagen mit Aschenbahn und Tennisplätzen überblikken kann. Hier gibt es zu geradezu sensationell niedrigen Preisen klassische und elsässische Spezialitäten wie die »Choucroute Royale« mit Würstchen, Schinken, Schweinefleisch und Boudins zu etwa 23 DM, die »Forelle blau« mit zerlassener Butter zu ca. 16 DM, das in Riesling sautierte Geflügel mit frischen Nudeln zu umgerechnet 16 DM. Oder man kann einfach den Hilton-Hamburger auf Sesambrot und mit Salat von Sellerie und Karotten zu etwa 13 DM wählen. Das dreigängige Tagesmenü kostet hier nur 25 DM.

Michous ganze Liebe gilt den Fischen und Schalentieren. Er läßt die Gäste beraten, indem er ihnen sagen läßt, welche Produkte wirklich frisch eingetroffen sind. Der Gast tut stets gut daran, anstatt von der Standard-Karte von der Tageskarte zu wählen, die heute immer mehr die großen ausgedruckten Jahreskarten ersetzt, die in manchen Häusern immer noch aus Tradition mitgeschleppt werden.

Die individuelle Beratung und Betreuung der Gäste in beiden Restaurants des Straßburger Hilton ist vorbildlich. Der »Maitre d'Hôtel« im »Maison du Bœuf«, Emile Kuntz, sorgt für einen nahezu perfekten Service, der seinesgleichen sucht, und Restaurantdirektor Bernard de Villele bemüht sich um jeden Gast besonders.

Die Kochkunst ist mehr als die Einrichtung der Zimmer zur Attraktion in Straßburg geworden. Sie überdeckt schließlich den Eindruck der »Wohnmaschine«.

Im »Hilton« wird wieder die Dienstleistung größer geschrieben als die Rationalisierung des Schlafens.

42. La Réserve

Bewertung: Hotel 70% Restaurant 16 Punkte

Avenue du Bourgailh 74
F-33600 Pessac/Bordeaux
Tel.: 0033/56/07 13 28
Telex: 560585
Besitzer: R. Flourens
Direktor: C. Flourens
Küchenchef: P. Bugat (41)
Offizielle Klassifizierung: 4 Sterne
Geschlossen: 1. 11. bis 15. 3.
Gruppenreisen möglich
Hunde zugelassen

Lage
Land, ruhig. Fußwege beginnen direkt am Hotel, Privatpark, Terrasse, Teich
Nächster Flughafen: 4 km
Nächster Bahnhof: ca. 15 Min.

Zimmer und Preise
Insgesamt 20 Zimmer mit Bad/WC
12 Zimmer mit Grand lit
10 Zimmer mit Terrasse
Doppelzimmer zu 320 bis 540 FF
Einzelzimmer zu 310 bis 520 FF
1 Apartment zu 700 FF pro Person
Preise inklusive Service und Steuern
Frühstück: 36 FF im Restaurant, 50 FF im Zimmer

Einrichtung
Unterschiedlich. Doppelzimmer 20–35 qm, Salonecke, Schreibsekretär, Kofferablage, Diele mit Einbauschränken, Nachttisch mit Leselampe, großer Spiegel, Farbfernseher, Weckdienst von der Zentrale, Klimaanlage in zwei Zimmern
Täglicher Bettzeugwechsel

Bäder
10 qm, z. T. mit Außenfenster, große

Badewanne, abgetrennte Duschkabine, Bidet, WC abgetrennt
Zahnpasta, Kleenex, Seife, Schaumbad, Rasierspiegel, Spezialpapier zum Schuheputzen
Täglicher Handtuchwechsel

Service
Portier, der Gast wird auf sein Zimmer begleitet, keine Mahlzeiten auf den Zimmern. Bügeln und Reinigen 48 Stunden, Wagen waschen und auftanken, Zeitungen zum Frühstück, Prospekte, Pläne und Karten für Ausflüge, Fahrpläne für Züge und Flugzeuge
Bar, Privatparkplatz, Geldwechsel, Kreditkarten: CB, Visa, American Express, Eurocard

Sport
Tennisplatz. Golf: 6 km

Frühstück
3 Brotsorten, offene Butter, Konfitüre Industrieprodukt, Honig, frische Croissants, Fruchtsäfte, Eier, Joghurt

Restaurant
»La Réserve«
Geschlossen: 1. 11. bis 15. 3.
60 Plätze, rustikal
Hintergrundmusik, Terrasse, Räume für Gesellschaften, Bar

Spezialitäten
Saumon frais mariné au citron vert (90 FF)
Foie gras frais de canard et pain grillé (120 FF)
Sole grillée sauce estragon (120 FF)
Homard à l'armoricaine (250 FF)
Notre confit de canard, pommes sautées (125 FF)
Lou magret de canard aux pêches (140 FF)
Menüs: 168, 245, 335 FF zuzüglich Wein und 12 % Service
Weine: Graves

Wer nach Bordeaux reist, sei es geschäftlich oder privat oder um eine Wein-Schlösser-Reise zu machen, dem sei dieses außerordentliche Haus empfohlen, das im Vorort Pessac etwa 6 km von der Innenstadt entfernt liegt, in einem eigenen Park wie ein Landhotel. Die 20 Zimmer sind in einem villenartigen Bau untergebracht. Der Flughafen Mérignac ist nur 4 km entfernt und erreichbar, ohne daß man die Stadt Bordeaux durchqueren muß.

Die meisten Zimmer gehen zu einem kleinen See hinaus und haben eine hübsch eingerichtete eigene Terrasse. Hier haben die meisten Bäder Außenfenster, und die WCs sind in allen abgetrennt! Man staunt, daß in kleinen Häusern oft das möglich ist, was die großen mit ihren beträchtlichen Geldmitteln nicht schaffen.

Das zur Elitegruppe von »Relais et Châteaux« gehörende Haus wird von einem der bekanntesten Bordelaiser Gastronomen geleitet, der einmal in der Stadt selbst das heute noch mit drei Hauben vom Gault-Millau ausgezeichnete »Dubern« (Inhaber jetzt: Christian Clément) geführt hatte. Nachdem der ehemalige Schüler von Freddy Girardet, Marc Dumont, Pessac verlassen hat, regiert jetzt Pierre Bugat in der Küche und präsentiert ebenfalls eine Nouvelle Cuisine, die dem kleinen Hotel einen großen Ruf eingebracht hat.

Dies ist jenes beliebte, intime, kleine Haus, in welchem die Frau des Patrons sich noch charmant um jeden Gast selbst kümmern kann. Die Preise sind gegenüber den großen Hotelketten geradezu maßvoll. Tennisfans haben hier ihren eigenen Platz vor dem Hotel. Bis zu 50 Personen können in einem Raum für Gesellschaften tagen.

43. Hostellerie Les Frênes

Bewertung: Hotel 75 % Restaurant 16 Punkte

Av. des vertes rives
F-84140 Avignon-Montfavet
Tel.: 0033/90/31 1793
Telex: 431 164 F
Inhaber und Küchenchef: Jacques Biancome
Offizielle Klassifizierung: 4 Sterne
Öffnungszeiten: 1.3. bis 31.10.
Gruppenreisen möglich
Hunde auf den Zimmern zugelassen

Lage
Ländlich, in der Nähe des Stadtzentrums, Park, Terrasse
Nächster Flughafen: 2 km
Nächster Bahnhof: 7 km

Zimmer und Preise:
Insgesamt 13 Zimmer mit Bad/WC
Doppelzimmer zu 550 bis 810 FF
Einzelzimmer zu 490 bis 550 FF
4 Apartments zu 1 260 FF
8 Zimmer mit Terrasse
Preise inklusive Service und Steuern
Frühstück: 50 FF
Halbpension zu 1 224 bis 1 340 FF
Spezialpreise für Kinder

Einrichtung
Antiquitäten und modern. Doppelzimmer 14–32 qm, Salonecke, 2 Sessel, 2 Stühle, Tisch, Schreibtisch, Kofferablage, einige Zimmer mit Diele und Einbauschränken, Nachttisch mit Leselampe, Lüster, Stehlampen, indirekte Beleuchtung, Wandleuchten, großer Spiegel, Minibar, Radio, Farbfernseher, automatischer Wecker, Klimaanlage,

Direktwahltelefon
Täglicher Bettzeugwechsel. Die Zimmer werden nach der Nachmittagsruhe noch einmal gemacht

Bäder
6–12 qm, Außenfenster und Ventilation, 2 Waschbecken, große Badewanne, abgetrennte Duschkabine, Bidet, WC zum Teil abgetrennt, Handtuchtrockner
Kleenex, Seife, Schaumbad, Waage, Rasierspiegel, Schwamm oder Waschlappen, Spezialpapier zum Schuheputzen, Duschhaube, Parfums
Täglicher Handtuchwechsel

Service
Gepäckträger, der Gast wird auf sein Zimmer begleitet, Mahlzeiten werden nur in Ausnahmefällen in den Zimmern serviert bis 21.30 Uhr, Bügeln und Reinigen 24 Stunden, Wagen waschen und auftanken, Zeitungen zum Frühstück, Prospekte, Pläne und Karten für Ausflüge, Fahrpläne für Züge und Flugzeuge
Fahrstuhl, Bar, Privatparkplatz, Garage, Geldwechsel, Kreditkarten: Diners Club, American Express, Visa, Eurocard

Sport
Schwimmbad im Freien, Sauna, Tischtennis, Boulodrome, Billard français
Tennis: 2 km
Golf: 40 km

Frühstück
3 Brotsorten, offene Butter, hausgemachte Konfitüren, Honig, hausgemachte frische Croissants, Eierspeisen, echter Tee in Blättern, frisch gepreßte Fruchtsäfte

Restaurant
»Les Frênes«
Geschlossen: 31. 10. bis 1. 4.
Gäste werden bis 13.00 bzw. 21.30 Uhr angenommen
35–45 Plätze, Stilmöbel
Gedämpfte Hintergrundmusik, Terrasse mit 50 Plätzen, Garten, Klimaanlage, Bar

Spezialitäten
Salade de Langouste à l'huile d'olive
Cassoulette d'escargots à la provençale
Cassoulette de pâtes fraiches au homard
Pigeonneau aux pâtes fraiches truffées
Loup rôti au Basilic
Médaillon de lotte au gingembre
Feuilléte de cervelle d'agneau aux morilles
Menüs: 185 und 215 FF
Weine: Châteauneuf du Pape

Avignon hat seine industriellen Aktivitäten in den Süden der Stadt verlegt, in eine Industrie- und Handelszone von eindrucksvollen Ausmaßen. Aber zwei Schritte entfernt von dieser Zone bestehen immer noch Inseln des Grünen und der Ruhe. In einem hübschen Park hat sich ein ehemaliger Architekt und Berater des französischen Denkmalschutzes eingerichtet. Ein altes Adelshaus aus dem 19. Jahrhundert, »Les Frênes«, hat er in ein Hotel verwandelt, in dem er die alten Nebengebäude als Zimmer und Suiten in einem modernen Stil von perfektem Geschmack einrichtete. Sie sind alle technisch bestens ausgestattet, es gibt Direktwahltelefon, Farbfernseher, und die kleinen Apartments ermöglichen die Organisierung von Arbeitstreffen. Als ehemaliger Geschäftsmann hat Jaques Biancome auch ein Telex und ein Minitel eingerichtet und selbst einen Computer in den Dienst seiner Kunden gestellt.

Aber auch als Feinschmecker hat er eine ausgezeichnete Brigade von Köchen um sich versammelt, die nun auf seinen Sohn wartet, der eine Tour de France durch die besten großen Häuser des Landes absolvierte und sich nun endgültig an den elterlichen Herd begeben wird. Jacques Biancome gehört zur Gruppe von »Relais et Châteaux«, und hat eine sehr gute »Menükarte« aufgelegt, eine Formel, nach der man viele Menüs zu einem präzisen Preis auswählen kann. Er hat sich dabei auch der Familientradition verschrieben, die von italienischer Herkunft ist und deren Küche er beherrscht. Außerdem verwendet diese Küche die besten Produkte der Gegend. Man sollte also auf keinen Fall die Zubereitungen aus Trüffeln versäumen, für die jedes Jahr einige Kilometer von Avignon entfernt ein großer Markt stattfindet, noch sollte man den Salat von Languste in Öl von Olivenblüten versäumen, auch nicht die Grillade des Petersfischs in Anchovisbutter auf einem Bett von feinen frischen Algen, die man auch Meeresbohnen nennt. Zu den Spezialitäten der Gegend gehört auch das Täubchen mit getrüffelten frischen Nudeln, ein Lammkarree nach der Mode der Provencehirten und die stets frischen Desserts. Besondere Aufmerksamkeit verdient auch die Weinkarte: Man findet hier eine Kollektion der besten Côtes du Rhône und der Châteauneuf du Pape zu sehr vernünftigen Preisen. Die Leitung im Saal hat Eliane Biancome, die einer jungen und sehr professionellen Equipe von Kellnern vorsteht.

Ein prächtiges Schlafzimmer im Les Frênes

44. Hôtel Martinez

Bewertung: Hotel 85 %   Restaurant 17 Punkte

73, La Croisette
F-06400 Cannes
Tel.: 0033/93/689191
Telex: 470708
Telefax: 93396782
Besitzer: Chaine des Hotels Concorde
Direktor: Richard Duvauchelle
Küchenchef: Christian Willer
Offizielle Klassifizierung: 4 Sterne, de luxe
Geschlossen: 15. 11. – 18. 12., 1. 2. – 15. 3.
Gruppenreisen möglich
Hunde zugelassen

Lage
Am Meer, Zimmer zur Croisette schallisoliert, Strand, Terrasse
Nächster Flughafen: 26 km (Nizza)
Nächster Bahnhof: 1 km (Cannes)

Zimmer und Preise
Insgesamt 426 Zimmer, alle mit Bad/WC
Doppelzimmer zu 800 bis 2200 FF
Einzelzimmer zu 650 bis 1850 FF
129 Zimmer mit Grand lit
14 Apartments mit Terrasse zu 3000 bis 4800 FF
Preise inklusive Service und Steuern
Frühstück: 70 FF
Halbpension (Lunch oder Diner) zu 195 FF
Kinder bis 12 Jahre im Zimmer der Eltern gratis, 50 % bei den Mahlzeiten

Einrichtung
Stil: um 1930. Doppelzimmer 15–35 qm, Salonecke, Tisch, 2 Sessel, 1 Stuhl, Schreibsekretär, Kofferablage, Diele mit Einbauschränken, Nachttisch mit Leselampe, Lüster, Wandleuchten, gro-

ßer Spiegel, Minibar, Radio, Farbfernseher, Weckruf von der Zentrale, Klimaanlage
Täglicher Bettzeugwechsel. Die Zimmer werden nach der Nachmittagsruhe noch einmal gemacht

Bäder
16 qm, Ventilation, 1–2 Waschbecken, große Badewanne, abgetrennte Duschkabine, Bidet, WC abgetrennt
Zahnpasta, Kleenex, Seife, Schaumbad, Waage, Rasierspiegel, Bademäntel, Schwamm oder Waschlappen, Spezialpapier zum Schuheputzen, Fön
Täglicher Handtuchwechsel

Service
Portier, der Gast wird auf sein Zimmer begleitet, außer dem Frühstück werden auch Mahlzeiten auf den Zimmern serviert, rund um die Uhr, Bügeln und Reinigen im Schnelldienst 4 Stunden, normalerweise 2 Tage, Wagen waschen und auftanken auf Wunsch beim Concierge, französische Zeitung zum Frühstück, Prospekte, Pläne und Karten für Ausflüge, Fahrpläne für Züge und Flugzeuge
4 Fahrstühle, 2 Bars, Boutiquen, 2 Restaurants, Privatparkplatz, geschlossene Garage, Geldwechsel, Kreditkarten: American Express, Eurocard, Diners Club, Visa, JTB

Sport
Alle Wassersportarten
Tennis: 5 Min.
Golf: 10 km

Frühstück
3 Brotsorten, verpackte Butter, Industriekonfitüren, Honig, frische Croissants, Kaffee 100 % Arabica, Tee in Musseline-Säckchen, frisch gepreßte Fruchtsäfte

Restaurants
»La Palme d'Or«
Geschlossen: Montag- und Dienstagmittag, 15. 11. – 18. 12., 1. 2. – 15. 3.
Gäste werden bis 22.30 Uhr angenommen
50 Plätze, Stil: um 1930
Hintergrundmusik, Hunde zugelassen, Terrasse, Klimaanlage, Raum für Gesellschaften mit 12 Plätzen, Bar

Spezialitäten
Blancmanger de Sole aux Amandes
Tartelette friande d'Agneau à la Provençale
Poisson du Marché Sauce hachée aux fruits de l'Olivier
Menüs: 260 und 420 FF
Weine: Château de Cremant, Château Minuty

»L'Orangeraie«
Geschlossen: 15. 11. – 18. 12., 1. 2. – 15. 3.
Gäste werden bis 22.00 Uhr angenommen
150 Plätze
Hintergrundmusik, Hunde zugelassen, Terrasse, Klimaanlage, Bar

Spezialitäten
Soupe de Poissons
Buffet Provençal
Côte de Veau grillée à la Barigoule
Menü: 195 FF
Weine: Estandon, Château Vignelaure

Es ist ein wirkliches Rettungswerk, das die Gruppe Taittinger ins Werk gesetzt hat, nachdem sie von der Hotelgruppe Concorde diesen großen Canner Palast erworben hat, den das »Martinez« darstellt. Um dieses Haus aufzufrischen, gehörte die Energie eines jungen und sehr aktiven Direktors, viel Arbeit und eine beträchtliche Summe für die Investitionen. Fast alle Zimmer, von denen das Hotel mehr als 400 zählt, wurden neu im Stil der dreißiger Jahre eingerichtet, wozu viel Geschmack und Sinn für Komfort gehörte. Dabei wurden auch alle technischen Einrichtungen modernisiert. Für eine anspruchsvolle Kundschaft wurden alle gewöhnlichen Dienste sowie die Dienste für Geschäftsleute eingerichtet: Sekretariat, Telex, Telekopie, Versammlungsräume, Ausstattung der Zimmer für alle Bedürfnisse, so ausgefallen sie auch sein möchten. Man liebt übrigens das Außergewöhnliche in diesem großen Haus, das sich auf die Bucht von Cannes öffnet, und Küchenchef Christian Willer hat auch in diesem Geiste die beiden Restaurants des Hauses aufgebaut, von denen das luxuriöseste »La Palme d'Or« ist, eine Stätte lukullischer Vergnügen, die man schon vorher fast vergessen hatte. Dieser ebenso seriöse wie talentierte Küchenchef hat eine Karte ausgearbeitet, die keineswegs nur auf Luxusprodukten basiert. Je nach Saison gibt es lauwarm pochierte Belonaustern mit Kaviar, eine perfekt abgepaßte gebratene Gänseleber mit einem Chicoree, der mit Senfkörnern aromatisiert wird, eine Crèmesuppe von getrüffeltem Lauch mit Schnitzeln von Jakobsmuscheln, aber ebenso eine Farce vom Ochsenschwanz, die in ein Kohlblatt gewickelt wurde und einen Schweinsfuß mit Senfkörnern, einen Eintopf von der Ente, eine Kalbshaxe und eine Gänseleber in Terrinenform. Dieser Koch zeichnet sich durch harmonische Verbindungen aus und einen Einfallsreichtum, dem man auch bei seinen Desserts begegnet. Man sollte unbedingt sein heißes Zitronen-Soufflé probieren und die überraschende und köstliche Schokoladentorte im Nektar von Chicoree. Die Menüs werden in einem Saal serviert, der zur Croisette hinausgeht und sich in einer Terrasse fortsetzt.

Auch das zweite Restaurant des Martinez zeigt die Handschrift von Christian Willer: die »Orangeraie« ist ein Restaurant, das zu den besten von Cannes gehört, zweifellos etwas einfacher und billiger als der große Bruder »La Palme d'Or«, aber sehr verführerisch mit festen Menüs, einem schönen Büffet zu Festpreisen und außerdem noch zwei Tagesmenüs mit wenig Kalorien, die an dem prächtigen Schwimmbad serviert werden.

45. Hôtel Negresco

Bewertung: Hotel 90 %   Restaurant 20 Punkte

37 Promenade des Anglais – BP 379
06007 Nice Cedex
Tel.: 0033/93/883951
Telex: 460040
Besitzerin: Jeanne Augier Mesnage
Direktor: Michel Palmer
Küchenchef: Jacques Maximin
Offizielle Klassifizierung: 4 Sterne, de luxe
Öffnungszeiten: Ganzjährig
Gruppenreisen möglich
Hunde zugelassen

Lage
Eine Seite zum Meer (geräuschisoliert), eine zur Innenstadt (ruhig), Fußwege am Meer, Terrasse
Nächster Flughafen: Nizza Côte d'Azur 5 km
Nächster Bahnhof: Nizza Zentrum 1 km

Zimmer und Preise
Insgesamt 150 Zimmer mit Bad/WC
40 Zimmer mit Grand lit
15 Zimmer mit Balkon
Doppelzimmer zu 1 200 bis 1 600 FF
Einzelzimmer zu 1 200 bis 1 600 FF
16 Apartments ab 2 800 FF
Preise inklusive Service und Steuern
Frühstück: 70 FF

Einrichtung
Alle Zimmer verschieden eingerichtet. Doppelzimmer mit Salonecke, 3 Sessel bzw. Stühle, Schreibsekretär, Kofferablage, Diele mit Einbauschränken, Nachttisch mit Leselampe, großer Spiegel, Minibar, Radio vom Empfang geregelt (4 Programme), Farbfernseher, Weckdienst von der Zentrale, Klimaanlage

Täglicher Bettzeugwechsel. Die Zimmer werden nach der Nachmittagsruhe noch einmal gemacht

Bäder
Groß, fast alle mit Klimaanlage, 2 Waschbecken, große Badewanne, abgetrennte Duschkabine, Bidet, WC im Bad, Neonlicht
Kleenex, Seife, Schaumbad, Waage auf Wunsch, Bademäntel, Schwamm oder Waschlappen, Duschhaube
Täglicher Handtuchwechsel

Service
Wagenmeister, Gepäckträger, der Gast wird auf sein Zimmer begleitet, außer dem Frühstück werden auch Mahlzeiten auf den Zimmern serviert nach Spezialkarte von 7.00 bis 24.00 Uhr. Bügeln und Reinigen: Abgabe morgens, zurück am Abend, auf Wunsch Zeitungen zum Frühstück, Conciergerie-Service für jede Information und Reservierung
2 Fahrstühle, Bar, Boutiquen, 2 Restaurants
Geldwechsel, alle gängigen Kreditkarten

Sport
Strand, Wasserski
Tennis: 1 km
Golf: 15 km

Frühstück
Mindestens 5 Brotsorten, offene Butter, Konfitüre Industrieprodukte, Honig, frische Croissants, Eier, Joghurt, Müsli, Käse, Früchte, Tee in Säckchen und in Blättern, frisch gepreßte Fruchtsäfte

Restaurants
»Chantecler«
Geschlossen: November
Mittagessen: bis 14.00 Uhr
Abendessen: bis 22.00 Uhr
100 Plätze, provenzalisch, Louis XV.
Hintergrundmusik, Klimaanlage, Räume für Gesellschaften bis 50 Plätze, Bar »Le Relais«

Spezialitäten
Courgettes à la Fleur et aux Truffes (160 FF)
Saumon frais au Gros Sel et tous les Légumes (160 FF)
Tian de Filet d'Agneau Niçois (160 FF)
Gratin de Fraises des Bois au Beurre d'Oranges (60 FF)
Millefeuille au Chocolat (60 FF)
Menüs: 280, 300, 360, 430 FF
Weine: Château de Roux, Château de Bellet

»La Rotonde«
Ganzjährig täglich geöffnet von 7.00 Uhr bis 24.00 Uhr
100 Plätze, Karusseldekoration
Hintergrundmusik, Teeterrasse, Klimaanlage

Spezialitäten
Chartreuse de Lapereau et Salade de Haricots Verts (60 FF)
Raviolis au Fromage, Beurre de Consommé (50 FF)
Timbale de Tripes à la Niçoise (50 FF)
Salade Négresco (70 FF)
Nougat glacé, Sauce Cassis (35 FF)
Weine: Château de Roquefeuille, Domaine d'Ott Blanc de Blanc

Von allen manchmal immensen Grandhotels, die sich regelmäßig in Nizza füllen, seitdem die Königin Victoria dort einige Winterwochen verbrachte, gehört das Negresco zu den wenigen überlebenden. Ein Überlebender, der erstaunlicherweise jung geblieben ist dank der außerordentlichen Anstrengungen der heutigen Besitzer, die den technischen Komfort ständig auf dem höchsten Stand gehalten haben. Das schöne Gebäude aus dem 19. Jahrhundert gegenüber dem Meer wurde schon vor 20 Jahren von den französischen Behörden als »Historisches Monument« (unter Denkmalschutz) eingestuft. Der Charme des großen ovalen Salons unter der feinen Glasdecke, die Dekoration mit prächtigen alten Möbeln, Gemälden und Tapisserien gibt diesem Hotel einen einzigartigen Charakter, den man heute einfach nicht mehr nachmachen kann. Und außerdem hat dieses schöne Haus ein Beispiel abgegeben, das einen großen Teil der französischen Hotellerie nach sich gezogen hat: Es war tatsächlich eines der ersten Hotels, dem es gelang, sein Restaurant in die Liste der besten französischen Küchen einzureihen, indem man einem jungen Koch von einmaligem Talent eine Chance gab, nämlich Jacques Maximin, der alle Register der Nouvelle Cuisine zog. Maximin begann im »Chantecler« eine geradezu märchenhafte Karriere, und selbst wenn man noch immer bedauert, daß der Speisesaal des Negresco keineswegs der ideale Rahmen für die bemerkenswerte Arbeit dieser Küche ist, so bleibt ihre Leistung dennoch großartig. Die häufige Abwesenheit von Jacques Maximin, der oft auf Reisen geht, ist immer weniger spürbar; die Handschrift von Maximin bleibt erhalten, und da dieser erfindungsreiche Küchenchef ständig sein Repertoire erweitert, so läßt seine Phantasie keineswegs nach, und außerdem werden alle seine Platten so schön präsentiert, daß man glaubt, sie könnten ein Gemälde ersetzen. Auf der Karte gibt es inzwischen klassisch gewordene Gerichte wie die Courgette-Blüten oder den Hummer in Trüffelsaft, aber es gibt auch neue Kreationen wie die rosa Languste in Petersilie und das Kalbsbries oder die Remoulade von Artischocken und Gänseleber, ferner die Taubensuppe mit Linsen und Rindermark – Gerichte, die oft wieder verschwinden, sobald sie von anderen schlecht nachgemacht werden. Ein bemerkenswerter Pâtissier liefert den schönen Abschluß eines Menüs, und die Weine werden von einem Sommelier empfohlen, der zu den besten der Stadt gehört.

46. Hotel Gray D'Albion

Bewertung: Hotel 70 % Restaurant 17 Punkte

38 rue des Serbes
F-06400 Cannes
Tel.: 0033/93/685454
Telex: 470744
Besitzer: Albert Abela
Direktor: Georges P. Dargham
Küchenchef: Jacques Chibois
Offizielle Klassifizierung: 4 Sterne, de luxe
Öffnungszeiten: Ganzjährig
Gruppenreisen möglich
Hunde in den Zimmern zugelassen, kleine Hunde auch im Restaurant

Lage
Zentral, schallisoliert. Fußwege beginnen direkt am Hotel. Terrasse
Nächster Flughafen: Nizza 25 km
Nächster Bahnhof: 200 m

Zimmer und Preise
Insgesamt 187 Zimmer mit Bad/WC
Doppelzimmer zu 600 bis 1 500 FF
Einzelzimmer zu 500 bis 1 405 FF
170 Zimmer mit Grand lit
170 Zimmer mit Terrasse
14 Apartments zu 1 600 bis 3 900 FF
Preise inklusive Service und Steuern, zuzüglich Aufenthaltsgebühr 5 FF
Frühstück: 65 FF
Kinder unter 12 Jahren frei

Einrichtung
Doppelzimmer 15–19 qm, 2 Sessel, Schreibsekretär, Kofferablage, Diele mit Einbauschränken, Nachttisch mit Leselampe, großer Spiegel, Minibar, Radio von der Zentrale geregelt, Farbfernseher, automatischer Wecker, Klimaanlage, Direktwahltelefon
Täglicher Bettzeugwechsel. Die Zimmer werden nach der Nachmittagsruhe noch einmal gemacht

Bäder
4 qm, Ventilation, 1 Waschbecken, große Badewanne, Bidet, WC im Bad, normale Beleuchtung
Kleenex, Seife, Schaumbad, Spezialpapier zum Schuheputzen
Täglicher Handtuchwechsel

Service
Wagenmeister, Gepäckträger, der Gast wird auf sein Zimmer begleitet. Außer dem Frühstück werden auch Mahlzeiten auf den Zimmern serviert, 24-Stunden-Service, Bügeln und Reinigen halber Tag, auf Wunsch Zeitungen zum Frühstück, Informationen
3 Fahrstühle, Bar, Diskothek, Boutiquen, 4 Restaurants, Geldwechsel, alle gängigen Kreditkarten

Sport
Wasserski
Tennis: 1,5 km
Golf: 10 km

Frühstück
1 Brotsorte, abgepackte Butter, Konfitüre Industrieprodukt, Honig, frische Croissants, Brioches, Pain au chocolat, italienischer und arabischer Kaffee, Tee in Säckchen, frisch gepreßte Fruchtsäfte

Restaurant
»Le Royal Gray«
Geschlossen: Sonntag und Montag (im Sommer montags geöffnet), Februar
Geöffnet: bis 22.30 Uhr
80 Plätze, halb klassisch, halb Rokoko
Terrasse, Klimaanlage, Räume für Gesellschaften 10 bis 300 Plätze, Bar
Menüs: Mittags: 170 FF. Danach: 280–330 FF, Degustationsmenü: 380 FF
Preise zuzüglich 15 % Service

Doppelzimmer im Gray d'Albion

Mitten in einem enormen Gebäudekomplex, dessen Konstruktion die Croisette seufzen ließ, weil diese Architektur auf eine banale Art modern erschien – zumal inmitten der alten Paläste aus dem Anfang des Jahrhunderts, wo man Preise verlangte, die einem den Atem rauben konnten –, hätte das Gray d'Albion wie viele vor und nach ihm in der Anonymität verschwinden können. Dennoch gehört dieses Hotel, in welchem einige Zimmer den prächtigen Blick auf das Mittelmeer gestatten, zu den besten Luxushotels von Cannes. Mit seinen modernen, aber prächtig dekorierten und komfortablen Zimmern, die von diskreter Eleganz sind und mit einem ausgezeichneten Etagenservice bedient werden, kann es den Vergleich mit vielen alten Palasthotels aufnehmen. Telex, Telekopierer, Sekretariat, Übersetzungsbüro, Chauffeur, Hostessen und Führer stehen den beruflich Reisenden zur Verfügung. Aber ganz gewiß hat das »Royal-Gray« seinen großen Ruf erst durch das gastronomische Restaurant des Hotels erhalten, durch das es in die erste Reihe erhoben wurde: Es war tatsächlich zum ersten Mal, daß ein Palasthotel in Cannes sich vom traditionellen Stil der Hotelküchen löste und nicht mehr jene internationalen Gerichte darbot, die ständig auf der ganzen Länge der Croisette angeboten werden. Jacques Chibois legte von Anfang an die Meßlatte sehr hoch. Er erinnerte sich nicht umsonst an seine Lehrmeister Michel Guérard, Roger Vergé oder Louis Outier, drei der großen Namen der französischen Küche. Aber er ist inzwischen zu einem ganz persönlichen Stil übergegangen, raffiniert und elegant, ohne Konzessionen an die Erleichterungen, die man sonst in Hotelküchen wahrnimmt – man verbringt wahrhaft königliche Momente in diesem sehr eleganten Speisesaal mit etwas lastendem Dekor. Im Sommer sitzt es sich sehr angenehm auf einer ruhigen Terrasse. Zu den gelungenen Schöpfungen gehört die Rosette der Jakobsmuscheln auf einem Bett von feingeschnittenen Kartoffeln, ein köstlicher Langustensalat mit Orangen-Vinaigrette und Basilikum, oder das Blanquette vom Kalb mit feinem Lauch und dicken Bohnen, eine der beliebtesten Platten, die der Küchenchef als Geschäftsmenü mittags anbietet. Die à la minute gemachten Desserts, die im wesentlichen aus frischen Früchten zubereitet sind, bieten einen krönenden Abschluß, und der Weinkeller gehört zu den besten der Region. Der Sommelier wird Ihnen gewiß ein paar Entdeckungen vorschlagen, die erstaunlich niedrige Preise haben. Das Hotel verfügt noch über ein weiteres Restaurant, die »Vier Jahreszeiten«, wo Jacques Chibois an jedem Wochentag ein anderes Menü vorschlägt und wo ein guter libanesischer Koch eine interessante libanesische Karte vorlegt. Im Sommer gibt es ein Restaurant direkt am Privatstrand des Hauses.

47. Hôtel De Paris

Bewertung: Hotel 95 % Restaurant 17 Punkte

Place du Casino
Monte Carlo
Fürstentum Monaco
Tel.: 0033/93/508080
Telex: 469925
Besitzer: Société des Bains de Mer
Direktor: K. H. Vanis
Küchenchef: Alain Ducasse
Offizielle Klassifizierung: 4 Sterne Luxe-Palace
Öffnungszeiten: Ganzjährig
Gruppenreisen auf Anfrage
Hunde in den Zimmern zugelassen

Lage
Am Meer, nachts ruhig, privater Garten, Terrasse
Nächster Flughafen: 20 km (Nizza)
Nächster Bahnhof: 1,5 km (Monaco)

Zimmer und Preise
Insgesamt 255 Zimmer mit Bad/WC
Doppelzimmer zu 950 bis 1700 FF
Einzelzimmer zu 850 bis 1500 FF
36 der Zimmer mit Grand lit
44 der Zimmer mit Terrasse oder Loggia
39 Apartments und Suiten zu 8000 FF
Preise inklusive Steuern, zuzüglich 15 % Service
Frühstück: 85 FF zuzüglich 15 % Service
Für Kinder bis 12 Jahre ein Zusatzbett im Zimmer der Eltern gratis

Einrichtung
Stilmöbel in den Apartments, sonst modern. Doppelzimmer 25 qm, Salonecke in den Juniorsuiten, 1 Sessel, 2 Stühle, Tisch, Kofferablage, Diele mit Einbauschränken, Nachttisch mit Leselampe,

Lüster, Stehlampen, großer Spiegel, Minibar, Radio, Farbfernseher, Weckruf von der Zentrale, Direktwahltelefon, Klimaanlage
Täglicher Bettzeugwechsel. Die Zimmer werden nach der Nachmittagsruhe noch einmal gemacht

Bäder
12 qm, Außenfenster und Ventilation, 2 Waschbecken, große Badewanne, abgetrennte Duschkabine, Bidet, WC vom Bad abgetrennt
Zahnpasta, Kleenex, Seife, Schaumbad, Waage auf Wunsch, Rasierspiegel, Bademäntel, Schwamm oder Waschlappen, Spezialpapier zum Schuheputzen, Haartrockner, Duschhaube, Nagelfeile; in den Apartments und für VIPs: Shampoo, Körpermilch, Munddusche, Haarbürste, Nagelbürste, Duschgel
Handtuchwechsel nach Bedarf zweimal täglich

Service
Portier, der Gast wird auf sein Zimmer begleitet, außer dem Frühstück werden auch Mahlzeiten auf den Zimmern serviert, warm bis 22.30 Uhr, kalt 24 Stunden am Tag, Bügeln 2 Stunden, Reinigen bei Abgabe vor 9.00 Uhr 24 Stunden, Wagen waschen und auftanken, Zeitungen zum Frühstück
Prospekte, Pläne und Karten für Ausflüge, Fahrpläne für Züge und Flugzeuge
5 Fahrstühle, 2 Bars, 2 Diskotheken, Boutiquen, 3 Restaurants, privater Parkplatz, auf Wunsch geschlossene Garage in Hotelnähe, Geldwechsel, alle Kreditkarten

Sport
Schwimmbad am Strand, Hallenbad, Sauna, Massage, Fitnessraum
Tennis: 1,5 km
Golf: 10 km

Frühstück
5 Brotsorten, verpackte Butter, Konfitüren Industrieprodukte, Honig, frische Croissants, zusätzlich: Früchtekorb, Pflaumenkompott, Fruchtsalat, Orangensalat, Grapefruit, Diätkonfitüren, Cornflakes, Käse, roher Schinken, gekochte Eier, Wurst, Schinkenspeck, amerikanischer Kaffee oder Espresso, 100 % Arabica, Ceylon- und Chinatee in Blättern und in Säckchen, frisch gepreßter Orangensaft

Restaurants
»Le Grill de l'Hôtel de Paris«
Ganzjährig täglich geöffnet
Gäste werden angenommen bis 14.00 bzw. bis 22.30 Uhr (im Sommer bis 23.00 Uhr)
80 bis 100 Plätze, Nachbildung einer königlichen Galeere Louis XIV.
Hunde nicht zugelassen, Terrasse, Klimaanlage, Raum für Gesellschaften mit 32 Plätzen, Bar

Spezialitäten
Panaché de poissons à la Criste Marine (120 FF)
Millefeuille de filets de rouget au beurre de verveine (125 FF)
Foie de canard frais en terrine, pain brioché (165 FF)
Carré d'agneau rôti au feu de bois (145 FF)
Langouste bretonne à la ficelle
Chariot de poissons (selon arrivage)
Soufflé chaud à votre goût (70 FF)
Déjeuner d'affaires (Montag bis Freitag) zu 250 FF inkl. Service
Preise zuzüglich 15 % Service
Weine: Domaine de Ott, Blanc de blancs, Côte de Provence

»Louis XV.«
(am 31. Mai 1987 eröffnet)
Geschlossen: Dienstag, Mittwoch, 20.November bis 20. Dezember

Geöffnet: im Winter bis 22.30 Uhr, im Sommer bis 23.00 Uhr. 60 Plätze, Empire-Saal, Klimaanlage, Bar

Spezialitäten
Velouté leger de crustacés en infusion de cèpes et morilles au cerfeuil
Salade tiède de langoustines et marinade croquante de légumes
Gratin tiède de fraises des bois aux pignons, sauce au thym glacé au miel de lavande
Gourmet-Menü: zu 430 FF zuzüglich 15 % Service

Zusammen mit dem Negresco in Nizza eines der schönsten Baudenkmäler nicht nur der Côte d'Azur, sondern ganz Europas, aus der Zeit der Belle Epoque. Das fürstliche Ambiente besticht nicht nur in der eindrucksvollen Eingangshalle des Hauses, sondern in allen Zimmern, dem neugestalteten Speisesaal zu ebener Erde, dem »Louis XV.«, und dem »Grill« in der obersten Etage mit dem sich öffnenden Dach.

Die Küche ist jetzt wieder ganz auf der Höhe der Zeit, nachdem sich Sebastian Bonsignore, der seit 1970 bis Anfang 1987 Chefkoch war, zurückgezogen hat und durch den jungen Alain Ducasse (31) ersetzt wurde, der bei Guérard, Vergé, Chapel und Lenôtre gearbeitet hat. Das neue, im Frühjahr 1987 eröffnete Restaurant »Louis XV.« mit seinen nur 48 Plätzen ist jetzt wirklich ein Haus für Gourmets geworden. Ducasse hat sich auf die besten Produkte der Welt spezialisiert: So bietet er das traumhaft zarte Lamm aus der Haute Provence an, das Nesttäubchen aus der Bresse mit seinem feinen Aroma mit jungen Zwiebeln, die im Stück gegarte Entenleber aus den Landes, der Region, in der diese Spezialität am besten gepflegt wird. Ducasse wird von der französischen Gourmetpresse als eine der großen Hoffnungen der Nach-Bocuse-Generation gepriesen.

Der Direktor dieses Super-Luxus-Palastes, ohne den das kleine Fürstentum nicht denkbar wäre, ist übrigens ein Deutscher: K. H. Vanis, der das Hotel mit großem Erfolg leitet und nach und nach behutsam in einen moderneren Stil übergeführt hat, ohne die Tradition vergessen zu lassen. Wenn auf dem Platz vor diesem Haus das tägliche Ballett der Rolls Royces stattfindet, weiß man, daß dies der Ort der Privilegierten aus aller Welt ist. Es gibt kein amüsanteres Schauspiel als den Aufmarsch der Damen, die unter ihren Pelzen und Brillanten fast zusammenbrechen, wenn die Stunde des Aperitifs naht, zu der man natürlich in der Kaffeebar nebenan einen Tisch hat reservieren lassen. Der Normalbürger findet hier kaum ein Plätzchen, falls er nicht ein VIP ist.

Ein ausgesprochenes Erlebnis-Restaurant ist auch der Grill, zu dem man im Lift ins oberste Stockwerk mit seinem hinreißenden Blick über Bucht und Hafen von Monaco gefahren wird. Der gegenüber dem unbekannten Gast etwas herablassende, aber stets höfliche Service ist ebenso eindrucksvoll wie die große Speisen- und Weinkarte, die allerdings aus Deutschland nur den »Liebfrauenmilch« (was immer man darunter verstehen mag) enthält. Deutsche Weine stehen hier nicht hoch im Ansehen – trotz des deutschen Direktors.

Manche Gäste, die sich zur ganz feinen Oberschicht dieser Welt zählen, gehen lieber in das Schwesterhotel der »Societé des Bains de Mer«, der diskreteren »Hermitage«, die über einen der schönsten Speisesäle des Fürstentums verfügt und ebenso luxuriös ausgestattet ist wie das Hotel de Paris.

Der Komfort dieses Hotels ist nur schwer zu übertreffen. Angemerkt werden darf vielleicht, daß man manche Bäder mangels eines Duschvorhanges oder einer abgetrennten Duschkabine im Zustand der Überschwemmung zu verlassen gezwungen ist, nachdem man gebraust hat. Im übrigen sind die Bäder ausreichend groß und verfügen über enorme Ablageflächen.

Der Blick aus allen Zimmern über den Felsen mit der Altstadt, über den Hafen und über Monte Carlo ist bestechend.

Das Haus verfügt über ein schönes, über dem Hafen gelegenes Terrassenschwimmbad, das sämtliche Fitness-Möglichkeiten inklusive Massagen anbietet. Daß Monte Carlo sonst alles bietet, was zum üppigen Luxusleben gehört, muß hier nicht extra gesagt werden.

Empfehlenswert ist übrigens besonders die Zeit zwischen Weihnachten und Neujahr für einen Aufenthalt im Fürstentum: Erstens zeigt sich dann Monaco in besonders festlichem Glanz, und zweites gibt es dann eine schöne Ballettsaison mit den besten Tanztruppen der Welt. Und schließlich gehört die Bucht von Monaco auch im Winter zu den klimatisch angenehmsten Zonen Europas.

Der prunkvolle Speisesaal der »Hermitage«, das Schwesterhaus des »Hôtel de Paris«

Belgien

Außerhalb Brüssels leidet die belgische Hotellerie darunter, daß man kaum einen Ort in diesem Lande in weniger als einer Autostunde von Brüssel aus erreichen kann. Praktisch heißt das: der Besucher Belgiens pflegt in der Hauptstadt nur selten auswärts zu übernachten, wenn er in Belgien zu tun hat. Typisches Beispiel: Lüttich, die Hauptstadt der Wallonie. Hier hat es vor Jahren einmal das Hotel »Suède« gegeben, das über ein Zwei-Sterne-Restaurant verfügte. Seitdem die alten Inhaber ihr Gebäude an eine Bank verkauft hatten, existierten nur noch zwei moderne Großhotels in der Stadt, die man empfehlen konnte: das »Ramada« und das »Holiday Inn«, die sich jedoch beide mit den besten in Europa nicht vergleichen lassen.

Die 65 km lange belgische Küste wollte ich nicht ganz auslassen: Ein erstes Haus ist die »Réserve« von Knokke, ein seit Jahren führendes Hotel in diesem lebendigen Kasino- und Badeort.

Im Dunstkreis des Industrie-Gebietes um Lüttich empfehle ich statt einem Lütticher Hotel das »Amigo« von Verviers, das dem größten Bauunternehmer des Landes, Herrn Blaton, gehört und das neuerdings über einen erstklassigen Koch verfügt. Ansonsten ist in den Provinzstädten des Landes wenig zu entdecken. Die sehr zahlreichen guten Landhotels in Belgien kommen in meinem »Landhotel«-Führer vor.

48. Hôtel Amigo

Bewertung: Hotel 80 % Restaurant 12 Punkte

1/3 Rue de l'Amigo
B-1000 Bruxelles
Tel.: 0032/2/5115910
Telex: 21618
Besitzer: Soc. Hotelière Saint-Michel
Direktor: P. Bouchard
Küchenchef: A. Ozdemir
Öffnungszeiten: Ganzjährig
Kleine Gruppen werden angenommen
Hunde in den Zimmern zugelassen

Lage
An der Grand' Place rund 10 Minuten vom Parc Royal entfernt
Nächster Flughafen: 15 km
Nächster Bahnhof: 1 km

Zimmer und Preise
Insgesamt 183 Zimmer, davon
175 Zimmer mit Bad/WC
8 Zimmer mit Dusche/WC
Doppelzimmer zu 4550 bis 5500 bfr
Einzelzimmer zu 3950 bis 5250 bfr
1 Zimmer mit Terrasse
11 Apartments zu 7850 bfr
Preise inklusive kontinentalem Frühstück, Service und Steuern
Vollpension 1980 bfr zuzüglich zum Zimmerpreis
Halbpension 990 bfr zuzüglich zum Zimmerpreis
Kinder bis 12 Jahre im Zimmer der Eltern gratis

Einrichtung
Louis XV., Louis XVI., Empire, Kolonialstil, Directoire, Spanisch. 2 Sessel, 1 Stuhl, Tisch, Kofferablage, einige Zim-

mer mit zwei Türen, Nachttisch mit Leselampe, Lüster, Stehlampen, großer Spiegel, Minibar, Radio vom Empfang geregelt, Farbfernseher, Weckruf von der Zentrale, Klimaanlage in 35 Zimmern, Direktwahltelefon
Täglicher Bettzeugwechsel. Die Zimmer werden nach der Nachmittagsruhe noch einmal gemacht

Bäder
Alle mit Außenfenster, 1–2 Waschbekken, Bidet, WC in fast allen Bädern abgetrennt, Normalbeleuchtung, Handtuchtrockner
Kleenex, Seife, Schaumbad, Rasierspiegel in einigen Zimmern, Bademäntel in den Suiten, Schwamm oder Waschlappen, Rasierschaum und Rasierapparat
Täglicher Handtuchwechsel

Service
Portier und Wagenmeister, der Gast wird auf sein Zimmer begleitet, außer dem Frühstück werden auch Mahlzeiten auf den Zimmern serviert, Reinigen und Bügeln vor 10.00 Uhr abgegeben, am selben Tag zurück, Wagen waschen gegen Berechnung, Prospekte, Pläne und Karten für Ausflüge, Fahrpläne für Züge und Flugzeuge, 2 Fahrstühle, 1 Bar, Geldwechsel

Sport
Golf: 10 km

Frühstück
4 Brotsorten, verpackte Butter, Konfitüren Industrieprodukte, Honig, frische Croissants, Tee in Säckchen, frisch gepreßte Fruchtsäfte

Restaurant
Ganzjährig täglich geöffnet
45 Plätze
Klimaanlage

Auch in Brüssel gehört das »Amigo« zu meinen Lieblingshotels, vor allem wegen der Atmosphäre, die es nur in Traditionshotels gibt, und wegen der praktischen Lage an der »Grand' Place«, dem zweifellos schönsten Platz Europas, innerhalb der unter Denkmalschutz stehenden »Ilot Sacré«, dem »Heiligen Inselchen«. Dieses Hotel ist in diesem Buch insofern eine Ausnahme, als es keineswegs über eine der besten Küchen der Stadt verfügt, dafür aber gegenüber dem schönsten Restaurant von Brüssel mit dem besten Service, dem »Cygne« an der Grand' Place, liegt. Wer im »Amigo« wohnt, dem empfehle ich dringend, dort zu speisen, er wird seine Freude am einmalig schönen Rahmen, an dem perfekten Ballett der Kellner unter Leitung von Direktor Theo Boegart, an der Küche und am »Club Ommegang« im Parterre haben, wo der Restaurantgast, auch wenn er nicht Clubmitglied ist, den Aperitif und den Digestif nehmen kann.

Was der »Cygne« an Qualitäten als Restaurant bietet, zeigt das »Amigo« als Hotel: Ein Wagenmeister nimmt sich bei der Ankunft des Wagens an und fährt ihn in die Garage, der Empfang vollzieht sich liebenswürdig und reibungslos, die Halle wird von wertvollen Tapisserien geziert, und die Zimmer sind stilvoll und praktisch eingerichtet. Von dem kleinen Balkon der sogenannten »Juniorsuiten« genießt man einen romantischen Blick über die Dächer der mittelalterlichen Häuser an der Grand' Place, die Präsidentensuite verfügt sogar über einen großen Frühstücksbalkon hoch über den Dächern der Altstadt. Überall auf den Fluren, in den Gängen und Salons kostbare Antiquitäten und Kunstwerke, die das Flair des Hauses bestimmen.

Das »Amigo« ist aus dem Gebäude einer alten Polizeistation mit Gefängnis hervorgegangen, und daher stammt auch der Name »Freundchen«, den man den Gefangenen gab. Daran erinnert heute allerdings nur noch die Polizeistation nebenan.

Welch Wunder, daß aus einem Gefängnis mit spanischem Namen nun ein typisch Brüsseler, sehr behagliches und stilvolles Luxushotel hervorgegangen ist!

Rustikales Zimmer im Amigo

49. Hyatt Régency Brussels

Bewertung: Hotel 65 %   Restaurant 13 Punkte

250 Rue Royale
B-1210 Bruxelles
Tel.: 0032/2/2194640 ext. 2156
Telex: 61871
Generaldirektor: Alfred Hurst
Küchenchef: Michel Addons
Offizielle Klassifizierung: 5 Sterne, de luxe
Öffnungszeiten: Ganzjährig
Gruppenreisen möglich
Hunde zugelassen

Lage
Vorderseite zur Rue Royale, Rückseite ruhig. Stadtzentrum
Nächster Flughafen: 17 km
Nächster Bahnhof: 2 km

Zimmer und Preise
Insgesamt 315 Zimmer mit Bad/WC
Doppelzimmer zu 6900 bis 8560 bfr
Einzelzimmer zu 5790 bis 6890 bfr
83 Zimmer mit Grand lit
Suiten zu 10300 bis 31000 bfr
Preise inklusive Service und Steuern
Frühstück: Kontinentales Frühstück: 430 bfr pro Person. Frühstücksbüffet: 530 bfr pro Person
Kinder bis 18 Jahre im Zimmer der Eltern frei

Einrichtung
Modern. Doppelzimmer 19,42 qm, mit Salonecke, 3 Sesseln, Schreibsekretär, Kofferablage, Nachttisch mit Leselampe, indirekte Beleuchtung, Stehlampen, großer Spiegel, Minibar, Radio vom Empfang geregelt, Farbfernseher, Weckdienst von der Zentrale, Klimaanlage, Direktwahltelefon

Täglicher Bettzeugwechsel. Auf Wunsch werden die Zimmer nach der Nachmittagsruhe noch einmal gemacht

Bäder
4,41 qm, Klimaanlage, 1 Waschbecken, große Badewanne, Bidet nur in den Suiten, WC im Bad, Neonlicht
Kleenex, Seife, Schaumbad, Bademäntel in den Suiten, Spezialpapier zum Schuheputzen, Duschhaube. In den Suiten zusätzlich: Eau de Toilette, Aftershave, Fön, Kamm, Zahnbürste, Körpermilch, Blumen
Täglicher Handtuchwechsel

Service
Portier, der Gast wird auf sein Zimmer begleitet, außer dem Frühstück werden auch Mahlzeiten rund um die Uhr auf den Zimmern serviert, Waschen 24 Stunden, Bügeln am selben Tag, Wagen waschen und auftanken, auf Wunsch Zeitungen zum Frühstück, Informationen
Fahrstuhl, Bar, abgeschlossene Garage, Geldwechsel, Kreditkarten: American Express, Diners Club, Carte Blanche, Eurocard, Mastercard, Visa

Sport
Tennis: 20, Golf: 35 Min. mit dem Auto

Frühstück
8 Brotsorten, offene Butter, Konfitüre Industrieprodukt, Honig, frische Croissants, Teeauswahl in Säckchen, frischgepreßter Orangensaft, andere Säfte aus der Dose

Restaurant
»Hugo's Restaurant«
Gäste werden bis 22.30 Uhr angenommen
100 Plätze, luxuriös

Spezialitäten
Damier de lapereau et homard au parfum de noix de coco et mangetout (795 bfr)
Noisette de veau au cidre bouche, mangue et feuilles de mache (650 bfr)
Aiguillettes de canard de barbarie aux pêches caramelisées, 2 Pers. (1495 bfr)
Blanc de turbot au sabayon de cressonnettes tagliatelles de légumes citronnées (820 bfr)
Ravioli de langoustines et cuisses de grenouilles au pistil de safran et dès de tomates (650 bfr)
Saumon mariné à l'huile de noisettes et aux baies roses, petites frisée aux lardons (450 bfr)
Menüs: Business Lunch: 990 und 1290 bfr. »Menu du Marche«: 990 bfr

---

Die Hyatt-Kette gehört nicht zu den größten, aber auch nicht zu den kleinsten Hotelgesellschaften der Welt: sie verfügt über 115 Hotels, davon allein 75 in den USA. In Europa sind es nur London, Budapest, Montreux und Brüssel, wo die Gesellschaft vertreten ist. In Brüssel ist der Hauptbesitzer mehrheitlich eine einheimische Familie, während Hyatt nur das Management stellt, also die Bewirtschaftung übernommen hat. Das Haus wurde erst 1976 eröffnet und schloß damit den Reigen der Neugründungen bis auf weiteres ab. Brüssel, das vorher unter einem Mangel an guten Hotels gelitten hatte, verfügt seitdem über eine etwas zu große Kapazität an Hotelbetten.

Selbst in einer so feinschmeckerischen Stadt wie Brüssel ist es ziemlich selten, daß die Leistungen des Hotels und der Küche auf etwa dem gleichen hohen Niveau stehen. In einer Reihe mit dem »Maison du Bœuf«, dem »En plein Ciel« des Hilton und des Restaurants vom »Royal Windsor« gehört »Hugo's Restaurant« im Hyatt: Der junge Küchenchef Michel Addons (37) serviert einige Spezialitäten, die sich mit den Brüsseler Sterne-Restaurants vergleichen lassen, zum Beispiel: die Barbarie-Entenbrust mit karamelisierten Pfirsichen und das Lamm mit einem Gemüsepudding sowie die perfekt abgepaßten Edelfische in Weißweinsauce. Schwachpunkt war bei unserem Besuch die Käseplatte, auf der nicht ein einziger belgischer Käse aus Herve zu finden war. Und das in der belgischen Hauptstadt!

Da wir bei den Schwachpunkten sind: ein Hotel von Rang sollte doch wohl keinen löslichen Kaffeebeutel (koffeinfrei) einfach hinlegen und dazu heißes Wasser liefern, mit dem sich der Gast den Kaffee selbst aufgießen muß. Es gibt doch wohl in allen Hotelküchen die Möglichkeit, auch koffeinfreien Kaffee aus gemahlenen Bohnen zu bereiten!

Zum Frühstück gab es nur vier Brotsorten, erstaunlicherweise aber zwei weichgekochte Eier pro Kopf und ein paar traumhaft dünn geschnittene Scheiben vom Tilsiter Käse. Das Zimmerfrühstück zeigte auch in diesem luxuriösen Haus die üblichen Schwächen (siehe Einleitung).

Die normalen Doppelzimmer sind wie in allen Großhotels gleichmäßig geschnitten und verfügen über allzu kleine Naßzellen, die mit den üblichen Schwächen behaftet sind: nur ein Waschbecken für zwei Personen, wenig Ablage-Möglichkeiten, WC im Bad, kein Bidet. Üppiger ist jedoch die Ausstattung mit Accessoires: hier gibt es außer Seife, Duschgel und Kleenex auch noch Körpermilch, Eau de Toilette, Hautcrèmes.

Die Fenster, von denen aus man auf das zu sanierende Laternenviertel am Nordbahnhof schaut, lassen sich öffnen, so daß die Sensiblen nicht auf die Klimaanlage angewiesen sind. Es gibt schöner eingerichtete »Juniorsuiten« und einige Maisonetten, das sind Duplexzimmer, die über zwei Etagen gehen. In diesen Suiten sind auch die Bäder etwas großzügiger gestaltet.

Die sechste Etage ist eine Club-Etage, privilegierten Gästen vorbehalten; man kann sie nur mit dem Aufzug erreichen, wenn man den Zimmerschlüssel neben den Knopf 6 steckt und dreht, damit die anderen Hotelgäste diese Etage nicht nutzen können. Vorteil: Es gibt eine eigene Bar mit einem kleinen Restaurant zum frühstücken, wo man den Aperitif und den Digestif nehmen kann und auch Snacks bekommt. Eine Hosteß, die gleich vor dem Fahrstuhlausgang an einem Schreibtisch arbeitet, kümmert sich um die Angelegenheiten der bevorzugten Gäste, die in dieser Etage wohnen dürfen.

Ihre ganze Kreativität haben die Innenausstatter in die Halle investiert: Die Lobby ist mit viel Holz ausgestattet, und die Decke zeigt viel Kupfer, das mit teilweise vergoldeten Blättern bedeckt ist und von Kristallüstern in modernem Stil erleuchtet wird. Einige Teile der Lobby sind in absolut modernistischem Stil gehalten, während das Mobiliar eher an den englischen Klassizismus denken läßt.

Die Preise sind nicht gerade sanft, entsprechen aber denen in dieser Stadt, wie sie in allen Luxushotels verlangt werden: Doppelzimmer zwischen 345 und 430 DM, Suiten zwischen 650 und 1550 DM (ohne Frühstück, das mit 21,50 DM für das »Kontinentale« und 26,50 DM für das Büffet zu Buche schlägt).

Vor dem Restaurant, dessen Eingang sich zur Halle hin öffnet, liegt noch die geschmackvoll eingerichtete Pianobar, wo gewöhnlich Live-Musik ertönt.

50. Hilton International Brussels

Bewertung: Hotel 65 %   Restaurant 16 Punkte

Boulevard de Waterloo 38
B-1000 Bruxelles
Tel.: 0032/2/5138877
Telex: 22744
Telefax: (32)-(2)-5137233
Besitzer: Hilton International Company – Belgium
Direktor: Hans Weishaupt
Küchenchef: Michel Theurel
Offizielle Klassifizierung: de luxe
Öffnungszeiten: Ganzjährig
Gruppenreisen möglich
Hunde in den Zimmern zugelassen

Lage
In einem Geschäftsviertel gelegen, ruhig, öffentlicher Park hinter dem Hotel, überdachte Terrasse am Restaurant »Le Café d'Egmont«
Nächster Flughafen: 12 km
Nächster Bahnhof: 2 km

Zimmer und Preise
Insgesamt 369 Zimmer mit Bad/WC
Doppelzimmer zu 6400 bis 7000 bfr
Einzelzimmer zu 5400 bis 6000 bfr
107 der Zimmer mit Grand lit
20 Apartments zu 12000 bis 25000 bfr
Preise inklusive Service und Steuern
Kontinentales Frühstück: 375 bfr
Amerikanisches Frühstück: 510 bfr
Kinder im Zimmer der Eltern frei, je ein Doppelzimmer für Eltern und Kinder werden als Einzelzimmer berechnet

Einrichtung
Modern. Doppelzimmer 24–48 qm (ohne Badezimmer), in den Alkovenzimmern Salonecke mit Tisch und Sesseln, sonst 1 Sessel, 1 Stuhl, 1 Tisch, Schreibsekretär, Kofferablage, Diele mit Einbauschränken, Nachttisch mit Leselampe, Stehlampen, Wandleuchten, Tischlampen, großer Spiegel, Minibar, Radio »Self-Service«, Farbfernseher, Direktwahltelefon, Weckruf von der Zentrale, Klimaanlage
Täglicher Bettzeugwechsel. Die Zimmer werden nach der Nachmittagsruhe noch einmal gemacht

Bäder
4,5 qm, Ventilation, 1 Waschbecken, große Badewanne, abgetrennte Duschkabine, Bidet, WC im Bad, Neonlicht Kleenex, Seife, Schaumbad, Waage nur in den Apartments, Bademäntel, Schwamm oder Waschlappen, Spezialpapier zum Schuheputzen, Duschhaube, Shampoo, Watte, Nähzeug
Täglicher Handtuchwechsel

Service
Portier, der Gast wird auf sein Zimmer begleitet, außer dem Frühstück werden auch Mahlzeiten auf den Zimmern serviert, bis 22.30 Uhr nach Karte, danach Sandwiches und Getränke, Bügeln und Reinigen 1 Tag; Zeitungen zum Frühstück nur für VIPs, Prospekte, Pläne und Karten für Ausflüge, Fahrpläne für Züge und Flugzeuge beim Concierge
Fahrstuhl, Bar, Boutiquen, 3 Restaurants, abgeschlossene Garage, Geldwechsel
Kreditkarten: Access, American Express, Carte Blanche, Diners Club, Eurocard, En Route (Air Canada), Hilton

Piano Bar im Hilton

Credit Card, IAL, ICB, Lufthansa, Master Charge, Visa

Sport
Sauna, Massage, Jogging im Parc d'Egmont hinter dem Hotel
Golf: 12 km, Tennis: 3 km

Frühstück
5 Brotsorten, verpackte Butter, Industriekonfitüre, Honig, frische Croissants, warme Gerichte, Eier in jeder Form, Porridge, Crêpes, Espresso, Tee in Säckchen, frisch gepreßte Obst- und Gemüsesäfte

Restaurants
»Café d'Egmont«
Letzte Bestellung bis 21.45 Uhr
125 Plätze, Terrasse

»En Plein Ciel«
Geschlossen: Samstagmittag und Sonntagabend
Letzte Bestellung: 22.30 Uhr
85 Plätze

»La Maison du Bœuf«
Ganzjährig täglich geöffnet
Mittagessen bis 14.30 Uhr
Abendessen bis 22.30 Uhr
95 Plätze, elegant-rustikal
Hintergrundmusik, Klimaanlage, Hunde nicht zugelassen
Raum für Gesellschaften mit ca. 30 Plätzen, Bar

Spezialitäten
Raviolis fines de Homard (640 bfr)
Rosé de Saumon et Asperges und Sabayon crémeux au champagne (825 bfr)

Filets de Rouget poêlés en écailles tomates à l'estragon (850 bfr)
Rosace de lapereau gratinée aux chicons (460 bfr)
Confit de ris de veau à l'orange (620 bfr)
Côte de Bœuf américaine rôtie en croute de sel (995 bfr)
Menü: 1875 bfr

Dieses Haus ist wirklich international: Direktor Hans Weishaupt ist Schweizer und verheiratet mit einer Holländerin, Küchenchef Michel Theurel ist Franzose, PR-Chefin Moll ist Deutsche. Der Hauptgrund, aus dem ich auch dieses Hilton hier aufgenommen habe, ist – wie im Falle von Strasbourg – die gute Küche mit ihren Spezialitäten vom besten Rindfleisch der Welt im »Maison du Bœuf« in der ersten Etage. Doch auch das »Plein Ciel« in der obersten Etage des Hochhauses am Egmontpark mit seinem umwerfenden Blick über Brüssel ist einen Besuch wert. Während das »Maison du Bœuf« modern-rustikal eingerichtet ist, glänzt das »Plein Ciel« in großer Eleganz abends mit Lifemusik. Durch besonders vorteilhafte Mast und eine Züchtung im Freien zeigt das amerikanische Beef einmalige Zartheit und wunderbares Aroma. Es lohnt, schon alleine wegen dieses US-Rindes das Restaurant in der ersten Etage des »Hilton« von Brüssel zu besuchen. Da nur eine lächerlich kleine Menge dieses vorzüglichen Rindes in die EG exportiert wird, gibt es dieses Produkt fast nur in den europäischen Hilton-Hotels, weshalb es auch das »Hilton-Fleisch« heißt.

Im »Maison du Bœuf« denkt man auch an die Gesundheit der Gäste: Als Appetithappen gibt es eine große Schale mit rohen Gemüsen und Salaten, vermutlich als Ausgleich für die folgende Fleischschlemmerei. Bemerkenswert auch die Auswahl an kalifornischen Weiß- und Rotweinen, wobei der Hinweis auf die Schwere dieser Getränke erlaubt sein sollte. Nach einer halben Flasche des roten Mondavi-Napa-Valley sieht man die Welt schon sehr rosig. Bleibt noch zu sagen, daß der Service in diesem Hause fast perfekt arbeitet. Das Hilton hat sich ganz dem hohen Niveau der Brüsseler Gastronomie angepaßt.

Küchenchef für beide Küchen ist Michel Theurer, der aus Lyon stammt. Er war einmal »Bester Arbeiter Frankreichs«, ein bei allen französischen Köchen sehr begehrter Titel. Er leitet die Brüsseler Hiltonküche seit der Eröffnung im Jahre 1967. Neben der Hausspezialität »Côte de Bœuf américaine« hat er eine Reihe bemerkenswert feiner Spezialitäten entwickelt, wie die Hummerravioli (32 DM), die Rötlingsfilets mit Tomaten-Estragonsauce (42,50 DM) und das Kaninchen mit dem belgischen Hauptgemüse, das wir als Chicoree kennen, in Wahrheit aber Chicon heißt.

Auch im »Café Egmont«, mit seiner großen Glasfront zum Egmontpark, kann man gut speisen, etwas einfacher und billiger, aber ebenfalls gepflegt. Die 125 Plätze dieses Cafés sind zur Nachmittagszeit stets ausgebucht. Das Tortenangebot ist hier enorm. Das Hotel zeigt die in der Einleitung behandelten Schwächen aller Großhotels, vor allem in den Mininaßzellen und bei der genormten Einrichtung der etwas zu kleinen Zimmer. Üppiger sind nur die Suiten, die aber auch stolze Preise haben (ca. 900 bis 1000 DM pro Nacht ohne Frühstück). Das kontinentale Frühstück zu fast 19 DM ist etwas mager, üppiger schon das »Amerikanische« zu ca. 26 DM, zu dem ich unbedingt rate, falls man sich nicht schon morgens ärgern will.

Der Service ist im ganzen Haus vom Wagenmeister, der das Auto in die hoteleigene Tiefgarage fährt, bis zum Zimmerkellner hervorragend.

Als Ausgangspunkt für Spaziergänge liegt das »Hilton« ideal: ein paar Schritte nur zum eleganten Einkaufszentrum an der Place Louise, auf der Hiltonseite des Boulevards befinden sich die exklusivsten Modehäuser (Brüssels Faubourg St. Honoré), gegenüber der breite Boulevard mit den schönsten Galerien und besten Einkaufsgeschäften der Stadt. Hinter dem Haus öffnet sich der Egmontpark, durch den man zu dem reizvollen Antiquitätenviertel an den beiden Sablonplätzen gelangt. Im ganzen: Das beste Standquartier in der Brüsseler Oberstadt, dem Viertel der »feineren Leute«.

51. Royal Windsor Hotel

Bewertung: Hotel 65 %   Restaurant 17 Punkte

Rue Duquesnoy 5
B-1000 Bruxelles
Tel.: 0032/2/5114215
Telex: 62905
Besitzer: Warwick International Hotels
Direktor: Walter Jakobitsch
Küchenchef: Gert Jan Raven
Offizielle Klassifizierung: de luxe
Öffnungszeiten: Ganzjährig
Gruppenreisen möglich
Nur kleine Hunde zugelassen

Lage
Zentral
Nächster Flughafen: 20 km
Nächster Bahnhof: 2 Min. zu Fuß

Zimmer und Preise
316 Zimmer, davon
291 mit Bad/WC
Doppelzimmer zu 7535 bfr
Wochenendpreis 4520 bfr
Einzelzimmer zu 6425 bfr
Wochenendpreis 3855 bfr
9 Zimmer mit Dusche/WC
40 Zimmer mit Grand lit
16 Apartments zu 9075 bis 18865 bfr
Preise inklusive kontinentalem Frühstück, Service und Steuern
Vollpension: 2170 bfr zuzüglich Zimmerpreis
Halbpension: 1190 bfr zuzüglich Zimmerpreis
Kinder bis 2 Jahre frei, ab 2 Jahren 1300 bfr pro Kind

Einrichtung
Pastellfarben, helle Eiche, französische Stilmöbel. Doppelzimmer 22 qm, 2 Stühle, 1 Tisch, Kofferablage, Diele, Nachttisch mit Leselampe, Stehlampen, Wandlampen, großer Spiegel, Minibar, Radio vom Empfang geregelt, Farbfernseher, automatischer Wecker, Klimaanlage, Direktwahltelefon
Täglicher Bettzeugwechsel. Die Zimmer werden nach der Nachmittagsruhe noch einmal gemacht

Bäder
4,5 qm, Ventilation, 1 Waschbecken, große Badewanne, WC im Bad, Neonlicht
Kleenex, Seife, Badeschaum, Waage in den Apartments, Bademäntel, Schwamm oder Waschlappen, Spezialpapier zum Schuheputzen, Rasierschaum, Haartrockner in den Suiten
Täglicher Handtuchwechsel

Service
Portier, Wagenmeister, Gepäckträger, der Gast wird auf sein Zimmer begleitet, außer dem Frühstück werden auch Mahlzeiten auf den Zimmern serviert nach Spezialkarte von 11.30 bis 22.30 Uhr, kalt von 23.00 bis 7.00 Uhr, leichte Snacks rund um die Uhr. Bügeln und Reinigen bei Abgabe vor 9 Uhr am selben Abend zurück. Wagen waschen und auftanken, Zeitungen zum Frühstück, Prospekte, Pläne und Karten für Ausflüge, Fahrpläne für Züge und Flugzeuge beim Concierge
3 Fahrstühle, 2 Bars, Diskothek, 2 Restaurants, überdachter Privatparkplatz

Sport
Tennis: 6 km, Golf: 12 km

Frühstück
7 Brotsorten, abgepackte Butter, Konfi-

Großzügiger Salon im Royal Windsor

türen Industrieprodukte, Honig, frische Croissants, Streichkäse, Crème de Gruyère, Tee in Säckchen, Fruchtsäfte zum Teil frisch gepreßt

Restaurant
»Les 4 Saisons«
Rue de l'Homme Chrétien
Tel.: 02/5 11 42 15
Ganzjährig täglich geöffnet
Gäste werden bis 22.30 Uhr angenommen
60 Plätze
Hintergrundmusik, Klimaanlage, zwei Räume für Gesellschaften mit 10 bis 32 Plätzen, Bar

Spezialitäten
Noix de Coquilles St. Jacques poêlées aux Deux Endives (980 bfr)
Rosace de lapereau au Chou Vert et Parisienne de Délices (690 bfr)
Damiers de Bar et Saumon Fumé Maison aux Girolles (1 190 bfr)
Raviolis de Homard et Duxelle de Ris de Veau Gratiné au Curry (890 bfr)
Salade de Crustacés et Coquillages aux jets de Soja, Jus de Truffes (890 bfr)
Ris de Veau rôti au Cidre et Baies de Groseilles (780 bfr)
Eventail de Blanc de Bresse »Homardine« (590 bfr)
Menüs: Du Jour: 890 bfr. D'affaires:

Seitdem das »Royal Windsor«, das zur Gruppe der »Warwick International Hotels« mit Sitz in Hongkong gehört, zwischen 1982 und 1984 eine enorme Summe investiert hat, gehört es neben dem alteingesessenen »Amigo« zu den besten Häusern der belgischen Hauptstadt – sowohl in bezug auf das Hotel wie auch auf das Restaurant. Der österreichische General-Manager W. Jakobitsch hat das Haus relativ schnell

Modernes Restaurant mit bestem klassischem Restaurant – Royal Windsor

auf Erfolgskurs gebracht. Zu seinem Rezept gehörte vor allem die Förderung der Gastronomie. In seinem Restaurant »4 Seasons« speist man sternewürdig und ebenso fein wie in den besten Etablissements von Brüssel. Wer in dieser Stadt der leidenschaftlichen Gourmets als Hotelier Erfolg haben will, muß auch eine gute Küche bieten. Das hat das Management auch im »Hilton« in der Oberstadt und im »Hyatt« begriffen.

Die Zubereitungen des holländischen Küchenchefs Gert Jan Raven stehen weit über dem Durchschnitt der Hotelküchen, sie sind außerdem auch noch außergewöhnlich einfallsreich: Neben den heute in allen Gourmet-Restaurants üblichen Luxusprodukten wie Parmaschinken, Gänseleber, Räucherlachs und Hummer gibt es bei ihm Ausgefallenes, dem man auch in Brüssel nur selten begegnet oder nur bei so kreativen Köchen wie Pierre Wynants oder Eddie van Maele. Zu den Spezialitäten gehören die Hummerraviolis mit einer Duxelle aus mit Curry gratiniertem Kalbsbries, der Meeresfrüchtesalat mit Jakobsmuscheln und Sojaspitzen in Trüffelsaft oder die Hummersuppe mit Fenchel, der mit Anis parfümiert wurde. Neben der enormen Käseauswahl werden dem Gast auf einem Wagen mindestens 20 Desserts zur Auswahl angeboten.

Sensationell ist die spezielle Reserve aus der Vinothek des Hauses: Bordeauxweine aus den frühen fünfziger bis zu den siebziger Jahren, viele Burgunder aus den Siebzigern. Selbstverständlich liegen die Preise für solche Raritäten für belgische Verhältnisse relativ hoch: Ein »Clos Fourtet« 1953 kostet 250 DM, ein »Chambertin« 1978 325 DM, ein »Château Lynch-Bages« 1979 macht 89 DM; bei uns allerdings würden solche Flaschen glatt das Doppelte kosten!

Die Einrichtung der 316 Zimmer ist komfortabel; aber sie leidet unter den in allen Großhotels üblichen Schwächen, auf die in der Einleitung reichlich hingewiesen wurde. Die Bäder sind entschieden zu klein, in vielen von ihnen fehlt sogar winters die Heizung. Die Ausstattung mit Accessoires ist sehr üppig. In den Apartments gibt es auch Bademäntel und eine Waage.

Besonders liebenswürdig wird die Betreuung des Autos vom ständig anwesenden Voiturier (Wagenmeister) gehandhabt. Man fährt einfach in die Einfahrt neben dem Hoteleingang, packt die Koffer aus und gibt ihm dann den Schlüssel. Kein Problem mit dem Suchen nach einem Parkplatz. Das funktioniert in diesem Hause genausogut wie im »Amigo« nebenan, was besonders angesichts der Unmöglichkeit wichtig ist, im Bereich der »Grand' Place« einen Parkplatz zu finden.

Die Schallisolierung der zur belebten Straße gehenden Zimmer ist perfekt. Neben guten Konferenz- und Tagungsmöglichkeiten kommt die Unterhaltung nicht zu kurz: Nachtklub, Discothek und zwei Bars halten den Gast, so er will, rund um die Uhr in Schwung.

Alle Preise beinhalten ein kontinentales Frühstück. Und um das in den Großstädten übliche Wochenend-Loch zu stopfen, gibt es für die Übernachtung samstags und sonntags beträchtliche Ermäßigungen.

Wer in der Nähe der einmaligen »Grand' Place« und der »Ilot Sacré« mit ihrer berühmten Freßgasse wohnen will, dem sei das moderne »Royal Windsor« zusammen mit dem alten Traditionshotel »Amigo« wärmstens empfohlen.

52. La Réserve

Bewertung: Hotel 80% Restaurant 15 Punkte

Elizabetlaan 160
B-8300 Knokke-Heist
Tel.: 0032/50/610606
Telex: 81657
Besitzer: Van Laer
Direktor: D. E. Joosten
Küchenchef: Juan Verhaeghe
Offizielle Klassifizierung: 4 Sterne
Öffnungszeiten: Ganzjährig
Gruppenreisen möglich
Hunde zugelassen

Lage
Im Zentrum von Knokke, gegenüber dem Casino, ruhig, Strand, See, Vogelschutzgebiet und Wald in der Nähe, privater Garten, Terrasse am Seeufer
Nächster Flughafen: Oostende 30 km
Nächster Bahnhof: Knokke 2 km

Zimmer und Preise
Insgesamt 110 Zimmer, davon
105 Zimmer mit Bad/WC
5 Zimmer ohne Bad
50 Zimmer mit Grand lit
70 Zimmer mit Terrasse
Doppelzimmer zu 4400 bis 5900 bfr
Einzelzimmer zu 3900 bis 4900 bfr
2 Apartments zu 8500 bfr
Preise inklusive Frühstück, Service und Steuern
Kinder bis 12 Jahre gratis

Einrichtung
Modern und klassisch, Doppelzimmer 33 qm, Salonecke, 2 Sessel, 1 Stuhl, Schreibsekretär, Kofferablage, Diele mit Einbauschränken, Nachttisch mit Leselampe, Stehlampen, indirekte Be-

leuchtung, Wandleuchten, großer Spiegel, Minibar, Radio »Self-Service«, Farbfernseher, Weckruf von der Zentrale, Direktwahltelefon
Täglicher Bettzeugwechsel. Die Zimmer werden nach der Nachmittagsruhe noch einmal gemacht

Bäder
6 qm, Ventilation, 1 Waschbecken, große Badewanne, WC abgetrennt, Neonlicht
Kleenex, Seife, Schaumbad, Bademäntel, Spezialpapier zum Schuheputzen, Shampoo, auf Wunsch elektrischer Rasierapparat und Fön
Täglicher Handtuchwechsel

Service
Portier, der Gast wird auf sein Zimmer begleitet, außer dem Frühstück werden auch Mahlzeiten auf den Zimmern serviert, von 12.00 bis 14.00 Uhr und von 19.00 bis 21.30 Uhr, Reinigen und Bügeln ca. 1 Tag, Wagen waschen, Zeitungen zum Frühstück auf Wunsch, Prospekte, Pläne und Karten für Ausflüge, Fahrpläne für Züge und Flugzeuge
Fahrstuhl, Bar, Zeitungen, Restaurant, Privatparkplatz
Geldwechsel

Sport
Sauna, Massage, Fitnessraum, Thalassotherapie-Zentrum, 4 hauseigene Tennisplätze
Golf: Übungsmöglichkeit am Hotel
Golfplatz: 5 Min.

Frühstück
4 Brotsorten, offene Butter, Konfitüren Industrieprodukte und hausgemacht, Honig, frische Croissants, Cornflakes, Rice Crispies, Porridge, Eier, Käse, Schinken, Teeauswahl in Säckchen und in Blättern, frisch gepreßte Fruchtsäfte

Restaurant
»La Sirène«
200 Plätze, Terrasse
Ganzjährig täglich geöffnet bis 21.30 Uhr

Die »Réserve« ist das Spitzenhotel an der ganzen belgischen Küste. Ideal gegenüber dem Casino gelegen, zwischen Strand und einem Binnensee, auf dem alle Arten von Wassersport getrieben werden können. An das komplett renovierte Luxushotel ist ein Zentrum für Thalassotherapie angegliedert, das seine Wasser aus dem Meer erhält und Kuren gegen Beschwerden der Atmung, gegen Rheuma, zur allgemeinen Revitalisierung, Gewichtsabnahme, gegen Zellulitis und für die Schönheitspflege verabfolgt. Das Hotel verfügt darüber hinaus über vier Tennisplätze, ein bedecktes Meereswasser-Schwimmbecken, Solarien, Saunen, Golf, Wassersportmöglichkeiten vor der Tür, Reitpferde, eine Volière, Boutiquen und eine Kunstgalerie. Vollständiger kann ein Hotelangebot nicht mehr sein.

Auf der Terrasse vor dem Binnensee wird bei gutem Wetter auch das Essen serviert, das unter Leitung von Küchenchef Juan Verhaeghe zubereitet wird. Die stets sehr gut beleumundete Küche setzt ihre große Tradition fort: Sie bewegt sich auf der Mitte zwischen klassischer und Nouvelle Cuisine. Wegen der Nähe der Seehäfen von Zeebrügge und Oostende, die besten frischen Fische von den kleinen Booten garantieren, tut man gut daran, hier Meerestiere zu wählen, seien es die frisch entschälten Crevetten, die am Tisch zubereitet werden, den Teufelsfisch in Safransauce mit jungen Gemüsen umlegt oder das Babysteinbuttfilet auf flämische Art, d. h., mit Chicon. Zu den klassischen Gerichten der Nouvelle Cuisine gehört auch das Geflügel in Himbeeressig mit einem Ragout von Gemüsen. Aber einen Leckerbissen sollte man sich nicht entgehen lassen: das Hummerfrikassee mit in Sauternes geschmorten, warmen Austern.

Die teils modern, teils klassisch eingerichteten Zimmer verfügen über gut ausgestattete Bäder, von denen die WCs endlich einmal abgetrennt sind. Die Preise für die beiden Suiten sind im Vergleich zu den Großstadthotels ausgesprochen günstig: sie kosteten 1986 nur 425 DM! Siebzig Zimmer verfügen außerdem noch über eine Privatterrasse.

Wer die belgische Küste genießen, viel Sport treiben, sich verjüngen und verschönern lassen will, ist in diesem Haus bestens aufgehoben.

53. Hôtel Amigo

Bewertung: Hotel 65 % Restaurant 15 Punkte

Rue Herla 1
B-4800 Verviers
Tel.: 0032/87/221121
Telex: 49128
Besitzer: A. Blaton
Direktorin: Anny Jeunehomme
Küchenchef: Vincent Pauquai
Offizielle Klassifizierung: 4 Sterne
Öffnungszeiten: Ganzjährig
Gruppenreisen möglich
Hunde in den Zimmern zugelassen

Lage
Ruhig, Höhenlage 200 m, Spazierwege beginnen beim Hotel, Park und Privatgarten, Terrasse
Nächster Flughafen: 100 km
Nächster Bahnhof: ca. 1 km

Zimmer und Preise
Insgesamt 54 Zimmer, davon
16 mit Bad/WC
4 mit Bad
2 mit Dusche/WC
7 mit Dusche
11 Zimmer mit Grand lit
1 Apartment
7 Zimmer mit Terrasse zu 7300 bfr
Doppelzimmer zu 2450 bis 4300 bfr
Einzelzimmer zu 2300 bfr
Preise inklusive Frühstück, Service und Steuern
Vollpension pro Person im Einzelzimmer 3320 bfr
pro Person im Doppelzimmer 2670 bfr
Kinder bis 10 Jahre gratis

Einrichtung
Rustikal, Doppelzimmer 20–68 qm, Salonecke, 1 Sessel, 2 Stühle, 1 Tisch, Kofferablage, Nachttisch mit Leselampe, Lüster, großer Spiegel, Minibar, Radio »Self-Service«, Farbfernseher, Weckruf von der Zentrale, Klimaanlage, Direkt-

wahltelefon
Täglicher Bettzeugwechsel. Die Zimmer werden nach der Nachmittagsruhe noch einmal gemacht

Bäder
16 qm, 20 mit Außenfenster, 34 mit Ventilation, große Badewanne, abgetrennte Duschkabine, Bidet in einigen Zimmern, WC im Bad, normale Beleuchtung, Handtuchtrockner
Kleenex, Seife, Schaumbad, Spezialpapier zum Schuheputzen, Rasierapparat, Duschhaube
Täglicher Handtuchwechsel

Service
Portier, außer dem Frühstück werden auch Mahlzeiten auf den Zimmern serviert von 12.00 bis 14.30 Uhr und von 19.00 bis 22.00 Uhr, Reinigen und Bügeln bei Abgabe am Morgen bis nachmittags zurück, Wagen waschen und auftanken, Prospekte, Pläne und Karten für Ausflüge, Fahrpläne für Züge und Flugzeuge, Touristeninformation, Zeitungstisch in der Hotelhalle
2 Fahrstühle, Bar, 3 Restaurants, Privatparkplatz, Geldwechsel, Kreditkarten: American Express, Diner's Club, Visa, Eurocard

Sport
Tischtennis
Tennis: 1 km
Golf: 14 km

Frühstück
5 Brotsorten, verpackte Butter, Konfitüren Industrieprodukte, Honig, frische Croissants, zusätzlich verschiedene Eierspeisen, Schinken, Käse, Joghurt, Porridge, Cornflakes, Tee in Säckchen, frisch gepreßte Fruchtsäfte

Restaurant
Geschlossen: 24. bis 31. Dezember
Mittagessen bis 14.30 Uhr
Abendessen bis 22.00 Uhr
bis 120 Plätze, rustikal
Hintergrundmusik, Terrasse, Raum für Gesellschaften mit 10 Plätzen, Bar

Spezialitäten
Terrine de volaille aux ris de veau-Sauce
Magret de canard en croute aux 2 Sauces
Zephis de Poissons à la mousseline de noilly
Gateau de Coquilles St. Jacques – Mousseline de Basilic
Demi coquelet au Homard et au Champagne

Ich gebe ohne weiteres zu, daß dieses Haus zu meinen Lieblingshotels in Europa gehört. Es ist ja wohl auch erlaubt, daß ein Guide, der unter meinem Namen erscheint, ein paar ganz persönliche, bisher geheimgehaltene Adressen veröffentlicht. Ich wohne in diesem Haus seit fast 20 Jahren ziemlich regelmäßig, wenn ich mich erholen oder entspannen will. Besonders schätze ich die fast 100 qm große Suite in der fünften Etage mit dem umlaufenden Balkon, der auf der einen Seite den Blick auf den kleinen Park und dahinter auf die Ardennen, ferner auf ein schönes Villenviertel freigibt, auf der anderen Seite die Aussicht über die Stadt Verviers und das Tal der Vesdre (Weser). Aber auch die normalen Doppelzimmer sind geschmackvoll und wohnlich eingerichtet und verfügen über bequeme Bäder mit leider integrierten WCs.

Gewonnen hat dieses Hotel beträchtlich, seitdem Vincent Pauquai (32) im Frühjahr 1986 das Kommando am Herd übernommen hat und die höchst mittelmäßige Küche seines Vorgängers reformierte. Pauquai hat in so erstklassigen belgischen Küchen wie dem »Sanglier des Ardennes« in Durbuy, »der kleinsten Stadt der Welt«, und im »Maison Thonart« von Lorcé gelernt.

Bevor Pauquai die Küche des »Amigo« übernahm, war man gezwungen, um gut zu dinieren, in das einzige Sterne-Restaurant der Stadt zu gehen, ins »Maison de Moulan« in der Unterstadt, wo Monsieur Loxhay eine hervorragende Gourmeküche zu maßvollen Preisen bietet. Nun jedoch kann man auch im Hotel gut speisen, zum Beispiel knackige Scampis in Buttersauce, einen Babysteinbutt, mit 30 auszulutschenden Artischockenblättern umlegt, und in einer Artischockensauce, oder ein Honighähnchen in Himbeeressigsauce. Empfehlenswert auch eine originelle Kreation, nämlich der »Forellen-Flan« in Sahnesauce und mit frischen Gemüsen garniert.

Manche werden sich gewiß wundern, daß ich ein Hotel in einer abseitigen und bei den Deutschen fast unbekannten Stadt wie Verviers empfehle. Ich gebe zu, daß es eine etwas ausgefallene Idee ist, in der Textilstadt Verviers von Belgien ein Weekend zu verbringen; aber die Unbekanntheit bei den Deutschen trügt: Verviers war und ist ein wichtiges Wirtschaftszentrum in Mitteleuropa, an der Strecke Köln-Paris und Köln-Brüssel im Einzugsgebiet der Kohle- und Stahlstadt Lüttich gelegen, wo selbst es kein mit dem »Amigo« vergleichbares Hotel gibt.

Verviers ist ein guter Ausgangspunkt, um die Ardennen zu erkunden, Spa zu erleben und das bei vielen Touristen gänzlich unbekannte Hesbay (Haspengau) kennenzulernen. Es verfügt über ein sehenswertes Museum der Schönen Künste und ein interessantes Archälogisches Museum, eine eigene Bühne, die vom »Theater der Wallonie« bespielt wird.

Verviers ist in 15 Minuten von der Grenze bei Aachen über einen eigenen Zubringer der Autobahn Aachen-Lüttich-Maastricht-Brüssel zu erreichen. Ein Spaziergang vom Hotel hinunter zu den beiden Hauptplätzen »Place Verte«, »Place du Martyr« und durch die Hauptstraße »Craparue« ist ein amüsantes Erlebnis. Verviers ist bereits eine andere Welt und hat mehr mit Frankreich zu tun als mit Deutschland, dessen Grenze so nah ist.

Der Empfang ist liebenswürdig und steht unter Leitung der Direktrice Mademoiselle Anny Jeunehomme, die seit Gründung des Hauses vor ca. zwanzig Jahren erst als Rezeptionistin, dann als Sekretärin der Direktion und nun als Directrice arbeitet.

Gönnen Sie sich einmal ein Wochenende in der Suite der fünften Etage! Der Preis entspricht noch nicht einmal der Hälfte, den man in deutschen Großstadthotels für ein solches Apartment zahlen muß. Am Wochenende vergibt das »Amigo« Angebote mit stark reduzierten Preisen für ein Doppelzimmer, das Frühstück und eine Hauptmahlzeit. Und wer Freitag anreist, erhält eine besondere Reduktion auf das Diner.

54. De Rosier

Bewertung: Hotel 80% Restaurant 16 Punkte

Rosier 21–23
B-2000 Antwerpen
Tel.: 0032/3/2312491
Telex: 33697 rosant
Besitzer und Direktoren: Bob Claes, Theo Bonné, Walter De Bie
Küchenchef: Marc Rigouts
Offizielle Klassifizierung: de luxe
Geschlossen: 2 Wochen im August und letzte Dezember- und erste Januarwoche
Gruppenreisen möglich
Hunde zugelassen

Lage
Ruhig, besonders zur Gartenseite, französischer Garten, Terrasse
Nächster Flughafen: 15 km
Nächster Bahnhof: 3 km

Zimmer und Preise
Insgesamt 10 Zimmer, davon
5 Doppelzimmer mit Bad/WC zu 5500 bfr (Straßenseite), 6500 bfr (Gartenseite)
2 Doppelzimmer mit Dusche/WC zu 5500 bfr
3 Apartments mit Salon von 8500 bis 12500 bfr
Preise inklusive Service und Steuern
Frühstück: 500 bfr

Einrichtung
Stilmöbel, echte Antiquitäten, jedes Zimmer ist anders eingerichtet. Doppelzimmer 15–165 qm
Täglicher Bettzeugwechsel. Die Zimmer werden nach der Nachmittagsruhe noch einmal gemacht

Bäder
6–15 qm, 7 mit Außenfenster, 2 Waschbecken, große Badewanne, abgetrennte Duschkabine, Bidet, normale Beleuch-

tung, Handtuchtrockner
Täglicher Handtuchwechsel

Service
Portier, der Gast wird auf sein Zimmer begleitet, keine Mahlzeiten auf den Zimmern, Prospekte, Pläne und Karten, Fahrpläne
Fahrstuhl, Bar, Restaurant, abgeschlossene Garage

Sport
Hallenbad, Sauna
Tennis: 3 km, Golf: 10 km

Frühstück
3 Brotsorten, offene Butter, hausgemachte Konfitüren, Honig, frische Croissants, Bacon, Eier, Joghurt, echter Tee in Blättern, frisch gepreßte Fruchtsäfte

Restaurant
Geschlossen: Samstagmittag, Sonntag und in den Bankferien
40 Plätze
Bar, Terrasse
Gäste werden bis 23.00 Uhr angenommen

Dieses Hotel kommt im »Michelin« und in vielen bekannten Hotel- und Reiseführern nicht vor. Nur der »Gault-Millau« für Frankreich beschreibt das Hotel mit diesen Worten:

»Das Gegenteil eines Hotels: ein großes Patrizierhaus aus dem 17. Jahrhundert, mit verführerischem Raffinement eingerichtet und mit feinstem Geschmack von Antwerpens bestem Antiquitätenhändler, Bob Claes, eingerichtet. Jedes Zimmer ist ein Antiquitätensalon mit irrem Charme. Der italienische Garten, sehr beliebt für Cocktails, ist hinreißend, und das kleine Schwimmbad in römischem Stil ausgestattet. Prächtiges Restaurant.«

Das »Rosier« ist tatsächlich immer noch ein Geheimtip, den sich Künstler, Journalisten und Politiker unter der Hand weiterreichen. Auf Publizität in den Guides legen die drei Inhaber keinen Wert. Die zehn Zimmer des alten Hauses sind fast stets ausgebucht.

Die Inhaber verstehen ihr Haus als »Anti-Hotel«, d. h., es fehlt völlig die übliche internationale Routine. Das Haus ist vom zauberhaften Innenhof über die Apartments, das Restaurant bis hin zum Eingang durchweg künstlerisch ausgestattet. Ich empfehle ein Zimmer, dessen Fenster sich zum stilvollen Innenhof mit seinen alten Skulpturen öffnen. Trotz der Ausstattung mit echten Antiquitäten muß der Gast keineswegs auf modernen Badezimmerkomfort verzichten.

Obwohl das Haus im Herzen der Antwerper Altstadt liegt, ist es nachts absolut ruhig. Im Sommer wird auch auf der Gartenterrasse des Innenhofes das Essen serviert. Eine besonders schöne Suite nennt sich »Greats« und erinnert an das Antwerpen von Rubens und Plantin. Der Salon verfügt über eine Bücherwand, über Sitzekken und einen Frühstückstisch.

Besonders in der Antwerpener Geschäftswelt ist der »Präsidentenraum« beliebt, wo sechs bis zwanzig Personen zu gemeinsamem Essen, Konferenzen und Tagungen zusammentreffen können.

Die Bäder sind üppig: sieben von zehn haben Außenfenster, alle Doppelzimmer verfügen über zwei Waschbecken mit viel Ablagefläche und eine abgetrennte Duschkabine.

Von ausgezeichneter Qualität ist die Küche von Marc Rigouts, der in seinem stilvollen Restaurant eine klassische Nouvelle Cuisine serviert, die voll auf der Höhe der belgischen Gastronomie steht.

Wer die Hafenstadt Antwerpen besucht, sollte alle anderen Häuser vergessen und sich nur hier, in diesem einzigartigen »Anti-Hotel« anmelden. Er wird es gewiß nicht bedauern.

Der Präsidenten-Raum im De Rosier

Holland

Die Niederlande verfügen über ein paar der schönsten Landhotels mit guter Küche: das »Casteel Wittem«, 13 km von Aachen entfernt, das »De Wiemsel« in Ootmarsum, dicht an der Grenze zu Deutschland bei Enschede gelegen, das »De Swaen« in dem Städtchen Osterwijk, die »Hostellerie du Château« in Heeze, das Golfhotel »Lauswolt« in Beetserzwaag, das vom »Wiemsel«-Inhaber de Maas übernommen und ausgebaut wurde.

In den Städten dürften die Traditionshotels am interessantesten sein; deshalb wurde hier das »Europe-Excelsior« in Amsterdam, das »Des Indes« in Den Haag und das im alten Stil wiederaufgebaute »Kurhaus Scheveningen« vorgestellt, das vom Steigenberger-Konzern bewirtschaftet wird. Ausnahme ist das »Hilton« in der von Hitler restlos zerstörten und gänzlich wieder neuaufgebauten Hafenstadt Rotterdam.

Das berühmte üppige holländische Frühstück ist zum großen Teil nur noch eine Legende. In den Landhotels wird es noch in voller Pracht auch auf dem Zimmer serviert. Im übrigen ist es nicht anders als in gutgeführten deutschen Hotels auch.

Die ursprünglich sehr schwere und oft überladene Küche Hollands hat sich ebenso reformiert wie die deutsche Küche. Mit großem Eifer stürzten sich Mitte der siebziger Jahre die guten Köche des Landes auf die »Nouvelle Cuisine« aus Frankreich. Eine Reihe von Restaurants gehört seitdem in die europäische Spitzenklasse. Dazu gehören das »De Hoefslag« in Zeist bei Utrecht, das »Prinses Juliana« in Valkenburg, das »La Diligence« in Beek bei Maastricht, das »Excelsior« in Amsterdam, das »De Echoput« in Apeldoorn, das »Inter Scaldes« in Kruiningen, die »Villa Rozenrust« in Leidschendam bei Rotterdam und das »La Villette« in Rotterdam.

Was fast alle holländischen Hotels und Restaurants auszeichnet, ist die Liebenswürdigkeit des Personals und die gemütliche Einrichtung. Die Atmosphäre in den Niederlanden ist wesentlich geruhsamer und erholsamer als in der Bundesrepublik. Mit anderen Worten: Es reist sich angenehm in Holland.

55. Hôtel De L'Europe

Bewertung: Hotel 70 %   Restaurant 15 Punkte

Nieuwe Doelenstraat 2–4
NL-1012 CP Amsterdam
Tel.: 0031/20/234836
Telex: 12081
Inhaber: Hotel de l'Europe B. V.
Direktor: Adriaan W. Grandia
Küchenchef: G. F. Dresscher
Offizielle Klassifizierung: 5 Sterne
Öffnungszeiten: Ganzjährig
Gruppen mit begrenzter Anzahl
Hunde zugelassen

Lage
Im Stadtzentrum, Doppelfenster, Terrasse

Nächster Flughafen: 20 km
Nächster Bahnhof: 2 km

Zimmer und Preise
Insgesamt 116 Zimmer, davon
79 Doppelzimmer mit Bad/WC zu 400,– bis 650,– hfl
22 Einzelzimmer mit Bad/WC zu 350,– bis 400,– hfl
11 Einzelzimmer mit Dusche/WC zu 300,– bis 350,– hfl
16 der Doppelzimmer mit Balkon oder Terrasse
3 (nach Bedarf 16) Apartments mit Salon zu 950,– hfl

Preise inklusive Service und Steuern
Frühstück: 17,50 bzw. 27,50 hfl
Vollpension: 152,50 hfl zuzüglich Zimmerpreis
Halbpension: 92,50 hfl zuzüglich Zimmerpreis
Babybett gratis, Extrabett 65,– hfl, Kindermenü

Einrichtung
Stilmöbel. Doppelzimmer 20–48 qm, Salonecke mit Tisch und Sesseln, mindestens 2 Sessel und Stühle, Schreibsekretär, mindestens eine Kofferablage, alle Zimmer mit Diele und Einbauschränken, Tischlampen, Stehlampen, Nachttisch mit Leselampe, großer Spiegel, Minibar, Radio »Self-Service«, Farbfernseher mit Fernbedienung, Weckruf von der Zentrale, Klimaanlage
Täglicher Bettzeugwechsel. Die Zimmer werden nach der Nachmittagsruhe noch einmal gemacht

Bäder
ca. 8 qm, 17 Bäder mit Außenfenster, alle übrigen mit Ventilation, 1 oder 2 Waschbecken, große und kleine Badewannen, in den meisten Bädern abgetrennte Duschkabine und Bidet, WC in 10 Bädern abgetrennt, normale Beleuchtung
Kleenex, Seife, Schaumbad, Schwamm oder Waschlappen, Einrichtung zum Schuheputzen, Telefon, Bademäntel, Fön, Shampoo, Duschhaube
Täglicher Handtuchwechsel

Service
Portier, Gepäckträger, Wagenmeister, der Gast wird auf sein Zimmer begleitet, außer dem Frühstück werden auch Mahlzeiten auf den Zimmern serviert nach Spezialkarte, 24-Stunden-Zimmerservice, Bügeln ½ Stunde, Waschen und Reinigen 6 Stunden, Wagen waschen und auftanken, Zeitungen zum Frühstück für VIPs
Prospekte, Pläne und Karten für Ausflüge, Fahrpläne für Züge und Flugzeuge, alle touristischen Informationen
2 Fahrstühle für Gäste, 5 für den Service, Bar, Boutiquen, 2 Restaurants, privater Parkplatz und abgeschlossene Garage mit je 8 Plätzen, Geldwechsel

Sport
Schwimmbad, Sauna, Massage, Fitnessraum mit Geräten
Tennis: 2 km
Golf: 10 km

Frühstück
10 Sorten Brot, offene Butter, Konfitüren Industrieprodukte, Honig, frische Croissants, amerikanisches Frühstück, Tee in Blättern, frisch gepreßte Fruchtsäfte

Zwei Restaurants (120 und 30 Plätze)

Es gibt vielleicht noch üppigere und modernere Hotels in Amsterdam wie das »Hilton« oder das zur Interconti-Gruppe gehörende »Amstel«; aber es gibt kein so typisches klassisches, altes Grandhotel mit ausgezeichnetem Restaurant und erstklassigem Service wie das »Europe« inmitten der lebendigen Altstadt. Das Restaurant »Excelsior« bietet einen interessanten Ausblick über die Amstel auf den Münzplatz, um den sich fast alles in Amsterdam dreht. Ursprünglich war das Haus eine 1481 erbaute Festung, die jedoch nie ihren Zweck erfüllt hat. Erst 1895 wurde an dieser Stelle das heutige Hotel auf 620 Pfählen erbaut. Seitdem ist es immer wieder renoviert worden, so daß es heute den Komfort eines First-Class-Hotels bieten kann.

Der Service ist erstaunlich in diesem Hause: Auf jeden Zimmergast kommt ein Bediensteter, und der Aufzug der Kellner im Restaurant ist eindrucksvoll. Von den 116 Zimmern haben 17 Bäder mit Außenfenstern, in 10 Bädern ist das WC abgetrennt, immerhin etwas. Alle Zimmer sind mit Stilmöbeln ausgestattet; es gibt hier keine Uniformität. Das Frühstück ist holländisch-großzügig mit seinen 10 Sorten Brot und Brötchen, den frischen Croissants und den frischgepreßten Obstsäften.

Unter Kennern gilt das »Excelsior« als das führende Restaurant von Amsterdam. Hier dominieren allerdings nicht die Einheimischen, sondern die Amerikaner, Engländer, Deutschen, Belgier und Franzosen. Was uns in dem Restaurant besonders auffiel: die Gemüsebeilagen waren überall von bestechender Qualität. Dosenprodukte hat man uns in den Spitzenrestaurants Hollands nirgendwo auf den Teller gelegt. Auch im »Excelsior« gab es nur frische Gemüse wie Sellerie, Fenchel, Chicon, die feinsten grünen Bohnen, Reis und Kartoffeln.

Die Weinkarte des »Excelsior« zeigt große Kennerschaft und vor allen Dingen vernünftige Preise. Man ist als Deutscher erstaunt, daß hier fast alle französischen Gewächse 20 bis 30 Prozent niedriger liegen als bei uns. Dabei können die Holländer auch nicht billiger einkaufen als die Deutschen.

Der Service in diesem Hause ist ungewöhnlich aufmerksam. Ein Weinkellner sorgt dafür, daß der Wein, wie es sich von einem Klasse-Restaurant gehört, vor dem Servieren der Platten auf den Tisch kommt und noch mit frischer Zunge verkostet werden kann.

Im ganzen: ein behagliches und luxuriöses Haus, sehr praktisch inmitten der Amsterdamer Altstadt gelegen.

56. Hilton International

Bewertung: Hotel 60% Restaurant 13 Punkte

Weena 10
NL-3012 CM Rotterdam
Tel.: 0031/10/4144044
Telex: 22666
Besitzer: Hotelmaatschappij
Direktor: R. Bausch
Kuchenchef: Ludwig Briolas
Offizielle Klassifizierung: 5 Sterne
Öffnungszeiten:
Gruppenreisen möglich
Hunde auf den Zimmern zugelassen

Lage
Zentral
Nächster Flughafen: Zestienhoven ca. 6 km. Nächster Bahnhof: 200 m

Zimmer und Preise
Insgesamt 261 Zimmer mit Bad/WC
als Doppelzimmer 305,– bis 410,– hfl
als Einzelzimmer 260,– bis 375,– hfl
Preise inklusive Service und Steuern
Frühstück: 23,– hfl PP
Kinder im Zimmer der Eltern gratis

Einrichtung
Klassisch, bordeauxrote und blaue Möbelbezüge, Doppelzimmer ca. 21 qm, 2 Sessel und Stühle, Schreibsekretär, in den Suiten und Eckzimmern großer Schreibsekretär und Eßtisch, 1 Kofferablage, alle Zimmer mit Diele und Einbauschränken, Tischlampen, Stehlampen, Nachttisch mit Leselampe, großer Spiegel, Minibar, Radio »Self-Service«, Farbfernseher, Weckruf von der Zentrale
Täglicher Bettzeugwechsel. Die Zimmer

werden nach der Nachmittagsruhe noch einmal gemacht

Bäder
ca. 4 qm, alle mit Ventilation, eines mit Außenfenster, 1 Waschbecken, große Badewanne, Bidet in Suiten und Eckzimmern, WC im Bad, Neonlicht, Handtuchtrockner
Kleenex, Seife, Schaumbad, Waage in den Suiten, Duschhaube
Täglicher Handtuchwechsel

Service
Portier, der Gast wird auf sein Zimmer begleitet, außer dem Frühstück werden auch Mahlzeiten in den Zimmern serviert, 24-Stunden-Zimmerservice, Bügeln, Waschen und Reinigen: morgens abgeholt, mittags zurück
Prospekte, Pläne und Karten für Ausflüge, Fahrpläne für Züge und Flugzeuge an der Rezeption
2 Fahrstühle, Bar, Discothek, Juwelier, Zeitungsstand, Souvenirs, Boutique, Friseur, privater Parkplatz, Geldwechsel, Kreditkarten: Amexco, Master Charge, Eurocard, Visa, Diners Club

Sport
Tennis: 2 km
Golf: 5 km

Frühstück
Viele Brotsorten, verpackte Butter, Konfitüren verpackte Industrieprodukte, Honig, frische Croissants, Tee in Säckchen, Fruchtsäfte frisch gepreßt und aus der Dose, Frühstücksbüffet

Restaurant
»Le Restaurant«
Ganzjährig täglich geöffnet
Mittagessen: 12.00–15.00 Uhr
Abendessen: 17.00–22.30 Uhr
100 Plätze
Hintergrundmusik, Klimaanlage, Räume für Gesellschaften für 30–280 Personen, Bar, Bar mit Salon

Spezialitäten
Holländische Meeresfrüchte mit Austern, Muscheln, Garnelen und Heringen
Carpaccio vom Rinderfilet in gebundener Vinaigrette
Pochierte »Griet« und Jakobsmuschel in Safransauce
Rehkoteletts mit Geneverbeerensahnesauce
Hasenrücken in Pfeffersauce mit Kastanienpüree
Marinierte Früchte in Fliederbeerenbranntwein mit Sorbet
Menü: 34,50 hfl

Man kann Rotterdam nicht auslassen, wenn es um die größten Wirtschaftszentren in Europa geht; es ist nicht nur der vor Kobeport in Japan und dem Hafen von New York der größte Hafen der Welt, es ist auch das Zentrum des europäischen Ölhandels. Das erste Haus am Platz, das Hilton, hat auch eines der besten Restaurants der Stadt, obwohl die Konkurrenz hier sehr groß ist. Jahrzehntelang spielte das »Coq d'Or« in der ersten Etage der Van-Vollenhoven-Straat 25 gastronomisch die erste Geige (einziges Haus in Rotterdam mit einem Michelin-Stern), neuerdings ist das »La Villette« in der Westblaak 160 in den Vordergrund gerückt, und das »Old Dutch« in der Rochussenstraat 20 bezaubert immer noch durch seine alt-holländische Einrichtung und seine regionale, üppige Küche.

Demgegenüber stellt das »Le Restaurant« (100 Plätze) im Hilton den internationalen Kontrapunkt. Leider wird die Hochrippe als Portion für eine Person (wie auch in München übrigens) abgeschafft – wegen des mangelnden Erfolgs beim holländischen Publikum. Für zwei Personen bereitet aber Küchenchef Briolas, ein 35jähriger Münchner, die »Prime Rib«, im Ofen gebacken, immer noch zu. Die Speisekarte ist die eines großen internationalen Hotels und nicht die eines kleinen Gourmettempels. Schwerpunkt sind die Zubereitungen vom Angusrind, die es auf Bordelaiser Art und nach Art »Café de Paris« oder als Châteaubriand gibt. Fleischgerichte liegen zwischen 40 und 50 DM. Zu den Spezialitäten des Chefs, die man nicht auslassen sollte, gehören das Rindercarpaccio in gebundener Vinaigrette und die roh eingelegten, frischen Jakobsmuscheln ebenso wie die gut bestückte holländische Meeresfrüchteplatte.

Das 1963 eröffnete Hotel entwickelte sich rasch zu einem geschäftlichen Zentrum der Hafenstadt. Das Hotel mit seinen 261 Zimmern liegt in der oberen Preiskategorie und bietet den Geschäftsreisenden, den Politikern und den Leuten aus dem Showbusiness alle Erleichterungen von Großhotels. Allerdings sollte sich der gesamte Hilton-Konzern überlegen, ob er nicht eine gründliche Überholung seiner Zimmer und Bäder planen sollte. Inzwischen haben nämlich viele kleine Landhotels wie z. B. das »De Wiemsel« in Ootmarsum oder das »Prinses Juliana« in Valkenburg, die »Schweizer Stuben« im deutschen Wertheim oder das »Jagdhaus Glashütte« bei Bad Laasphe die Hotelketten bezüglich des Badezimmerkomforts beträchtlich überholt. Um zu sehen, wie ein wirklich gutes Bad aussehen sollte, würde ich den Hilton-Managern empfehlen, einmal zu Herrn Blot nach Fère-en-Tardenois (Hostellerie du Château bei Reims) zu fahren und sich dort umzuschauen.

An der praktischen Einrichtung der etwas kleinen, ca. 21 qm großen Doppelzimmer ist nicht viel auszusetzen, abgesehen davon, daß überall eine gewisse Uniformität herrscht. Beklagenswert sind die viel zu kleinen Bäder mit nur einem Waschbecken für zwei Personen, die integrierten WCs und das scheußliche Neonlicht. Auch das Zimmerfrühstück läßt in fast allen Hiltons im Gegensatz zum Frühstücksbüffet im Restaurant zu wünschen übrig. Die Industrialisierung der vielleicht wichtigsten Mahlzeit des Tages geht hier eben etwas zu weit.

Lobenswert ist im übrigen der Service rund um die Uhr. Ein besseres Quartier wird man indessen in Rotterdam nicht finden, wo man auch noch anständig und in einem festlichen Rahmen speisen kann. Am Rande sei vermerkt, daß man im billigen, populäreren Eckerestaurant des Hilton auch einen schnellen Lunch vom Büffet nehmen darf.

57. Hôtel Des Indes

Bewertung: Hotel 65 % Restaurant 13 Punkte

Lange Voorhout 54–56
NL-2514 EG Den Haag
Tel.: 0031/70/469553
Telex: 31196
Besitzer: Crest Hotels
Direktor: B. E. N. Felix
Küchenchef: R. van Eijk
Offizielle Klassifizierung: 5 Sterne
Öffnungszeiten: Ganzjährig
Gruppenreisen möglich
Hunde zugelassen

Lage
An einer Allee mit Bäumen, in der Nähe des Königlichen Palastes, ruhig, Park vor dem Hotel, Terrasse
Nächste Flughäfen: Schiphol Amsterdam 28 km, Zestienhoven Rotterdam 10 km. Nächster Bahnhof: 1 km

Zimmer und Preise
Insgesamt 77 Zimmer, davon
46 Doppelzimmer mit Bad/WC zu 435,– bis 485,– hfl
3 Doppelzimmer mit Dusche/WC zu 435,– hfl
12 Einzelzimmer mit Bad/WC zu 335,– hfl
4 Einzelzimmer mit Dusche/WC zu 335,– hfl

Penthouse-Suite
6 Suiten zu 800,– bis 950,– hfl
Preise inklusive Service und Steuern, zuzüglich Touristenabgabe
Frühstück: 25,– hfl
Für Gruppen eventuell Voll- oder Halbpension möglich
Kinder bis 14 Jahren im Zimmer der Eltern gratis, Frühstück halber Preis

Einrichtung
Salon im Stil Louis XVI., zum Teil echte Antiquitäten, Größe der Doppelzimmer verschieden, Salonecke mit Tisch und Sesseln, 1–3 Sessel und Stühle, Schreibsekretär, 1 Kofferablage, einige Zimmer mit Diele und Einbauschränken, Tischlampen, Stehlampen, Nachttisch mit Leselampe, großer Spiegel, Minibar, Radio »Self-Service«, Farbfernseher mit Fernbedienung, Weckruf von der Zentrale und automatischer Wecker, Direktwahltelefon
Täglicher Bettzeugwechsel. Die Zimmer werden nach der Nachmittagsruhe noch einmal gemacht

Bäder
Verschiedene Größe, 10 mit Außenfenster, 67 mit Ventilation, 1–2 Waschbekken, große Badewanne, abgetrennte Duschkabine und abgetrenntes WC in einigen Bädern, Bidet, normale Beleuchtung
Zahnpasta auf Nachfrage, Kleenex, Seife, Schaumbad, Schwamm oder Waschlappen, Einrichtung zum Schuheputzen, stummer Diener, Fön, Shampoo, Schuhlöffel
Täglicher Handtuchwechsel

Service
Portier, Piccolos, Hausdiener, der Gast wird auf sein Zimmer begleitet, außer dem Frühstück werden auch Mahlzeiten in den Zimmern serviert, Raum-Service-Karte, 6.00–24.00 Uhr (im Prinzip auch nachts), Bügeln sofort, Waschen und Reinigen morgens abgeholt, abends zurück außer an Sonn- und Feiertagen, Zeitungen zum Frühstück
Prospekte, Pläne und Karten für Ausflüge, Fahrpläne für Züge und Flugzeuge, Luxuszeitschriften
Fahrstuhl, Bar, Parfümerieartikel und Souvenirs an der Rezeption, 2 private Parkplätze, offene Garage, Geldwechsel, Kreditkarten: Access, Amexco, Carte Blanche, Diners, Eurocard, Visa, American Express, Japan Travel Card, Master Charge en route

Sport
Schwimmen, Sauna, Fitnessraum, Massage in der Nähe
Tennis: 3 km
Golf: 5 km
Fischen, Wasserski, Segeln: 4 km
Pferdesport: 4–5 km

Frühstück
6 Sorten Brot, offene Butter, Konfitüren Industrieprodukte, Honig, frische Croissants, Frühstückskarte, verschiedene Sorten Tee in Blättern, frisch gepreßter Orangen- und Grapefruitsaft

Restaurant
»Le Restaurant«
Ganzjährig täglich geöffnet
Mittagessen: 12.00–14.30 Uhr
Abendessen: 18.00–22.00 Uhr
65 Plätze
Hintergrundmusik: Harfenist und Pianist, Terrasse, Klimaanlage, Räume für Gesellschaften, Bar, Bar mit Salon

Spezialitäten
Dünne Scheiben von der Jakobsmuschel angemacht mit Safrandressing und geräuchertem Salm (Bestandteil des Menu Gastronomique)
Kalbfleisch und gebackene Entenleber (Bestandteil des Menu Gastronomique)

Krebsschwanz mit Entenleber in Sherrysauce (33,50 hfl)
Bavarois vom geräucherten Salm mit Tomaten-Coulis (18,50 hfl)
Gebackenes Zungenfilet mit Gorgonzolasauce und Courgetten (37,50 hfl)
Grillade vom Kalbshirn, Kalbsnieren und Kalbsmedaillon mit Cognacsabayon (33,50 hfl)
Menüs: Menu des Gourmets: 49,– hfl.
Menu Gastronomique (5 Gänge): 89,– hfl

Dieses Hotel liegt im Zentrum der königlichen Residenzstadt Den Haag gegenüber dem königlichen, kleinen Palast an einem der schönsten innerstädtischen Plätze, der Langen Voorhout. Ein paar Schritte nur sind es zum zauberhaften »Binnenhof« mit seinen mittelalterlichen Gebäuden und dem kleinen See, unter anderem dem renovierten Mauritshuis, das man besichtigen kann. Den Haag ist eine Reise wert, obwohl es bei den deutschen Touristen nicht in so hohem Ansehen steht wie Amsterdam. Eigentlich unbegreiflich; denn der Regierungssitz Den Haag ist eine wahrhaft geruhsame, aber auch anregende Stadt mit seinem Vorort Scheveningen, dem schönen Bad an der Nordsee.

Im »Hôtel Des Indes« befindet man sich im Herzen der Dinge. Das Hotel war über hundert Jahre lang gesellschaftlicher Mittelpunkt der Stadt. Es gehört heute zur Gruppe der Crest-Häuser, steht aber sowohl als Hotel wie auch als Restaurant weit über dem Durchschnitt der Hotels dieser Gruppe.

Das »Des Indes« hat noch die unnachahmliche Atmosphäre der alten Grandhotels aus der Belle Epoque. Antiquitäten und Stilmöbel geben allen Räumen den eigenen Charakter. Billig sind die Doppelzimmer gerade nicht: 450–500 DM muß man für eine Nacht hinlegen. Wer es sich leisten kann, ist mit einer der sechs Suiten zu 800–1 000 DM pro Nacht oder mit der einmalig schönen Penthouse-Suite bestens bedient. Zehn Bäder von 77 Zimmern haben Außenfenster, viele haben sogar zwei Waschbecken in den Doppelzimmern, abgetrennte Duschkabinen und abgetrennte WCs. Die Ausstattung mit Accessoires in Bädern und Zimmern entspricht großem Luxus.

Für holländische Verhältnisse kocht Küchenchef R. van Eijk geradezu modern: seine Spezialitäten zeigen viele eigene Kreationen, er liebt auf den ersten Blick widerspruchsvolle Kompositionen, die sich aber nach der Endfertigung als harmonisch erweisen: z. B. die Jakobsmuschel in Safran mit Räucherlachs, das Kalbfleisch mit gebratener Entenleber oder die Krebsschwänze mit Entenleber in Sherrysauce. Man tut gut daran, eines der beiden festen Menüs zu wählen, das Menü der Gourmets zu 49 Gulden oder das große gastronomische Menü zu 89 Gulden, die beide maßvoll kalkuliert sind.

Der Speisesaal ist – wie das ganze Hotel, obwohl ständig renoviert – auf sympathische Art altmodisch und gemütlich. Hier erwartet man auch nichts anderes als eine gutgemachte klassisch-französische Küche.

Ein beliebter Treffpunkt zur Kaffee- und Aperitifzeit ist die Lounge in klassizistischem Stil mit Blick auf die schöne Freitreppe, die zur Galerie im ersten Stock führt.

Das Frühstück wird gerne und großzügig auf dem Zimmer serviert. Der Gast wird hier nicht durch eine karge Mahlzeit ins Restaurant gezwungen.

Im ganzen: ein sympathisches Haus in der residentiellen Stadt Hollands.

58. Steigenberger Kurhaus Hotel

Bewertung: Hotel 75 % Restaurant 16 Punkte

Gevers Deynootplein 30
NL-2586 CK Den Haag/Scheveningen
Tel.: 0031/70/520052
Telex: 33295
Telecopier: 070-500911
Management: Steigenberger Hotel AG
Direktor: Walter Mankel
Küchenchef: Jan Hekkelman
Offizielle Klassifizierung: 5 Sterne
Öffnungszeiten: Ganzjährig
Gruppenreisen möglich
Hunde nur in den Zimmern zugelassen

Lage
Im selben Haus wie das Casino, betriebsam, Spazierwege am Strand, Terrasse
Nächste Flughäfen: 20 km Rotterdam, 45 km Amsterdam
Nächster Bahnhof: 5 km

Zimmer und Preise
Insgesamt 250 Zimmer, davon
177 Doppelzimmer mit Bad/WC zu 295,– bis 365,– hfl
63 Einzelzimmer mit Bad/WC zu 250,– bis 310,– hfl
84 der Doppelzimmer mit Balkon
10 Suiten mit Salon zu 575,– bis 900, hfl
Preise inklusive Frühstück, Service und Steuern
Halbpension ab 7 Übernachtungen zu 41,– hfl pro Person und Tag
Kinder bis 2 Jahren im Zimmer der Eltern gratis, Kinder von 2 bis 12 Jahren im Zimmer der Eltern 30,– hfl pro Nacht
Halbpension für Kinder bis 12 Jahre für 7 Tage 140,– hfl

Einrichtung
Modern, Rattansitzmöbel, Doppelzimmer 16–24 qm, Salonecke, 2 Sessel, 1 Stuhl, Schreibsekretär, Frühstückstisch, 1 Kofferablage, alle Zimmer mit Diele und Einbauschränken, Tischlampen, Stehlampen, Nachttisch mit Leselampe, großer Spiegel, Minibar, Radio von der Rezeption geregelt, Farbfernseher, Durchwahltelefon, Weckruf von der

Zentrale, stummer Diener, elektronischer Safe
Bettzeugwechsel alle zwei Tage. Auf Wunsch wird das Zimmer nach der Nachmittagsruhe noch einmal gemacht

Bäder
4 qm, 40 mit Außenfenster, 210 mit Ventilation, 1 Waschbecken, große Badewanne, Bidet und Handtuchtrockner nur in den Suiten, WC im Bad, Neonlicht
Zahnpasta auf Anfrage, Kleenex, Seife, Schaumbad, Schwamm oder Waschlappen, Spezialpapier zum Schuheputzen, Duschhaube, in den Suiten Waage, Rasierspiegel und Rasierapparat
Täglicher Handtuchwechsel

Service
Portier, der Gast wird auf sein Zimmer begleitet, außer dem Frühstück werden auch Mahlzeiten in den Zimmern serviert von 7.00 bis 24.00 Uhr, Bügeln 5 Stunden, Waschen und Reinigen 12 Stunden, Wagen waschen und auftanken, Zeitungen zum Frühstück
Prospekte, Pläne und Karten für Ausflüge beim Portier, Fahrpläne für Züge und Flugzeuge
4 Fahrstühle, 2 Bars, 2 Restaurants, Klimaanlage in den Gemeinschaftsräumen, offene Garage neben dem Hotel, Geldwechsel, Kreditkarten: American Express, Diners Club, Visa, Master Charge, Eurocard

Sport
Bedecktes, beheiztes Schwimmbad, offenes Schwimmbad, Tennis in der Nähe, Sauna und Fitnessraum neben dem Hotel, überdacht zu erreichen, Windsurfen, Segeln, Reiten, Bowling, Seefischen, Joggen, Radfahren
Golf: 7 km

Frühstück
11 Brotsorten, 12 Brötchensorten, 2 Sorten verpackte Butter, 2 Sorten hausgemachte Konfitüren, 5 Sorten Industriekonfitüren, Schokoladenstreusel, Erdnußbutter, 4 Sorten Diabetikerkonfitüre, 2 Sorten Honig, frische Croissants, Kaffee Arabica-Mischung, 8 Sorten Tee in Säckchen, 3 Sorten Fruchtsaft aus Konzentrat, Frühstücksbüffet

Restaurant
»Kandinsky«
Ganzjährig täglich geöffnet
Mittagessen: 12.00–15.00 Uhr
Abendessen: 18.30–24.00 Uhr
60 Plätze, Art deco
Klassische Hintergrundmusik, Klimaanlage, 14 Räume für Gesellschaften von 10 bis 450 Personen, 2 Bars, Bar mit Salon

Spezialitäten
La marée du jour en salade (32,50 hfl)
Saint Jacques en coquille de gala (29,50 hfl)
Tranche de turbot en queues de langoustines aux feuilles d'épinard, sauce vin blanc aux truffes (62,50 hfl)
Soufflé de homard, beurre blanc mousseux aux fruits de la passion et aux œufs de truite (57,50 hfl)
Magret de canard grillé, sauce au miel et au thym (45,– hfl)
Chou vert farci de blanc de lapin truffé (37,50 hfl)
Menüs:
49,50, 87,50, 115,– hfl

Scheveningen gehörte in der Belle Epoque zu jenen Badeorten wie Monte Carlo oder Deauville, wo die vornehmen Leute Urlaub an der See machten. 1885 wurde dort das Kurhaus mit Hotel direkt am Strand erbaut. Nach dem Ersten Weltkrieg begann allmählich der Abstieg mit der allgemeinen Demokratisierung (oder Proletarisierung) der Kurorte. In den siebziger Jahren unseres Jahrhunderts war das Kurhaus bereits völlig verfallen und pleite. Es war nicht mal mehr renovierungsfähig. Doch gab es in Holland eine starke Bewegung, dieses Kurhaus im alten Glanz wiederherzustellen und auch zu popularisieren. Denn Scheveningen mit seinem Kurhotel ist für alle Holländer ein Prestige-Symbol.

Anstatt das Kurhaus durch einen schlichteren Neubau zu ersetzen, entschloß sich die Verwaltung von Den Haag und der Gemeinde zu einem umständlichen Verfahren. Das alte Kurhaus wurde zwar abgerissen; aber man bewahrte bestimmte Materialien auf und restaurierte ein paar hundert Meter weiter neben dem ursprünglichen Platz das Haus, stellte die Originalfassade wortgetreu wieder her; ebenso wurden Teile der alten Kuppel aufbewahrt und komplett restauriert. Die Kuppel überdeckt die riesenhafte Halle, man ließ sogar die alten Innengemälde der Kuppel wortgetreu kopieren. Alles übrige jedoch wurde völlig neu gestaltet. Den gesamten Neubau finanzierten Gemeinde und Staat, der Betrieb wurde dem deutschen Steigenberger-Konzern übertragen, der heute das Hotel mit seinen Nebeneinrichtungen bewirtschaftet. Dem alten Vorbild entsprechen also nur noch die Fassade und die Kuppel – das ganze übrige Hotel ist modern und funktionell eingerichtet.

Die sozialistisch denkende Regierung Hollands hatte die Vorstellung, daß sich in der großen Hotelhalle unter der schönen Kuppel auch das »einfache Volk« zum Kaffee und Bier einfinden und die Kurhausatmosphäre genießen sollte. Ob das klappt, kann noch nicht gesagt werden. Die Direktion des Steigenberger-Kurhotels jedenfalls hat einen ganz anderen Weg beschritten, um das Haus aus den roten Zahlen zu bringen: Man wollte es vor allem für Kongresse und Tagungen von Politikern und Wissenschaftlern attraktiv machen. Deshalb hat man erst kürzlich fünf neue Suiten angebaut, in denen auch die an höchsten Komfort gewöhnten Staatsmänner mit Anstand wohnen können. Scheveningen ist nun also Nato- und EG-fähig geworden.

Die Zimmer sind durchweg sehr freundlich und hell eingerichtet. Aus den meisten genießt man den beliebten Meeresblick. Angereichert wurde kürzlich die Einrichtung durch stumme Diener, mit deren Hilfe man seine Hosen aufbügeln kann, und durch Föns in den Bädern.

Genau hier liegt jedoch wie in fast allen Kettenhotels der Schwachpunkt: Die Naßzellen sind entschieden zu klein, nur 40 von 250 Bädern haben Außenfenster, die WCs befinden sich im Bad, es gibt das scheußliche Neonlicht.

Dafür entschädigt das üppige Frühstück mit seinen über ein Dutzend Brot- und Brötchensorten und hausgemachten, offenen Konfitüren, den frisch gepreßten Säften und dem guten Arabica-Bohnenkaffee.

Besonderes Lob verdient das neue Restaurant »Kandinsky«, Nachfolger der alten »Coquille«. Im März 1986 wurde es von Madame Pompidou, der Präsidentin der »Société Kandinsky« eröffnet. Vier Originallithographien schmücken den Speisesaal, der dem Artdeco-Stil nachempfunden wurde. Mittags gibt es einen preiswerten Business-Lunch, abends speist man à la carte die Spezialitäten des bewährten Küchenchefs Jan Hekkelman. Die 250 Weine werden in Klimaschränken korrekt gepflegt.

Bemerkenswert eine Sonderkarte für Digestifs und Zigarren. Eine Davidoff-Ambassadrice kostet hier 17,50 Gulden, während man in einem Kölner Luxusrestaurant dafür nahezu das Doppelte zahlen muß.

Lobenswert die Anfahrt: ein Wagenmeister übernimmt das Auto und fährt es auf den Parkplatz oder in die Garage. Die Halle mit ihren diversen Restaurants ist ein Erlebnis. Zum Glück hat man schon vor Jahren den Empfang, der sich ursprünglich im ersten Stock befand, ins Parterre verlegt, was das Einchecken problemlos macht.

Offensichtlich ein gelungener Neubeginn für eine alte Institution: holländisches Flair, gemischt mit deutscher Perfektion.

Kursaal im Steigenberger

Luxembourg

Das Großherzogtum Luxembourg hat nur ein wirklich bedeutendes Wirtschafts- und Bankenzentrum, nämlich die Hauptstadt gleichen Namens. Neben den besten Landhotels des Landes, wie dem »Hiertz« in Diekirch und dem »Gaichel« in dem gleichnamigen Ort an der belgischen Grenze, bietet die Hauptstadt nur ein wirklich großes Hotel mit guter Küche, das »Interconti«, das sowohl das alte Traditionshotel »Cravat« wie auch das »Le Royal« in der Innenstadt übertroffen hat. Im Vorort Dommeldange am Hang neben einem großen Wald gelegen, ist es eigentlich auch ein Landhotel, das zur Innenstadt einen hoteleigenen Pendeldienst mittels eines Kleinbusses eingerichtet hat. Die europäischen Behörden am Kirchberg sind nicht weit entfernt, und gerade sie haben der eigentlich recht provinziellen Stadt einen internationalen Charakter gegeben, dem sich das Hotel gut angepaßt hat.

59. Hotel Inter-Continental

Bewertung: Hotel 75 % Restaurant 17 Punkte

Rue Jean Engling
L-1466 Luxembourg
Tel.: 00352/43781
Telex: 3754 inhot lu
Besitzer: Europa Turm KG & Co. Betriebs KG
Direktor: Clément J. Barter
Küchenchef: Jean Guinot
Offizielle Klassifizierung: 5 Sterne
Öffnungszeiten: Ganzjährig
Gruppenreisen
Hunde nur in den Zimmern erlaubt

Lage
Ruhig. Spazierwege, Park, Terrassc
Nächster Bahnhof: 6 km
Nächster Flughafen: 10 km

Zimmer und Preise
Insgesamt 344 Zimmer mit Bad/WC und Dusche/WC
277 Doppelzimmer zu 4900,– bis 6900,– lfr (2 Personen)
32 Apartments/Junior Suiten 12500,– lfr, normale Suite 15500,– lfr
62 Zimmer mit Terrasse
1 Person: 3900,– bis 5900,– lfr
Preise inklusive Service und Steuern
Continentales Frühstück: 400,– lfr
Frühstücksbüffet: 500,– lfr
Kinder unter 14 Jahren im Zimmer der Eltern frei, Aufschlag zum Frühstück

Einrichtung
Zimmer 17–20 qm, Salonecke, 5 Sessel und Stühle, Tisch, Kofferablage. Tischlampen, Stehlampen, Beleuchtung, großer Spiegel, Mini-Bar, Radio »Self-Service«, Farbfernseher, automatischer Wecker, Klimaanlage
Täglicher Bettzeugwechsel

Bäder
3,7–7 qm. Ventilation. 1 Waschbecken, große Badewanne, Bidet, WC gctrennt vom Bad, Neonlicht
Kleenex, Seife, Schaumbad, Waage, Infrarotlampe, Bademantel, Waschlappen, Einrichtung zum Schuheputzen, Shampoo usw.
Täglicher Handtuchwechsel

Service
Concierge, der Gast wird auf sein Zimmer begleitet, außer dem Frühstück auch Mahlzeiten auf den Zimmern, Bügeln, Waschen, Reinigen auf Wunsch
Prospekte, Pläne und Karten für Ausflüge, Pläne für Züge und Flugzeuge
Privatparkplatz, Geldwechsel. Kreditkarten, Gästebetreuerin

Sport
Sauna, Massage, Gymnastik, Bodybuilding, Hallenbad
Tennis: 4 km, Golf: 10 km

Frühstück
4 Brotsorten, Industrieprodukte, Honig, frische Croissants, frische Fruchtsäfte

Restaurant
»Les Continents«
Terrasse, Klimaanlage
Mittagessen: 12.00–14.00 Uhr
Abendessen: 19.30–22.00 Uhr
60 Plätze, klassische Einrichtung
14 Salons mit je 25 Plätzen, Bar

Spezialitäten
Consommé mit Raviolis gefüllt mit Gänseleber und angereichert mit Trüffeln (690,– lfr)

Blätterteig von Schnecken in Champagnersauce mit Knoblauch (630,– lfr)
Pochierte Eier mit Kaviar (840,– lfr)
Gedämpfter Hummer mit feinen Gemüsen und frischer Pasta (1 400,– lfr)
Barbenfilet in Zucchinis mit Auberginenmus (880,– lfr)
Gedämpfte Bressehähnchenbrust in Gänselebersauce (790,– lfr)
Menüs auf Bestellung: 1 600,– lfr
Weine: Riesling, Pinot Gris, Pinot blanc, Auxerrois Luxembourgois

---

Man könnte dieses Haus auch als Landhotel bezeichnen; denn es liegt am Hang eines schönen Tales außerhalb der großherzoglichen Hauptstadt in einem riesigen Waldgebiet, in welches man direkt vom Hotel aus wandern kann. Vom Stil der Einrichtung her ist es allerdings ein großstädtisches Großhotel, eine Welt für sich mit allen denkbaren Einrichtungen wie Hallenbad, Fitnessräumen, Solarium, Massage, Joggingwegen am Hotel. Vierzehn Säle für Konferenzen zwischen 10 und 400 Personen stehen zur Verfügung; Simultanübersetzungen sind möglich, Sekretariats- und Übersetzungsarbeiten vermittelt und übernimmt das Hotel; Reiseschalter, Bank- und Betreuungs-Einrichtungen erleichtern dem Reisenden das Leben. Alle Stunde fährt ein hoteleigener Kleinbus die Gäste zum Stadtzentrum und holt sie dort auch wieder ab. Die Betreuung der Gäste ist vorbildlich, weil dafür extra ausgebildete mehrsprachige Hostessen abgestellt sind.

Das zwar moderne, aber nicht allzu kalte Gebäude zeichnet sich durch ein erwärmendes Innenleben aus. Die Zimmer reichen von kleinen, preiswerten Doppelzimmern über die sogenannten 25 Juniorsuiten, die einen abgetrennten Wohnteil haben, bis hin zu den 31 Suiten mit Salon und einer Präsidentensuite mit drei Schlafzimmern im Penthouse, von welchem aus man einen herrlichen Blick über die Landschaft genießt. Die Bäder verfügen außer den heute üblichen Accessoires über Wärmelampen mit Temperatur-Kontrolle und Haartrockner. Man verwendet in diesem Haus übrigens keine schweren Schlüssel, sondern die Türen öffnen sich elektronisch mittels einer Lochkarte, die man statt in ein Schloß in einen Schlitz steckt und die für jeden Gast extra neu geprägt wird, so daß keine Gefahr besteht, daß ein nachfolgender Gast dieselbe Karte benutzen kann. Die Karte, die den Schlüssel ersetzt, läßt sich leicht in der Rocktasche tragen und ist stets ein Unikat.

Erstaunlich für ein solches Großhotel ist die Qualität der Küche, der Jean Guinot seit März 1985, einem Jahr nach der Eröffnung des Hauses, vorsteht. Ein Mann mit zahlreichen französischen Auszeichnungen und bewährt in Häusern von Nord- und Südamerika, Japan, Afrika, Dänemark, Holland und Deutschland. Schon 1968 errang er den begehrten Titel des »Meilleur Ouvrier du France« (Bester Arbeiter von Frankreich), den übrigens auch Bocuse trägt.

Das Restaurant ist in seiner festlichen Stil-Einrichtung voller Überraschungen: Bei unserem Besuch erschien um 20 Uhr ein klassisches Kammermusik-Trio (Pianist, Cellist und Violinist) und trug klassische Musik ebensogut vor wie leichte klassische Muse. Das schuf eine bessere Atmosphäre als Hintergrundmusik aus dem Lautsprecher. Die Gäste spendeten denn auch begeistert Beifall. Das Essen entsprach dem eines Sterne-Restaurants, zu dem es wohl demnächst befördert wird. Im Verhältnis zur Einwohnerzahl (ca. 78000) bietet die Stadt viele überdurchschnittliche Restaurants: Die Spitze ist das »St. Michel« mit 2 Michelin-Sternen mit seinen

Fischspezialitäten, dann folgen das »Agath«, das »Patin d'Or« im Vorort Kockelscheuer und die »Hostellerie Grünewald« gegenüber in Dommeldange. Ich bin ziemlich sicher, daß das »Les Continents« im Inter-Conti die Auszeichnung ebensogut verdient.

Der Stil der Küche ist stark von den Prinzipien der Nouvelle Cuisine beeinflußt. Die Karte bietet viele Spezialitäten an, die man sonst in klassischen Restaurants kaum findet. Das zeugt von einer großen Kreativität des Küchenchefs. Der Service ist ebenso höflich wie effektiv.

Neben dem Hauptrestaurant in der ersten Etage gibt es noch neben der Halle ein »Café Stiffchen« mit einer zauberhaften Sommerterrasse, einer Salatbar und einem Grill im Freien, wo man, vor der Sonne durch riesige Schirme geschützt, in Ruhe und bei einem schönen Blick über das Tal speisen kann. Die Karte ist kleiner als im Hauptrestaurant; aber sie bietet eine für ein Bistro erstaunliche Auswahl an Vorspeisen, Salaten und Grillgerichten zu Preisen zwischen 8,50 und 30 DM.

Ein besonderes Kapitel sind die Luxemburger Moselweine, zu deren Genuß ich unbedingt raten möchte. Sie haben keinerlei Ähnlichkeit mit den Gewächsen auf der deutschen Seite der Mosel: Es sind kräftige, fruchtig-trockene Weißweine vom Stil eines erstklassigen Loireweines, etwa dem »Pouilly Fumé« von Ladoucette oder dem »Clos de la Poussie«. Man staunt, welche köstlichen Produkte der gleiche Boden bei gleichem Klima hervorbringen kann. Die deutschen Moselwinzer sollten sich an den Luxemburger Ausbaumethoden ein Beispiel nehmen, damit sie endlich von den meistens dünnen und zu süßen Gewächsen abkommen.

Das Inter-Continental von Luxembourg erlebt seine Blütezeiten stets immer dann, wenn eine der großen europäischen Institutionen im Großherzogtum tagt. Außerhalb dieser Hochsaison ist das Haus aber auch für ein erholsames Landhotelwochenende zu empfehlen.

Schweiz

Jahrzehntelang war die Schweizer Hotellerie besonders vorbildlich für die Hotelmanager in der ganzen Welt. Das Alpenland hat zwar seine Vorrangstellung in dieser Hinsicht verloren; aber seine besten Häuser zeigen immer noch einen überdurchschnittlichen Standard. Die völlige Harmonie zwischen Wohnen und Essen ist allerdings in diesem Land die Ausnahme. Köche von so hohem Niveau wie das »Bruderholz« des Hans Stucki in Basel oder das »Chez Max« in Zürich kommen in Hotels nicht vor. In Genf, dicht an der Grenze zu Frankreich, kann man allerdings in einigen Traditionshotels brillant speisen. Diese Stadt ist deshalb hier auch überproportional vertreten.

Die Unterschiede zwischen der romanischen und der deutschen Schweiz sind in Gastronomie und Hotellerie immer noch enorm. Während man sich in der französisch- und italienischsprechenden Schweiz an die jeweiligen Küchen des Landes angepaßt hat, trifft man in der deutschen Schweiz allzuoft noch auf die deutsche »Plumpsküche«, die in unserem Land schon fast ganz verschwunden ist.

Etwas traurig stimmt es den Gourmet, daß die besten Restaurants der Schweiz für ihre Abendgäste nicht Zimmer bereithalten, wie viele kleine Feinschmeckertempel in Deutschland und in Frankreich das tun (z. B. »Traube« in Grevenbroich und »Baumann« in Fürth).

Wer gut wohnen und excellent speisen unter einem Dach will, muß schon etwas kompromißbereit sein und darf seine Meßlatte an die Küche nicht ganz so hoch anlegen wie im Pariser »Crillon«, dem »Bristol« oder den »Vier Jahreszeiten« in Hamburg.

In Liechtenstein befindet sich übrigens das beste Hotelrestaurant der »Schweiz«, das Restaurant »Real«. Seit Jahrzehnten behauptet der kleine Familienbetrieb seine Spitzenstellung in dem Minifürstentum, das unter dem Schutz der etwas mächtigeren Schweiz steht und deshalb hier als ein Haus dieses Landes aufgeführt ist.

60. Hôtel Euler Basel

Bewertung: Hotel 73 %   Restaurant 15 Punkte

Centralbahnplatz 14
Ch-4002 Basel
Tel.: 0041/61/234500
Telex: 962215
Besitzer: CEM – Hotels & Restaurants
Direktor: Jacques Pernet-Monkewitz
Küchenchef: Patrick Labalette
Offizielle Klassifizierung: 5 Sterne
Öffnungszeiten: Ganzjährig
Gruppenreisen nur zwischen 15. 6. und 31.8.
Hunde zugelassen

Lage
Nahe einer großen Durchgangsstraße, ruhig. Höhenlage 280 m, Nähe Bahnhof, Terrasse
Nächster Flughafen: Basel-Mülhausen 8 km
Nächster Bahnhof: Basel-SBB 100 m

Zimmer und Preise
Insgesamt 64 Zimmer, davon
22 Doppelzimmer mit Bad/WC zu 200,– bis 235,– SFr
33 Einzelzimmer mit Bad/WC zu 165,– SFr
9 Apartments mit Salon zu 380,– bis 550,– SFr
Preise inklusive Service und Steuern

Frühstück: 12,– SFr
Voll- oder Halbpension möglich
Kinder bis 12 Jahre im Zimmer der Eltern gratis, über 12 Jahre im separaten Zimmer 50,– SFr

Einrichtung
Individuell mit Stilmöbeln. Doppelzimmer 18–35 qm, Salonecke, Tisch, 2 Sessel, 2 Stühle, Schreibsekretär, 1–2 Kofferablagen je nach Zimmergröße, 5 Zimmer mit Diele und Einbauschränken, Tischlampen, Stehlampen, Nachttisch mit Leselampe, Lüster, großer Wandspiegel, Minibar, Radio »Self-Service«, Farbfernseher, Weckdienst von der Zentrale, 18 Zimmer mit Klimaanlage, Direktwahltelefon
Täglicher Bettzeugwechsel. Die Zimmer werden nach der Nachmittagsruhe noch einmal gemacht

Bäder
Größe verschieden, 7 mit Außenfenster, 57 mit Ventilation, 1–2 Waschbecken, große Badewanne, Bidet, WC im Bad, zum Teil Neonlicht, Handtuchtrockner
Zahnpasta, Kleenex, Seife, Schaumbad, Waage, Rasierspiegel, Schwamm oder Waschlappen, Einrichtung zum Schuheputzen, Shampoo, Duschhaube
Täglicher Handtuchwechsel

Service
Portier, der Gast wird auf sein Zimmer begleitet, außer dem Frühstück werden auch Mahlzeiten auf den Zimmern serviert, nach Spezialkarte, 24-Stunden-Service. Bügeln, Waschen und Reinigen 24 Stunden. Zeitungen zum Frühstück nur auf Wunsch, Prospekte, Pläne und Karten für Ausflüge, Fahrpläne für Züge und Flugzeuge, Taxi vor dem Haus, Mietwagen-Service
Fahrstuhl, Bar, Restaurant, abgeschlossene Garage, Geldwechsel

Sport
Tennis: 10 Min. mit dem Auto
Golf: 15 km

Frühstück
7 Brotsorten, offene Butter, Konfitüren abgepackte Industrieprodukte, Honig, frische Croissants, Bircher Müsli, Kaffee Spezialmischung, echter Tee in Blättern, frisch gepreßte Fruchtsäfte, Frühstücksbüffet

Restaurant
»Euler«
Ganzjährig täglich geöffnet, 12.00 bis 2.00 Uhr, 65 Plätze, klassisch
Abends Pianist, Hunde zugelassen, Terrassenbar, Restaurantgarten, Klimaanlage, Räume für Gesellschaften für 10–120 Personen, Bar

Spezialitäten
Foie gras frais de canard en terrine (27 SFr)
Marinière de saumon au basilic et à la coriandre (28,50 SFr)
Feuillantine légère au homard sur velours de persil (48 SFr)
Loup de mer en croûte de gros sel de mer (53,50 SFr)
Escalope de Loup de mer en feuilles vertes, sauce aux truffes légère (49 SFr)
Bouillabaisse parisienne en filets (48 SFr)
Menüs: 65 und 90 SFr
Weine: Buuser Klosterwein, Kluseggler Riesling-Sylvaner

Das »Euler« gehört zu den gediegenen Traditionshotels der Schweiz im Dreiländereck zwischen der Schweiz, Deutschland und Frankreich. Der Besitzerwechsel von der Familie Michel zu Caspar E. Manz hat dem Hotel keinen Abbruch getan. Es zeigt sich heute in renoviertem Gewand mit großen, schallisolierten Zimmern, in üppiger und wohnlicher Einrichtung. Bis zum Erscheinen dieses Guides sollen nun alle Zimmer renoviert worden sein.

Die Doppelzimmer sind recht geräumig (bis zu 35 qm groß), 7 Bäder haben sogar Außenfenster, die WCs sind leider vom Bad nicht abgetrennt. Sonst ist der Komfort erstklassig.

Besondere Beachtung verdient das Restaurant, dessen Küchenchef Patrick Labalette in La Rochelle gelernt hat, wie man mit Fischen umgeht, ohne sie totzubraten oder totzukochen. Labalettes Sous-Chef hat bei Stucki im »Bruderholz« die große Küche erlernt. Kein Wunder, daß in diesem Restaurant Fische und Meerestiere an erster Stelle stehen. Der ganze Wolfsbarsch in der Salzkruste aus Meersalz für zwei Personen ist frisch und perfekt abgepaßt, also nicht ganz durch, und der gebratene Seeteufel auf Lauch in Rotweinsauce wird auch für eine Person und sogar in halber Portion serviert.

Die Preise sind für Schweizer Verhältnisse vernünftig. Besonders günstig liegt das sechsgängige Probiermenü, das der Chef für nur 63 Schweizer Franken nach Markteinkauf frisch zusammenstellt. Die meisten Gerichte gibt es übrigens auch in halben Portionen für den »kleinen Hunger«.

Das Hotel liegt gegenüber dem Baseler Hauptbahnhof mit Airterminal und hat einen unterirdischen direkten Zugang zu den Gleisen.

Ein hervorragendes Haus mit ausgezeichneter Küche zu maßvollen Preisen (z. B. Normalfrühstück nur 12 Schweizer Franken!).

61. Basel Hilton

Bewertung: Hotel 65 %   Restaurant 13 Punkte

Aeschengraben 31
CH-4002 Basel
Tel.: 0041/61/226622
Telex: 965555
Besitzer: Schweizerische Lebensversicherungs- und Rentenanstalt
Direktor: Urs Hitz
Küchenchef: Franz Kühne
Offizielle Klassifizierung: 5 Sterne, de luxe

Öffnungszeiten: Ganzjährig
Gruppenreisen möglich
Hunde in den Zimmern zugelassen

Lage
Im Zentrum
Zimmer ruhig
260 m ü. d. M.
Nächster Flughafen: 10 km
Nächster Bahnhof: 0,2 km

Zimmer und Preise
Insgesamt 226 Zimmer, davon
195 Doppelzimmer mit Bad/WC zu
190,– bis 250,– SFr
22 Einzelzimmer mit Bad/WC zu
130,– bis 190,– SFr
9 Apartments mit Salon zu 340,– bis
940,– SFr
Preise inklusive Service und Steuern
Normalfrühstück: 9,50 SFr
Vollpension in und außerhalb der Saison ab 55,– SFr
Halbpension in und außerhalb der Saison ab 35,– SFr
Kinder im Zimmer der Eltern gratis, max. 3 Personen pro Zimmer

Einrichtung
Modern, stilvoll, Doppelzimmer 19 bis 47,5 qm, Salonecke mit Tisch und Sesseln, 2 Sessel, 1 Stuhl, Tisch und Schreibsekretär, 1 Kofferablage, alle Zimmer mit Diele und Einbauschränken, Tischlampen, Stehlampen auf Wunsch, Nachttisch mit Leselampe, in den Suiten indirekte Beleuchtung, großer Spiegel, Mini-Bar, Radio »Self-Service«, Farbfernseher und Video, Weckdienst von der Zentrale, Klimaanlage, Direktwahltelefon
Täglicher Bettzeugwechsel. Die Zimmer werden nach der Nachmittagsruhe noch einmal gemacht

Bäder
4,5 qm, Ventilation, 1 großes Waschbekken, große Badewanne, WC im Bad, Neonlicht
Kleenex, Seife, Schaumbad, Waage auf Wunsch, Schwamm oder Waschlappen, Einrichtung zum Schuheputzen, Shampoo, Duschhaube
Täglicher Handtuchwechsel

Service
Portier, der Gast wird auf sein Zimmer begleitet, außer dem Frühstück werden auch Mahlzeiten auf den Zimmern serviert, 24 Stunden täglich. Bügeln, Waschen und Reinigen innerhalb von 12 Stunden, Wagen waschen und auftanken, Zeitungen zum Frühstück, Prospekte, Pläne und Karten für Ausflüge, Fahrpläne für Züge und Flugzeuge, Sonderangebote für das Wochenende
4 Fahrstühle, Pianobar, Diskothek, Souvenirs, Friseur, Autovermietung, 2 Restaurants, Parkhaus im Hotel, Geldwechsel, alle wichtigen Kreditkarten

Sport
Beheiztes Hallenbad, Sauna, Massage, Fahrräder können im Hotel gemietet werden
Golf: ca. 8 km
Tennis: ca. 2 km
Reiten: 10 km

Frühstück
10 Brotsorten, verpackte Butter, abgepackte Konfitüre, Honig, frische Croissants, Frühstücksbüffet: Käse, Wurst, Steak, Eierspeisen, Früchte, Joghurt, Müsli, Cornflakes, Tee in Säckchen, frisch gepreßte Fruchtsäfte

Restaurants
»Café de la Marine Suisse«
Ganzjährig täglich geöffnet von 11.30 bis 23.30 Uhr
114 Plätze, rustikal
Hunde zugelassen
Hintergrundmusik, Klimaanlage, Räume für Gesellschaften 5–500 Plätze, Bar, Bar mit Salon

»Wettstein-Grill«
Ganzjährig täglich geöffnet
Mittagessen: 11.45–15.00 Uhr
Abendessen: 19.00–23.30 Uhr
118 Plätze, elegant

Spezialitäten
Steinbuttfilets mit Flußkrebsen an einer

Weißweinsauce mit Schnittlauch
Geschnetzeltes Kalbfleisch mit Basilikumrahmsauce und Äpfeln an Calvados
Tomatencrèmesuppe mit geschlagenem Rahm und Brotkrusteln
Amerikanisches Ochsenrippenstück vom Wagen
Riesenkrevetten und feingeschnittenes Kalbfleisch an einer Weinbrandsauce
Hüppentulpe mit exotischen Früchten und Bananeneis
Menü: Ab 11,50 SFr
Wein:
Kluser Blauburgunder

In einer mit dermaßen vielen, guten Hotels bestückten Stadt wie Basel will es schon etwas heißen, daß sich dieses Haus vor allem wegen seiner Küche auszeichnet. Das Hotel bietet den üblichen Hiltonkomfort, an dem außer den winzigen Naßzellen, den im Bad befindlichen WCs und dem Zimmerfrühstück nichts auszusetzen ist.

Das Gourmetrestaurant, das sich »Wettstein-Grill« nennt, bietet eine kleine, aber teils interessante Karte an. Die international berühmten Gerichte werden hier einwandfrei zubereitet, obwohl sie nicht immer von übermäßiger Kreativität zeugen, wie z. B. das gebratene Lammkarré auf Zucchini, Auberginen in Minzsauce oder das Rindersteak mit grünem Pfeffer. Warum in diesem Restaurant noch so viel Flambiertheater gemacht wird, liegt wohl daran, daß es ein großes internationales Hotelpublikum gibt, das sich immer noch daran mehr erfreut als an der Nouvelle Cuisine. Besonders sei auch in diesem Hilton auf die Ochsenrippe aus den USA hingewiesen, einem Fleisch, das allen europäischen Rinderrassen überlegen ist. Die »Prime-Rib« kostet 42,50 SFr. Bemerkenswerte Weinkarte, die von den einheimischen Gewächsen bis nach Kalifornien reicht.

Besonders beliebt ist das Lunchbüffet am Sonntagmittag, bei dem man sich zu einem maßvollen Festpreis ziemlich vollschlagen kann.

Ein Hilton, das versucht, in die Fußstapfen des »Prinz Eugen« in Wien zu treten, wo einmal Werner Matt regierte, oder in die von Pierre Pfister im Hilton von Mainz.

62. Bellevue Palace Hôtel

Bewertung: Hotel 70 % Restaurant 13 Punkte

3–5 Kochergasse
Ch-3001 Bern
Tel.: 0041/31/224581
Telex: 32124
Besitzer: AG
Direktor: Fritz Maeder
Restaurant-Direktor: Kurt Aeberhard
Küchenchef: Gottfried Burkhard
Offizielle Klassifizierung: 5 Sterne
Ganzjährig geöffnet
Gruppenreisen möglich
Hunde zugelassen

Lage
Neben dem Parlament, relativ ruhig, Rückseite zur Aare völlig ruhig, Höhenlage 541 m, Fußwege zur Aare, Parks direkt am Hotel, Terrasse
Nächste Flughäfen: Bern-Belpmoos 11 km (für Privatflugzeuge), Zürich-Kloten 129 km, Genf-Cointrin 135 km, Basel-Blotzheim 111 km
Nächster Bahnhof: 2 km

Zimmer und Preise
Insgesamt 143 Zimmer, davon
73 Doppelzimmer mit Bad/WC zu 130,– bis 200,– SFr
42 Einzelzimmer mit Bad/WC zu 65,– bis 105,– SFr
3 Doppelzimmer ohne Bad zu 90,– bis 110,– SFr

21 Einzelzimmer ohne Bad 50,– bis 60,– SFr
26 Doppelzimmer mit Balkon oder Terrasse
8 Apartments mit Salon zu 300,– SFr
Preise inklusive Frühstück, Service und Steuern
Kinder im Zimmer der Eltern 25,– SFr

Einrichtung
Stilmöbel, echte Antiquitäten. Doppelzimmer 16,36 bis 30,78 qm, Salonecke mit Tisch und Sesseln, 4–5 Sessel und Stühle, Schreibsekretär, 1–2 Kofferablagen, alle Zimmer mit Diele und Einbauschränken, Tischlampen, Stehlampen, Nachttisch mit Leselampe, Lüster, indirekte Beleuchtung, großer Spiegel, Telefonrundspruchgeräte, Weckruf von der Zentrale, Telefon über Hauszentrale
Täglicher Bettzeugwechsel. Die Zimmer werden nach der Nachmittagsruhe noch einmal gemacht

Bäder
4,95–6,61 qm, 7 mit Außenfenstern, 1 Waschbecken pro Gast, große Badewanne, Bidet, WC abgetrennt in 84 Zimmern, Neonlicht in Rosatönung, 3 Handtücher pro Person
Kleenex, Seife, Schaumbad, Waage, Schuhe werden vom Etagendienst gereinigt. Täglicher Handtuchwechsel

Service
Portier, der Gast wird auf sein Zimmer begleitet; außer dem Frühstück werden auch Mahlzeiten auf den Zimmern serviert (Restaurantkarte) von 7.00 bis 23.00 Uhr, Bügeln, Waschen und Reinigen 6 bzw. 24 Stunden, Wagen waschen und auftanken, Schuhputzdienst, Prospekte, Pläne und Karten für Ausflüge, Fahrpläne für Züge und Flugzeuge, im Zimmer: Stadtprospekt (hauseigen), Shopping-Guide (hauseigen ohne Werbung), Exkursionsprospekt und Facility-Guide
2 Fahrstühle
Bar, 2 Restaurants, Garagen, Geldwechsel

Sport
Tennis: 3 km
Golf: 17 km

Frühstück
4–5 Brotsorten, verpackte Butter, Konfitüren Industrieprodukte, Honig, frische Croissants, Frühstückskarte, Kaffee Spezialmischung, echter Tee in Blättern, frisch gepreßter Orangensaft, andere Säfte aus Büchsen oder Flaschen

2 Restaurants
120 und 140 Plätze
bis 23.00 Uhr geöffnet

Die Feinschmecker aus Düsseldorf werden sich noch an den Maître d'Hôtel im »San Francisco« des Hilton-Hotels erinnern, an Kurt Aeberhard, der dort bis Anfang der achtziger Jahre gearbeitet hatte, um dann wieder in sein Heimatland zu entschwinden. Jetzt leitet er den »Grill« des Hotels »Bellevue-Palace« auf eigene Rechnung in seiner unübertrefflich souveränen Art. Als er noch Günter Scherrers Kreationen im Düsseldorfer Hilton interpretierte, war er bei allen neuen und alten Stammgästen beliebt wie kaum jemals ein Restaurantdirektor vor ihm. Er ist auch in Bern eine Attraktion für die internationalen Gäste geworden, die sich schon aufgrund der Lage neben dem Schweizer Bundeshaus vor allem aus nationalen und internationalen Politikern und Journalisten zusammensetzen. Aeberhard betreut viele Diplomatencocktails und Diners.

Man ist also in diesem Hotel »in«, d. h., mitten zwischen den politischen Gestalten des Landes. Aeberhard hat es nicht schwer, die Gäste zu beraten; denn Küchenchef Gottfried Burkhards Kochkunst läßt sich durchaus mit den Fähigkeiten der besten Schweizer Köche vergleichen.

Die Speisekarte ist allerdings reichlich traditionell ausgerichtet, zeichnet sich jedoch durch sorgfältige Zubereitungen auch der regionalen Spezialitäten aus. Die Gerichte der Grande Cuisine werden mit einem »S« (Spezialität) und die regionalen Spezialitäten mit einem Kreuz bezeichnet. Spezialitäten sind Hechtklößchen auf Burgunder Art (16 SFr), Languste in Rahmsauce (Preis nach Größe) und Auflauf von Schokolade, Mokka, Apfel, Zitrone und Orangen (18 SFr).

Regionales: Schweinsfüße St. Menehauld (13 SFr), Zürcher Geschnetzeltes (20 SFr) und Kutteln in Rotwein (12 SFr).

Gute Terrinen aus Geflügel und Gemüse, enorme Auswahl an Käsen aus der Schweiz.

Das Luxushotel thront hoch über dem Fluß Aare, verfügt über eine der schönsten Sommerterrassen im Lande. In 84 von den 73 Doppel- und 42 Einzelzimmern mit Bad sind die Toiletten abgetrennt, d. h., in der Mehrzahl. Sieben Bäder haben sogar noch Außenfenster, und das Neonlicht wurde hier – des Schminkens wegen – nur rosa getönt verwendet. Schuhe werden in klassischer Manier noch vom Etagendienst geputzt, wenn man sie abends vor die Tür stellt.

Das Frühstück ist auch hier wie üblich mit vielen Industrieprodukten bestückt, und wer Orangensaft will, dem wird er auch frisch gepreßt; andere Säfte allerdings kommen aus Dosen. Ein Frühstücksbüffet gibt es hier nicht, berechtigte Folgerung: Eine große Zahl der hier wohnenden Gäste legt auf ein Zimmerfrühstück wert.

In unmittelbarer Nähe kann man an der Aare und in den öffentlichen Parks die schönsten Spaziergänge machen.

Im ganzen: ein gediegenes, echt schweizerisches Luxushotel mit guter, traditioneller Küche und erstklassigem Service.

63. Hotel Schweizerhof

Bewertung: Hotel 65 %   Restaurant 16 Punkte

Bahnhofsplatz 11
CH-3001 Bern
Tel.: 0041/31/224501
Telex: 911782
Besitzer und Direktor: Jean-Jacques Gauer
Küchenchef: E. Weyermann
Offizielle Klassifizierung: 5 Sterne
Öffnungszeiten: Ganzjährig
Gruppenreisen möglich
Hunde in den Zimmern zugelassen

Lage
Zentrum (schalldichte Fenster), Höhenlage 600 m, Terrasse
Nächster Flughafen: 125 km Zürich
Nächster Bahnhof: 100 m

Zimmer und Preise
Insgesamt 110 Zimmer, davon
62 Doppelzimmer mit Bad/WC zu 240,– bis 320,– DM
42 Einzelzimmer mit Bad/WC zu 160,– bis 190,– DM
14 Doppelzimmer mit Balkon oder Terrasse
6 Apartments mit Salon zu 450,– bis 600,– DM
Preise inklusive Frühstück, Service und Steuern
Halb- und Vollpension sind nur für Gruppen erhältlich
Spezialpreise für Kinder

Einrichtung
Antiquitäten. Doppelzimmer 20–40 qm, mit Salonecke, 2 Sesseln, 2 Stühle, Schreibsekretär, 2 Kofferablagen, 60 Zimmer mit Diele und Einbauschränken, Tischlampen, Stehlampen, Nacht-

tisch mit Leselampe, großer Spiegel, Mini-Bar, Radio »Self-Service«, Farbfernseher, Weckdienst von der Zentrale, Klimaanlage, Direktwahltelefon
Täglicher Bettzeugwechsel. Die Zimmer werden nach der Nachmittagsruhe noch einmal gemacht

Bäder
4–10 qm, 60 mit Außenfenster, 50 mit Ventilation, 1 Waschbecken pro Person, große Badewanne, teilweise abgetrennte Duschkabine, Bidet, Neonlicht, Handtuch-Trockner, WC im Bad
Zahnpasta, Kleenex, Seife, Schaumbad, Waage auf Verlangen, Rasierspiegel, Infrarotlampe, Schwamm oder Waschlappen, Einrichtung zum Schuheputzen, Rasierutensilien, Kosmetikbar
Täglicher Handtuchwechsel

Service
Portier, der Gast wird auf sein Zimmer begleitet, außer dem Frühstück werden auch Mahlzeiten auf den Zimmern serviert von 6.00 bis 24.00 Uhr, Bügeln, Waschen und Reinigen innerhalb 24 Stunden, Wagen waschen und auftanken, Zeitungen zum Frühstück, Prospekte, Pläne und Karten für Ausflüge, Fahrpläne für Züge und Flugzeuge, Concierge
2 Fahrstühle, 4 Bars, Diskothek, Boutiquen: Arcade Gourmande, 3 Restaurants, offene Garagen, Geldwechsel

Sport
Massage auf Bestellung
Tennis: 1 km
Golf: 10 km

Frühstück
3 Brotsorten, Butter verpackt und offen, Konfitüren hausgemacht und Industrieprodukte, Honig, frische Croissants, Büffet, Wurstwaren, Eierspeisen, Kaffee Spezialmischung, Industrietee in Säckchen, frisch gepreßte Fruchtsäfte, Frühstücksbüfett

Restaurant
»Schultheissenstube«
Ganzjährig täglich geöffnet 11.00 bis 23.30 Uhr
60 Plätze, rustikal
Hintergrundmusik, Klimaanlage, 5 Räume für Gesellschaften von 5 bis 350 Plätzen, Bar, Bar mit Salon

Spezialitäten
Petite salade de fruits de mer à l'huile de noix
Blanc de turbot au basilic
Papillote de saumon aux petites légumes
Gratin d'écrevisses aux èpinards
Cailles en croûte à la façon du chef
Gratin aux fraises Schweizerhof
Weine:
Schafiser Weißwein, Twanner vom Bielersee

Die Bundeshauptstadt der Schweiz, Bern, könnte einer der charmantesten Städte Europas sein, wäre sie nicht vor allem von Schweizern bewohnt, von denen ein großer Teil deutsch spricht – allerdings ein Deutsch, das vor allem nur die Schweizer verstehen. Die schönen mittelalterlichen Fassaden, die vielen Fontänen, der adrette Blumenschmuck in der Stadt und die reizvollen Boutiquen vermitteln den Eindruck einer friedlichen und liebenswürdigen Stadt. Außerdem lebt man hier merkwürdigerweise billiger als in Zürich oder im besonders teuren Genf.

Das der Familie Gauer gehörende 110-Zimmer-Hotel ist so schweizerisch, wie ein Haus es nur sein kann: Alles atmet die gute bürgerliche Tradition, ob in den Zimmern, in ziemlich eleganten Tagungsräumen oder in den diversen Restaurants. Berühmt im ganzen Land als Gourmettempel ist die »Schultheissenstube«, in der Küchenchef Blokbergen seit 1975 eine einfallsreiche Nouvelle Cuisine anbietet, die in Bern nicht ihresgleichen hat. Im Kontrast zu der behaglichen, regionalen Bürgerlichkeit des Rahmens präpariert er höchst moderne Gerichte: Natürlich muß ein Restaurant in einer so bürgerlichen Stadt auch Gewohntes bieten, wie das Bœuf Stroganoff, das Wiener Schnitzel oder das Chateaubriand. Aber der Gourmet wird durch den Meeresfrüchtesalat in Nußöl, das Gratin von Krebsen, die Wachteln in Teig oder den Saibling in Schnittlauchcrème befriedigt werden. Neben dem Grillraum mit seinen 60 Plätzen gibt es noch das einfachere Cityrestaurant, ein italienisches Bistro, und die Sinnentalerstube, für den Abend eine Bar und einen Nachtclub.

Die Doppelzimmer sind recht geräumig und verfügen oft über einen getrennten Wohnteil. Die WCs befinden sich in den Bädern, ein Bidet, ein Schminkspiegel und viele Extras garantieren internationalen Standard.

Am Frühstück ist außer dem Mangel an Brotsorten nicht viel auszusetzen. Ein Hotel, das vor allem wegen seines Restaurants Beachtung verdient. Es ist sogar Mitglied des Elite-Clubs »Traditions et Qualité«.

Das Stadt-Restaurant

64. Le Richemond

Bewertung: Hotel 90% Restaurant 17 Punkte

Jardin Brunswick
CH-1201 Geneve 1
Tel.: 0041/22/31 1400
Telex: 22598
Telefax: 022/31 67 09
Besitzer: Jean Armleder
Direktor: Victor Armleder
Küchenchefs: »Le Jardin«: Patrick Blanche. »Le Gentilhomme« und »L'Omnibus«: Alain Freyre
Offizielle Klassifizierung: 5 Sterne, de luxe
Öffnungszeiten: Ganzjährig
Gruppen nur zum individuellen Tarif
Hunde zugelassen

Lage

Stadtmitte, am Seeufer, ruhig. Höhenlage: 375 m. Gegenüber dem Hotel befinden sich See und Park zum Spazierengehen. Terrasse
Nächster Flughafen: 6 km
Nächster Bahnhof: 400 m

Zimmer und Preise

Insgesamt 98 Zimmer mit Bad und WC
Doppelzimmer 300,– bis 450,– SFr
Einzelzimmer 180,– bis 270,– SFr
8 Zimmer mit Grand lit
31 Zimmer mit Balkon
28 Suiten:
Juniorsuite zu 700,– bis 750,– SFr
Suiten zu 1 000,– bis 1 450,– SFr
Preise inklusive Service und Steuern
Frühstück: 18,– SFr pro Person

Einrichtung

Alle Zimmer sind unterschiedlich einge-

richtet. Klassisch mit Antiquitäten. Doppelzimmer 18–20 qm. Suite Royale: 180 qm. Doppelzimmer mit Salonecke, 2 Sessel, 1 Stuhl, Schreibsekretär, Kofferablage, Diele, Nachttisch mit Leselampe, Lüster, Stehlampen, Wandleuchten, großer Spiegel, Minibar, Radio »Self-Service«, Farbfernseher in allen Zimmern, Weckdienst von der Zentrale, 30 Zimmer mit Klimaanlage, Direktwahltelefon
Täglicher Bettzeugwechsel. Die Zimmer werden nach der Nachmittagsruhe noch einmal gemacht

Bäder
ca. 8 qm, Ventilation, 2 Waschbecken, normale Badewanne, in einigen Zimmern abgetrennte Duschkabine, Bidet, abgetrennte WCs, Neonlicht
Kleenex, Seife, Schaumbad, Waage, Rasierspiegel, in den Suiten und Juniorsuiten Bademäntel und Waschlappen, Spezialpapier zum Schuheputzen, Haartrockner in den Suiten und Juniorsuiten. Telefon in allen Bädern
Die Handtücher werden im Laufe des Tages so oft wie nötig gewechselt

Service
Portier, der Gast wird auf sein Zimmer begleitet, außer dem Frühstück werden auch Mahlzeiten auf den Zimmern serviert, 24-Stunden-Service, Bügeln bis 20.00 Uhr, Reinigen bis 24.00 Uhr. Wagen waschen und auftanken, Zeitungen zum Frühstück, sämtliche Informationen (Prospekte, Pläne, Karten für Ausflüge, Fahrpläne etc.) an der Abteilung »Conciergerie«, Friseur und Schönheitssalon
2 Fahrstühle, 2 Bars, 3 Restaurants, Geldwechsel, Kreditkarten: AX, Visa, EC, DC, JCB, MC

Sport
Massage
Tennis: 1 km
Golf: 8 km

Frühstück
6 Sorten hausgebackenes Brot, offene Butter, hausgemachte Konfitüren, Honig, frische, hausgemachte Croissants, frische Früchte, Kompott, Obstsalate, Rühreier, Speck, Schinken, Joghurt, Saft, 10 Sorten Tee in Blättern, frisch gepreßter Fruchtsaft

Restaurants
»Le Jardin«
Ganzjährig täglich geöffnet
Küchenchef: Patrick Blanche
120 Plätze, Art deco
Terrasse, Veranstaltungsraum 200 Plätze, Bar

Spezialitäten
Queues de langoustines aux baies roses (45,– SFr)
Aiguillette de canard au pamplemousse (39,– SFr)
Piccata de veau au citron vert (32,– SFr)
Persillé de ris de veau et langoustines (28,– SFr)
Mosaïque de volaille et foie gras (24,– SFr)
Vichyssoise rafraîchie (12,– SFr)
Bucatini à la »matriciana« (18,– SFr)
Menü: Tagesgericht im Sommer: 19,– SFr. Im Winter: 17,– SFr
Weine: Clos de la Donzelle, Château Barellet

»Le Gentilhomme«
Küchenchef: Alain Freyre
Pâtissier: Georges Berger
Ganzjährig täglich geöffnet
60 Plätze, klassisch

Spezialitäten
je nach Saison, z. B. 1986:
Consommé de crustacés en gelée au caviar (27,– SFr)

Cassolette de homard et moules au champagne (SFr 58,–)
Chariot de desserts (17,– SFr)
Degustationsmenü: 125,– SFr
Weine: Dézaley Clos des Moines, Ville de Lausanne, Humagne rouge (valais)

»L'Omnibus«
Küchenchef: Alain Freyre
Ganzjährig täglich geöffnet
36 Plätze
Luxusbistrot

Spezialitäten
Escalope de loup de mer au beurre de poivrons doux (43,– SFr)
Fricassée de volaille au vinaigre (25,– SFr)
Blanc de rascasse à la crème de thym frais (25,– SFr)
Rognon de veau poêlé aux grains de moutarde (45,– SFr)
Tagesgericht »Voiture de rôtis« (19,– SFr)
Weine: Karaffen Schweizer Weißweine

Die Geschichte dieses Hauses ist die Geschichte einer Familie, der Armleders. Als Stammvater Adolphe-Rodolphe mit 15 Jahren das schwäbische Rottweil verlassen hatte, pachtete er im Jahre 1875 die seit 1863 bestehende kleine Familienpension »Riche-Mont« mit 25 Betten. 105 Jahre später, 1980, umfaßte das Haus 200 Betten, und heute gehört es zu den führenden Hotels der Welt, wo das absteigt, was man die »große Welt« nennt, von Sophia Loren über Edward Kennedy, Christian Barnard und diverse Staatsoberhäupter.

In der vierten Generation führt heute Victor Armleder II., Sohn des siebzigjährigen Jean, das Hotel, in welchem er 1979 das Luxusrestaurant »Le Jardin« anstelle des alten Hotelspeisesaales schuf. Die Halle vergrößerte er, der Rauchsalon wurde zur Bar umfunktioniert, und seitdem ist das Ensemble zum gesellschaftlichen Treffpunkt für die Genfer geworden. 1981 schließlich wurde das Gourmetrestaurant »Le Gentilhomme« im Stile des Pariser »Maxim's« neu gestaltet.

Die Küche baut zwar auf vielen Luxusprodukten auf, aber bietet vor allem leichte Zubereitungen als Tellergerichte. Im »Gentilhomme«, dem Feinschmeckertempel, gibt es natürlich die aufwendigeren Präparationen.

Der junge Küchenchef, der für das Gourmetrestaurant zuständig ist, hat bei so bedeutenden Meistern wie Freddy Girardet in Crissier und Alain Chapel in Mionnay gelernt. Er leitet erst seit 1986 die Richemond-Küche im »Gentilhomme«, während sein junger Kollege Patrick Blanche das »Le Jardin« führt. Er hat vorher in einem der besten Restaurants von Genf, dem »Parc des Eaux-Vives«, gearbeitet.

Im »Le Jardin« liegen die Preise zwischen 12 und 40 Schweizer Franken, während sie im »Gentilhomme« entschieden höher sind. Dafür gibt es dann im Gourmetrestaurant Hummer und Muscheln in Champagnersauce, eine Brühe von Meerestieren in Kaviargelee, einen riesenhaften Dessertwagen und ein Probiermenü für 125 Schweizer Franken.

In dem Luxusbistro »L'Omnibus«, das ebenfalls von Küchenchef Freyre bekocht wird, gibt es die relativ preiswertesten Spezialitäten, z. B. ein Geflügelfrikassee in Vinaigre für 25 Schweizer Franken, ein Filet von Rascasse in frischer Thymiansauce zu 25 Schweizer Franken und ein Tagesgericht vom Wagen mit gerösteten Fleischsorten für 19 Schweizer Franken.

In Häusern wie dem »Richemond« ist es kein Fehler, ein »Prominenter« zu sein, um den man sich besonders bemühen wird. Luxus und Service des Hauses entsprechen den hohen Preisen: Die Bäder sind größer als die in den Kettenhotels, die unterschiedlich eingerichteten Zimmer bestechen durch schöne Antiquitäten und durch ihren geschmackvollen Luxus; die WCs sind meistens vom Bad abgetrennt (es geht also doch!), Concierge und Portier nehmen sich liebevoll auch der ausgefallensten Wünsche der Gäste an.

Es schmälert die Leistungen der Familie Armleder nicht im geringsten, daß sie auch noch die »Réserve« leitet und in der Stadt über weitere Etablissements verfügt.

Ohne Frage gehört dieses Haus in eine Reihe mit den bedeutenden Familienhotels in Europa wie den »Vier Jahreszeiten« von Hamburg, dem »Europäischen Hof« in Heidelberg und dem »Crillon« in Paris.

Teil einer Suite im Richmond

65. Hôtel Des Bergues

Bewertung: Hotel 85 % Restaurant 15 Punkte

33 Quai des Bergues
CH-1201 Genf
Tel.: 0041/22/315050
Telex: 23383
Fax: 022/32 1989
Besitzer: Société Nouvelle des Bergues
Direktor: Reto Grass
Küchenchef: Albert Felli
Offizielle Klassifizierung: 5 Sterne, de luxe
Öffnungszeiten: Ganzjährig
Kleine Gruppen bis 25–30 Personen werden angenommen
Hunde in den Zimmern zugelassen, 20,– SFr pro Tag

Lage
Stadtzentrum, alle Zimmer mit Doppelglasfenstern, Terrasse
Nächster Flughafen: 7,5 km
Nächster Bahnhof: 0,5 km

Zimmer und Preise
Insgesamt 117 Zimmer, davon
57 Doppelzimmer mit Bad/WC zu 330,– bis 380,– SFr
40 Einzelzimmer mit Bad/WC zu 255,– bis 270,– SFr
8 der Einzelzimmer mit Balkon, 8 der Doppelzimmer mit Balkon
12 Juniorsuiten mit Bad/WC
8 Apartments mit Salon zu 1 050,– bis 1 200,– SFr für 2 Personen, zu 950,– bis 1 100,– für 1 Person
Preise inklusive Service und Steuern
Frühstück: 17,– SFr pro Person
Extrabett (für Kinder) zu 80,– SFr

Einrichtung
Stilmöbel: Louis XVI. oder Louis-Philippe. Doppelzimmer 35–50 qm, Salonecke, 2 Sessel, 1 Stuhl, Schreibsekretär, Frühstückstisch, 1 Kofferablage, al-

le Zimmer mit Diele und Einbauschränken, Tischlampen, Stehlampen, Nachttisch mit Leselampe, großer Spiegel, Minibar, Radio »Self-Service«, Farbfernseher, Direktwahltelefon, Weckruf von der Zentrale, ca. die Hälfte der Zimmer mit Klimaanlage
Täglicher Bettzeugwechsel. Die Zimmer werden nach der Nachmittagsruhe noch einmal gemacht

Bäder
ca. 10 qm, alle mit Ventilation, 2 Waschbecken, große Badewanne, Bidet, WC in 50 % der Zimmer vom Bad abgetrennt
Kleenex, Seife, Schaumbad, Rasierspiegel, Schwamm oder Waschlappen, Einrichtung zum Schuheputzen, Shampoo
Täglicher Handtuchwechsel

Service
Portier, der Gast wird auf sein Zimmer begleitet, außer dem Frühstück werden auch Mahlzeiten auf dem Zimmer serviert, Room-Service-Karte, 6.30 Uhr bis Mitternacht, Wagen waschen und auftanken, Zeitungen zum Frühstück, Prospekte, Pläne und Karten für Ausflüge, Fahrpläne für Züge und Flugzeuge, Karten für Flugzeuge, Züge, Theater, Oper etc.
2 Fahrstühle, Bar, Friseur, 2 Restaurants, 8 bedeckte Parkplätze, im Hotel Schalter des Schweizerischen Bankvereins (Montag bis Samstag 8.00–20.00 Uhr, Sonntag 8.00–12.00 Uhr), Kreditkarten: American Express, Diner's Club, Visa, Eurocard, Master Charge, THF, JCB, En Route, Carte Bleue

Sport
Alle Sportmöglichkeiten in der Nähe
Tennis: 2 km, Golf: 7 km

Frühstück
4 Brotsorten, verpackte Butter, Konfitüren Industrieprodukte, Honig, frische Croissants, Obst, Joghurt, Extras laut Frühstückskarte, Kaffee Spezialmischung, Tee in Blättern, frisch gepreßte Fruchtsäfte

Restaurants
»Le Pavillon«
Coffeeshop, 60 Plätze, Terrasse
letzte Bestellung um 22.30 Uhr

»L'Amphitryon«
Geschlossen: Samstag ganzer Tag und Sonntagmittag, zwischen Weihnachten und Neujahr
Mittagessen: 12.00–14.00 Uhr
Abendessen: 19.00–22.00 Uhr (letzte Bestellung)
40 Plätze, Stilmöbel Louis-Philippe
Klimaanlage, 4 Räume für Gesellschaften (insgesamt 450 Plätze), Bar, Bar mit Salon

Spezialitäten
Salade de médaillons de langouste Albert Felli (36,– SFr)
Foie gras frais de canard poêlé au vinaigre de Xérès et compote de choux blancs (30,– SFr)
Loup de mer grillé au fenouil (Preis nach Gewicht)
Rognons de veau en casserole au Château-Châlon et purée de cresson (42,– SFr)
Fricassée de poularde de Bresse au citron et fines herbes du potager (40,– SFr)
Weine: Weiß: Pinot Gris de Dardagny. Rot: Gamay Clés d'Or

Dieses Haus ist das älteste Hotel von Genf, das bereits 1834, im Jahre seiner Gründung, nach Größe und Komfort die Maßstäbe für die Schweizer Hotellerie setzte. Es gab auf jeder Etage dreißig Zimmer, Apartments, Salons und Balkons. Lange gab dieses Hotel in der Schweiz den Ton an. Im Ersten Weltkrieg vollzog sich ab 1914 eine grundlegende Renovierung vor allem der technischen Einrichtungen. Doch wollte man dem Haus seine historische Atmosphäre lassen, und daher wurden die Möbel nach den Vorlagen der ursprünglichen Einrichtung restauriert. Im Herbst 1920 konnte das Hotel die erste Sitzung des Völkerbundes durchführen. In den sechziger Jahren unseres Jahrhunderts wurde abermals eine Renovierung durchgeführt: jetzt verfügt das Haus über 117 Zimmer in fünf Stockwerken, deren Flure ca. 100 Meter lang sind, und über Salons, in denen sich tausend Personen versammeln können.

Die Stilmöbel aus den Epochen Ludwigs des XVI. und von Louis-Philippe vermitteln eine warme Atmosphäre. Die Bäder sind im Gegensatz zu denen in den modernen Hotelketten groß (ca. 10 qm), verfügen über zwei Waschbecken in den Doppelzimmern, und in der Hälfte aller Zimmer sind die Toiletten sogar abgetrennt.

Das Hauptrestaurant heißt »L'Amphitryon« und bietet Platz für ca. 40 Personen, gerade die angemessene Größe für ein anspruchsvolles Gourmetrestaurant. Es wird eine einfallsreiche, klassische Küche geboten, zu deren Spezialitäten (siehe oben) man nur raten kann. Der Küchenchef bedient sich nur erstklassiger, frischer Grundprodukte und bereitet à la minute für jeden Gast die Portionen zu. Dazu trinkt man natürlich vorwiegend Schweizer Weine.

Seit 1980 gehört übrigens das Hotel zur Gruppe der »Trusthouse forte«, in der Spitzenhäuser wie das »Georges V«, das »Plaza Athénée« von Paris, das »Hyde-Park-Hotel« in London, das »Ritz« von Madrid und das »Westbury« von New York vertreten sind. Das Haus ist durch seine ständigen Renovierungen auf Hochglanz gehalten worden.

Bemerkenswert ist die erleichterte Hotel-Küche, die früher einmal, wie üblich in solchen Häusern, sehr schwer war. Den Schwerpunkt bei Küchenchef Felli bilden die Fische und Meeresfrüchte, das Lamm und die Poularden.

Eine schöne Sitte ist es, daß hier ausgezeichnete Weiß- und Rotweine, auch die aus Bordeaux, glasweise serviert werden. Das ist angenehm für alle Gäste, die allein reisen müssen.

66. Hôtel Beau Rivage

Bewertung: Hotel 85 %   Restaurant 17 Punkte

13, Quai du Mont-Blanc
CH-1201 Genève
Tel.: 0041/22/31 02 21
Telex: 23 362 Boriv CH
Besitzer: Familie Mayer
Direktor: Jacques Mayer
Küchenchef: Richard Cressac
Offizielle Klassifizierung: 5 Sterne
Öffnungszeiten: Ganzjährig
Keine Gruppenreisen
Hunde in den Zimmern zugelassen

Lage
Zentral, Höhenlage 370 m. Fußwege beginnen direkt am Hotel, Park in der Nähe, Terrasse
Nächster Flughafen: 5 km
Nächster Bahnhof: 1 km

Zimmer und Preise
Insgesamt 120 Zimmer mit Bad/WC
Doppelzimmer zu 300,– bis 400,– SFr
Einzelzimmer zu 170,– bis 260,– SFr
10 Zimmer mit Grand lit
20 Zimmer mit Terrasse
6 Apartments zu 1 100,– bis 1 500,– SFr
Preise inklusive Service und Steuern
Frühstück: 15,– SFr pro Person

Einrichtung
Traditionell. Doppelzimmer 18–38 qm, einige mit Salonecke, 2 Sessel, 2 Stühle, Schreibsekretär, Kofferablage, die meisten Zimmer mit Diele und Einbauschränken, Nachttisch mit Leselampe, Stehlampen, indirekte Beleuchtung, Wandleuchten, großer Spiegel, Minibar, Radio »Self-Service«, Farbfernseher, Video, Weckdienst von der Zentrale, die meisten Zimmer mit Klimaanlage, Direktwahltelefon
Täglicher Bettzeugwechsel. Die Zimmer werden nach der Nachmittagsruhe noch einmal gemacht

Bäder
5 qm, Ventilation, 2 Waschbecken, große Badewanne, Bidet, WC vom Bad abgetrennt, Neonlicht, Handtuchtrockner
Kleenex, Seife, Schaumbad, Waage, Rasierspiegel, Bademäntel, Fön, angewärmte Handtücher, Bodylotion, Aftershave
Zweimal täglich Handtuchwechsel

Service
Portier, Wagenmeister, Gepäckträger, der Gast wird auf sein Zimmer begleitet, außer dem Frühstück werden auch Mahlzeiten auf den Zimmern serviert, nach Spezialkarte, 24 Stunden am Tag, Bügeln und Reinigen: Expreßservice am selben Tag. Wagen waschen und auftanken, auf Wunsch Zeitungen zum Frühstück
Prospekte, Pläne und Karten für Ausflüge, Fahrpläne für Züge und Flugzeuge, Conciergerie-Service
2 Fahrstühle, Bar, 2 Restaurants, Privatparkplatz, geschlossene Garage, Geldwechsel, Kreditkarten: American Express, Eurocard, Diner's, Visa

Sport
Massage auf Wunsch, Sauna und Fitnessraum in der Nähe
Tennis: 2 km
Golf: 2 km

Frühstück
4 Brotsorten, offene Butter, Konfitüre Industrieprodukt, Honig, frische Croissants, frische Fruchtsäfte

Restaurant
»Le Chat Botté«
Geschlossen: Samstag und Sonntag, 15 Tage nach Weihnachten, 15 Tage nach Ostern und an Feiertagen
Mittagessen: bis 14.15 Uhr
Abendessen: bis 22.15 Uhr
50 Plätze, Stil Louis XIII.
Abends Pianist, Terrasse, Klimaanlage, Räume für Gesellschaften bis 300 Plätze, Bar

Spezialitäten
(die Karte wird viermal jährlich gewechselt):
Timbale de langoustines en gelée de Sauterne au caviar
Ravioli d'escargots au pinot noir
Eventail de saumon frais à l'émincé de courgettes
Pavé de lotte caramélisé aux carottes persillées
Pot au feu de volaille de Bresse à la moëlle
Medaillon de ris de veau braisé aux épices
Menü: 48 SFr
Weine: Blanc La pierre aux biches, Rouge Château Barillet

»Le Quai 13«
Rustikal
Einfache Gerichte

Dieses Hotel kenne ich seit Anfang der siebziger Jahre, und ich habe es seitdem regelmäßig wieder besucht. Damals lebte noch das Familienoberhaupt Fred Mayer, dessen Familie vor rund hundert Jahren aus Schwaben in die Schweiz eingewandert war. Fred war ein eminenter Weinkenner, und seine Weinkarte zeugt noch heute von der ungewöhnlichen Leidenschaft für alle Weine dieser Welt: Sie gehört zu den erlesensten in ganz Europa. Der sein ganzes Leben lang wohlbeleibte und gutes Essen liebende Fred glaubte eines späten Tages, abnehmen zu müssen: Er verlor binnen kurzem 30 Kilo – und dann starb er.

Heute ist sein Sohn Jacques Inhaber und Direktor des Hauses, unterstützt von seiner dänischen Frau Snuggi. Das modernisierte Traditionshotel gedeiht prächtig: Nicht umsonst ist ein enger Verwandter Bankier, so daß man offensichtlich hier keine Schwierigkeiten mit den Investitionen hat.

Das historisch bedeutsame Hotel, vor dessen Pforten Österreichs Kaiserin »Sissi« am 10. 9. 1898 von einem italienischen Anarchisten ermordet wurde und in dessen Luxusapartment sie ihr Leben aushauchte, wurde mehrfach renoviert. Luxuriöse Bäder, bequeme Betten, Radio, Fernsehen, Antiquitäten mit modernen Möbeln gut gemischt, haben die überalterte Einrichtung des alten Palasthotels ersetzt. Sehenswert die Halle mit ihrem von Galerien in den verschiedenen Etagen umsäumten Innenhof.

Das besondere Interesse der Mayers galt immer der Gastronomie. Es begann damit, daß der alte Fred den Drei-Sterne-Koch Lucien Leheu vom »Taillevent« in Paris nach Genf holte, wo dieser im Restaurant des Hauses, dem »Chat Botté«, die alte klassische französische Küche machte, die ihm dann auch prompt einen Stern im Michelin eintrug. Dann ließen die Mayers das Restaurant so umbauen, daß es einen eigenen Eingang von außen bekam, also nicht nur als Hotel-Restaurant für Hausgäste gelten konnte.

Schließlich engagierte man den Drei-Sterne-Koch Louis Outier, den Inhaber des »Oasis« in La Napoule, als Berater, der die etwas veraltete und zu schwere Küche von Leheu mit dem Geist der Nouvelle Cuisine infizieren sollte. Das konnte aber auf die Dauer nicht gutgehen; denn ein fast nie anwesender, nur beratender Küchendirektor konnte eben nicht eine gleichmäßige Leistung garantieren.

Jetzt ist Jacques Mayer ein Haupttreffer gelungen: Es gelang ihm, ein As zu engagieren: den 33jährigen Richard Cressac, der seit April 1986 die Küche des »Chat Botté« leitet. Vorher war er neun Jahre lang Küchenchef bei Georges Blanc in Vonnas (3 Sterne und 19,5 Punkte von 20 im Gault-Millau). Die Speisenfolge wird viermal im Jahr mit der Saison gewechselt. Daneben gibt es jedoch einige Spezialitäten, die alle den Besuch in diesem Hause lohnen, wie das »in Gewürzen geschmorte Kalbsbries« oder das »karamelisierte Filet vom Teufelsfisch« und die »Timbale von Langustinen in Sauternesgelée mit Kaviar«.

Mayer hat sich nun auch dem Brauch aller modernen großen Hotels angeschlossen und vor ein paar Jahren ein einfaches, billiges Bistro dem Hauptrestaurant angeschlossen, das »Quai 13», wo man zu offenen Weinen einfache Gerichte schneller und billiger als im Hauptrestaurant serviert bekommt.

Schließlich sei noch auf eine Besonderheit in diesem historischen Hause hingewiesen, auf das Museum. Jacques Mayer: »Ich habe die bewegendsten Erinnerungen aus dem Leben des Hotels in einem eleganten Salon zusammengefaßt. Dokumente, Fotos, Geschirre, Silber, Gläser aus verschiedenen Epochen und die persönlichsten Erinnerungen. Sissi, österreichische Kaiserin, ist eindeutig die bedeutendste Figur in unserem kleinen Museum. Wer sich dafür interessiert, kann es besichtigen, sofern er sich an der Rezeption angemeldet hat und der Salon nicht gerade für besondere Veranstaltungen reserviert wurde.«

67. Hôtel Carlton

Bewertung: Hotel 60% Restaurant 15 Punkte

4, avenue du Cour
CH-1007 Lausanne
Tel.: 0041/21/263235
Telex: 24800
Direktor: André L. Chollet
Küchenchef: Louis Arias
Offizielle Klassifizierung: 4 Sterne
Öffnungszeiten: Ganzjährig
Kleine Gruppen werden angenommen
Hunde in den Zimmern zugelassen

Lage
Verhältnismäßig ruhig, Höhenlage 400 m, Spazierwege beginnen am Hotel, Privatgarten, Terrasse
Nächster Flughafen: Genève Cointrin 60 km
Nächster Bahnhof: 500 m

Zimmer und Preise
Insgesamt 50 Zimmer mit Bad/WC
Doppelzimmer zu 170,– bis 205,– SFr
Einzelzimmer zu 120,– bis 150,– SFr
10 Zimmer mit Grand lit
6 Juniorsuiten zu 215,– SFr
28 Zimmer mit Terrasse
Preise inklusive Frühstück, Service und Steuern
Vollpension 2 Personen: 325,– SFr.
1 Person: 210,– SFr
Halbpension: 2 Personen: 275,– SFr.
1 Person: 185,– SFr
Kinder bis 12 Jahre im Zimmer der Eltern gratis

Einrichtung
Modern. Doppelzimmer 15 bis 32 qm, Salonecke in den großen Zimmern, 4 Sessel, Sofa, Schreibsekretär, Kofferablage, die meisten Zimmer mit Diele und Einbauschränken, Nachttisch mit Leselampe, Stehlampen, Wandleuchten, großer Spiegel, Minibar, Radio »Self-Service«, Farbfernseher, Weckruf von der Zentrale, Direktwahltelefon
Bettzeugwechsel alle zwei Tage. Die

Zimmer werden nach der Nachmittagsruhe noch einmal gemacht

Bäder
6 mit Außenfenster, 44 mit Ventilation, 1 Waschbecken, normalgroße Badewanne, Bidet in 38 Zimmern, Normalbeleuchtung, WC im Bad
Kleenex, Seife, Schaumbad, Schwamm oder Waschlappen, in 10 Zimmern Fön
Täglicher Handtuchwechsel

Service
Portier, Gepäckträger, der Gast wird auf sein Zimmer begleitet, außer dem Frühstück werden auch Mahlzeiten auf den Zimmern serviert: Frühstück 7.00–12.00 Uhr, Lunch 12.00–14.30 Uhr, Diner 18.30–22.30 Uhr; Reinigen und Bügeln: 6 Stunden, Zeitungen zum Frühstück, Prospekte, Pläne und Karten für Ausflüge, Fahrpläne für Züge und Flugzeuge, Conciergerie-Service
Fahrstuhl, Bar, 2 Restaurants, Privatparkplatz, Geldwechsel, alle wichtigen Kreditkarten

Sport
Tennis: 500 m
Golf: 10 km

Frühstück
5 Brotsorten, verpackte Butter, Konfitüren Industrieprodukte, Honig, frische Croissants, Eier, Tee in Säckchen, frisch gepreßte Fruchtsäfte gegen Berechnung, Fruchtsäfte aus der Dose ohne Berechnung

Restaurant
»Le Richelieu«
Ganzjährig täglich geöffnet
Lunch bis 14.00 Uhr
Diner bis 22.00 Uhr
45 Plätze
Sommerterrasse, Garten, 4 Salons von 10 bis 110 Personen, Bar: »l'Ascot«, hauseigener Meerwasserfischteisch

Spezialitäten
Salade de Homard tiède (36,– SFr)
Paupiette de Saumon et Langoustines aux zestes de citron et mousse persil (32,– SFr)
Pavé de St-Pierre à la laitue, sauce moutarde (32,– SFr)
Foies frais de Canard traités dans nos Cuisines (26,– SFr)
Mignon de Filet de Bœuf aux Echalotes et St-Emilion (38,– SFr)
Le Carré d'Agneau à la sariette (38,– SFr)
Les Desserts maison
Weine: Weiß: Dézaley, clos des Abbayes
Rot: St.-Saphorin, Dom Burignon
Menüs: Tagesmenü zu 36,– SFr. Gourmet-Menüs zu 46,–/52,–/76,– SFr. Prestige-Menü zu 110,– SFr

---

Für ein Stadthotel liegt das kleine Haus mit seinen nur 50 Zimmern und 6 Juniorsuiten recht romantisch über der Drahtseilbahn Lausanne-Ouchy. Wenn auch mitten in der Stadt, so vermittelt der malerische, kleine Garten mit seiner Sommerterrasse, auf der auch serviert wird, fast die Atmosphäre eines Landhotels. Das Haus verfügt nicht über den ganz großen Luxus der Schweizer Hotels; aber es ist komfortabel, wenn auch zum Teil in einem etwas nichtssagenden Stil eingerichtet. Die Bäder haben leider auch in den Doppelzimmern meistens nur ein Waschbecken, sie sind entschieden zu kleine Naßzellen mit Ventilation. Nur sechs von fünfzig haben eigene Außenfenster.

Die Attraktion des Hauses besteht in seinem Restaurant »Le Richelieu«, das weithin in der Schweiz bekannt ist. Der spanische Küchenchef Louis Arias (36) steht schon seit 13 Jahren am Herd dieses Hotels. Gault-Millau (Schweiz) gaben ihm eine hohe Note, nämlich 15 von 20 Punkten. Er bemüht sich um die Nouvelle Cuisine; indessen wird sie bei ihm zu einer etwas schwereren klassischen Küche mit vielen Sahnesaucen. In letzter Zeit dominieren bei ihm die Fische und Meeresprodukte, um deren Qualität er sehr bemüht ist.

Die Terrassen eignen sich auch im Sommer nicht immer für ein genußreiches Essen, weil es am Genfer See ziemlich windig und oft sehr kühl ist; aber eine besondere Speisekarte führt jene Gerichte auf, die man ohne Geschmacksverlust auch gut im Freien konsumieren kann.

Auf jeden Fall eine weit über dem schweizerischen Durchschnitt stehende Küche mit ausgefallenen Spezialitäten (siehe oben!).

In letzter Zeit hat man übrigens ein paar neue Suiten zu Lasten der normalen Doppelzimmer eingerichtet.

Im ganzen: ein hinreichend komfortables Haus mit ausgezeichneter Küche.

68. Hotel Real

Bewertung: Hotel 65 %   Restaurant 17 Punkte

Städtle 21
FL-9490 Vaduz
Tel.: 0041/75/22222
Telex: 889484 real fl
Besitzer: Felix und Theresia Real
Direktor: Felix Real
Küchenchefs: Felix und Martin (Sohn) Real
Offizielle Klassifizierung: 4 Sterne
Geschlossen: 24. bis 26. Dezember
Gruppen bis max. 14 Personen
Hunde zugelassen

Lage
Durchgangsstraße, Höhenlage: 450 m, Das Hotel liegt im Zentrum von Vaduz. Offene Landschaft in 5 Gehminuten zu erreichen, Fußweg direkt neben dem Hotel

Nächster Flughafen: Zürich 125 km
Nächste Bahnhöfe: Sargans 18 km, Buchs 5 km
Stündliche Verbindung ab Sargans nach Zürich/Zürich Airport und Westschweiz
Direktverbindung ab Buchs nach Österreich und Deutschland

Zimmer und Preise
Insgesamt 11 Zimmer, davon
5 Doppelzimmer mit Bad/WC zu 140,– bis 160,– SFr
3 Doppelzimmer mit Dusche/WC zu 120,– SFr
1 Einzelzimmer mit Bad/WC zu 120,– SFr
1 Einzelzimmer mit Dusche/WC 110,– SFr
1 Apartment mit Salon zu 180,– SFr

7 Doppelzimmer mit Balkon oder Terrasse
Preise inklusive Frühstück, Service und Steuern
Spezialpreise für Kinder auf Anfrage

Einrichtung
Modern, Apartment rustikal mit echten Tiroler Bauernmöbeln. Doppelzimmer 20 bis 40 qm, Salonecke mit Tisch und Sesseln, in zwei Doppelzimmern Sitzgarnitur, in den restlichen Zimmern 1 Tisch und 2 Stühle, zum Teil Schreibsekretär, mindestens 1 Kofferablage, 1 Zimmer mit Diele und Einbauschränken. Tischlampen, Nachttisch mit Leselampe, großer Spiegel, Minibar, Radio »Self-Service«, Farbfernseher in allen Zimmern, Weckdienst von der Zentrale, Direktwahltelefon in allen Zimmern
Täglicher Bettzeugwechsel. Die Zimmer werden nach der Nachmittagsruhe noch einmal gemacht

Bäder
Geräumig, 2 mit Außenfenster, 9 mit Ventilation, 1 Waschbecken, im Apartment 2 Waschbecken, große Badewanne, Bidet, WC nur in einem Bad abgetrennt, normale Beleuchtung, Handtuchtrockner
Zahnpasta, Kleenex, Seife, Schaumbad, Schwamm oder Waschlappen, Einrichtung zum Schuheputzen, Kosmetikbox mit sämtlichen wichtigen Utensilien
Täglicher Handtuchwechsel

Service
Portier, der Gast wird auf sein Zimmer begleitet, außer dem Frühstück werden auch sämtliche Mahlzeiten der Restaurantkarte auf den Zimmern serviert von 7.00 bis 24.00 Uhr, Chemische Reinigung 24 Stunden, Zeitungen zum Frühstück auf Anfrage, Prospekte, Pläne und Karten für Ausflüge, Fahrpläne für Züge und Flugzeuge, wenn irgend möglich, wird dem Gast jede Information und jeder persönliche Wunsch besorgt
Fahrstuhl, Bar, 2 Restaurants, während der Wintermonate privater Parkplatz, Geldwechsel an der Rezeption, Kreditkarten: American Express, Diners, Eurocard, Visa

Sport
Tennis: 5 Min. mit dem Auto
Golf: ca. 20 km

Frühstück
4 Brotsorten, offene Butter, hausgemachte Konfitüren, Honig, frische Croissants, an Sonn- und Feiertagen aufgebacken, Käse, Eier, Fruchtsäfte gratis. Sämtliche Speisen auf Wunsch mit Aufpreis ab 8.00 Uhr. Kaffee Spezialmischung, echter Tee in Blättern, frisch gepreßte Fruchtsäfte

Restaurants
»Au Premier«
50 Plätze, elegant, modern

»Parterre«
60 Plätze, rustikal
Geschlossen: 24. bis 26. Dezember
Mittagessen: 11.30 bis 14.00 Uhr
Abendessen: 18.00 bis 22.00 Uhr
Auf Wunsch Hintergrund- oder Stimmungsmusik, Boulevard-Restaurant, Räume für Gesellschaften von 2 bis 70 Personen, Bar, Bar mit Salon

Spezialitäten
Lasagne aux Morilles fraiches à la crème de foie gras (35,– SFr)
Ravioli de Crustacés (18,50 SFr)
Turbot au Champagne et Légumes (42,– SFr)
Pointes de Filet de Bœuf aux Truffes et Moëlle, Nouilles (48,– SFr)
Rognons des Veau à la Moutarde (36,– SFr)
Soufflé de Chocolat

Monatliches Degustationsmenü: 106,– SFr	Weine aus eigenem Anbau: Vaduzer Riesling Sylvaner

---

Wer nach Vaduz, der Hauptstadt des Fürstentums Liechtenstein, reist, macht sich, will er die Reisekosten von der Steuer absetzen, beim Finanzamt schwer verdächtig. Serienweise sieht man Schilder an den Bürogebäuden von Vaduz, die auf Briefkastenfirmen hindeuten, welche von Rechtsanwälten und Notaren verwaltet werden. Die Inhaber kommen meist nur von Zeit zu Zeit nach Vaduz, um ihre Nummernkonten wieder aufzufüllen.

Nicht verdächtig macht sich der Gourmet, der sich zum einzigen, führenden Hotel und Restaurant der Stadt begibt, zum »Real« an der Hauptstraße. Seit 1955 hat Felix Real (68) aus diesem Haus den führenden Feinschmeckertempel des Fürstentums gemacht. Seit 1980 arbeitet Sohn Martin an der Seite des Vaters am Herd. Er hat eine großartige Schulung hinter sich: In »Chez Max« in Zürich, im »Le Divellec« und im »Pangaud« in Paris. Im »Au Premier«, das heißt in der ersten Etage des kleinen Hotels mit nur 11 Zimmern, zu speisen, ist nicht nur der excellenten Küche wegen ein Erlebnis, sondern auch wegen des von Frau Theresia Real geleiteten Service, der liebenswürdiger nicht sein kann. Mit Wiener Charme berät und verkauft sie, was sie will, während der Gast glaubt, er habe alles selbst ausgewählt. Neben dem Gourmetrestaurant mit seinen 50 Plätzen gibt es noch ein größeres Etablissement, »Parterre« genannt (60 Plätze), was nicht nur rustikaler eingerichtet ist, sondern auch rustikaler und billiger als oben kocht.

Felix Real Senior hat einmal zum Team von »Maxim's« in Paris gehört, welches das berühmte Essen zur Jubiläumsfeier des Staates Persien in Persepolis für den Schah und die geladenen Staatsoberhäupter ausrichtete.

Das kleine Hotel ist luxuriös ausgestattet. Es gibt sogar Zimmer, in denen das Bad Außenfenster hat und die Toiletten abgetrennt sind – immerhin ein Anfang: Alle Accessoires sind vorhanden, sogar eine Kosmetikbox für die Damen.

Das Frühstück zeichnet sich durch hausgemachte, offene Konfitüren aus. Gruppentourismus ist auf 14 Personen begrenzt und kann deshalb die Individualtouristen nicht stören. Die Lage des Hauses ist zentral im lebhaftesten Teil der kleinen Hauptstadt.

Die Preise sind außerordentlich maßvoll. Sogar das Apartment mit Salon kostet nur 180 Schweizer Franken!

Liechtenstein läßt sich übrigens nicht mit Monaco vergleichen, wo das ganze Jahr über eine Jet-set-Gesellschaft Betrieb bringt, und sich immer noch die Reichen aus aller Welt treffen, wo sie sich an regen kulturellen Veranstaltungen erfreuen können. Vergeblich wird man in Vaduz ein Hotel mit dem Glanz des »Hôtel de Paris« suchen. Statt dessen geht »man« ins »Real«, wo man feinschmeckerische Qualität in einem vergleichsweise bürgerlichen Rahmen genießen kann. Was nicht heißt, daß die Vaduzer nicht vielleicht doch reicher sind als die Monegassen. Nur lassen sie es nicht sehen...

Österreich

In Österreich haben wir uns auf die Städte Innsbruck, Salzburg und Wien konzentriert. Über einige Wiener Häuser (Hilton, Interconti, Palais Schwarzenberg) hat mein langjähriger Mitarbeiter Dr. Hans Bernert die Berichte geschrieben. Er gehört zu den angesehenen Gastro-Journalisten seines Landes und gibt im Frühjahr 1987 den Guide »Gourmet-Gourmand in Österreich« heraus, ein mehrere hundert Häuser umfassender Führer, den er bewußt dem österreichischen »Gault-Millau« entgegenstellt, mit dessen Wertungen er gar nicht einverstanden ist. Dr. Bernert gilt in Wien als der Initiator der »NWK« (Neue Wiener Küche). Seine Informationen über die Wiener Gastronomie und seine Personenkenntnis sind verblüffend. Er hat die seinerzeit sanft entschlafene österreichische Mehlspeisen-Küche aufgerüttelt. Auch Dr. Bernert arbeitete bereits an meinem Buch über die »Hundert besten Landhotels in Europa« mit. Er berichtet regelmäßig in der Wiener Tagespresse über Restaurants und Hotels.

Die Wiener Hotellerie gehört eindeutig in die europäische Spitzenklasse: Häuser wie das »Imperial«, das »Bristol« und das »Palais Schwarzenberg« sind einzig auf dem Kontinent. Sie stellen ein Stück großer Geschichte Österreichs dar. Und seitdem der ehemalige Küchenchef des »Wien-Hilton«, Werner Matt, die gastronomische Leitung des Konzerns »Imperial-Austria« übernommen hat, haben die Hotels dieser Gruppe in Innsbruck, Salzburg und Wien Gourmetniveau erreicht.

69. Europa Tyrol

Bewertung: Hotel 65 %   Restaurant 16 Punkte

Südtiroler Platz 2
A-6020 Innsbruck
Tel.: 0043/5222/35571
Telex: 533424 europa
Besitzer: Imperial Hotels Austria AG
Direktor: Wolfgang Bracke
Küchenchef: Georg Raudaschl
Offizielle Klassifizierung: 5 Sterne
Öffnungszeiten: Ganzjährig
Gruppenreisen möglich
Hunde zugelassen

Lage
Stadtzentrum, gegenüber dem Hauptbahnhof, 50 % der Zimmer zum Hof gelegen und absolut ruhig, straßenseitige Fenster mit Lärmschutzfenster, Höhenlage 576 m
Nächste Flughäfen: Innsbruck 5 km, München 180 km
Nächster Bahnhof: 180 m

Zimmer und Preise
Insgesamt 132 Zimmer, davon
92 Doppelzimmer mit Bad/WC, Vorsaison: 1400 bis 1900 öS, Hauptsaison: 1700 bis 2600 öS
30 Einzelzimmer mit Bad/WC, Vorsaison: 950 bis 1300 öS, Halbsaison: 1070 bis 1560 öS
1 Einzelzimmer mit Dusche/WC, Vorsaison: 950 bis 1300 öS, Halbsaison: 1070 bis 1560 öS
3 Apartments mit Salon, Vorsaison: 3300 bis 4300 öS, Halbsaison: 3800 bis 4800 öS
Preise inklusive Service und Steuern
Frühstück: 95 öS pro Person
Vollpension: 445 öS zuzüglich Zimmerpreis, Halbpension: 270 öS zuzüglich Zimmerpreis
Kinder bis 14 Jahre im Zimmer der Eltern frei (ohne Mahlzeiten und Extras)

Einrichtung
Stil: Tiroler Zimmer, Biedermeierzimmer, Bauernzimmer, Mahagonizimmer, Doppelzimmer 14–20 qm, teilweise Salonecke, 2 Sessel und Stühle, Tisch in allen Tiroler Zimmern, 1 Kofferablage, alle Zimmer mit Diele und Einbauschränken, Tischlampen, Stehlampen, Nachttisch mit Leselampe, Lüster, indirekte Beleuchtung, großer Spiegel, Minibar, Radio »Self-Service«, Farbfernseher, Weckruf von der Zentrale, automatischer Wecker nur für Gruppengäste
Täglicher Bettzeugwechsel. Die Zimmer werden nach der Nachmittagsruhe noch einmal gemacht

Bäder
4–6 qm, 10 mit Außenfenster, 1–2 Waschbecken, normalgroße Badewanne, in 6 Zimmern abgetrennte Duschkabine, Bidet, WC im Bad, in den Suiten abgetrenntes WC, Neonlicht und normale Beleuchtung, teilweise Handtuchtrockner
Kleenex, Seife, Schaumbad, Waage, Rasierspiegel, Waschlappen, Einrichtung zum Schuheputzen, Bademäntel bei VIP's und Top-rate-Zimmern, Kleiderbürste, Schuhlöffel, Nähzeug, Wäschesack
Täglicher Handtuchwechsel

Service
Portier, Wagenmeister, der Gast wird auf sein Zimmer begleitet, außer dem Frühstück werden auch Mahlzeiten auf den Zimmern serviert, 24-Stunden-Zim-

mer-Service, Spezialkarte, Waschen und Reinigen 8 Stunden außer Samstag, Sonn- und Feiertage, Bügeln immer möglich, Wagen waschen und auftanken; Zeitungen zum Frühstück auf Wunsch, Prospekte, Pläne und Karten für Ausflüge, Fahrpläne für Züge und Flugzeuge, Organisation sämtlicher Ausflüge durch den Portier, Buchungen von Flügen und Hotels
2 Fahrstühle, 1 Bar, Boutiquen, privater Parkplatz, abgeschlossene und offene Garagen, Geldwechsel
Kreditkarten: Amexco, Diners, Eurocard, Visa, JCB

Sport
Tennis: 2–3 km
Golf: 15 Min. mit dem Auto

Frühstück
7 Brotsorten, offene Butter im Restaurant, verpackte Butter im Zimmer, Industriekonfitüren, Honig, frische Croissants, auch an Sonn- und Feiertagen frische Semmeln, Zusätzliches nach Frühstückskarte, Kaffee Sondermischung, echter Tee in Blättern, frisch gepreßte Fruchtsäfte, Frühstücksbüffet

Restaurant
»Philippine Welser«
Ganzjährig täglich geöffnet
Mittagessen: 11.30–14.30 Uhr
Abendessen: 18.30–23.30 Uhr
112 Plätze rustikal
Hintergrundmusik, Klimaanlage, Hunde zugelassen, Räume für Gesellschaften von 10 bis 180 Plätze, Bar

---

Die Lage des Hotels gegenüber dem Hauptbahnhof ist nicht gerade besonders ruhig oder etwa berauschend schön. Dafür atmet das Haus, das zur »Imperial Hotels Austria AG« gehört, eine sympathische, nostalgische Atmosphäre. In der Halle hat man das Gefühl, in einem alten Caféhaus von Wien zu sitzen. Unter den insgesamt 132 Zimmern gibt es die verschiedensten Stileinrichtungen. Es gibt modern-rustikale Einrichtungen, alte Biedermeierzimmer und ein paar großzügig eingerichtete Suiten, darunter auch eine Präsidentensuite mit abgetrennter Gästetoilette, Schlafzimmer, Salon, einem Raum für die Garderobe und einem großen Bad mit zwei Waschbecken. Leider ist das die Ausnahme: Im allgemeinen gibt es nur ein Waschbecken auch im Doppelzimmer. Die WCs sind nicht abgetrennt, außer in den Suiten. Eines der ältesten Zimmer aus der ersten Epoche des Hotels ist im Tiroler Stil eingerichtet, verfügt über eine reguläre Eßecke mit Wandbänken und einem großen Doppelbett.

Von außerordentlicher Schönheit ist der große, für ungefähr 220 Personen gedachte »Barocksaal« in Gelb mit sehr schönen Stukkaturen, der zu den ganz seltenen erlesenen kunstreich eingerichteten Salons der österreichischen Hotellerie gehört. Der Saal wird im nächsten Jahr hundert Jahre alt. Im ganzen hat das Hotel natürlich nicht den hohen Standard eines modernen Hiltons oder Steigenbergers, es ist aber ein solides, sehr gemütliches und vielseitig gebautes Traditionshotel mit unnachahmlicher Atmosphäre.

Das Restaurant »Philippine Welser« hatte unter Küchenchef Thomas Sailer eine kurze Blütezeit erlebt, war dann aber nach seinem Abgang wieder auf den Durchschnitt zurückgefallen. Es dauerte bis zum Sommer 1986, bis unter der Führung des neuen Direktors Wolfgang Bracke und dank dem Eingreifen des neuen Gastronomiedirektors des Konzerns, Werner Matt, die richtigen Leute auf die richtigen Plätze gestellt wurden. Jetzt ist die Küche von bester Qualität, und das Team Raudaschl/Lengauer bewältigt die ihm gestellten Aufgaben hervorragend.

Man kocht in verschiedensten Stilrichtungen. Da ist zunächst die Tiroler bodenständige Küche, die natürlich für eine Stadt wie Innsbruck unentbehrlich ist, weil die Innsbrucker ihre Regionalküche natürlich auch von einem Spitzenrestaurant erwarten. Daneben steht die leichte »Nouvelle Cuisine«, die die Basis der Speisekarte bildet, nachdem auch in Österreich allgemein von der schweren Kost Abschied genommen wurde. Drittens kommt die Eigenheit des Restaurants zur Geltung, nämlich Gerichte aus Kochbüchern aus älteren Zeiten zu benutzen, wie es der Name des Lokals »Philippine Welser« verlangt. Letztlich müssen auch die klassischen Allerweltsgerichte aufgeführt werden, ohne welche die Küche eines Großhotels heute nicht auskommen kann. Dann gibt es noch Gerichte der Natur- oder Vollwertküche, die ihren Vorkämpfer mit Werner Ultsch auch in Innsbruck hat.

Die Speisekarten wurden von Werner Matt völlig neu gestaltet. 34 Gerichte, hauptsächlich Tiroler Küche, darunter drei aus dem Kochbuch der Philippine Welser, stehen auf der Standardkarte. Das teuerste Hauptgericht kostet 245 Schillinge, es gibt aber auch ein »Tiroler Gröstl« in einer Güte, wie man sie selten bekommt, und zu einem vernünftigen Preis von 95 Schillingen. Menüs von drei einfachen Gängen mit Bier oder Gespritztem ab 200 Schillinge, bis zu vier Gängen und einem großen Degustationsmenü mit Hummer oder Kaviar zu 1000 Schillingen werden ständig angeboten.

Küchenchef Raudaschl hat in internationalen Spitzenbetrieben, wie dem »Gala« in Aachen, gearbeitet. Er gehört zu den fanatischen Köchen, die ein großes Talent für Kreativität entfalten, und sein Sous-Chef Dieter Lengauer hat bereits unter Werner Matt im Hilton gearbeitet. Der Service klappt ausgezeichnet.

Im ganzen: ein sympathisches Traditions-Hotel mit ausgezeichneter Küche.

70. Romantik Hotel Schwarzer Adler

Bewertung: Hotel 60 % Restaurant 16 Punkte

Kaiser-Jäger-Straße 2
A-6020 Innsbruck
Tel.: 0043/5222/27109 oder 32486
Teletex: 613522250 = Schwarz
Besitzer: Fam. Helmut Ultsch
Direktor: Harald Ultsch
Küchenchef: Werner Ultsch
Offizielle Klassifizierung: 4 Sterne
Öffnungszeiten: Restaurant geschlossen ab 6. Jan. 3 Wochen. Wöchentlicher Ruhetag: Dienstag
Nur Kleingruppen bis 15 Personen
Hunde im Restaurant erlaubt

Lage
Sehr ruhig, private Gärten in 300 m Entfernung, Höhenlage: ca. 450 m
Nächster Flughafen: 6 km
Nächster Bahnhof: 1 km

Zimmer und Preise
Insgesamt 28 Zimmer, davon
19 Doppelzimmer mit Bad/WC zu 900 bis 1 400 öS
5 Doppelzimmer mit Dusche/WC zu 900 bis 1 100 öS
2 Einzelzimmer mit Bad/WC zu 650 bis 850 öS
2 Einzelzimmer mit Dusche/WC zu 650 bis 850 öS
6 Doppelzimmer mit Balkon oder Terrasse
2 Apartments mit Salon zu 1 600 bis 2 150 öS
Preise inklusive Service, Steuern und Frühstück
Vollpension in der Saison: plus 360 öS
Vollpension außerhalb der Saison: plus 360 öS

Halbpension in der Saison: plus 180 öS
Halbpension außerhalb der Saison: plus 180 öS

Einrichtung
Stilmöbel, rustikal. Doppelzimmer: 22–30 qm. Doppelzimmer mit Salonekke, Tisch und Sesseln, 2–6 Sessel und Stühle, Schreibsekretär, Frühstückstisch, 1–2 Kofferablagen, 15 Zimmer mit Diele und Einbauschränken, Tischlampen, Stehlampen, Nachttisch mit Leselampe, großer Spiegel, Mini-Bar, Radio wird vom Empfang aus geregelt, auf Wunsch Fernseher, auf Wunsch Wecker oder Weckdienst, keine Klimaanlage, Direktwahltelefon

Bäder
5–10 qm, 20 von 28 haben Außenfenster, 6 mit Ventilation, große Badewanne, teilweise mit Duschkabine, WC im Bad, Neonlicht und normales Licht
Kleenex, Seife, Schaumbad, Schwamm oder Waschlappen, Einrichtung zum Schuheputzen
Täglicher Handtuchwechsel

Service
Portier, Gepäckträger, der Gast wird auf sein Zimmer begleitet, außer dem Frühstück auch Mahlzeiten auf den Zimmern, während der Restaurantzeiten; Bügeln, Waschen und Reinigen in 1 ½ Tagen; Zeitungen im Frühstücksraum, Prospekte, Pläne und Karten für Ausflüge, Fahrpläne für Züge und Flugzeuge, Hausinformation, Veranstaltungskalender
Fahrstuhl, Bar, Souvenirs, Garagen in der Nähe, Geldwechsel, Kreditkarten: Amexo, Visa, Diners, Masters, Euro

Sport
Tennis: 3 km
Golf: 6 km
Sauna: 1 km
Massage: 1 km
In Innsbruck fast alle Sportarten

Frühstück
4 Brotsorten, offene Butter, hausgemachte Konfitüren, Honig, Frühstücksbüffet, Markenkaffee, Tee in Blättern, je nach Saison Fruchtsäfte

Restaurant
2 Restaurants: »Romantik Restaurant Schwarzer Adler« und »K. K. Restaurant«
Mittagessen: 11.30–14.30 Uhr
Abendessen: 18.00–23.00 Uhr
ca. 40 bis 50 Plätze, rustikal und Stilmöbel, 6 Räume für Gesellschaften mit 8–80 Plätzen, Bar, Bar mit Salon. Hintergrundmusik im K. K. Restaurant
Küchenchef: Werner Ultsch, seit 6 Jahren im Hause, vorher im Kleber-Post, Saulgau, Katzenbergers Adler, Rastatt

Spezialitäten
Alpenländische Wurstspezialitäten nach Saison: Steinbock-, Hirsch- und Rehschinken, Wildschweinwurst
Innsbrucker Knoblauchrahmsuppe (Rezept des Hauses)
Honigsoúfflé mit Brombeermark, Tinamiso
Menüs: 200 öS (Gesellschaften), 450 öS (Individuell)

Obwohl auch das Hotel seine Qualitäten hat, besucht man dieses Haus wegen der vom jungen Werner Ultsch servierten »Österreichischen Naturküche«: Unter seinem Vorsitz wurde die Organisation »Österreichische Natürküche« gegründet, die heute mehr als 100 Restaurants umfaßt.

Der Wiener Arzt und Feinschmecker, Universitätsdozent Dr. Dieter Magometschnigg, schrieb über Ultschs Kochkunst: »Mit seinen Rezeptschöpfungen führt der junge Kochkünstler Werner Ultsch wegweisend eine erfreuliche Entwicklung der Nouvelle Cuisine weiter. Er bevorzugt, dem Trend der neuen Küche entsprechend, frische, natürliche Produkte, die leicht zubereitet sind. Darüber hinaus aber verwendet er die Nahrungsprodukte in einer Zusammensetzung, die dem modernen Wissensstand der Ernährungsphysiologie entsprechen. Seine Kreationen sind vollwertig und gesund und überdies geschmacklich hochwertig.«

Seit Beginn dieses Jahrhunderts ist der »Schwarze Adler« von Innsbruck schon in dritter Generation im Besitz der Familie Ultsch. Der Sohn und Juniorchef, Werner Ultsch, leitet die Küche. Er hat eine hervorragende Ausbildung genossen, vor allem seine Lehrzeit bei Katzenberger in Rastatt ist erwähnenswert, und er hat eine solide Basis für seine Kochgenüsse gelegt, die ihn zu einem Fanatiker der Küche gemacht haben.

Werner Ultsch hat die Naturküche in die Küche des Hotels »Schwarzer Adler« integriert, ohne unduldsam zu sein; denn der Gast kann Gerichte der Naturküche mit solchen der regionalen oder auch der leichten, marktgerechten Küche mischen, er kann einen Fleischgang in ein Naturküchenmenü einbauen und ebenso ein regionales oder leichtes Menü mit einem Gang aus der Naturküche (Vollwertkost) aufputzen.

Die Einrichtung der beiden Restaurants im »Schwarzen Adler« ist solid-rustikal, mit viel Atmosphäre, sehr gemütlich. Die Bedienung ist untadelig, schnell und freundlich.

Die 28 Zimmer des Hotels sind durchweg wohnlich eingerichtet und verfügen über den modernen, üblichen Komfort. Zwanzig Bäder haben sogar Außenfenster, nur sechs verfügen über eine Ventilation, die WCs sind leider im Bad, und es gibt auch hin und wieder das ziemlich schreckliche Neonlicht in den Badezimmern.

Im übrigen entspricht der Hotelservice den Anforderungen an ein Luxushotel. Die Preise sind fast durchweg vernünftig kalkuliert, besonders bei den Weinen, was in Österreich eine Ausnahme ist. Die Preise für die Hauptgerichte liegen im wesentlichen unter denen der Konkurrenz.

Im ganzen: ein Traditionshotel mit regionalem Charakter und einer ausnehmend seltenen, gesunden Küche.

71. Hotel Goldener Hirsch

Bewertung: Hotel 65 %   Restaurant 17 Punkte

Getreidegasse 37
A-5020 Salzburg
Tel.: 0043/662/848511
Telex: 632967 hirsch a
Inhaber: Imperial Hotels Austria AG
Direktor: Dipl.-Volkswirt Johannes Graf Walderdorff
Küchenchef: Herbert Pöcklhofer
Offizielle Klassifizierung: 4 Sterne
Öffnungszeiten: Ganzjährig
Kleine Gruppenreisen
Hunde im Restaurant erlaubt

Lage
Zentrum, Nächtliche Ruhe, Höhenlage 423 m
Nächster Flughafen: ca. 6 km
Nächster Bahnhof: 1,5 km

Zimmer und Preise
Insgesamt 58 Zimmer, davon
43 Doppelzimmer mit Bad/WC zu 1900 bis 4200 öS
10 Einzelzimmer mit Bad/WC zu 1400 bis 2300 öS
5 Apartments mit Salon zu 3900 bis 4800 öS
Service und Steuern sind im Preis inbegriffen
Normalfrühstück zu 120 öS pro Person
Vollpension nur für Gruppenreisende
Kinder bis 14 Jahre wohnen im Zimmer der Eltern frei

Einrichtung
Bäuerlich – großbürgerlicher Stil. Antiquitäten. Doppelzimmer: ca. 18–26 qm,

mit Salonecke und Sesseln, 1 Tisch, 2–3 Fauteuils, Schreibsekretär, Frühstückstisch, 1 Kofferablage und 2 Gestelle. 56 Zimmer mit Vorraum, Diele und Einbauschränken, Tischlampen, Stehlampen, Nachttisch mit Leselampe, Appliquen, Deckenbeleuchtung, großer Spiegel, Mini-Bar, Radio wird vom Empfang geregelt, Farbfernseher, Weckdienst von der Zentrale, keine Klimaanlage
Täglicher Bettzeugwechsel

Bäder
In Doppelzimmern 9–12 qm, in Einzelzimmern 6 qm groß, ohne Außenfenster, Ventilation, in 26 Doppelzimmern 2 Waschbecken, Badewanne, 10 Bäder mit Duschkabine, 44 Bäder mit Bidet, in 8 Bädern ist das WC vom Bad getrennt, Neonlicht
Auf Verlangen Zahnpasta, sonst Kleenex, Seife, Schaumbad, Rasierspiegel, Schwamm oder Waschlappen, Fön, Telefon im Bad
Täglicher Handtuchwechsel

Service
Portier, Gepäckträger, der Gast wird auf sein Zimmer begleitet, außer dem Frühstück werden Mahlzeiten nach der normalen Restaurantkarte in den Zimmern serviert von 7.00–24.00 Uhr, Bügeln, Waschen, Reinigen 1 Tag, auf Wunsch Zeitungen gratis zum Frühstück, Wagen waschen und auftanken, Prospekte, Pläne und Karten für Ausflüge, Fahrpläne für Züge und Flugzeuge
Direktwahltelefon, Fahrstuhl, Bar, Souvenirs im Hotel, 2 Restaurants, Garagierungsdienst, offene Garagen, Wagenmeister
Geldwechsel, Kreditkarten: American Express, Diners Club, Eurocard, Visa, CB, Mastercharge

Sport
Tennis: 10 km
Golf: 5–20 km
Sauna: 10 km
Massage: auf Anfrage

Frühstück
5 Brotsorten, offene Butter, Industrieprodukte, Honig, frische Croissants, Salzburger Teller, Imperial Frühstück mit Sekt, Kaffee-Spezialmischung, echter Tee in Blättern, frisch gepreßte Fruchtsäfte, Frühstücksbüffet

Restaurant
Mittagessen von 11.30–14.30 Uhr
Abendessen von 18.30–21.30 Uhr
Hintergrundmusik in der Hausbar, Klimaanlage, rustikal, 2 Räume mit je 1 x 60 Plätzen und 1 x 52 Plätzen, Bar mit Salon
Küchenchef: Herbert Pöcklhofer, seit 1. 1. 1965 im Hause, vorher in Maxim's in Paris

Spezialitäten
Mousse vom geräucherten Wolfgangsee-Saibling mit Sauerrahm (170 öS)
Innereien vom Kalb (180 öS)
Rehrücken oder Rehlungenbraten mit Serviettenknödeln mit Rotkraut (250 öS)
Pochierter Lachs mit Hummerfülle (400 öS)
Carré vom frischen Tauernlamm mit kleinen Gemüsen (410 öS)
Liwanzen mit Powidl (70 öS)
Menüs: von 400 bis 1 500 öS
Wein: Schloß Grafenegg Zweigelt, Ried Klaus Riesling Steinfelder

Wer das Prominentenhotel in Salzburg mit seinem Auto ansteuern möchte, dem sei vorweg ein Rat gegeben: Versuchen Sie nicht, den Haupteingang an der Getreidegasse zu finden; denn er liegt in einer Fußgängerzone, und wenn auch der Hotelprospekt großzügig verkündet, für Hotelgäste sei die Zufahrt erlaubt, empfehle ich niemandem, die Probe aufs Exempel zu machen: Er wird sich die lautstarken Proteste der Fußgänger in der engen Gasse einhandeln! Bleibt die Hinterfront des Hotels am Sigmundplatz, wo man nach genauem Studium des Stadtplanes oder, geführt von einer höflichen Polizeistreife, schließlich hinfindet und wo der Portier das Gepäck auslädt und den Wagen zum Parkplatz oder in die Garage fährt.

Man wohnt im Zentrum aller Salzburger Festspielaktivitäten und in einer wahrhaft noblen, alten Herberge, betreut von einem echten Grafen, nämlich Johannes von Walderdorff, der gar nicht vornehm wirkt, sondern sich ganz natürlich gibt, worin ja die wahre Feinheit besteht.

Der »Goldene Hirsch« wurde 1407 errichtet und trägt seit 1564 seinen heutigen Namen. Doch erst als die Mutter des heutigen Direktors 1938 das Haus erwarb, begann der steile Aufstieg als Hotel und Restaurant, der mit dem Platz an der Spitze der Salzburger Hotellerie und Gastronomie endete. Gewiß kann auch ein noch so nobler Graf nicht die Schwächen des antiken Gebäudes ganz kaschieren: Sie bestehen in den zum Teil recht engen Räumlichkeiten, die andererseits aber auch die anheimelnde Wärme eines Traditionshotels vermitteln. Der Erfolg besteht gewiß darin, daß man sich hier stets drängelt, sei es in der schmalen Bar im inneren Lichthof, am kleinen Empfang, der nichts mit den Riesenhallen der Hiltons und Sheratons zu tun hat, auf den Fluren und oft auch in den Zimmern.

Mit dem ruhigen Schlafen bei offenem Fenster ist es so eine Sache. Jene Zimmer, die zur stets belebten Getreidegasse hinausgehen, der Schlagader der Altstadt, in der auch Mozarts Geburtshaus liegt, sind so laut, daß man eigentlich immer die Fenster schließen müßte, um schlafen zu können. Auch die Rückseite zum Platz ist nicht eben leise. Wer absolute Ruhe wünscht, wähle besser eines der 16 Zimmer zum Innenhof.

Die Zimmer mit ihren leider meistens nicht abgetrennten WCs (nur in acht Zimmern ist die Toilette abgetrennt) enthalten alle Bequemlichkeiten eines First-Class-Hotels.

Bei unserem Besuch funktionierte der Zimmerservice tadellos. Zwei Dinge waren schwach: Der Kaffee war erstens zu dünn, zweitens zu wenig (gerade eine große Tasse) und drittens nicht mehr heiß, weil man ihn nicht in Thermoskännchen servierte. Solche Warmhaltekännchen gibt es heute schon in vielen Hotels, und sie müssen keineswegs so häßlich sein wie in den Anfangszeiten dieser Erfindung. Der berühmte »Goldene Hirsch« sollte sich ja wohl eine solche Anschaffung noch leisten können.

Ein Schwachpunkt im Service: Unser Zimmer wurde nach der Siesta am späten Nachmittag nicht noch einmal gemacht. Das ist zwar kein Beinbruch; aber immerhin darf man heutzutage in allen First-Class-Hotels diese Dienstleistung erwarten.

Die Küche mit ihrem Chef Herbert Pöcklhöfer leistet Erstaunliches: Nicht nur, daß sie das Feinschmecker-Hauptrestaurant täglich zweimal bekochen muß, sie liefert auch noch die Zubereitungen für das rustikale »Bratwurstherzl«, für Parties und Bankette. In der Festspielzeit (und wann ist sie nicht in Salzburg, sie ist schließlich die einzige große Industrie in dieser Stadt?) müssen täglich etwa 330 Gäste bewirtet werden. Das erfordert schon eine präzise Küchenorganisation, und Pöcklhöfer schafft es, oft Tag für Tag 1 000 angerichtete Teller aus seiner Küche zu schicken.

Jeder österreichischen Speisekarte mit regionalen Spezialitäten müßte eigentlich ein Lexikon für deutsche Touristen beigefügt werden. Ein »Rehlungenbraten« hat nichts mit Lunge zu tun, sondern ist einfach ein Filet, ein Ochsenschwanz ist ein »Ochsenschlepp«, eine »Liwanze« ist eine Crèpe, und Powidlfüllungen sind solche mit schlichtem Pflaumenmus, ein »Topfen« kommt nicht vom Topf, sondern vom Quark...

Am stärksten beeindruckt hat mich jedoch der zum Schluß unseres Menüs gereichte »Anpatzer«: Er besteht aus vier verschiedenen Weichkäsen, die durch eine Kartoffelpresse zusammen mit saurer Sahne, etwas Zwiebel und Butter gedrückt werden. Dazu gibt man etwas Gebäck.

Pöcklhöfer bietet nicht gerade eine konsequente Nouvelle Cuisine, doch eine beträchtlich reformierte, das heißt, erleichterte österreichische Regionalküche mit stark französischem Einschlag. Seine Mousse vom Wolfgangsee-Saibling und Sauerrahm erhält dadurch die besondere Note, daß der Fisch vorher geräuchert wurde, und ein »pochierter Lachs mit Hummerfülle« würde jedem Pariser Restaurant Ehre machen. Die Preise sind für ein Luxusrestaurant maßvoll: Sie liegen für die Menüs zwischen 400 und 1 500 Schillingen.

72. Salzburg Sheraton Hotel

Bewertung: Hotel 80 %   Restaurant 16 Punkte

Auerspergstr. 4
A-5020 Salzburg
Tel.: 0043/662/793210
Telex: 632518 shera a
Besitzer: Parkhotel GmbH & Co KG
Küchenchef: Josef Illinger
Offizielle Klassifizierung: 5 Sterne
Öffnungszeiten: Täglich geöffnet
Gruppenreisen möglich
Hunde nur in den Zimmern erlaubt

Lage
Ruhig, Höhenlage: 400 m, Parks in der Nähe, Eigener Garten, Terrasse
Nächster Flughafen: 3 km
Nächster Bahnhof: 600 m

Zimmer und Preise
Insgesamt 165 Zimmer, davon
140 Doppelzimmer mit Bad/WC zu 1650 bis 3250 öS
4 Doppelzimmer mit Dusche/WC zu 1650 bis 3250 öS
7 Queensuiten, 2 Präsidentensuiten, 12 Juniorsuiten
Einzelzimmer mit Bad/WC oder Dusche/WC zu 1150 bis 2750 öS
Apartments mit Salon zu 3600 bis 6100 öS
Preise inklusive Service, Steuern und Frühstücksbüffet
Für Kinder Spezialpreise

Einrichtung
Stilmöbel, modern. Doppelzimmer 24–30 qm, Doppelzimmer mit Salonekke, Schreibsekretär, Frühstückstisch, 3 Stühle, Kofferablage, 21 Zimmer mit

Diele und Einbauschränken, Tischlampen, Stehlampen, Nachttisch mit Leselampe, indirekte Beleuchtung, großer Spiegel, Radio wird vom Empfang aus geregelt, Farbfernseher, Weckdienst von der Zentrale, Klimaanlage
Täglicher Bettzeugwechsel

Bäder
9 qm, alle mit Klimaanlage, 6 Suiten haben Doppelwaschbecken, große Badewanne, In den Suiten mit Bidet, WC vom Bad abgetrennt, normale Beleuchtung
Kleenex, Seife, Schaumbad, zur Hälfte Waage und vergrößernder Rasierspiegel, Schwamm oder Waschlappen, Einrichtung zum Schuheputzen, Duschhaube, Badezimmerhocker, auf Wunsch Bademantel
Zweimal täglich Handtuchwechsel

Service
Portier, der Gast wird auf sein Zimmer begleitet, außer dem Frühstück werden auch Mahlzeiten auf den Zimmern serviert, 6.00–24.00 Uhr nach Spezialkarte; Bügeln, Waschen, Reinigen in 7 Stunden, Wagen waschen und auftanken in der Nähe, auf Wunsch Zeitungen zum Frühstück, Prospekte, Pläne und Karten für Ausflüge, Fahrpläne für Züge und Flugzeuge, Theater-, Konzert- und Festspielkarten, Direktwahltelefon, Fahrstuhl, Bar, Boutiquen, abgeschlossene Garagen, Geldwechsel, Kreditkarten: Amexco, Diners, Eurocard, Visa, Mastercard

Sport
Hallenbad, Sauna, Massage im Kurhaus mit direktem Zugang zum Hotel
Tennis: 1 km
Golf: 3 Plätze: 3 km, 10 km, 15 km
Alle Sommer- und Wintersportarten teils innerhalb, teils außerhalb der Stadt

Frühstück
17 Brotsorten, verpackte und offene Butter, hausgemachte und verpackte Konfitüre, Honig, frische Croissants, Markenkaffee, echter Tee und Industrietee, frische Fruchtsäfte, Frühstücksbüffet, auf Wunsch Rühreier, Sektfrühstück, Palatschinken u. a.

Restaurant
Mittagessen: 12.00–14.00 Uhr
Abendessen: 18.30–22.30 Uhr
Hintergrundmusik, offene Terrasse, Terrasse im Kurpark, Klimaanlage, 135 Plätze, Stilmöbel, Räume für Gesellschaften mit 240 Plätzen, Bar
Küchenchef: Josef Illinger, seit dem 2. 4. 1984 im Hause, vorher im Österreichischen Hof, Salzburg, Palais Schwarzenberg, Wien, Marbella, Chicago, Rio de Janeiro, Monte Carlo, New York u. v. a.

Spezialitäten
Krebsschwänze im Roggenteigtascherl in Apfelweinsauce (160 öS)
Steinbuttnockerl mit Kaviar gefüllt auf Schwarzblentenfladen, Hummerragout (210 öS)
Ochsenschwanz im Sherrygelee mit grüner Pfefferrahmsauce (95 öS)
Suppendegustation (Klare Suppe von Süßwasserfischen, Lammrahmsuppe mit Briesknödel, Crèmesuppe von grünem Spargel) (120 öS)
Lachsforellenfilet mit Krebsengratin, Artischockenravioli (290 öS)
Lammrückenfilets in Senfsaat gebraten, dazu Tomaten-Zucchinigratin, gratinierte Rahmkartoffeln (240 öS)
Menüs: Degustationsmenü: 590 öS.
Lunchbüfett: wochentags: 190 öS
Sonn- und Feiertags: 285 öS pro Person
Weine: 1984 Rheinriesling, Ried Klaus. 1984 Grüner Veltlinger, Süssenberg, Kabinett. 1977 Cabernet Merlot

Die Sheraton-Gruppe gehört zu den größten Hotelgesellschaften der Welt: Fast 500 Häuser in 45 Ländern; aber nur ein Haus in Österreich, eines in der Schweiz und drei in Deutschland. Der Schwerpunkt liegt in den USA und in Kanada.

Angesichts der Riesenhaftigkeit des Konzerns, dessen Muttergesellschaft die ITT (International Telephone und Telegraph-Gesellschaft), Boston, USA ist, darf man es als um so erstaunlicher ansehen, daß das von mir geprüfte Salzburger Haus sich bestens der typisch europäischen Individualität angepaßt hat. Das beginnt bei dem ungewöhnlich freundlichen und geradezu charmanten Empfang durch die ebenso hübschen wie liebenswürdigen und gar nicht hochmütigen Hostessen, beim Transport der Koffer ins Zimmer und beim Wagenmeister, der bereit ist, das Auto in die Hotelgarage nebenan zu fahren und es bei der Abreise wieder abzuholen. In der nicht zu pompösen Hotelhalle sitzt es sich in einer seitlichen Sesselgruppe sehr gut. Von dieser Halle geht es direkt ins Hauptrestaurant »Mirabell« und in die Pianobar, die ein Pianist abends belebt. Durch einen Flur geht es zum »Bistro«, das gleichzeitig der Ort ist, wo man am Nachmittag bei Kaffee und Kuchen sitzen darf. Hier wird auch ein »Salzburger« gereicht, eine Variation des »Hamburgers«, die sich von diesem durch Beigabe von gebratenem Schinkenspeck und ein paar Salaten unterscheidet, im übrigen aber im Kern das gleiche Gehackte enthält.

Größe und Ausstattung der Zimmer sind üppig. Keine Rede vom genormten Einheitstyp. Die Bestückung der bis zur Decke gekachelten Bäder ist vorbildlich: Neben den heute zur Selbstverständlichkeit gehörenden Accessoires wie Duschgel, Seife und Kleenex gibt es auch noch Shampoo, hygienisch verpackte Zahnbürsten, die der Gast mitnehmen kann, Waschlappen, Bademäntel, Fön und Duschhauben. Die Doppelbetten sind ungewöhnlich breit, an den drehbaren Stehspiegeln werden sich die Damen erfreuen, die sich in ganzer Figur sehen wollen, wenn sie sich in Schale geworfen haben, Fernsehen ist überall selbstverständlich, ebenso wie das Selbstwahltelefon.

Wer eine der 21 Suiten belegt hat, erhält neben der vorhandenen Minibar mit der üblichen Standardausrüstung noch eine echte Zimmerbar, die großzügig bestückt wird: zum Beispiel sechs Whisky- und Rumsorten, einer Flasche Champagner im Eiskühler, drei Flaschen Bier, sechs Sorten Schweppes, drei Flaschen Coca und sechs Flaschen Mineralwasser dazu in hygienischen Klarsichthüllen verpackte Salzstangen, Oliven, feine Zwiebeln und Süßigkeiten sowie ein Schale Obst.

Der größte Teil der Zimmer geht zum berühmten Mirabellpark mit seinem schönen Schloß hinaus, einem der Hauptzielpunkte aller Salzburger Stadtbummler. Durch den Park geht man fünf Minuten zu Fuß an die Salzach und befindet sich nach einem Gang über die Fußgängerbrücke auf der anderen Seite des Flusses in der Altstadt, deren Zentrum die Fußgängerzone »Getreidegasse« ist, wo sich auch Mozarts Geburtshaus befindet.

Für den Autoreisenden bietet das Sheraton den großen Vorteil der guten Erreichbarkeit, was man von den im Zentrum gelegenen Häusern nicht behaupten kann. In das Haus am Mirabellpark findet man leicht, während man einen Fremdenführer benötigt, um das heute noch weltweit bekanntere »Goldener Hirsch« im Zentrum zu finden, wo man allein am Hintereingang parken kann, weil der Haupteingang in der Fußgängerzone liegt.

Architektonisch hebt sich das »Sheraton« wohltuend von den Fassaden vieler anderer Großhotels ab. Hier ist es gelungen, den Bau in den Salzburger Stil einigermaßen einzupassen. Umrahmt wird das Hotel von dem städtischen Kurbad mit seiner großen Schwimmhalle, die vom Hotel direkt zugänglich ist und das eigene Hallenbad ersetzt, auf der anderen Seite vom Salzburger Kongreßhaus.

So ideal die Lage, so hervorragend auch die Küche: Es dürfte eine der besten von Salzburg sein, zusammen mit dem »Goldenen Hirsch« des Küchenchefs Herbert Pöcklhöfer, den der Guide von »Gault-Millau« mit 13 von 20 Punkten und einer Haube auszeichnete. Küchenchef Josef Illinger hat vorher auf Schloß Fuschl bereits Ruhm eingeheimst und kann nun sein erprobtes Wissen auf verschiedenen Ebenen anwenden: Im Gourmetrestaurant »Mirabell«, im einfachen und rustikalen »Bistro«, beim mittäglichen »Lunch« mit seinem Büffet, das von den Salzburger Geschäftsleuten eifrig frequentiert wird, und beim üppigen Frühstücksbüffet am Morgen, das neben acht Sorten Wurst und Schinken, drei Sorten Schnittkäse, Weißkäse natur und angemacht, Cornflakes, sechs Sorten Obstsalat, vier Obstsäften, fünf Sorten Joghurt und neun Sorten Brot und ein hausgemachtes Brot enthält, von dem man sich selbst Scheiben abschneiden kann.

Im Gegensatz zu vielen Großhotels, welche die Gäste mit Hilfe eines ungewöhnlich kleinen und mageren Zimmerfrühstücks mit gewaltigem Serviceaufschlag hinunter ans üppige Frühstücksbüffet locken wollen, ist hier der Unterschied zwischen Büffet und Zimmer nicht sehr gravierend – ein Pluspunkt für das Salzburger Sheraton, dessen Direktor begriffen hat, was individueller Service bedeutet. Bis zu 50 Prozent der Hotelgäste ziehen es immer noch vor, das Frühstück auf dem Zimmer einzunehmen, ohne sich bereits schon früh in voller Montur unter den Gästen vorzeigen zu müssen, die sich neugierig fragen: »Nun, wie hat denn dieser alte Knabe die Nacht mit dieser hübschen Biene verbracht?«

Im ganzen darf das Sheraton heute als Nummer Eins der Festspielstadt bezeichnet werden. Es hat übrigens keinem anderen Hotel Gäste weggenommen, sondern nur neue an sich gezogen: Graf Walderdorff, Direktor des »Goldenen Hirsch«, hat erklärt, daß er über die Ansiedlung des neuen »Sheraton« sehr zufrieden gewesen sei: Es habe seinem Restaurant nur neue Gäste gebracht, ihm keine alten Kunden entfremdet. Die beiden Häuser tun sich nicht nur nichts, sondern sie haben Vorteil voneinander. Zu groß ist der Unterschied im Stil der beiden Häuser: Dort das konservative Traditionsrestaurant und Traditionshotel, in welchem die Festspielgrößen gerne verkehren, hier das moderne Haus für heutige Geschäftsleute und die Zuschauer der Festspiele. Jede der beiden Gruppen guckt schon mal gerne beim anderen hinein.

73. Hotel Imperial

Bewertung: Hotel 80 %   Restaurant 16 Punkte

Kärntner Ring 16
A-1015 Wien
Tel.: 0043/222/656660-0
Telex: 112630 imhot a
Besitzer: Imperial Hotels Austria AG
Direktor: Georg W. Engelhardt
Küchenchef: Werner Pusswald
Offizielle Klassifizierung: 5 Sterne
Öffnungszeiten: Ganzjährig. Restaurant »Zur Majestät«: Samstag und Sonntag Ruhetag
Gruppenreisen
Hunde nur auf Anfrage in den Zimmern erlaubt

Lage
Stadthotel, im Sommer »Schanigarten« im Café und Bar
Nächster Flughafen: 16 km
Nächster Bahnhof: 3 km

Zimmer und Preise
Insgesamt 158 Zimmer, davon
100 Doppelzimmer mit Bad/WC zu 2200 bis 4200 öS
41 Einzelzimmer mit Bad/WC zu 2000 bis 2600 öS
17 Apartments mit Salon zu 4500 bis 17000 öS
Preise inklusive Service und Steuern
Normalfrühstück: zu 120 öS
Kinder bis 14 Jahre im Zimmer der Eltern frei

Einrichtung
Stilmöbel, echte Antiquitäten. Doppelzimmer 24–68 qm, in den Doppelzimmern Salonecke mit Tisch und Sesseln, Schreibsekretär und Frühstückstisch, mindestens 3 Stühle, 149 Zimmer mit Diele und Einbauschränken, Kofferab-

lage, Tischlampen, Stehlampen, Leselampen, großer Spiegel, Mini-Bar, Radio wird vom Empfang geregelt, Farbfernseher, Weckdienst von der Zentrale und automatischer Wecker, Klimaanlage
Täglicher Bettzeugwechsel

Bäder
5–7 qm, 18 Zimmer mit Außenfenster, 140 mit Ventilation, 40 Doppelwaschbecken, große Badewanne, zum Teil abgetrennte Dusch-Kabine, meistens mit Bidet, WC im Bad und abgetrennt, Neonlicht, Handtuch-Trockner
Kleenex, Seife, Schaumbad, teilweise Waage, Rasierspiegel, Schwamm oder Waschlappen, Schuhe werden geputzt
Täglicher Handtuchwechsel

Service
Portier, der Gast wird auf sein Zimmer begleitet, außer dem Frühstück auch Mahlzeiten auf den Zimmern 6.00 bis 23.30 Uhr; Bügeln, Waschen, Reinigen 9.00–16.30 Uhr, Wagen waschen und auftanken in der naheliegenden Vertragsgarage, auf Wunsch Zeitungen zum Frühstück, Prospekte, Pläne und Karten für Ausflüge, Fahrpläne für Züge und Flugzeuge, Opern-Theater-Konzert-Plan, Direktwahltelefon
Fahrstühle, Bar, Friseur, Vertragsgarage, Geldwechsel, Kreditkarten: Amexco, Diners, Master, Visa, Eurocard

Sport
Tennis: 5 Min., Golf: 15 Min.
Massage auf Wunsch

Frühstück
5 Brotsorten, 2 Sorten süßes Gebäck, offene Butter, Zimmerservice: verpackte Butter, Qualitäts-Industrieprodukt, Honig, frische Croissants, Markenkaffee, verschiedene Sorten Blättertee, frisch gepreßte Fruchtsäfte, Frühstücksbüffet

Restaurant
»Zur Majestät«
Mittagessen: 12.00–15.00 Uhr
Abendessen: 19.00–24.00 Uhr
Hintergrundmusik, Klimaanlage, 72 Plätze, Stilmöbel, Räume für Gesellschaften mit 22 Plätzen, Bar, Bar mit Salon
Küchenchef: Werner Pusswald

Spezialitäten
Hors d'Œuvres Variés vom Wagen (245 öS)
Zander im Ganzen gebraten (270 öS)
Allerlei Gekochtes Rindfleisch vom Wagen (260 öS)
Stubenküken mit Schwammerln und Entenleber (260 öS)
Kaiserbeuschl mit Briocheauflauf (160 öS)
Apfelstrudel mit Zimteis und Calvadoscrème (90 öS)
Menüs: 3-gängig Mittags: 340 öS
Weine: 1983 Riesling Spätlese, Nikolaihof Familie Saahs, Mautern, 1983 Blaufränkisch Privat Cuvée, Morandell Hortischon

---

Unter dem Foto des stehenden Generaldirektors W. Engelhardt und seiner drei sitzenden Direktoren Andreas Vögl (Bristol, Wien), Johannes Graf Walderdorff (Goldener Hirsch, Salzburg) und Wolfgang Brake (Europa-Tyrol, Innsbruck) gibt die Gruppe der »Imperial-Hotels Austria« seit Januar 1986 eine eigene »Gazette« heraus, eine kleine Illustrierte, die sich vor allem um die VIP-Gäste der vier zusammengeschlossenen Häuser dreht. Den Grad an Prominenz kann ein Gast daran ablesen, ob er in solchen Hotelillustrierten abgelichtet wird. Daß alle vier Häuser dieser Gruppe in diesen Führer aufgenommen wurden, verdanken sie nicht nur der excellenten und historisch wertvollen Ausstattung der Häuser, sondern vor allem dem Aufschwung ihrer Küchen. Seit Anfang 1986 nämlich ist Werner Matt, ehemals Küchenchef des berühmten »Prinz Eugen« im Hilton-Wien und Vater der NWK (Neue Wiener Küche) der Leiter der Gastronomie im Konzern geworden. Alle Küchen in Wien, Salzburg und Innsbruck haben sich seitdem beträchtlich verfeinert. Werner Matt spielt jetzt im »Imperial-Austria«-Konzern die gleiche Rolle als Anreger, wie Guy Bonnefoit sie seit Jahren im Steigenberger-Konzern ausübt.

Das weltberühmte »Imperial« ist zweifellos eine Wiener Sehenswürdigkeit. Aus dem herzoglich-württembergischen Stadtpalast am Ring aus dem Jahr 1865 wurde bereits 1873 das K. u. K.-Hofhotel, das Kaiser Franz-Joseph diesen Ehrentitel verdankt. Die 110 Jahre Geschichte lasten nicht etwa auf diesem Haus, sondern haben es so reizvoll gemacht, daß es sich mit keinem modernen Hotelbau vergleichen läßt. Schon der Treppenaufgang zur ersten Etage mit Mosaiken aus Marmor und einer großen Freitreppe, die sich in zwei Seitenzweige teilt, ist sehenswert. Es gibt einen Marmorsaal, der noch original aus der Zeit der Erbauung stammt. Man spürt hier an allen Ecken und Kanten die fürstliche Vergangenheit. Die außerordentlich schöne Hotelhalle verfügt über einen Musikbalkon, wie das früher in den Schlössern üblich war. Auch die Rezeption ist elegant gestaltet worden. Besonders sympathisch für die Autofahrer: Man verfügt über einen Wagenmeister, der sich des Wagens annimmt, ihn je nach Bedarf auf den Parkplatz oder in die Garage fährt.

Das Originalpalais war dreistöckig, der vierte Stock ist später dazugesetzt worden. Man hat ihn sehr freundlich mit Fluren in einem hellen Gelb und mit roten Teppichen ausgestattet. Hier oben liegen einige der Zimmer, die früher Chauffeurszimmer waren, die man jetzt aber zu kleinen Apartments umgestaltet hat, mit begehbarem Schrank, originellen Badezimmern mit Whirlpool. Alle Zimmer in diesem Haus haben Vorräume mit reichlich Kofferablage, zum Teil sind sogar die WCs abgetrennt.

Einige Apartments sind sehenswert wie ein Museum. Die Salons umfassen 80 bis 100 qm, und hier kommt man sich vor, als sei man Prinzgemahl Philip oder Königin Elizabeth. In den fast 100 qm großen Schlafzimmern wirken die riesigen Doppelbetten wie Miniaturen. Die kostbaren Antiquitäten geben überall dem Haus eine Ambiance, die kein moderner Inneneinrichter erreichen könnte.

Es gibt Bäder, in denen die WCs abgetrennt sind, und einige verfügen sogar über Außenfenster. Man kann solche Zimmer vorbestellen.

Ein kleiner Mangel: Die Mischduschen, die angeblich automatisch heiß und kalt zu einem Strahl zusammenmischen sollen, funktionieren sehr ungenügend. Man braucht außerordentlich lange, bis überhaupt Warmwasser kommt, und zwischendurch wird die Dusche immer wieder kalt, so daß man sich entweder verbrüht oder erkältet. Auch die gläserne Duschwand schirmt nicht ganz das Bad vom Wasser ab, es bleibt eine große Lücke offen, durch die schließlich das Duschwasser in das Bad eindringt und es leicht überschwemmt. Hier sollte sich die Direktion noch einiges einfallen lassen, um solche Mängel abzustellen.

Das Restaurant des Hotels wurde kürzlich in »Zur Majestät« umbenannt, womit Generaldirektor Engelhardt die Tradition des Hauses unterstreichen und zum Ausdruck bringen wollte, daß hier jeder Gast wie eine Majestät behandelt wird. Fräcke und weiße Handschuhe der Kellner bringen Würde, Distanz und Gepflegtheit des übrigens nicht übertrieben luxuriös eingerichteten Restaurants zur rechten Geltung. Matt-Schüler Werner Pusswald bietet neben dem üblichen »Wiener Schmäh« wie Schnitzel und Tafelspitz, auf welche die Touristen fliegen wie die Insekten auf den Honig, vor allem leichte und gekonnte Zubereitungen von Fischen und Schalentieren an, die ich den sogenannten Wiener Spezialitäten entschieden vorziehe. Auch auf den Tafelspitz trifft nämlich zu, daß man vom Ochsen nichts anderes als Rindfleisch verlangen kann. Dagegen sind Pusswalds »Hummer auf Basilikum-Nudeln«, der »mit Thymian gebratene Fogosch« oder die »Steinbuttschnitte auf Champagner-Sauce mit Kaviar-Blinis« wirkliche Gourmet-Gerichte, derentwegen es sich lohnt, ins »Imperial« zu gehen.

Eine mehr bürgerliche Küche gibt es im »Café Imperial«, das von 7 bis 24 Uhr geöffnet ist. Einmal wöchentlich, am Donnerstag, spielt eine Damenkapelle auf, täglich unterhält ein Pianist zur Aperitifzeit zwischen halb fünf und halb sieben Uhr abends.

Tatsächlich hat in diesem Hotel neben zahlreichen Staatsoberhäuptern auch Königin Elizabeth von England gewohnt. Sie erklärte nach Abschluß ihres Besuches: »Dieses Hotel ist das weitaus schönste, in dem ich je gewohnt habe. Kein anderes kann sich damit vergleichen.«

Ist das nicht ein Lob?

Ob Kochkönig Werner Matt erreicht, daß man gleiches von seiner Küche sagt? Gewiß, dessen bin ich ganz sicher.

74. Hilton International Wien

Bewertung: Hotel 75 % Restaurant 17 Punkte

Am Stadtpark
A-1030 Wien
Tel.: 0043/222/752652-0
Telex: 136799
Besitzer: Hilton International Wien GmbH
Maitre d'Hôtel: Werner Lunak
Generaldirektor: Rupert E. Huber
Küchenchef: Eduard Mitsche
Offizielle Klassifizierung: 5 Sterne
Öffnungszeiten: Ganzjährig
Gruppenreisen möglich
Kleinhunde in den Zimmern zugelassen

Lage
Stadthotel in Zentrumslage (5 Minuten bis zum Stadtkern), am Stadtpark (mit Fußgängerbrücke verbunden) mit Spazierwegen und Jogging-Track, Terrasse mit Restaurantbetrieb
Nächster Flughafen: ca. 20 km, direkte Busverbindung alle 20 Minuten
Nächster Bahnhof: ca. 5 km, günstige Schnellbahnverbindung vom Hotel aus

Zimmer und Preise
Insgesamt 616 Zimmer, davon 245 Doppelzimmer, 304 Twin-Bett-Zimmer, 2 speziell ausgestattete Behindertenzimmer, 7 Penthousesuiten, 21 Juniorsuiten, 24 Eckapartments
Doppelzimmer mit Bad/WC zu 1820 bis 2800 öS
Einzelzimmer mit Bad/WC zu 1350 bis 2080 öS
Suiten ab 4880 öS

Preise inklusive Service und Steuern
Kontinentales Frühstück: 120 öS
Amerikanisches Frühstück: 170 öS
Kinder im Zimmer der Eltern frei (ohne Altersbeschränkung)

Einrichtung
In Anlehnung an Jugendstil, Barock, Biedermeier, modern. Doppelzimmer 27–240 qm, Doppelzimmer mit Salonekke, Tisch und Sesseln, Schreibsekretär, 1 Kofferablage, alle Zimmer mit Diele und Einbauschränken, Tischlampen, Stehlampen, Nachttisch mit Leselampe, großer Spiegel, Mini-Bar, Selbstwählradio inkl. Radio-Hausprogramm, Farbfernseher inkl. hausinternen Video-Filmprogrammen in deutsch und englisch, Direktwahltelefon, individuell regulierbare Klimaanlage, Fenster sind vollständig zu öffnen, Weckdienst durch Telefonzentrale bzw. Computer
Täglicher Bettzeugwechsel. Die Zimmer werden nach der Nachmittagsruhe noch einmal gemacht

Bäder
ca. 4 qm, Klimaanlage, 1 Waschbecken, Normalbadewanne, in verschiedenen Suiten abgetrennte Duschkabine und Bidet, WC im Bad, in einzelnen Suiten abgetrennt, normale Beleuchtung, Handtuchtrockner
Kleenex, Seife, Schaumbad, Waage in den Suiten, Schwamm oder Waschlappen, Einrichtung zum Schuheputzen
Täglicher Handtuchwechsel

Service
Portier, zu 60 % wird der Gast auf sein Zimmer begleitet, außer dem Frühstück werden auch Mahlzeiten auf den Zimmern serviert, 24-Stunden-Zimmerservice, eigene Wäscherei und Putzerei Montag bis Freitag innerhalb eines Tages, Bügeldienst täglich, Wagenwäsche und Tankstelle in der Tiefgarage, Zeitungen zum Frühstück nur als VIP-Service (Zeitungen in deutsch, englisch, französisch, arabisch), Prospekte, Pläne und Karten für Ausflüge, Fahrpläne für Züge und Flugzeuge, Veranstaltungsprogramme, Gästeinformation (Restaurant Information), Gästemagazin, Theaterprogramm etc., 24-Stunden Reuters News Service
5-Gäste-Schnellaufzüge, Klimt-Bar, Piano-Bar, Ladenstraße im Haus (Souvenirs, Zeitschriften, Boutiquen, Reisebüro etc., Friseur und Kosmetik, 5 Restaurants, Autoabstellplatz vor Hotel, bewachte Tiefgarage (400 Autos), Geldwechsel, Kreditkarten: Visa, Diners-Club, Amexco, Master Charge, JCB, Eurocard, Access, Carte Blanche, En Route

Sport
Sauna, Massage, Fitnessraum mit Geräten im Haus, Schwimmbad, Squash, Gymnastik im angrenzenden Gebäude
Tennis:
Freiplatz im Sommer 5 Min. zu Fuß
Halle im Winter: ca. 7 Min. mit dem Auto
Golf: ca. 10 Min. mit dem Auto

Frühstück
5 Brotsorten, verpackte Butter, abgepackte Konfitüren, Honig, ofenfrische Croissants, zusätzlich auf Wunsch: Eiergericht, verschiedene Aufschnitte, Schinken, Müsli, Joghurt, frische Früchte und Säfte, Käse, Cornflakes, Rice Crispies, Palatschinken, kleine Steaks, Sorten-Kaffee, Tee in Säckchen, auf besonderen Wunsch Teeauswahl in Blättern, frisch gepreßte Frucht- und Gemüsesäfte, Frühstücksbüffet im Café am Park

Restaurants
»Café am Park«
110 Plätze und 80 Plätze auf der Terrasse

Immer noch die Haupt-Attraktion im Wien-Hilton: Das Restaurant »Prinz Eugen«, das Küchenchef Werner Matt einst zu ungeahnten Höhen führte

Geöffnet bis 22.30 Uhr

»Kleine Konditorei«
25 Plätze

»Terminal Pub«
Snack-Restaurant
90 Plätze
Geöffnet bis 23.30 Uhr

»Vindobona Keller«
Weinkeller
160 Plätze
Geöffnet bis 1.00 Uhr

»Rôtisserie Prinz Eugen«
Tel.: 0222/752652355
Geschlossen: Samstagmittag
Mittagessen: 12.00–14.30 Uhr
Abendessen: 18.00–23.30 Uhr
Luxusrestaurant, Stilmöbel
120 Plätze
abends Pianospieler
Klimaanlage, Musikzimmer für 35 Personen, Klimt-Bar 11.00–2.00 Uhr geöffnet

Spezialitäten
Sautierte Waldpilze mit Ei und Petersilie (175 öS)
Bisque von Langusten und Armagnac (125 öS)
Halber Hummer mit Meeresfrüchten im eigenen Fond pochiert (590 öS)
Das Beste vom Kalb mit marktfrischem Gemüse (285 öS)
Gefülltes Perlhuhnbrüstchen mit Morcheln (340 öS)
Frische Beeren mit Joghurt und Blätterkrokant (80 öS)
Menüs: Gourmetmenü zu 730 öS. Dreigängiger Business Lunch mit Suppe zu 290 öS, mit Vorspeise zu 375 öS
Weine: Grüner Veltliner, Welschriesling, Riesling Sylvaner, Blauer Portugieser

---

Als zum Jahreswechsel 1985/86 Werner Matt das Hilton verließ, gab es zahlreiche Unkenrufe, daß die Spitzenposition in der Wiener Gastronomie nicht mehr aufrechterhalten werden könne und ähnliches. Nun stimmt es zwar, daß Werner Matt den Ruhm der Küche des »Prinz Eugen« begründet hat, daß er es zustande brachte, eine Gourmetküche für über 120 Gäste zu führen, daß er im Hause 6 Küchen mit über 80 Köchen, Lehrlingen und zusätzlichem Hilfspersonal führte, daß seine Organisation vorbildlich und seine Ausbildungserfolge legendär waren. Er ist auch der Begründer der leichten, marktgerechten Küche in Österreich und des gastronomischen Aufstiegs des Landes.

Trotzdem schleiften die Zügel im »Prinz Eugen« und den übrigen Restaurants des Hauses nicht einen Tag. Nahtlos übernahm Eduard Mitsche, der 15 Jahre mit Werner Matt eng zusammengearbeitet hatte, die Führung, und auch der verwöhnteste Stammgast konnte in der Qualität der Speisen im Prinz Eugen keinen Unterschied entdecken. Auch die erstaunliche Kapazität, für über 120 Gäste – täglich, nicht nur zu besonderen Anlässen – in Gourmetqualität kochen zu können, blieb dem Hause erhalten.

Was die Kenner Mattscher Organisation gewußt hatten und wovon die Anhänger Mitschescher Kochkunst überzeugt waren, trat ein: Im »Prinz Eugen« ißt man vorzüglich wie eh und je, Matt hat vorbildlich übergeben und Mitsche vorbildlich übernommen.

Nicht jeden spricht die Ausstattung der Räume des »Prinz Eugen« an. Niemand kann abstreiten, daß das Lokal eine festliche Atmosphäre hat, auch wenn es eine Reihe kitschiger Elemente in den drei Räumen gibt. Sehr geschickt hat der Architekt die Frage der Abteilungen gelöst. Gleichgültig, wie viele Gäste zum Abendessen oder zum Souper nach Oper, Konzert und Theater erschienen sind, das Haus macht natürlich mit 120, aber auch mit 80 oder nur 40 Gästen einen vollen Eindruck und läßt daher nie das ungute Gefühl, das den Gast bei leeren Häusern bedrückt, aufkommen.

Der Service ist überzeugend. Man wundert sich über die Elastizität, mit der die 120 Gäste ebenso gut und flink bedient werden wie nur 40. Die Weinkarte ist eine der bestsortierten der großen Häuser Wiens und die Beratung durch Sommelier Buchner comme il faut. Die Standardkarte, ohne die ein großes Hotelrestaurant – leider – nicht auskommt, ist nicht groß und die Tageskarte mit höchstens 10 Gerichten und einem Degustationsmenü vorbildlich.

Was angeboten wird, ist abwechslungsreich und mit Geschick und Raffinement zubereitet. Ob es sich um Flußkrebse, Zander und Lachsforelle in Basilikum und Sherry, um Kaninchenfilets im Strudelblatt oder um Milchlammfilets auf Kressepüree in Schalotten handelt, das Maximum an Wohlgeschmack wurde herausgeholt, und gewürzt wird so geschickt, daß dadurch der Naturgeschmack von Fisch oder Fleisch nicht verfremdet, sondern unterstrichen wird. Die Sünde der zu süßen Sorbets, die viele Franzosen dazu veranlaßte, das Sorbet hinter dem Hauptgericht anzuordnen und dadurch seiner eigentlichen Aufgabe zu entziehen, ist im Prinz Eugen unbekannt.

Über die Desserts muß man kein Wort verlieren. Walter Glocker, der zurückgefunden hat, ist mit seinen köstlichen Kreationen, allen voran dem Glockerstrudel, europaweit bekannt und ziert die Blätter aller gastronomischen Journale.

Hotel: Normale, funktionelle Zimmer bis zu großräumigen Doppelzimmern und Suiten in der obersten Etage mit Blick über Wien.

75. Hotel Inter-Continental Wien

Bewertung: Hotel 75 %   Restaurant 17 Punkte

Johannesgasse 28
A-1030 Wien
Tel.: 0043/222/75050
Telex: 131235
Telefax: 734489
Besitzer: Inter-Continental Betriebs-GmbH, Wien
Generaldirektor: John F. Edmaier
Küchenchefs: Herbert Hüpfel (Hotelküchenchef), Manfred Buchinger (Vier Jahreszeiten-Chef)
Offizielle Klassifizierung: 5 Sterne
Öffnungszeiten: Ganzjährig
Gruppenreisen möglich
Hunde in den Zimmern zugelassen

Lage
Nahe der Ringstraße, nachts sehr ruhig, Fußwege beginnen direkt am Hotel, vis-a-vis der Stadtpark, Terrasse
Nächster Flughafen: 13 km
Nächster Bahnhof: 3 km (Südbahnhof)

Zimmer und Preise
Insgesamt 498 Zimmer, davon
269 Doppelzimmer mit Bad/WC zu 2190 bis 3290 öS
137 Einzelzimmer mit Bad/WC zu 1560 bis 2560 öS
46 Apartments mit Salon zu 6580 öS
Preise inklusive Frühstück, Service und Steuern
Vollpension in und außerhalb der Saison: 630 öS
Halbpension in und außerhalb der Saison: 315 öS
Kinder unter 14 Jahren im Zimmer der Eltern gratis

Einrichtung
Stilmöbel. Doppelzimmer 23 qm, 3 Sessel und Stühle, Tisch, 2 Kofferablagen, alle Zimmer mit Diele und Einbauschränken, Tischlampen, Stehlampen, Nachttisch mit Leselampe, großer Spiegel, Mini-Bar, Radio, Farbfernseher, Weckdienst von der Zentrale, Klimaanlage, Direktwahltelefon
Täglicher Bettzeugwechsel. Die Zimmer werden nach der Nachmittagsruhe noch einmal gemacht

Bäder
ca. 5 qm, 20 mit Außenfenster, 470 mit Ventilation, 1 Waschbecken, große Badewanne, Bidet in den Suiten, WC im Bad, indirekte Beleuchtung
Kleenex, Seife, Schaumbad, Waage, Waschlappen, Einrichtung zum Schuheputzen, Wäscheleine, Fön
Zweimal täglich Handtuchwechsel

Service
Portier, der Gast wird auf sein Zimmer begleitet, außer dem Frühstück werden auch Mahlzeiten auf den Zimmern serviert, 24-Stunden-Service, Bügeln, Waschen und Reinigen: Express-Service, Normal-Service, Bügelservice am Abend, Wagen waschen, auf Wunsch und für VIPs Zeitungen zum Frühstück
Prospekte, Pläne und Karten für Ausflüge, Fahrpläne für Züge und Flugzeuge, Theater- und Konzertkarten
4 Fahrstühle, Bar, Boutiquen, 2 Restaurants, offene Garage, Geldwechsel, Kreditkarten: Diners Club, Amexco, Carte Blanche, Visa, Eurocard, Master Charge, JCD, En Route

Sport
Sauna, Massage, Fitnessraum

Restaurant »Vier Jahreszeiten«

Tennis: 50 m
Golf: 5 km

Frühstück
18 Brotsorten, Butter im Restaurant offen, im Zimmer verpackt, Konfitüren hausgemacht und Industrieprodukte, Honig, frische Croissants, Käse, Brotaufstriche, Ei, Tee in Blättern und Säckchen, frisch gepreßte Fruchtsäfte und aus der Dose, Frühstücksbüffet im Frühstücksraum

Restaurants:
»Brasserie«
250 Plätze
Preise mit 12,5 % Aufschlag für Service

»Vier Jahreszeiten«
Ganzjährig täglich geöffnet
Mittagessen: 12.00–15.00 Uhr
Abendessen: ab 19.00 Uhr
80 Plätze, Stilmöbel
Pianomusik, Terrasse, Klimaanlage, Räume für Gesellschaften 10-1 000 Plätze; Bar, Bar mit Salon

Spezialitäten:
Kalbskopf mit Kerbelvinaigrette (125 öS)
Crèmeschnitte von Räucherfischen und hausgebeiztem Lachs (8 160 öS)
Drei Züngerl in Wurzelsauce (195 öS)
Gänsestopfleber auf Frühlingszwiebeln mit weißer Butter und schwarzen Trüffeln (295 öS)
Kalbsfilet mit Gemüsecrème und Morchelglace (280 öS)
Mousse »Vier Jahreszeiten« (75 öS)
Preise zuzüglich 15 % Service
Weine: Rotspon-Blauburgunder – Weingut Jurtschitsch – Langenlois, Nussberger Rheinriesling – Weingut Ing. Mayer – Grinzing

Als das Wiener Intercontinental im Frühjahr 1964 eröffnet wurde, hieß das Nobelrestaurant »Quatre Saisons«, damals war Grillen »in«, und das Restaurant hieß »Rôtisserie«! 1986 wurde es wieder auf den (verdeutschten) alten Namen »Vier Jahreszeiten« zurückgetauft, es verlor 20 Plätze und ist heute unter den Wiener Restaurants, was Eleganz, Atmosphäre und Tischkultur betrifft, mit an der Spitze.

Zweiter Küchenchef ist der 34jährige Manfred Buchinger, ein Spitzenkoch, der das gute und für sein Lunchbüffet beliebte Lokal zu einem der Spitzenrestaurants Wiens gemacht hat. Die aufgelockerte Sitzordnung im großen Saal mit dem Blick auf den Stadtpark, der vorbildliche, unaufdringliche, aber alles bemerkende Service verschafften den »Vier Jahreszeiten« eine wachsende Beliebtheit, den sogar der Katastrophensommer 1986 mit Amerikanerausfall durch Dollarsturz und Terrorangst, und die Atomangst nach Tschernobyl nichts anhaben konnten.

Das Lunchbüffet, das an einer Seitenwand des Saales aufgebaut ist, und von dem man sich, was Vor- und Hauptspeisen betrifft, à discretion bedienen kann, kostet 360 öS (50 DM) ohne Getränke. Abends reicht die Preisspanne von einem Souper ab 400 öS mit glasweisem Wein bis zu einem Degustationsmenü mit Aperitiv und Flaschenwein um 1 250 öS.

Die Weinkarte zeigt eine gute Auswahl in- und ausländischer Spitzenweine und erklärt auch die spezifisch österreichischen Sortenbezeichnungen. Die Flaschenpreise liegen für österreichische Weine zwischen 35 und 60 DM, auch französische Weine gibt es schon ab 60 DM die Bouteille, bei Spitzenjahrgängen von Schloßabfüllungen gibt es allerdings Preise bis zu 900 DM.

Manfred Buchinger ist ein Meister seines Faches. In der Behandlung des Fleisches, aber auch in der Zubereitung und der Kreation – von Saucen braucht er keinen Kollegen zu fürchten. Wie jeder gute Koch ist er am Herd ein Fanatiker. Die immer weitere Verbreitung der leichten, marktgerechten Küche macht es von Jahr zu Jahr schwerer, kreativ zu sein, doch Buchinger bringt stets wieder neue Gerichte und Kombinationen heraus. Seine Brigade mit Sous-Chef Josef Prokesch hat einen hohen Standard und ist imstande, Abwesenheiten des Chefs ohne Qualitätsabfall zu überbrücken.

Die Produkte, auch das letztlich in Österreich kaum erhältliche Kalbfleisch von wirklich jungen Tieren, ebenso wie das Milchlamm, sind in den »Vier Jahreszeiten« ausgezeichnet.

Bei der Eröffnung im März 1986 und bei einigen folgenden Besuchen wußte Buchinger immer wieder mit neuen Kombinationen zu überraschen. Sein Silberlachs mit Oberskraut, sein Babysteinbutt auf Maracujabutter, Briesscheiben mit Pilzen und brauner Butter oder eine Rindslende in Pommerysenfsauce legten Zeugnis für seine Klasse ab. Er ist auch einer von jenen Köchen, die wissen, daß eine Entfernung des Fettrands vor der Zubereitung, sei es bei gesottenem Rindfleisch, sei es bei Kalbsnieren Fleisch oder Nieren austrocknet und ihnen viel von ihrem Wohlgeschmack nimmt.

Von den in den Jahren 1985/86 neuen oder neuadaptierten Hotelrestaurants sind die »Vier Jahreszeiten« zweifellos die beste architektonische Lösung. Edles Material, großzügige Platzverteilung, eine optimal ausgebildete Kellnerbrigade läßt jedes Essen zu einem Fest werden.

Küche: Erstklassige leichte, marktgerechte Küche, aber auch typische Gerichte der klassischen Wiener Küche.

76. Hotel Bristol Wien

Bewertung: Hotel 85 % Restaurant 19 Punkte

Kärnterring 1
A-1015 Wien
Tel.: 0043/222/515160
Telex: 112474 brist a
Besitzer: Creditanstalt Bankverein
Direktor: Andreas Voegl
Küchenchef: Reinhard Gerer
Offizielle Klassifizierung: 5 Sterne
Öffnungszeiten: Ganzjährig. Restaurant »Korso bei der Oper« Samstagmittag geschlossen
Gruppenreisen möglich
Hunde auf Anfrage in den Zimmern zugelassen

Lage
Gegenüber der Oper, Fußgängerzone in der Nähe, sowie Volksgarten, Stadtpark
Nächster Flughafen: 16 km
Nächster Bahnhof: 3 km

Zimmer und Preise
Insgesamt 152 Zimmer, davon
90 Doppelzimmer mit Bad/WC zu 2100 bis 3400 öS
48 Einzelzimmer mit Bad/WC
11 Apartments mit Salon zu 4700 bis 6700 öS
Preise inklusive Service und Steuern
Standardfrühstück: 120 öS
American Frühstücksbüffet: 200 öS
Kinder bis 14 Jahre zahlen die Hälfte im Restaurant bzw. wohnen im Zimmer der Eltern frei

Einrichtung
Stilmöbel, zum Teil echte Antiquitäten. Doppelzimmer 14–18 qm und 28–30 qm, Salonecke, Schreibsekretär, Frühstückstisch, 2–5 Sessel und Stühle, 1 Kofferablage, Vorraum, Tischlampen, Stehlampen, Nachttisch mit Leselampe, Lüster, indirekte Beleuchtung, großer Spiegel, Mini-Bar, Radio »Self-Service«, Farbfernseher
Weckdienst von der Zentrale, Klimaanlage
Täglicher Bettzeugwechsel

Bäder
5–8 qm, 37 Bäder mit Außenfenster, 120 mit Ventilation, 80 mit 2 Waschbecken, 74 mit 1 Waschbecken, große Badewanne, Bidet, einige mit abgetrennter Duschkabine, 20 mit WC im Bad, normale Beleuchtung, Neonlicht
Auf Wunsch Zahnpasta, Kleenex, Seife, Schaumbad, teilweise Waage, Rasierspiegel, Schwamm oder Waschlappen, Schuhputz-Flanelltuch, Badehaube, Schuhlöffel, Kleiderbürste
Zweimal täglich Handtuchwechsel

Service
Portier, Wagenmeister, der Gast wird auf sein Zimmer begleitet, außer dem Frühstück werden auch Mahlzeiten auf den Zimmern serviert nach Speisekarte, 24-Stunden-Service, Bügeln, Waschen, Reinigen 8 Stunden, auf Wunsch Zeitungen zum Frühstück, Prospekte, Wiener Stadtplan, Fahrpläne für Züge und Flugzeuge stellt Concierge zur Verfügung, eigene Sauna, executiver Clubraum mit offenem Kamin, Dachterrasse, Direktwahl-Telefon
Bar, abgeschlossene Garagen; Geldwechsel, Kreditkarten: Amexco, Diners, Eurocard, Visa, JTB

Sport
Tennis: 20 Min.
Golf: 45 Min.
Massage auf Anfrage

Frühstück
4 Brotsorten, offene Butter, Konfitüren im Glas, frische Croissants, verschiedene Teesorten, Markenkaffee, echter Tee in Blättern, frisch gepreßte Fruchtsäfte, Frühstücksbüffet

Restaurant
»Korso bei der Oper«
Mittagessen: 12.00–15.00 Uhr
Abendessen: 19.00–1.00 Uhr
Hintergrundmusik, Abends Pianist, Klimaanlage, 76 Plätze
»Fin de siècle«-Ambiance. Räume für Gesellschaften mit 20 Plätzen, Bar
Küchenchef: Reinhard Gerer, seit 1984 im Hause, vorher im Hilton Wien (Rôtisserie Prinz Eugen), »Aubergine«, München, »Mattes«, Wien

Spezialitäten
Perlhuhnbrust mit Gänseleber gefüllt in Blätterteig (220 öS)
Gratin von Meeresfischen und Krustentieren (330 öS)
Filet von St. Pierre mit Beaujolaisnudeln (290 öS)
Pochierte Lachsschnitte mit Artischokken und Tomaten (280 öS)
Nüßchen vom Lammrücken, Gemüsemelange und Rahmkartoffeln (260 öS)
Menü: 320 öS
Weine: 1984 Grüner Veltliner, Steinfeder Winzergenossenschaft Wachau. 1983 Riesling, Spätlese, Mautern-Nikolaihof

---

Das nun fast hundert Jahre alte Bristol hat für den Direktor des Hauses den unschätzbaren Vorteil, daß es von vornherein als Hotel geplant war. Kein Ärger also mit dem Umfunktionieren eines alten Palastes in ein Palasthotel. Jüngste Neuerung im alten »Bristol«: Das als Stadthotel ideal gegenüber der Oper am Ring gelegene Haus bekam 1985/86 eine neue fünfte Etage mit Einrichtungen, die vor allem für reisende Geschäftsleute interessant sind: In einem Clubsalon gibt es Telefax, Telex, angrenzend ein Schreibmaschinenzimmer mit Service, internationale Zeitungen und Zeitschriften, Schach- und Spieltisch. Unter der Kuppel eines der beiden »Türme« wurde eine Sauna mit Liegeraum neben einer Terrasse eingerichtet. Von dieser genießt man den schönsten Blick auf die Staatsoper gegenüber, auf den Stephansdom und die Hänge des Wienerwaldes. Hier oben wurden außerdem 30 neue Gästezimmer mit getrennten Wohn- und Schlafbereichen eingerichtet. Zur Standardeinrichtung gehören eingebauter Safe, Fernseher, Radio und drei Telefone, am Schreibtisch, im Schlafzimmer und im Bad.

Die alten vier Etagen atmen genauso wie die Zimmer des »Imperial« historische Atmosphäre. In einigen Räumen findet man noch die echten Chaiselongues, wie sie früher einmal üblich waren. Die Apartments verfügen über große Vorräume und getrennte Gästetoiletten. Kleiderschränke sind zum großen Teil begehbare Ankleideräume.

Zu den Attraktionen dieses historischen Jugenstilhotels gehören die Salons, die sich für kleinere Gesellschaften von 20–30 Personen besonders gut eignen. Der Maria-Theresia-Salon ist mit kostbaren Antiquitäten gespickt.

Doch das größte Plus in diesem Hotel ist fraglos die Gastronomie: Küchenchef Reinhard Gerer gehört trotz seiner jungen Jahre (34) zu den profiliertesten Köchen Österreichs. Auch er kommt aus der Schule von Werner Matt und hat bei ihm tüchtig im »Prinz Eugen« des Hilton-Hotels mitgekocht. Schließlich hat er noch in Witzigmanns »Aubergine« in München einiges dazugelernt, und hat dann, wieder in Wien, das »Mattes« zum führenden Gourmettempel der österreichischen Hauptstadt gemacht. Auch im »Pialée« errang er kulinarischen Ruhm. Seit 1984 leitet er nun die Küche des »Korso an der Oper«. Wer ein typisches Wiener Restaurant erleben will, sollte hierhergehen: Der Stil der Jahrhundertwende wurde im Saal konsequent eingehalten, eine bestens geschulte schwarze Brigade bedient ungewöhnlich aufmerksam, ein Pianist macht abends diskrete Hintergrundmusik, die Gerers köstliche Menüs begleitet. Wenn er es vielleicht auch nicht allzu gerne hört: Unbestreitbar macht Gerer eine nahezu perfekte Nouvelle Cuisine.

Zu den Wiener Institutionen gehört auch das von außen direkt zugängliche »Café Sirk« gegenüber der Oper, das mit einer Rôtisserie verbunden ist, wo man etwas billigere Speisen genießen kann als im festlichen »Korso«. Im Sommer kann man sogar auf der gegen Regen geschützten Terrasse sitzen, um dort kleine Gerichte zu wählen, falls man das »Korso« mit seinem Originalsaal aus dem Jahr 1896 mit offenem Kaminfeuer, den durch Paravents abgetrennten Eßecken, deren Glasscheiben dennoch den Blickkontakt mit der Umgebung gestatten, etwas zu feierlich findet.

Gegenüber dem kaiserlichen »Imperial« wirkt das »Bristol« etwas bürgerlicher. Schade, daß man nicht gleichzeitig in beiden Häusern wohnen kann.

77. Hotel im Palais Schwarzenberg

Bewertung: Hotel 70% Restaurant 17 Punkte

Schwarzenbergplatz 9
A-1030 Wien
Tel.: 0433/222/725125
Telex: 76124
Besitzer: Erbprinz Karl Johannes von Schwarzenberg
Direktor: Werner Breitenecker
Küchenchef: Benny Poppe
Offizielle Klassifizierung: 5 Sterne, de luxe
Öffnungszeiten: Ganzjährig
Keine Gruppenreisen
Hunde im Zimmer erlaubt

Lage
Ruhig, Höhenlage: 171 m, Park
Terrasse

Nächster Flughafen: 15 km
Nächster Bahnhof: 1,5 km

Zimmer und Preise:
Insgesamt 43 Zimmer, davon
35 Doppelzimmer mit Bad/WC/Dusche zu 1180 bis 1600 öS
4 Einzelzimmer mit Bad/WC/Dusche zu 740 bis 960 öS
4 Apartments mit Salon zu 1600 bis 2000 öS
Preise inklusive Service, Steuern und Frühstück

Einrichtung
Stilmöbel, wohnlich-elegante Atmosphäre. Doppelzimmer mit Salonecke,

Sekretär, Tisch, Schminktisch mit Spiegel, 2–4 Stühle und Sessel, 2 Kofferablagen, alle Zimmer mit Diele und Einbauschränken, Tischlampen, Stehlampen, Nachttisch mit Leselampe, Lüster, großer Spiegel, Radio »Self-Service«, Fernseher in der Bar, im Zimmer auf Anfrage, Weckdienst über Zentrale und automatischer Wecker
Jeden zweiten Tag Bettzeugwechsel

Bäder
1 Bad mit Außenfenster, 42 mit Ventilation, 1–2 Waschbecken, große Badewanne, Bidet, WC im Bad, Neonlicht, Handtuch-Trockner
Kleenex, Seife, Schaumbad, Waage, Rasierspiegel, Schwamm oder Waschlappen, Einrichtung zum Schuheputzen
Täglicher Handtuchwechsel

Service
Portier; der Gast wird auf sein Zimmer begleitet, außer dem Frühstück auch Mahlzeiten auf den Zimmern 6.30–10.30 Uhr, 11.30–23.00 Uhr, Bügeln, Waschen, Reinigen 6–8 Stunden, Wagen waschen und auftanken, auf Wunsch Zeitungen zum Frühstück Prospekte, Pläne und Karten für Ausflüge, Fahrpläne für Züge und Flugzeuge, Rundfahrteninformation, Kulturinformation, behilflich bei Beschaffung von Karten für kulturelle Veranstaltungen, Direktwahltelefon
Fahrstuhl, Bar, Privatparkplatz, Geldwechsel, Kreditkarten: American-Express, Diners, Eurocard, Carte Blanche, Master Charge

Sport
Hauseigener Tennisplatz
Golf: 4 km
Fast alle Sportarten im Raum Wien

Frühstück
2 Brotsorten, offene Butter, hausgemachte Konfitüren, bei Zimmerservice abgepacktes Fertigprodukt, Honig, Croissants, Schinken, Käse, Eier, Cornflakes, Obst, Kaffee-Spezialmischung, Tee in Säckchen, frisch gepreßte Fruchtsäfte

Restaurant im Palais Schwarzenberg
Mittagessen: 11.30–15.00 Uhr
Abendessen: 18.30–23.00 Uhr
Stimmungsmusik in der Bar, offene Terrasse, wo je nach Wetter serviert wird
40 Plätze, Stilmöbel, Räume für Gesellschaften mit bis zu 1 000 Plätzen, Bar, Bar mit Salon
Küchenchef: Benny Poppe
Pâtissier: Herwig Gasser
Maître d'Hotel: Gottfried Pecher
Sommelier: G. Obweger

Spezialitäten
Feldsalat mit Nüssen und Geflügelleber (75 öS)
Salade »Palais Schwarzenberg« (95 öS)
Hausgemachte Gänseleberterrine (155 öS)
Grenadin de veau à la Nouvelle Cuisine (165 öS)
Filet de Loup, Sauce Sabayon (145 öS)
Pomme »Jardin à la Eve« (60 öS)
Weine: Spätrot-Rotgipfler 1976, Gewürz-Traminer 1976

Es kommt nicht oft vor, daß im Laufe eines Managements von einer dreistelligen Belegschaft nur ein Mann, Maître Gottfried Pecher, übrigbleibt. Pierre Roth hat als Direktor dieses Kunststück fertiggebracht. Er behandelte das Personal »en canaille«, und als er es auch mit den Gästen versuchte, hatte seine Stunde geschlagen. Unter der neuen Führung durch Werner Breitenecker sind Hotel und Restaurant aufgeblüht, als sei ein Alpdruck von ihnen genommen. Benny Poppe, der als Chefkoch der Bankettabteilung sozusagen im Schatten blühte, konnte sich richtig entfalten. Den Michelinstern, den sein Vorgänger erwarb, konnte er aufrechterhalten.

Wer das Restaurant kennt und mit anderen berühmten Restaurants Europas vergleicht, wird es wegen seines Rundblicks auf den zauberhaften Park bis zum Belvedere unter den schönsten Restaurants Europas auf einen Spitzenplatz stellen. Es ist schwer, sich dem Zauber der Ambiance zu entziehen, und wenn dazu noch eine der besten Küchen Wiens kommt, dann ist ein guter Besuch von Wienern wie von ausländischen Gästen gesichert, um so mehr, als der Ambiance auch die erlesene Tischkultur und der vorbildliche Service entsprechen.

Benny Poppe, Schüler der Hotelfachschule in Oostende mit Stage in einer Reihe erstklassiger Häuser in Belgien und Frankreich, darunter in Lenôtres Pré Catelan, kann sich in seiner neuen, großzügig und vorbildlich eingerichteten Küche richtig ausleben. Seine Leistung wird von Gästen und Vorgesetzten anerkannt. Er ist ein begeisterter – und daher auch ein guter – Koch.

Die Gäste, in den letzten Jahren der Aera Roth in stetiger Abnahme begriffen, haben ins Schwarzenberg zurückgefunden. Unter der Direktion Breitenecker sind viele Unzukömmlichkeiten abgestellt worden. Verschwunden ist die formatmäßig aber auch preislich überdimensionale Weinkarte, der Tod aller zarten Gläser. Die Traumweine zu Traumpreisen sind von der Karte verschwunden und auf eine kleine Karte für Ölscheichs und andere Millionäre transferiert worden. Auch ein betuchter Gast erschrickt bei Preisen von 3000 DM. Auch die Standardkarte wurde abgeschafft, die täglich neuerstellte Tageskarte enthält rund 30 Gerichte, darunter solche, die von der Kreativität Benny Poppes zeugen.

Mehrfach, mit 5 und mehr Begleitern waren wir immer mit allem Gebotenen hochzufrieden; so gut wie jedes Gericht auf der kleinen Speisekarte reizte unseren Appetit und erfüllte dann auch unsere Erwartungen. Es waren seltene Leckerbissen darunter wie ein irischer Gravad Lachs mit Aprikosensentsauce, eine Krebsencrèmesuppe mit grünem Pfeffer und Korallenbutter, ein Gulasch aus frischer Gänsestopfleber mit hausgemachten, grünen Tagliolinis und ein köstliches Dessertpotpourri des ausgezeichneten Pâtissiers.

Auch Fischwochen unter der Devise »Die Dekaden des Neptun« gestaltete Benny Poppe einfalls- und abwechslungsreich. Krebsensalat mit marinierten Artischocken, Zanderstrudel mit Lauchbuttersauce und Saibling auf sautierten Spitzmorcheln mit Minzsabayon war nur einiges, das den Gast erwartete. Und was die verlockenden Namen versprachen, das hielt die perfekte Zubereitung durch einen Spitzenkoch.

Für jeden Gourmet ist ein Besuch im »Palais Schwarzenberg« Pflicht. Die Harmonie einer bezaubernden Ambiance mit erlesener Tischkultur, perfektem Service und köstlichen Gerichten trifft man selten in ein und demselben Hause an.

Küche: Hervorragende, ideenreiche Küche mit Spitzenleistungen.

Hotel: Nobel mit einmaliger Atmosphäre.

78. Gasthof Post

Bewertung: Hotel 75 % Restaurant 16 Punkte

A-6764 Lech am Arlberg
Tel.: 0043/5583/22060
Telex: 5239118
Besitzer: Franz Moosbrugger
Direktor: Franz Moosbrugger
Küchenchef: Herbert Lackner
Offizielle Klassifizierung: 5 Sterne
Öffnungszeiten: Anfang Oktober bis Ende November und Mitte April bis Ende Juni geschlossen
Gruppenreisen
Hunde erlaubt

Lage
Zentrum, jedoch wenig Lärmbelästigung, Höhenlage: 1450 m, Fußwege beginnen in der Nähe, Park, Garten, Terrasse
Nächster Flughafen: ca. 200 km (Zürich)
Nächster Bahnhof: 15 km (Langen)

Zimmer und Preise
Insgesamt 41 Zimmer, davon
18 Doppelzimmer mit Bad/WC zu 450 bis 660 öS
4 Doppelzimmer mit Dusche/WC zu 450 bis 530 öS
4 Einzelzimmer mit Bad/WC zu 660 öS
2 Einzelzimmer mit Dusche/WC zu 660 öS
4 Doppelzimmer mit Balkon oder Terrasse
13 Apartments mit Salon zu 660 bis 1200 öS pro Person
Preise inklusive Service, Steuern und Frühstück
Halbpension in- und außerhalb der Saison 250 öS
Für Kinder Spezialpreise

Einrichtung
Rustikal und Antiquitäten. Kleinstes

Doppelzimmer 22 qm und größtes Apartment 75 qm, Doppelzimmer mit Salonecke, Schreibsekretär und Tisch, 2–6 Sessel und Stühle, 1–2 Kofferablagen, fast alle Zimmer mit Diele und Einbauschränken, Tischlampen, teilweise Stehlampen, Nachttisch mit Leselampe, teilweise indirekte Beleuchtung, Lüster, großer Spiegel, Mini-Bar, Radio wird vom Empfang aus geregelt, Farbfernseher, Weckdienst von der Zentrale
Teils täglicher Bettzeugwechsel

Bäder
4–16 qm, 20 % der Bäder mit Außenfenster, 80 % mit Ventilation, 1–2 Waschbecken, normale Badewannen, 15 % mit Dusch-Kabine, teilweise mit Bidet, 20 % mit WC getrennt vom Bad, Neonlicht, Handtuch-Trockner
Kleenex, Seife, Schaumbad, Waage, teilweise Rasierspiegel, Waschlappen, Schuhe werden geputzt
Täglicher Handtuchwechsel

Service
Portier, der Gast wird auf sein Zimmer begleitet, außer dem Frühstück werden auch Mahlzeiten auf den Zimmern serviert, Bügeln, Waschen, Reinigen 1–3 Tage
Wagen waschen und auftanken bei der ca. 200 m entfernten Tankstelle
Prospekte, Fahrpläne für Züge und Flugzeuge an der Reception, Hausinformationsheft und Lechinformationsheft
Fahrstuhl, Bar, offene Garagen, Geldwechsel

Sport
Hallenbad, Sauna, Massage, Eislaufen, Skilaufen, alle Wintersportarten
Tennis: 2 Min.
Golf: ca. 100 km

Frühstück
5–9 Brotsorten, offene Butter, hausgemachte und normale Konfitüren, Honig, Joghurt, Müsli, Käse, Schinken, verschiedene Wurstsorten, Eier usw., Markenkaffee, echter Tee in Blättern und Industrietee, frische Fruchtsäfte und aus der Dose, Frühstücksbüffet

Restaurant
»Gasthof Post«
Mittagessen: 12.00–13.30 Uhr
Abendessen: 19.00–21.00 Uhr
Hintergrundmusik, offene Terrasse, 25 und 35 Plätze, im Speisesaal 70 bis 80 Plätze, rustikal mit Antiquitäten, Bar mit Salon
Küchenchef: Herbert Lackner, seit November 1981 im Hause, vorher im Hotel Carlton-St. Moritz, Hotel Mont Cervin-Zermatt, Hotel Atlantic-Hamburg, The Attalah House, Rijdah

Spezialitäten
Filet vom Wildhasenrücken an einer Calvadossauce mit Corianderäpfeln (230 öS)
Nüßchen vom heimischen Reh an einer Portweinsauce mit Trauben (320 öS)
Nüßchen vom Lechtaler Lammrücken an einer Thymian-Tomaten-Sauce (270 öS)
Gekochter Tafelspitz, Crèmespinat, Rösti, Schnittlauchsauce und Apfelkren (195 öS)
Medaillon von Kalbsfilet an einer Morchelcrème auf Gemüsenudeln (320 öS)
Filet vom Bodensee-Egli auf Spinatblättern und Kräuterbutter (230 öS)
Menü: Abendmenü: ca. 450 öS
Weine: Ardetzenberger Riesling Sylvaner vom Weingut Sanahl, Feldkirch. Cabernet Merlot vom Privatkeller Schlumberger aus Vöslau

Dieses Hotel hätte eigentlich in meinen Führer zu den »Hundert besten Landhotels in Europa« gehört. Daß es nun unter die besten Hotelrestaurants geraten ist, möge die Familie Moosbrugger also als einen Akt der Wiedergutmachung betrachten.

Natürlich ist Lech am Arlberg weder eine Landes- noch eine Provinzhauptstadt oder eine wirtschaftlich-industrielle Metropole; aber es ist ein hervorragendes Touristenzentrum, das immer noch von Deutschen überlaufen wird. In beiden Saisonjahreszeiten ist das Hotel, das sich bescheiden »Gasthof« nennt, zu hundert Prozent ausgebucht.

Die 1937 von der Familie Moosbrugger erworbene 300jährige Poststation steht seit 1960 unter der Leitung von Franz und Christl Moosbrugger, die aus dem Gasthof ein Juwel von Luxushotel gemacht haben: Sie richteten gemütlich-rustikale 18 Doppelzimmer und 13 Apartments mit Salon ein, in denen das Holz, wie im ganzen Haus übrigens, dominiert. Besonders beliebt die sogenannte Fürstensuite mit ihrem wahrhaft üppigen Bad. Einige Bäder haben Außenfenster, einige auch abgetrennte Toiletten. Lobenswert, daß ein so kleines Privathotel mit nur 41 Zimmern das geschafft hat, was Großketten offenbar nicht möglich ist!

Küchenchef Herbert Lackner (34) hat aus dem kleinen à-la-carte-Restaurant mit maximal 35 Plätzen einen erstklassigen Gourmettempel gemacht. Daneben bekocht er noch den Speisesaal für die Haus- und Pensionsgäste und die rustikalere »Zirbelstube« mit regionalen Spezialitäten. Neben den im obigen Datenteil aufgeführten Besonderheiten der Küche serviert Lackner natürlich auch die stark gefragten Gerichte aus dem Programm des »Wiener Schmäh«, wie Tafelspitz oder Wiener Schnitzel, das bekanntlich aus Italien stammt. Bevorzugen sollte der Gourmet jedoch seine Fisch- und Wildkreationen.

In der Wintersaison zwischen Oktober und März empfiehlt es sich, einen Tisch im Restaurant acht Tage vorher zu ordern. Zum Ruhm des Hauses hat der österreichische Guide von »Gault-Millau«, den Michael Reinartz herausgibt, beigetragen. Das Restaurant erhielt von ihm zwei Hauben, und Reinartz selbst bekannte sich dazu, daß die »Post« zu den bevorzugten Restaurants auf seinen Reisen gehöre. Mit ihm zusammen konnte ich auch die ersten Eindrücke dort sammeln, nachdem wir im Restaurant des berühmteren »Zürser Hofes« gegenüber einen massiven Reinfall erlebt hatten. Außerdem ist die Familie Moosbrugger Mitglied in der »Romantik«-Gruppe und auch in »Relais et Châteaux«, was dem Haus sicherlich eine Menge Gäste eingetragen hat.

Bestrickend ist im »Gasthof Post« vor allem die liebenswürdige Betreuung, mit der jeder Gast umgeben wird. Nicht von ungefähr hat die niederländische Königsfamilie dieses Hotel seit 1960 zu ihrem Stammquartier während der Winterferien gemacht.

1986 wurde die neugestaltete, großzügige Hotelhalle eröffnet, die nun auch jene Gäste befriedigen wird, die den Komfort der städtischen Großhotels gewöhnt sind.

Nicht nur am Frühstücksbüffet wird üppig serviert, sondern auch auf den Zimmern. Ein schönes Hallenbad und ein Sommergarten machen den Aufenthalt in der Post in allen Jahreszeiten attraktiv.

Im ganzen: Eine der seltenen Spitzenleistungen in Österreichs belaufensten Touristengebieten. Persönliche Leistung hat sich hier gegen den Trend zur Nivellierung erfolgreich durchgesetzt.

Italien

Für die Auswahl der besten italienischen Hotels mit guten Restaurants konnte ich einen der bekanntesten Gastrokritiker des Landes gewinnen: Edoardo Raspelli aus Mailand. Berühmt geworden war er durch seine »Gegenkolumne« in einer Mailänder Tageszeitung. Dort stellte er das jeweils schlechteste Restaurant der Woche an den Pranger. Das brachte ihm anonyme Telefonanrufe, Drohungen und sogar einen Totenkranz vor der Haustür am 1. Mai 1979 ein.

»Der stets zum Angriff bereite Chronist« wurde 1971 von Spadolini (ehemaliger Außenminister der italienischen Regierung und seinerzeit Direktor der Zeitung »Corriere della Sera«) für die Nachmittagsausgabe der Zeitung angestellt.

Raspelli (Jahrgang 1949) ist verheiratet und Vater von zwei Kindern. Er gilt nach wie vor als der »strengste italienische Kritiker auf dem Gastronomiesektor«. Er hat mit Erfolg 14 Prozesse überstanden, die von durch ihn gebrandmarkten Restaurantbesitzern eingeleitet worden waren. Die Richter haben ihm stets recht gegeben.

Edoardo Raspelli hat vier Jahre lang zusammen mit Gault und Millau zu den Verantwortlichen des italienischen Restaurantführers gezählt, der von der Zeitschrift »Espresso« veröffentlicht wurde. Er schrieb: »Die hundert besten Restaurants Italiens«, eine »Enzyklopädie für Weinkellner«, »Die Restaurants von Edoardo Raspelli: Rom und Latium« und Kritiken über Restaurants und Hotels in der Tageszeitung »La Stampa«, die dem Fiat-Konzern gehört, und in den Zeitungen »Bargionale« und »La Gola«.

Außerdem war er Berater des zweiten Kanals des italienischen Staatsfernsehens für die tägliche Sendung: »Was machst du, was ißt du?«

Raspelli schreibt für die gastronomische Seite der neuen Zeitschrift des Verlegers Arnoldo Mondadori »Auto Oggi«, die italienische Ausgabe von »Auto Bild« des deutschen Verlegers Axel Springer.

Zu den ungewöhnlichsten Initiativen von Raspelli zählt sein Unternehmen im Sommer des Jahres 1985, als er inkognito als Kellner in einem Hotel der Riviera arbeitete. Der Bericht darüber erschien in der Presse.

Außerdem hat er alte und neue Kochbücher in großen Auflagen herausgegeben. Raspelli hat die hier aufgeführten Häuser sorgfältig geprüft. Er geht in Restaurants, nachdem er unter falschem Namen einen Platz bestellt hat, ißt, bezahlt die Rechnung, und dann schreibt er seine Berichte. Diese haben grundsätzlich nichts mit Werbung zu tun.

79. Hotel Lord Byron

Bewertung: Hotel 80% Restaurant 17 Punkte

Via G. de Notaris 5
I-00197 Rom
Tel.: 0039/6/3609541
Telex: 611217
Besitzer: Dr. Amedeo Ottaviani
Küchenchef: Antonio Sciullo
Offizielle Klassifizierung: 5 Sterne, de luxe
Öffnungszeiten: Ganzjährig
Keine Gruppenreisen
Hunde nicht zugelassen

Lage
Ruhig, Privatpark, Terrasse
Nächster Flughafen: 30 km
Nächster Bahnhof: 4 km

Zimmer und Preise
Insgesamt 50 Zimmer, davon 8 Suiten, Preis nach Vereinbarung
Alle Zimmer mit Bad/WC, 50 % mit Grand lit, 10 Zimmer mit Terrasse
Doppelzimmer ab 325000 Lire
Einzelzimmer ab 300000 Lire
Preise inklusive Service und Steuern
Normalfrühstück: 16500 Lire

Einrichtung
Jedes Zimmer ist anders eingerichtet. Doppelzimmer 12 bis 30 qm, mit Salonecke, Schreibtisch, Kofferablage, zum Teil mit Vorraum. Nachttisch mit Leselampe, großer Spiegel, Minibar, Radio »Self-Service«, Farbfernseher, Wecker, Klimaanlage
Täglicher Bettzeugwechsel. Die Zimmer werden nachmittags noch einmal gemacht

Bäder
6 qm, Außenfenster, 1–2 Waschbecken, große Badewanne, abgetrennte Duschkabine, Bidet, Handtuchtrockner, WC im Bad
Zahnpasta, Kleenex, Seife, Schaumbad, Bademäntel, Spezialpapier zum Schuheputzen. Täglicher Handtuchwechsel

Service
Portier, Wagenmeister, Gepäckträger, der Gast wird auf sein Zimmer begleitet, außer dem Frühstück werden auch Mahlzeiten auf den Zimmern serviert, Waschen und Bügeln, Wagen waschen und auftanken, Zeitungen zum Frühstück, Prospekte, Pläne und Karten für Ausflüge, Fahrpläne für Züge und Flugzeuge
Fahrstuhl, Bar
Geldwechsel, Kreditkarten: American Express, Diners Club

Sport
Golf: 10 km

Frühstück
3 Brotsorten, offene Butter, Konfitüren hausgemacht und Industrieprodukte, Honig, frische Croissants, Fruchtsäfte

Restaurants
»Relais Le Jardin«
Geschlossen: Sonntag
Mittagessen: 12.30–15.00 Uhr
Abendessen: 20.00–23.00 Uhr
60 Plätze
Bar mit Salon

»Danke. Danke dafür, daß Sie an unserem Tisch zu Gast waren. Danke für Ihre Anregungen, mit deren Hilfe wir hoffentlich immer besser Ihren Wünschen nachkommen und Ihre Erwartungen erfüllen können«. So steht es auf dem eleganten Zettel geschrieben, auf dem man Ihnen Ihre Rechnung reicht (oder besser gesagt Ihre einwandfreie Quittung, die Sie laut italienischem Gesetz beim Verlassen des Lokals bei sich haben müssen). Und dann können Sie noch einmal auf dieser Quittung lesen: »Danke dafür, daß Sie bei uns zu Gast waren, und auf ein baldiges Wiedersehen im Le Jardin«.

Das alles hat Klasse, ist kein Getue. Das alles beweist Eleganz, aber keine übertriebene Herzlichkeit. Sie bleiben nur zwei Stunden, um in diesem reizenden und wichtigen Restaurant des Hotels zu speisen, oder aber Sie haben das Glück und können sich erlauben, in diesem unvergeßlichen kleinen Luxushotel zu übernachten (zu einem hohen Preis). In beiden Fällen werden Sie sich wie ein König fühlen. Es ist schwierig, in anderen italienischen Gegenden die gleiche Perfektion, die gleiche Berufsmäßigkeit, die gleiche Begeisterung in der Geschäftsführung sowie den gleichen »Humanismus« von demjenigen, der diese Struktur vorantreibt, anzutreffen. Die Bildung des Eigentümers Amedeo Ottaviani, ebenfalls Inhaber des Régency in Florenz, hat sich auch auf das Personal, genau gesagt vom Kellner bis hin zum Portier, übertragen. Sie scheinen alle Engel zu sein, die man zu Ihrem Vergnügen dorthin plaziert hat.

Das Restaurant befindet sich in einer schönen Villa, in einer kleinen, etwas abgesonderten Ecke des eleganten Stadtviertels der Parioli. Das Restaurant »Le Jardin« liegt in der unteren Etage und besitzt eine Aussichtsterrasse in milch-weiß mit kleinen Bambussesseln, einem Teppichboden in zartem Rot und kleinen grünen Mustern, lackierten Wänden, wichtigen Gemälden sowie reizenden Servierwagen, die wie Gartenmöbel aussehen. Auf Ihrem Tisch befinden sich Besteck und Unterteller aus Silber sowie Häkeldeckchen. Zwischen den Tischen stehen ein äußerst bravouröser Direktor und zahlreiche Kellner, die weiße Handschuhe tragen. Einer dieser Kellner ist Ihnen bei der Wahl aus dem reichhaltigen Sortiment verschiedenster Brote behilflich. Um Sie herum Silbertablette und frische Blumen: ein Traum!

Gibt es auch etwas Negatives zu berichten? Nun, es gibt keine französischen Weine außer Champagner, da wären die sehr hohen Preise für italienische Schaumweine (aber die Preise der anderen Weine können unter Berücksichtigung der Kategorie dieses Restaurants als normal angesehen werden) und nicht zuletzt die etwas nachtklubartige Gewohnheit, die leeren Weinflaschen mit dem Kopf nach unten in die Kübel zu stellen.

Aber alles andere ist tadellos. Es fängt schon gut mit der schönen und deutlichen Weinkarte an, auf der Sie einige der Juwelen unter den italienischen Weinen aussuchen können: Soave Anselmi, Marino Paola di Mauro, Fiano Mastroberardino unter den Weißweinen und Barbaresco Angelo Gaja, Barolo Ceretto unter den Rotweinen. Ein Menü wird nicht angeboten, aber selbst wenn Sie à la carte wählen, wird der Preis zwar hoch, aber pauschaliert sein.

Zusammen mit einem Schaumwein, Marke Villa Banfi, den Sie in einer Sektflöte offeriert bekommen, wird Ihnen freundlich ein Teller mit köstlichem Lachs serviert. Danach haben wir folgende Speisen probiert: Seezunge mit einer vorzüglichen Eiweißsoße, Mousse aus Steinbutt mit Erbsencrème, »Crespelle« mit Morcheln und Garnelen, Lachsschnitzel auf Spinat und Senfsauce, Sorbet aus Grapefruit und Gin, Nierchen in Rotwein wie im Lehrbuch.

Bei den Süßspeisen ist besonders ein Teller mit dem Namen »Phantasie der Nachspeisen« zu empfehlen. Sie werden Paradieshäppchen probieren wie beispielsweise Zitronentorte mit Pfefferminzsoße, »Bavarese di vaniglia« mit Orangensoße, Erdbeercrèmetorte, Sachertorte mit Sahne und Haselnußsplittern.

Der Preis eines durchschnittlichen vollständigen Essens à la carte liegt bei 90000 Lire. Sollten Sie dort übernachten wollen, denken Sie daran, daß das Hotel Lord Byron über etwa 50 äußerst luxuriöse Zimmer verfügt (große Vorhänge, riesige Spiegel, weiße Möbel mit goldfarbenen Griffen), in denen Sie wie ein Pascha schlafen werden (inmitten von etwas zu vielem Flitter).

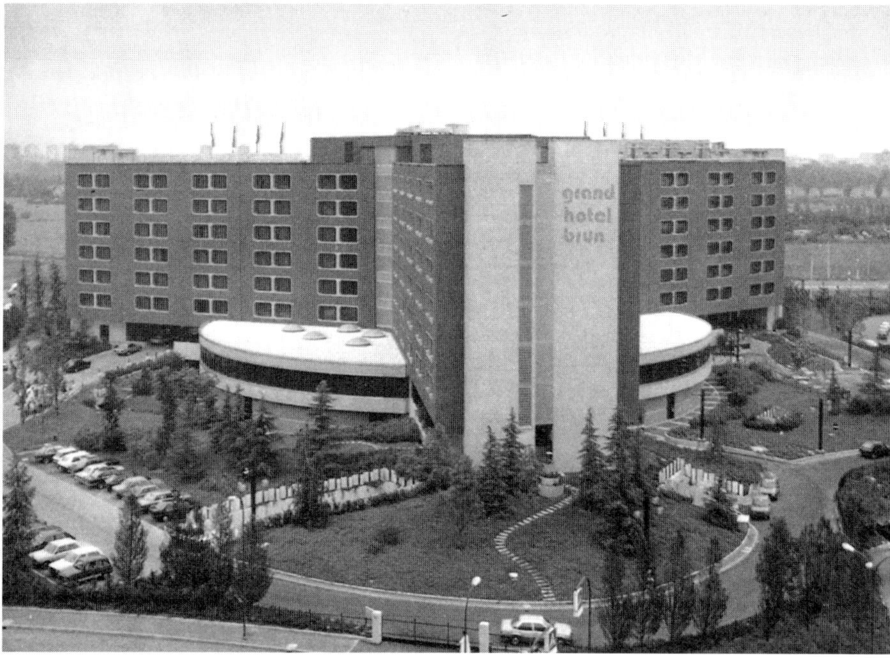

80. Grand Hotel Brun

Bewertung: Hotel 65 %   Restaurant 14 Punkte

Via Caldera 21
I-20153 Milano
Tel.: 0039/2/45271
Telex: 315370
Besitzer: Gamma Gestioni S. p. A. – Bologna
Direktor: Giovanni Battista Modestini
Küchenchef: Nicola Magnifico
Offizielle Klassifizierung: 5 Sterne, de luxe
Öffnungszeiten: Ganzjährig
Gruppenreisen möglich
Hunde nicht zugelassen

Lage
Im Vorort San Siro, ruhig, Park in der Nähe, privater Garten
Nächster Flughafen: 20 km
Nächster Bahnhof: 10 km

Zimmer und Preise
Insgesamt 330 Zimmer, davon
324 Zimmer mit Bad/WC
6 Zimmer mit Dusche/WC
119 Zimmer mit Grand lit
Doppelzimmer zu 285 000 Lire
Einzelzimmer zu 215 000 Lire
24 Suiten
Juniorsuiten zu 405 000 Lire
Suiten zu 465 000 Lire
Preise inklusive Frühstück, Service und Steuern
Kinder bis 6 Jahre im Zimmer der Eltern frei

Einrichtung
Modern. Doppelzimmer 19 qm, Salonecke, 3 Sessel und Stühle, Schreibsekretär, Kofferablage, Diele mit Einbau-

schränken, Nachttisch mit Leselampe, Wandleuchten, großer Spiegel, Minibar, Radio, Farbfernseher, Weckruf von der Zentrale, Klimaanlage, Direktwahltelefon
Täglicher Bettzeugwechsel. Die Zimmer werden nach der Nachmittagsruhe noch einmal gemacht

Bäder
5 qm, Ventilation, 1 Waschbecken, Badewanne, Bidet, WC im Bad, Handtuchtrockner
Kleenex, Seife, Schaumbad, Schwamm oder Waschlappen, Spezialpapier zum Schuheputzen, Duschhaube
Täglicher Handtuchwechsel

Service
Portier, der Gast wird auf sein Zimmer begleitet, außer dem Frühstück werden auch Mahlzeiten auf den Zimmern serviert, Reinigen und Bügeln täglich, Zeitungen zum Frühstück, Prospekte, Pläne und Karten für Ausflüge, Fahrpläne für Züge und Flugzeuge
Fahrstuhl, Bar, Boutiquen, Privatparkplatz, geschlossene Garage, Geldwechsel, Kreditkarten: Amexco, Diners Club, Visa, Eurocard

Sport
Sauna, Massage
Tennis: 100 m. Golf: 40 km

Frühstück
3 Brotsorten, verpackte Butter, Konfitüren Industrieprodukte, Honig, frische Croissants, Tee in Säckchen, Fruchtsäfte frisch gepreßt und aus der Dose

Restaurant
»Ascot«
Tel.: 0039/2/4526279-4525390
Geschäftsführer: Antonio Mirate
Geschlossen: 20 Tage im August
Mittagessen: 12.30–14.30 Uhr
Abendessen: 19.30–23.00 Uhr
90 Plätze, elegant
Hintergrundmusik, Klimaanlage, Räume für Gesellschaften bis 500 Personen, Bar mit Salon

Spezialitäten
Scampi e verdurine di stagione (35000 Lire)
Spigola e salmone freschi marinati (28000 Lire)
Cavatelli con cannellini freschi (11000 Lire)
Risotto ai fiori di zucca (11000 Lire)
Rosettine di agnello ascot (38000 Lire)
Costoletta alla milanese (28000 Lire)
Menü: 38000 Lire
Weine: I Germogli in Rosa, Pinot Nero Doria

Es sind viele Sachen, die man von diesem Hotel, jüngste Errungenschaft im Mailänder Gastronomiesektor, nicht glauben würde. Beim Anblick des nüchternen, wenn auch stattlichen Gebäudes würde man nicht glauben, daß es über gut 330 Zimmer verfügt. Vor allem aber würde man nicht glauben, daß dieses gewaltige Bauwerk auch ein Restaurant von Rang und Namen in sich birgt, das dem Gast eine vollkommene Atmosphäre bietet, und dessen Ausmaße klein gehalten wurden.

Das Grandhotel »Brun« befindet sich am Rande von Mailand, in einer Querstraße der Via Novara, in der Gegend des San-Siro-Stadions, gegenüber dem Stadtpark von Trenno. Wer erst einmal in einem der eleganten, warmen und modernen Zimmer dieses Luxushotels (5 Sterne) eingezogen ist, wird nur aus geschäftlichen Gründen Lust verspüren, ins Zentrum zu fahren. Wer jedoch zum Abendessen nicht ausgehen möchte, wird im Restaurant »Ascot« des Hotels recht glücklich sein.

Wer um das moderne Bauwerk, das die Form des griechischen Buchstabens Gamma zeigt, um diese drei Flügel mit jeweils 6 Stockwerken, herumgeht, gelangt zum bequemen Parkplatz des Hotelrestaurants. Die elegante Halle ähnelt einem Garten: Rankende »Lylium«-Pflanzen umrahmen schöne Leuchtvitrinen mit Pferdeszenen (es sei daran erinnert, daß das Restaurant nach dem berühmten Pferderennen von Ascot benannt wurde), Gemälde, auf denen immer dasselbe Thema zu sehen ist, große Wagen, die mit einer beneidenswerten Auswahl von Ölen und erstklassigen hochprozentigen Spirituosen beladen sind. Es fehlen auch nicht verschiedene Sorten würzigen Essigs, jener Erzeugnisse aus der Region Emilia, die nach jahrelangem Lagern für die Zubereitung der köstlichsten Salate zweifellos am besten sind.

Sie werden auf wunderschönen Tellern und silbernen Untertellern speisen. Die Bedienung hier ist gepflegt und gut. Auf Ihrem Tisch stehen gute Butter und »Kaviar« aus Oliven, d. h. nach Art der ligurischen und südfranzösischen Küche zerriebene Oliven.

Der Küchenchef, dessen Familienname vielversprechend ist (Nicola Magnifico), bereitet Gerichte sowohl der kreativen Küche (vorschriftsmäßig und gut gemacht) als auch der gesunden natürlichen Küche auf kluge Art und Weise zu. Nachfolgend nun die von uns ausgesuchten Speisen: frische Gänseleber aus der französischen Region Landes mit Gemüse nach Jahreszeit, Ringeltaubensalat mit Spargelspitzen in würzigem Essig, köstlicher Risotto nach Mailänder Art (safrangelb, mit Butter und Parmesankäse aus Reggio-Emilia vermischt), Makkaroni mit Auberginen, Steinbutt auf römischem Salat, Lammkarree in der Pfanne geschmort und mit ein wenig frischer Fettleber geschmacklich abgerundet.

Am besten beendet man das Essen mit einem guten Dessert aus der reichhaltigen Auswahl hausgemachter Süßspeisen: u. a. Erdbeeren mit Zabaione, Cassata Siciliana, Zitronentorte mit Himbeersoße.

Das Weinangebot ist zwar begrenzt, umfaßt aber hervorragende italienische Weine wie die Schaumweine Ca'del Bosco und Ferrari, Collio Russiz Superiore, Barolo Cordero di Montezemolo, Moscato d'Asti dei Vignaioli di Santo Stefano Belbo...

Ein reichhaltiges Menü à la carte wird zwischen 80000 und 90000 Lire kosten.

81. Hotel Saturnia International

Bewertung: Hotel 65 % Restaurant 14 Punkte

San Marco, Via XXII Marzo 2398
I-30124 Venezia
Tel.: 0039/41/708377
Telex: 410355 Saturn
Besitzer: Alberto und Ugo Serandrei
Direktor: Dr. Ugo Serandrei
Küchenchef: Bruno Riondato
Offizielle Klassifizierung: 4 Sterne
Öffnungszeiten: Ganzjährig
Gruppenreisen möglich
Hunde in den Zimmern zugelassen

Lage
Ruhig
Nächster Flughafen: 14 km (Tessera)
Nächster Bahnhof: 2 km (S. Lucia)

Zimmer und Preise
Insgesamt 97 Zimmer, davon
88 Zimmer mit Bad/WC
9 Zimmer mit Dusche/WC
45 Zimmer mit Grand lit
3 Zimmer mit Terrasse
Doppelzimmer zu 160000 bis 300000 Lire
Alle Zimmer in Stileinrichtung
Einzelzimmer zu 110000 bis 200000 Lire
1 Apartment zu 350000 Lire
Preise inklusive Frühstück, Service und Steuern
Vollpension zu 260000 Lire
Halbpension zu 205000 Lire
Kinder unter 3 Jahren 20000 Lire

Kinder ab 3 bis zu 8 Jahren 20 % Preisnachlaß bei Halb- und Vollpension

Einrichtung
Sehr persönlicher Stil. Doppelzimmer 14–48 qm, Salonecke in 10 Zimmern, 1 Sessel, 2 Stühle, Tisch, Kofferablage in 40 Zimmern, Diele mit Einbauschränken in 15 Zimmern, Nachttisch mit Leselampe, großer Spiegel, Minibar, Farbfernseher in 70 Zimmern, Weckruf von der Zentrale, Direktwahltelefon, Klimaanlage
Täglicher Bettzeugwechsel. Auf Wunsch werden die Zimmer nach der Nachmittagsruhe noch einmal gemacht

Bäder
5–7 qm, 39 mit Außenfenster, 58 mit Ventilation, 1 Waschbecken, große Badewanne in 80 Zimmern, abgetrennte Duschkabine in 8 Zimmern, Bidet in 85 % der Zimmer, WC im Bad, in 2 Zimmern abgetrenntes WC, Handtuchtrockner in 40 % der Zimmer
Kleenex, Seife, Schaumbad, Waage in 30 % der Zimmer, Spezialpapier zum Schuheputzen, Shampoo, Duschhaube
Täglicher Handtuchwechsel

Service
Portier, Gepäckträger, der Gast wird auf sein Zimmer begleitet, zu den Öffnungszeiten des Restaurants werden Mahlzeiten auch auf den Zimmern serviert, Bügeln und Waschen innerhalb eines Tages, italienische Zeitungen zum Frühstück, Prospekte, Pläne und Karten für Ausflüge, Fahrpläne für Züge und Flugzeuge
3 Fahrstühle, 1 Bar, 2 Restaurants, Geldwechsel, Kreditkarten: American Express, Diners, Master Card, Visa

Sport
Tennis: 30 Min.
Golf: 45 Min.

Frühstück
3 Brotsorten, verpackte Butter, Konfitüren Industrieprodukte, Honig, frische Croissants, Fruchtsäfte nach Wahl frisch gepreßt oder aus der Dose

Restaurants
»Il Cortile«
Mittwochs geschlossen
Gäste werden bis 22.30 Uhr angenommen, 100 Plätze

»La Caravella«
Während der Zwischensaison mittwochs geschlossen
Mittagessen: 12.00–15.00 Uhr
Abendessen: 19.00–1.00 Uhr
38 Plätze; Stil: Nachbildung eines antiken Schiffsinneren
Hintergrundmusik, Klimaanlage, American Bar

Spezialitäten
Risotto allo champagne (12400 Lire)
Crêpes farcite alla certosina (11000 Lire)
Scampi al Porto (36800 Lire)
Rombo al ferri (26600 Lire)
Rognone di vitello »aux trois moutardes« (22600 Lire)
Filetto di manzo alla Caravella (29000 Lire)
Weine: Collio Collio Formentini, Recioto Amarone Le Ragose

Kehren Sie dem Markusplatz mit seinem Glockenturm den Rücken, überqueren Sie ihn ganz, gehen Sie unter den Säulengängen hindurch und dann immer geradeaus, links vorbei an den Hotels Luna, Monaco, Bauer, Europa und Regina. Dann, direkt vor dem Eingang des schicken Hotels »Flora«, befindet sich dieses alte und berühmte Restaurant. Und sollten Sie kein Zimmer in einem der soeben erwähnten Hotels gefunden haben, seien Sie unbesorgt. Mit einem Aperitif in der Hand, an dem Sie nippen, gehen Sie von der kleinen, angenehmen, eleganten und rustikalen Bar des Restaurants »Caravella« durch eine kleine Tür und befinden sich in einem weiteren ausgezeichneten Hotel Venedigs, eben in diesem »Saturnia International«, zu dem das Restaurant »Caravella« gehört.

Ihnen steht ein 4-Sterne-Hotel mit etwa 100 Zimmern zur Verfügung, die alle in einem Patrizierpalast des 14. Jahrhunderts untergebracht sind. Es war der Palast der Familie Pisani, deren berühmtester Vertreter, Vittor Pisani, Admiral der mächtigen Republik Venedig zur Zeit des Kampfes gegen die genuesische Flotte um die Vorherrschaft im Handelsverkehr im Mittelmeer war. Hier also dieses gute Restaurant, das auf etwas unterhaltsame und kitschige Weise das Innere eines kleinen Schiffes aus der guten (?) alten Zeit (50 Jahre früher oder später) rekonstruiert. Wo früher einmal die Schießscharten für die Schützen waren, befinden sich heute Wandleuchten im antiken Stil. Wo vormals das Steuerruder war, steht heute der Servierwagen für den Weißweinkübel. Hier nun endlich unter Zugrollen und unter der Glocke die mehrsprachige Speisekarte auf Pergament. All diese Sprachen werden von einigen Kellnern und Verantwortlichen dieses stets überfüllten Restaurants gesprochen (eine Reservierung ist unerläßlich).

Man speist im Kerzenlicht, an gelben Tischdecken nach amerikanischer Art mit roten Bauernservietten, zwischen schönen Kupferweinkübeln, mit Silberbesteck (das zu klein ist), und sucht sich etwas von der Speisekarte aus, auf der zu Beginn eine unglaubliche Anzahl von Gerichten der »klassischen internationalen Küche« steht. Von den 10 Arten der Hummerzubereitung bis hin zum Scampicocktail, den überbackenen Tagliolini, den Suppen, dem Kaviar, dem Lachs, dem Stör... und nicht zuletzt bis hin zur Paëlla. Kurz und gut, Sie können sich fast jeden kulinarischen Wunsch erfüllen, selbst jenen, sich eine Flasche Richebourg Jahrgang 1967 zum Preise von 1060000 Lire (eine Million sechzigtausend!!!) bringen zu lassen, aber nur dann, wenn Sie sich nicht durch die unglaubliche Aufschrift unter der Preisangabe erschrecken lassen: »Diese großen französischen Weine werden nur und ausschließlich ohne jegliche Lagerungsgarantie ausgeschenkt.«

Wenn Sie diese Art des russischen Roulettes erschreckt, können Sie aber auch andere Weine wählen: Die Weinkarte enthält ein wenig von allem und von allem ein wenig.

Verzichten Sie beim Menü auf den Cocktail mit Meeresfrüchten (es wird Ihnen eine große Menge gebracht, aber alles zusammengemischt, sehr reizlos). Bestellen Sie lieber gleich den schwarzbraunen Risotto mit Sepien, ein Leckerbissen, sowie den Steinbutt auf Gewürzkräutern, der eine reine Freude ist. Den Abschluß bildet ein Stück hausgemachter Apfeltorte mit einem guten Kaffee und einem Whisky aus einem Sortiment, das aufgestockt werden müßte. Die Rechnung beläuft sich auf etwa 100000 Lire.

82. Hotel Cipriani

Bewertung: Hotel 85 %   Restaurant 13 Punkte

Diudecca 10
I-30123 Venedig
Tel.: 0039/41/707744
Telex: 410162 Ciprve I
Besitzer: Cipriani S. p. A.
Direktor: Dr. N. Rusconi
Küchenchef: G. Spaventa
Geschlossen: 15. November bis Ende Februar
Gruppenreisen: Seminare während März, April und nach dem 15. Oktober
Hunde in den Zimmern zugelassen

Lage
Zentral, ruhig, Terrasse
Nächster Flughafen: 10 km
Nächster Bahnhof: 3 km

Zimmer und Preise
Insgesamt 98 Zimmer, alle mit Bad/WC
Einzelzimmer zu 380000 bis 440000 Lire
Doppelzimmer zu 470000 bis 660000 Lire
24 Apartments
Juniorsuite zu 1000000 Lire
Suiten zu 1250000 bis 1600000 Lire
Zusätzliches Bett 120000 Lire
Preise inklusive amerikanischem Frühstück, Service und Steuern
Halbpension inklusive amerikanischem Frühstück, Service und Steuern pro Person und Tag 90000 Lire
Beim Aufenthalt länger als 8 Tage 30 % Abzug bei Speisen und Getränken
Kinder bis 6 Jahre im Zimmer der Eltern gratis

Einrichtung
Modern. Doppelzimmer 20–30 qm, einige mit Salonecke, 3 Sessel, 4 Stühle, Schreibsekretär, Kofferablage, Diele mit Einbauschränken, Lüster, Stehlampen, Wandlampen, großer Spiegel, Minibar, Radio »Self-Service«, Farbfernseher, Wecker, Klimaanlage
Täglicher Bettzeugwechsel. Die Zimmer werden nach der Nachmittagsruhe noch einmal gemacht

Bäder
6–8 qm. Einige mit Außenfenster.
1–2 Waschbecken, große Badewanne, abgetrennte Duschkabine, Bidet, WCs zum Teil abgetrennt, normale Beleuchtung
Kleenex, Seife, Schaumbad, Rasierspiegel, Badesalz
Täglicher Handtuchwechsel

Service
Portier, Wagenmeister, Gepäckträger, der Gast wird auf sein Zimmer begleitet, außer dem Frühstück werden auch Mahlzeiten auf den Zimmern serviert von 12.30 bis 15.00 Uhr und von 19.00 bis 23.00 Uhr, Etagenservice von 7.00 bis 24.00 Uhr, Bügeln und Waschen 24 Stunden, auf Wunsch Zeitungen zum Frühstück, Prospekte, Pläne und Karten für Ausflüge, Fahrpläne für Züge und Flugzeuge
2 Fahrstühle, 3 Bars, Boutique, 2 Restaurants, Kreditkarten: American Express, Diners Club, Visa, Master Card

Sport
Schwimmbad im Freien, Tennis, Sauna, Massage, Fitnessraum im März, April, Oktober
Golf: 10 km

Frühstück
6 Brotsorten, Butter abgepackt und offen, Konfitüre Industrieprodukte, Honig, frische Croissants, Tee in Blättern, frisch gepreßte Fruchtsäfte

Restaurant
»Ristorante Hotel Cipriani«
Geschlossen: Dezember bis Februar
Terrasse, Garten, Klimaanlage
120 Plätze, Bar mit Salon, Räume für Gesellschaften 80 bzw. 100 Plätze

Spezialitäten
Insalata Shirley-Rucola, Radicchio, Fois Gras e Tartufi (42500 Lire)
Carpaccio Cipriani (33000 Lire)
Taglierini verdi gratinati al prosciutto (25000 Lire)
Scampi alla Carlina con riso pilaw al curry (48000 Lire)
Rosette di vitello Cipriani
Soufflé Nerone con gelato al cioccolato-Salsa al Talmone amaro (17500 Lire)

In der warmen Jahreszeit ist es wunderschön, im Freien zu speisen, neben dem riesigen beheizten Swimmingpool, in dem »oben ohne« verboten ist. Zwischen den Tischen (und wenn Sie nicht achtgeben auch auf den Tischen) stibitzen Schwärme junger Sperlinge kleine Speisereste. Auch sie sind von diesem stilvoll-schönen, märchenhaften Restaurant entzückt: Rosenstöcke, kleine Palmen, Zypressenhaine, Tannen, Ahorne und über Ihnen eine elegante Markise oder schöne Sonnenschirme. Es wird aber auch herrlich sein, abends im Innern des Restaurants zu dinieren, mit Blick auf die Lagune. Der Speisesaal war ursprünglich mit seltenen Zimmerdekken geschmückt, und wie schön ist die Einrichtung, um die sich seit kurzer Zeit erst ein genialer französischer Architekt kümmert. Und wie wunderbar ist es, in einem jener 100 Zimmer (vom Einzelzimmer bis hin zur schönsten Suite) dieses Hotels zu übernachten, das zu den teuersten Hotels Italiens und der Welt zählt. Kostbare Stoffe, Samt, Marmor und prunkvolle Spiegel, antiquarische Möbel, Kaskaden frischer Blumen, traumhafte Toiletten, Wannen für die Wassermassage. Und um Sie herum eine Organisation, die Ihnen Sauna, türkische Bäder, Turnhallen, Inhalationen, Schönheitsbehandlungen, Tennis, Koch- und Kunstkurse, Spaziergänge und Ausflüge zu den Inseln Murano, Burano und Torcello sowie eine luxuriöse Schaluppe anbietet, die Sie kostenlos auf Ihren Anruf hin rund um die Uhr vom Markusplatz direkt zum Landesteg dieses Traumhotels bringt.

Inmitten all dieser Pracht ist auch die Küche nicht übel und vereinigt auf kluge Weise die großen Gerichte der klassischen italienischen Küche mit einigen Neuschöpfungen, die sich durch guten Geschmack und Klasse auszeichnen. Nachdem Sie von dem gegrillten Brot geknabbert haben, welches mit etwas Butter in Sternchenform bestrichen wird, widmen Sie sich im Anschluß daran den folgenden Gerichten: »Carpaccio« aus rohem Lachs, der vom Chef in einer leichten Kräutermarinade eingelegt wird, mit Ricottakäse gefüllte Tortellini und Zucchini (offensichtlich werden alle Nudelsorten sowie das Gebäck und die Brioches fürs Frühstück im Hause selbst hergestellt), ausgezeichnet frittierte Scampi mit der üblichen Salsa tartara. Auch wenn mittags nicht die reichhaltige Auswahl vom Abend geboten wird, befinden sich auf dem kleinen Servierwagen doch einige Süßspeisen, bei deren Anblick man Lust auf ein Dessert bekommt. Wir haben einen Blätterteig mit kleinen Erdbeeren probiert. Den Abschluß bildet ein ausgezeichneter Espresso.

Bedient werden Sie von Direktoren und Maîtres, die die klassischen Kleider der großen Restauration tragen, sowie von Kellnern, die sportlich und elegant wie Matrosen und Gondolieri bekleidet sind. Der Dienst wird mit gutem Willen und einigen Fehlern verrichtet (zumindest angesichts der Klasse und der Preise dieses Luxushotels).

Interessant ist das Kapitel »Trinken«: Tatsächlich zeigt sich nicht nur die Speisekarte klassisch-elegant, auch die Wein- und Spirituosenkarte präsentiert sich in gleicher Weise. Unter den Weinen können Sie das Beste der italienischen und französischen Herstellung bekommen (aber weshalb ist kein Jahrgang angegeben?). Auf der Spirituosenkarte finden sich Klare aus Trauben, Obstler, Cognac, Armagnac, verschiedene Whiskysorten, mit all denen man ein gutes Essen in einer unvergeßlichen Umgebung bestens beenden kann. Unvergeßlich ist allerdings auch die Rechnung. Sie beträgt für ein durchschnittliches vollständiges Mittagessen etwa 150000 Lire.

83. Hotel Régency

Bewertung: Hotel 70% Restaurant 13 Punkte

Piazza Massimo d'Azeglio 3
I-50121 Firenze
Tel.: 0039/55/245247
Telex: 571058 REGEN I
Besitzer: Amedeo Ottaviani
Direktor: Arturo Secchi
Küchenchef: Giulio Roselli
Offizielle Klassifizierung: 5 Sterne
Öffnungszeiten: Ganzjährig
Keine Gruppen
Hunde in den Zimmern zugelassen

Lage
Zentral, sehr ruhig. Spazierwege beginnen direkt am Hotel. Privater Garten, Park
Nächster Flughafen: 80 km
Nächster Bahnhof: 1 km

Zimmer und Preise
Insgesamt 38 Zimmer, davon
36 mit Bad/WC
2 mit Dusche/WC
2 Apartments 600000 bis 800000 Lire
2 Zimmer mit Terrasse
Doppelzimmer 350000 bis 440000 Lire
Einzelzimmer 260000 bis 320000 Lire
Preise inklusive Frühstück, Service und Steuern

Einrichtung
Empire, modern. Doppelzimmer 18–30 qm, mit Salonecke, Schreibsekretär, 2 Sessel, 2 Sofas, Kofferablage. Alle Zimmer mit Diele. Nachttisch mit Leselampe, Lüster, großer Spiegel, Minibar, Radio »Self-Service«, Farbfernseher,

Wecker, Klimaanlage, Direktwahltelefon
Täglicher Bettzeugwechsel. Die Zimmer werden nachmittags noch einmal gemacht

Bäder
8 qm. Außenfenster. 1 Waschbecken, große Badewanne, Bidet, WC im Bad, Handtuchtrockner
Zahnpasta, Kleenex, Seife, Schaumbad, Waage, Bademäntel, Schwamm oder Waschlappen, Spezialpapier zum Schuheputzen, Watte, Nagelfeile, Fön, Pantoffeln
Zweimal täglich Handtuchwechsel

Service
Portier; der Gast wird auf sein Zimmer begleitet; außer dem Frühstück werden auch Mahlzeiten auf den Zimmern serviert; Bügeln und Waschen 10 Stunden; Wagen waschen und auftanken; Zeitungen zum Frühstück
Prospekte, Pläne und Karten für Ausflüge, Fahrpläne für Züge und Flugzeuge
2 Fahrstühle, Bar, Privatparkplatz, geschlossene Garage. Geldwechsel. Kreditkarten: American Express, Visa, Eurocard, Diners

Sport
Tennis: 1 km
Golf: 10 km

Frühstück
6 Brotsorten, abgepackte Butter, frische Croissants, Tee in Säckchen, frisch gepreßte Fruchtsäfte

Restaurant
»Relais Le Jardin«
Geschlossen: Sonntag
Mittagessen: 12.30 bis 14.00 Uhr
Abendessen: 19.30 bis 22.30 Uhr
Hintergrundmusik, Garten, Klimaanlage, 60 Plätze, modern mit Stilmöbeln, Bar, Bar mit Salon

Spezialitäten
Crostini di fegato al profumo di grappa di Brunello (9000 Lire)
Risotto ai fiori di zucca (8500 Lire)
Crespelle agli asparagi (9000 Lire)
Terrina di fagiano al Cognac (10000 Lire)
Spaghetti alla Bottarga (16000 Lire)
Costolettine di Vitello al Ginepro (22000 Lire)
Weine: Selezione di Chianti di Fattoria, Brunello di Montalcino

---

»Dieses ist der Sitz einer alten Tradition der Gastlichkeit, die zwar ihre Mittel wechseln kann, aber ihre Formen und Inhalte aufrechterhält. In ihrer mit Blumen anmutig geschmückten Umgebung lebt die fröhliche Atmosphäre der klassischen florentinischen Villa wieder auf, die an Gäste gewöhnt war und diese zu empfangen wußte. Von der ungewöhnlichen, leistungsfähigen und angenehmen Rezeption in einer Ekke des Eingangs bis hin zu den Zimmern, überall klassische Möbel und Komfort. Es ist ein Aufprall von neuen und alten Eindrücken, die auf dem Monitor des Computers erscheinen, die sich im Kristall der Lampen widerspiegeln und die sich aus den einfachen, gelassenen aber auch großen Gesten des Bedienungspersonals erraten lassen. Bedienung, Komfort, das sind leere Worte, die nur durch die natürliche und alte Gewohnheit der Wahl mit Sinn und Bedeutung gefüllt werden können, d. h. Fragen beantworten, noch bevor sie gestellt werden, Wünsche erfüllen, bevor sie geäußert werden, und Bedürfnisse befriedigen, bevor diese entstehen.«

Diese »heiligen« Worte, beinahe ein Schwur, ein Glaubensbekenntnis und eine

Verpflichtung, sind in dem formschönen Faltprospekt dieses wunderbaren Régency aufgedruckt, das fast ein Zwillingsbruder des anderen Prachthotels »Lord Byron« in Rom ist.

Hier in Florenz in diesem 5-Sterne-Hotel, nur wenige Schritte vom Donatelloplatz und ein paar 100 Meter von der Kirche Santa Croce und dem Dom entfernt, finden Sie heute 28 Luxuszimmer voll von Spiegeln und Samt (aber weniger beladen als in Rom). Es sind auch einige Bauarbeiten in Gang (durch die Sie jedoch nicht gestört werden), da weitere 10 Zimmer für traumhafte Übernachtungen hergerichtet werden sollen, jenseits des Getöses in einer kleinen ruhigen und grünen Ecke von Florenz.

Hier können Sie in einem kleinen holzvertäfelten Saal speisen, nachdem Sie in einem eleganten Salon einen Aperitif zu sich genommen haben. Dieser Salon scheint eher zu einem klassischen, warmen Haus als zu einem wirklichen Luxushotel zu gehören. Oder aber Sie können auf der verglasten Veranda speisen, die zu einem kleinen, anmutigen Innengarten zeigt. Mit goldfarbenen Tüchern bedeckte Wände, weißlackierte, karierte Decken, elegante Kronleuchter, dunkle, massive Holzstühle und sieben Tische, von denen man das Grüne um sich herum genießen kann. Im Saal reizende kleine Schalen mit weißen und rosa Blümchen, draußen im Garten wunderschöne Blumenkästen aus Schmiedeeisen und hochstämmige Pflanzen. Was für ein Friede für Sie, die Sie kaum dem Verkehr entwichen sind, der sich auf den Straßen mit mörderischer Geschwindigkeit abrollt. Und wie schön ist es, an diesen Tischdecken aus feinstem Leinen zu essen, bedient von fleißigen, genauen und freundlichen Kellnern.

Die Speisekarte ist klassisch zusammengestellt. Nachdem wir unter einem der üblichen Pseudonyme gebucht hatten, um eine gewisse Anonymität zu bewahren, haben wir zuerst von der Leberpastete und dem mit Butter bestrichenen Brot gekostet. Die Butter wird in einem kleinen Napf gereicht, der mit Lebensmittelfolie bedeckt ist.

Wir haben die Mousse aus Spargeln in Calvados sowie die Fasanenpastete in Cognac, das Risotto mit Kürbisherzen und die klassische Seezunge nach Müllerin Art probiert. Zum Nachtisch einige hausgemachte Torten wie unser Halbgefrorenes, das aus einem schmackhaften Orangenschaumgebäck besteht. Die schöne Weinkarte ist winzig und ein wenig verwirrend, enthält aber einige ausgezeichnete italienische und französische Flaschen. Ein durchschnittliches vollständiges Mittagessen liegt bei 70000 Lire.

84. Hotel Ristorante Boschetti

Bewertung: Hotel 60% Restaurant 17 Punkte

Piazza Mazzini n. 10
I-33019 Tricesimo (Udine)
Tel.: 0039/432/851230-851531
Besitzer: Giorgio Trentin
Küchenchef: Vinicio Dovier
Geschlossen: 15 Tage im August
Offizielle Klassifizierung: 4 Sterne
Gruppen ohne Sondertarife
Kleine Hunde in den Zimmern zugelassen

Lage
An einer Durchgangsstraße, Höhenlage: 120 m. Fußwege beginnen am Hotel
Nächster Flughafen: 40 km
Nächste Bahnhöfe: Tricesimo 2 km, Udine 10 km

Zimmer und Preise
Insgesamt 32 Zimmer, davon
16 Zimmer mit Bad/WC
16 Zimmer mit Dusche/WC
6 Zimmer mit Grand lit
Doppelzimmer zu 85000 Lire
Einzelzimmer zu 60000 Lire
Preise inklusive Service und Steuern
Frühstück: 9000 Lire
Vollpension: 100000 Lire à la carte
Halbpension: 90000 Lire à la carte

Einrichtung
Klassisch. Doppelzimmer 25 qm, Schreibtisch, Kofferablage, Wandleuchten, großer Spiegel, Fernseher, Weckdienst von der Zentrale, Direktwahltelefon. Täglicher Bettzeugwechsel. Die Zimmer werden nach der Nachmittagsruhe noch einmal gemacht

Bäder
7–8 qm, Außenfenster, 1 Waschbecken, große Badewanne, abgetrennte Duschkabine, Bidet, WC im Bad, Neonlicht, Handtuchtrockner
Kleenex, Seife, Schaumbad, Spezialpapier zum Schuheputzen
Täglicher Handtuchwechsel

Service
Portier, Gepäckträger; der Gast wird auf sein Zimmer begleitet; keine Mahlzeiten auf den Zimmern; Reinigen und Bügeln, ein Tag; Zeitungen zum Frühstück auf Anfrage, Informationen, Prospekte, Pläne und Karten für Ausflüge, Fahrpläne für Züge und Flugzeuge; Fahrstuhl, Bar, Privatparkplatz, Geldwechsel. Kreditkarten: Visa, Diners, American Express

Sport
Tennis: 2 km
Golf: 8 km

Frühstück
3 Brotsorten, abgepackte Butter, Konfitüren Industrieprodukte, Honig, frische Croissants, auf Wunsch: Schinken, Eier, Süßigkeiten, Kaffee Hausmischung, 2 Sorten Tee in Säckchen, frisch gepreßte Fruchtsäfte

Restaurant
»Antica Trattoria Boschetti«
Geschlossen: erste 15 Tage im August, Montag
Mittagessen: 12.00–12.30 Uhr
Abendessen: 19.00–22.15 Uhr
45 Plätze im Winter, 100 Plätze im Sommer, klassisch-rustikal
Hintergrundmusik, Klimaanlage, Veranstaltungsraum 180 Plätze, Bar

Spezialitäten
Involtini di Capesante e Lattuga (13000 Lire)
Orzo e Fagioli (9000 Lire)
Gnocchetti di Zucca con Ricotta affumicata (9000 Lire)
Scaloppa di Branzino all'Aceto balsamico (24000 Lire)
Intercosta di Manzo Tagliata, al Vino refosco (17000 Lire)
Sfogliata di Pete e Gelato di Cannella (6000 Lire)
Degustationsmenü: 45000 zuzüglich Getränke
Alle Preise zuzüglich 12 % Service
Weine: Tocai - Refosco

Vor 160 Jahren gab es hier bereits etwas zu essen. Wanderer, die vom Norden nach Italien fuhren, wechselten ihre Pferde. Am Spieß brutzelten kleine Vögel, Hähnchen oder Wild. Heute existiert noch ein »Herd« der friaulischen Tradition im ersten der beiden eleganten Sälchen, die für die Wintersaison vorgesehen sind. Es ist wunderschön, in dieser Umgebung zu speisen: weich sitzend zwischen holzvertäfelten Wänden, in kleinen eleganten Ledersesseln, an mit großer Sorgfalt gedeckten Tischen und umsorgt von zwei wirklich beispielhaften »Vertretern für Tüchtigkeit«, Rinaldo Krcivoj, Neffe des Inhabers, und dem unglaublich gut ausgebildeten Maitre, Giuseppe Mauro, ein echter Lehrer jener »alten Schule«, der es in Italien leider an vielen Schülern mangelt.

Völlig anders aber ebenso reizvoll ist die Atmosphäre des Speisesaals, wenn Sie im Sommer zu diesem sagenhaften Hotel Boschetti kommen. In der warmen Jahreszeit speist man in einem großen, runden Saal oder am Rande bzw. 2 Stufen tiefer, fast auf einer Tanzfläche. Um Sie herum klassische Gardinen und Vorhänge, Kronleuchter und Wandleuchten mit glitzernden Glasprismen, Stühle aus Samt mit hoher Rückenlehne, spiegelglatt gebohnertes Parkett, Holzbalustraden, alte, elegante Tische.

Diese Atmosphäre umgibt Sie sowohl bei der Bedienung im Speisesaal als auch in den Gemeinschaftsräumen des Lokals, in den Gängen sowie in den etwa 30 Zimmern dieses komfortablen Hotels erster Kategorie (4-Sterne-Hotel nach internationaler Einstufung). Und auch die Küche trägt offensichtlich der »Internationalität« des Hotels Boschetti Rechnung, und sei es nur deswegen, daß der Ort Tricesimo an der Bundesstraße und an der Autobahn liegt, die Tarvisio mit Udine und mit dem restlichen Italien verbinden. Wenn Sie also mit Ihren hungrigen Kindern an einem sonnigen Mittag hier einkehren, ist es selbstverständlich, daß ihnen niemand einen Teller Spaghetti oder eine Portion Carbonara verweigern wird, auch wenn es sich hierbei nicht um die Spezialitäten dieses berühmten Restaurants handelt.

Aber Sie können den fleißigen Chef, Vinicio Dovier, auf die Probe stellen, indem Sie sich von der Speisekarte sowohl typische Gerichte aus Udine, Spezialitäten der friaulischen Bergküche, Meeresgerichte (der sehr frische Fisch kommt aus Grado) als auch Schöpfungen der persönlichen Küche aussuchen.

Den Anfang machen lediglich kleine Butterlocken. Im Anschluß daran folgen der einzigartige »Carpaccio« aus Hirsch mit Rucola, dem typischen Käse aus dieser Gegend, »Montasio«, und Birnen. Danach eine kleine Portion »Tartare« mit Wachteleiern. Als 1. Gang empfehlen wir die traditionelle Minestrone mit Gerste und Bohnen oder die »Saccottini«, eine Art hausgemachter Ravioli, die mit grünen Blättern eines hiesigen Salates und Ricotta gefüllt sind und mit frischen Tomaten bedeckt werden.

Als 2. Gang können Sie z. B. Filet der kleinen Seezunge aus Grado bekommen, das mit frischen Steinpilzen und Zucchini (beide fein aufgeschnitten) geschmacklich abgerundet wird. Ein anderes Gericht, das probiert werden sollte, ist das in hiesigem Rotwein »Refosco« geschmorte Rinderrippenstück.

Das reichhaltige Kapitel Nachspeisen darf auf keinen Fall ausgelassen werden. Es gibt sogar eine eigene Karte: Mousse aus Himbeeren mit Stachelbeersauce, die ebenfalls schmackhafte »Bavarese« aus Pfirsichen, das Ganze begleitet von himmlichem kleinem Gebäck, u. a. Beignets mit Crèmefüllung und Tortelettes mit Zitronencrème.

Interessant ist auch die Weinkarte mit besonderer Hervorhebung der ausgezeichneten friaulischen Weine. Die Rechnung beträgt zwischen 65 000 und 70 000 Lire.

Behagliches Doppelzimmer im Boschetti

85. El Toulà-Villa Sassi

Bewertung: Hotel 70 % Restaurant 16 Punkte

Strada al Traforo del Pino 47
I-10132 Torino
Tel.: 0039/11/890556-7
Besitzer: Ibis s. r. l.
Direktorin: Rosarita Aonzo
Küchenchef: Antonio Ibba
Offizielle Klassifizierung: 4 Sterne
Geschlossen: August
Gruppenreisen möglich
Hunde nicht zugelassen

Lage
Auf einem Hügel, nachts ruhig, privater Park, Terrasse
Nächster Flughafen: Caselle 12 km
Nächster Bahnhof: Porto Nuova 7 km

Zimmer und Preise
Insgesamt 12 Zimmer,
davon 8 Zimmer mit Bad/WC
4 Zimmer mit Dusche/WC
Doppelzimmer zu 210000 Lire
Einzelzimmer zu 160000 Lire
6 der Zimmer mit Grand lit
1 Apartment zu 370000 Lire
4 Zimmer mit Terrasse
Preise inklusive Service und Steuern
Frühstück zu 15000 Lire
Vollpension zu 230000 Lire
Halbpension zu 190000 Lire

Einrichtung
Doppelzimmer 24 qm, Salonecke, 2 Sessel, 2 Stühle, Schreibsekretär, Kofferablage, Vorraum mit Einbauschränken, Nachttisch mit Leselampe, großer Spiegel, Minibar, Farbfernseher, Weckruf von der Zentrale, Direktwahltelefon

Täglicher Bettzeugwechsel. Die Zimmer werden gegen 17.00 Uhr noch einmal gemacht

Bäder
8–10 qm, Außenfenster, 1 Waschbekken, große Badewanne, abgetrennte Duschkabine in 4 Zimmern, Bidet, WC im Bad, normale Beleuchtung, Handtuchtrockner
Kleenex, Seife, Schaumbad, Spezialpapier zum Schuheputzen, Nähzeug, Duschhaube, Haartrockner
Täglicher Handtuchwechsel

Service
Portier, Gepäckträger; der Gast wird auf sein Zimmer begleitet; außer dem Frühstück werden auch Mahlzeiten auf den Zimmern serviert nach Restaurantkarte und zu Restaurantöffnungszeiten; Bügeln und Reinigen; Prospekte, Pläne und Karten für Ausflüge, Fahrpläne für Züge und Flugzeuge, Bar, Privatparkplatz, Geldwechsel, Kreditkarten: Amexco, Diners, Visa, Eurocard

Sport
Tennis: 7 km, Golf: 15 km

Frühstück
4 Brotsorten, verpackte Butter, Konfitüren Industrieprodukte, Honig, frische Croissants, weiteres auf Wunsch, echter Tee in Blättern und in Säckchen, frisch gepreßte Fruchtsäfte

Restaurant
Geschlossen: Sonntag und im August
Mittagessen: 12.00–14.30 Uhr
Abendessen: 20.00–22.30 Uhr
35 Plätze, Stilmöbel
Teilweise Hintergrundmusik, Terrasse, Garten für Gesellschaften, Räume für Gesellschaften von 20 bis 500 Plätzen, Bar

Spezialitäten
Salmone fresco all'erba cipollina (13000 Lire)
Salame d'oca in pasta sfoglia (10000 Lire)
Tagliarini all'albese (7000 Lire)
Risotto primavera (8000 Lire)
Branzinetti al forno con salsa finocchio (28000 Lire)
Petto d'anatra al Madera (25000 Lire)
Weine: Arneis Negro, Grignolino Biggio

Bis vor einiger Zeit noch empfahl ein Verkehrsschild an der kleinen romantischen Straße, die von der stark befahrenen Bundesstraße durch einen Park zu dieser reizenden Villa Sassi-Toulà führt, dem Autofahrer, auf die Fahrbahn überquerende Rehe zu achten. Die Rehe gibt es heute nicht mehr; aber Hasen, die hervorlugen und sich vor die Scheinwerfer Ihres Autos setzen, sind nach wie vor vorhanden. Fahren Sie also die wenigen hundert Meter von der Bundesstraße, am Stadtrand von Turin, langsam zu dieser Oase der Ruhe und des Friedens herauf.

Die Visitenkarte des Hotelrestaurants ist ein riesiger, jahrhundertealter Park mit Magnolien, Zedern aus dem Libanon und anderen hochstämmigen Bäumen, die sorgfältig gepflegt werden. Die Villa Sassi-Toulà gehört zur Gruppe von »Relais und Châteaux«. 10 Zimmer und 2 Apartments stehen dem Gast zur Verfügung, der entweder aus geschäftlichen Gründen nach Turin gekommen ist (Automobilindustrie FIAT, die wichtige Tageszeitung La Stampa, die tausend Betriebe des Rechtsanwaltes Agnelli) oder aber sich die Stadt ansehen möchte (das altägyptische Museum, das heilige Leichentuch Christi, den Valentinopark) und für seinen Aufenthalt ein elegantes (das Hotel hat 4 Sterne), aber nicht bedrückendes Haus sucht.

Villa Sassi ist der alte Name des Hauses, Toulà wurde vor wenigen Jahren hinzugefügt, als sich der ursprüngliche Besitzer, die Familie Turati (Aperitif Carpano) mit einer Gesellschaft, Inhaber der berühmten Restaurant-Hotelkette, zusammentat. Das Wort Toulà stammt aus dem Dialekt der Gegend von Cortina d'Ampezzo und bedeutet »Scheune«.

Eine »Scheune« von Rang, diese von Turin, die in ihren großen Räumen Mittwoch abends die Banketts des Rotary Clubs veranstaltet und hin und wieder auch Festmahle der angesehenen Familien der Stadt organisiert: Hochzeiten, Taufen oder ähnliches.

Der »normale« Gast wird von alledem nichts bemerken. Dem »Durchreisenden« steht der kleine, aber warme und gemütliche Speisesaal zur Verfügung, den man aus einer ehemaligen kalten, unnützen und großen Bar gezaubert hat, die sich jetzt am Eingang des Restaurants befindet und vernünftigerweise auf eine Theke mit einigen Barhockern reduziert worden ist.

Große alte Gemälde, Holztäfelung, elegante Tapeten, Tapisserien aus Flandern, Silberbestecke mit dem Namen Villa Sassi: eine Umgebung, die den anderen Toulà-Restaurants gleicht. Bedient wird hier mit einer richtig dosierten Höflichkeit. Das Personal strahlt Wärme aus, ist aber nicht anmaßend. Den einzigen Schönheitsfehler stellt der Servierwagen mit den verschiedenen Käsesorten dar, von denen einige noch in Cellophan eingewickelt sind. Aber dieser Fehler wird dadurch wettgemacht, daß man Ihnen für Ihren Weißwein einen Kübel mit Eis bringt.

Das Menü ist klassisch zusammengestellt (auch ein wenig zuviel): Räucherlachs, Kaviar, Stör... Wir haben die folgenden Gerichte bevorzugt: Den Anfang machte eine hausgemachte Pastete, die löffelweise gereicht wurde, sowie eine Gemüsetorte nach Florentiner Art (d. h. mit Artischocken). Danach entschieden wir uns für eine Bohnensuppe mit Nudeln nach venezianischer Art. Als Hauptgericht ließen wir uns von einem Filet mit grünem Pfeffer verführen. Das Fleisch war hervorragend, der Geschmack des Gerichtes ausgezeichnet (auch weil glücklicherweise auf die sonst so übliche Sahne verzichtet wurde, an die wir uns leider gewöhnt haben). Man kann von einer bescheidenen Auswahl italienischer Käsesorten probieren (Gorgonzola, Parmesankäse aus Reggio Emilia...), um im Anschluß daran zu den ganz ordentlichen hausgemachten Süßspeisen überzugehen (Mürbeteigkuchen mit frischem Obst, »Pan di Spagna« und Haselnüsse...). Schmackhaft ist ebenfalls das frische Obst, das zuvor mit einer Konditoreicrème bedeckt und anschließend im Ofen überbacken wird.

Den Abschluß des Menüs bildet ein guter Espresso mit einem ausgewählten Whisky und als Geschenk des Hauses eine Praline, Marke Baratti. Der Durchschnittspreis für ein vollständiges Menü (von der Vorspeise bis zum Dessert) mit einem guten Wein beträgt 70000 bis 80000 Lire.

Spanien

Auch die gastronomische Szene Spaniens ist durch die französische Nouvelle Cuisine in Bewegung geraten. Es gibt heute in vielen Städten und Regionen des Landes nicht nur die sehr anständige, aber einfache regionale Volksküche, sondern auch eine große Kochkunst, die sich an den Vorbildern im nördlichen Nachbarland orientiert.

Ich habe die Auswahl und Beschreibung der guten Hotels mit erstklassigen Restaurants einem spanischen Mitarbeiter übertragen, der zu den angesehenen Gastro-Journalisten seines Landes zählt: Herrn Luis Bettonica in Barcelona. Er schreibt regelmäßig für Madrider und Barceloneser Zeitungen und Zeitschriften, ist Verfasser mehrerer Guides und Autor von Kochbüchern, wobei die spanische Regionalküche zu seinen Hauptthemen gehört. Außerdem ist er Direktor des Programms »El Pipiripao« von Radio Cadena Española.

Bettonicas Auswahl beweist, daß die Manager und Inhaber der großen Hotels auch in diesem Lande begriffen haben, daß gute Restaurants die beste Werbung für ein Haus sind. Indem sich die spanische Hotellerie und Gastronomie den Einflüssen aus dem übrigen Europa geöffnet haben, taten sie einen weiteren Schritt auf dem Wege Spaniens zur kulturellen Integration in die Europäische Gemeinschaft.

86. Palace Hotel

Bewertung: Hotel 80 % Restaurant 16 Punkte

Plaza de las Cortes 7
E-28014 Madrid
Tel.: 0034/1/4297551
Telex: 22272 RIPAL E
Besitzer: Enrique Maso
Küchenchef: Francisco Rubio
Offizielle Klassifizierung: 5 Sterne
Öffnungszeiten: Ganzjährig
Gruppenreisen möglich
Hunde in den Zimmern zugelassen

Lage
An einer normal befahrenen Straße gelegen, Zimmer zum Innenhof sehr ruhig, Zimmer zur Straße mit Doppelfenstern, Höhenlage 650 m ü. d. M.
Nächster Flughafen: 13 km
Nächster Bahnhof: 1 km

Zimmer und Preise
Insgesamt 505 Zimmer, alle mit Bad/WC
Doppelzimmer zu 19000 bis 28000 Ptas
Einzelzimmer zu 15000 bis 21500 Ptas
24 Apartments mit Salon zu 35000 bis 70000 Ptas
Preise inklusive Service, zuzüglich 12 % Steuern
Frühstück: 1000 Ptas
Vollpension: 8075 Ptas
Halbpension: 5250 Ptas

Einrichtung
Stilmöbel und echte Antiquitäten, Doppelzimmer 33–40 qm, Salonecke, 2 Sessel, 1 Stuhl, Tisch, 1 Kofferablage, alle Zimmer mit Diele und Einbauschränken, Tischlampen, Stehlampen, Nacht-

tisch mit Leselampe, großer Spiegel, Minibar, Radio vom Empfang geregelt, Farbfernseher, Weckruf von der Zentrale, Direktwahltelefon, Klimaanlage
Täglicher Bettzeugwechsel; die Zimmer werden nach der Nachmittagsruhe noch einmal gemacht

Bäder
Alle mit Ventilation, zwei Waschbecken, große Badewanne, abgetrennte Duschkabine in 60 % der Zimmer, Bidet, WC vom Bad abgetrennt, Neonlicht, Handtuchtrockner
Kleenex, Seife, Schaumbad, Rasierspiegel, Schwamm oder Waschlappen, Spezialpapier zum Schuheputzen, Body Cream, Shampoo, Fön, Duschhaube, Nähzeug, Blumen
Täglicher Handtuchwechsel

Service
Portier; der Gast wird auf sein Zimmer begleitet; außer dem Frühstück werden auch Mahlzeiten auf den Zimmern serviert, und zwar nach Spezialkarte rund um die Uhr; Bügeln, Waschen und Reinigen: Schnellservice am selben Tag, Normalservice am folgenden Tag; Wagen waschen; Zeitungen zum Frühstück
Prospekte, Pläne und Karten für Ausflüge; Fahrpläne für Züge und Flugzeuge; Schuhputzer; Friseur; Sekretariats-Service (Business Center)
3 Fahrstühle, Bar, Diskothek in Planung, Boutiquen, zwei Restaurants, Privatparkplatz, Garagen, Geldwechsel

Sport
In Planung sind Sauna, Massage, Fitnessraum mit Geräten und Squash
Tennis: 5 km
Golf: 6 km

Frühstück
3 Brotsorten, verpackte Butter, Konfitüren Industrieprodukte, Honig, frische Croissants, Toast, verschiedene Gebäcksorten, Schokolade, Tee in Säckchen, frisch gepreßte Fruchtsäfte, Frühstücksbüffet

Restaurants
»Neptuno Grill«
80 Plätze

»Ambigú«
60 Plätze
Ganzjährig täglich geöffnet
Klimaanlage, Hunde nicht zugelassen

Dieses alte und schöne Palast-Hotel war einstmals die Herberge für alle berühmten Persönlichkeiten Spaniens und Europas. Im letzten Jahr haben bedeutende Umbauten das Palace-Hotel wieder zu einem der besten der Welt und zu einem der am meisten frequentierten Hotels gemacht. Mit seinen Konferenzsälen und einem äußerst effektiven und modernen Service entspricht es den Bedürfnissen der Geschäftswelt von heute. Die 500 Zimmer sind elegant und zum größten Teil mit Stilmöbeln eingerichtet, die verschiedenen Dekorationen sind sämtlich erneuert worden, und dennoch verbreitet das Hotel eine intime und warme Stimmung, daß man sich mehr zu Hause fühlt als in einem Hotel. Das Palace wurde 1912 nach einer Rekordzeit von nur 15 Monaten Bau eröffnet. Heute hat es noch sein Prestige als großes Luxushotel steigern können.

In der letzten Zeit bestand das besondere Streben der Eigentümer darin, einen Küchenchef zu finden, der das Restaurant auf das Niveau des Hotels heben konnte. Man hat ihn in Francisco Rubio gefunden. Er hat an den Herden verschiedener berühmter französischer und spanischer Restaurants seine Erfahrungen gesammelt und macht heute eine prächtige, leichte Küche, die er in dem Hauptrestaurant »Grill Neptuno« serviert. Rubios Kochkunst zeichnet sich dadurch aus, daß er vor allem spanische Produkte verwendet, die von großer Qualität und Frische sind (z. B. verwendet er statt Butter nur Olivenöl, Ausnahme: der Balsam-Essig von Modena). Er bedient sich der Methoden der neuen Küche, die er mit Einfällen großartigster Art ergänzt. Dennoch bleibt er den Techniken der klassischen Küche verbunden, d. h., er beachtet streng die korrekten Koch- und Bratzeiten, respektiert den Eigengeschmack der Produkte und komponiert auf eine harmonische Art die Zusammenstellung der Gerichte. Dabei werden besonders die traditionellen spanischen Rezepte berücksichtigt.

Die erneuerte Küche des Palace hat in Madrid großen Eindruck gemacht; in den letzten Monaten konnte man immer mehr Einheimische im »Grill Neptuno« sehen, keineswegs etwa nur Hotelgäste. Unter ihnen waren die berühmtesten Feinschmekker und Gastronomiekritiker der spanischen Hauptstadt.

Die Qualität der Küche des Palace kann man auch in dem hübschen Restaurant-Snack »Ambigú« genießen, wo außer dem Frühstück auch noch ein prächtiges Lunchbüffet serviert wird. Die gleiche Küche kann man auch vom Etagenservice auf den Zimmer bekommen. Madrid hat also nicht nur ein Hotel mit großer Küche, sondern auch ein außerordentliches Restaurant mit Nouvelle Cuisine. Der Service ist tadellos. Die Weinkarte steht auf dem gleichen Niveau wie die Küche.

Ein Teil des eleganten Speisezimmers

87. Hotel Ritz

Bewertung: Hotel 90 % Restaurant 18 Punkte

Plaza de la Lealtad, 5
ES-28014 Madrid
Tel.: 0034/1/5212857)
Telex: 43986
Telefax: 232-87-76
Besitzer: Trusthouse Forte
Direktor: John M. Macedo
Küchenchef: Patrick Buret

Offizielle Klassifizierung: 5 Sterne, de luxe. Öffnungszeiten: Ganzjährlich
Gruppen auf Anfrage
Hunde in den Zimmern zugelassen

Lage
Stadtzentrum, schallisolierte Fenster,

Spazierwege beginnen am Hotel (Parque del Retiro), Garten, Terrasse
Nächster Flughafen: 15 km
Nächster Bahnhof: 1 km

Zimmer und Preise
Insgesamt 156 Zimmer, davon
144 Doppelzimmer zu 28000 bis 40000 Ptas
12 Einzelzimmer zu 22000 bis 28000 Ptas
alle Zimmer mit Balkon oder Terrasse
26 Apartments mit Salon 45000 bis 80000 Ptas
Preise inklusive Service, zuzüglich 12 % Steuern
Frühstück: 1250 Ptas
Vollpension: 14500 Ptas
Halbpension: 7500 Ptas
Spezialpreise für Kinder

Einrichtung
Alle Zimmer im unterschiedlichen Stil, Stilmöbel und echte Antiquitäten, handgeknüpfte Teppiche, Doppelzimmer 16–40 qm, Salonecke, 2 Sessel, 2 Stühle, Frühstückstisch, 2 Kofferablagen, alle Zimmer mit Diele und Einbauschränken, Tischlampen, Stehlampen, Nachttisch mit Leselampe, großer Spiegel, Minibar, Radio von der Rezeption geregelt, Farbfernseher, Weckruf von der Zentrale, Direktwahltelefon, Klimaanlage
Täglicher Bettzeugwechsel; die Zimmer werden nach der Nachmittagsruhe noch einmal gemacht

Bäder
3–6 qm, die Hälfte der Bäder mit Außenfenstern, 2 Waschbecken, große Badewanne, abgetrennte Duschkabine, Bidet, WC abgetrennt, spezielles Halogenlicht, Handtuchtrockner
Kleenex, Seife, Schaumbad, Rasierspiegel, Schwamm oder Waschlappen, Fön
Täglicher Handtuchwechsel

Service
Portier; der Gast wird auf sein Zimmer begleitet; außer dem Frühstück werden auch Mahlzeiten auf den Zimmern serviert, 24-Stunden-Zimmerservice; Bügeln, Waschen und Reinigen 1 Tag; Wagen waschen und auftanken; Zeitungen zum Frühstück
Prospekte, Pläne und Karten für Ausflüge, Fahrpläne für Züge und Flugzeuge, Satellitenfernsehen (4 Kanäle), Radio BBC, Telex-EFE (News), Limousine, 2 Fahrstühle, Bar, Parfümerie, Schönheitssalon, Friseur, 2 Restaurants, privater Parkplatz, abgeschlossene Garagen, Geldwechsel, Kreditkarten: Visa, American Express, Diners Club, THF

Sport
Tennis: 8 km
Golf: 8 km

Frühstück
3 Brotsorten, offene Butter, Konfitüren Industrieprodukte, Honig, täglich frische Brötchen und Croissants, weiteres auf Wunsch, echter Tee in Blättern, frisch gepreßte Fruchtsäfte, Frühstücksbüffet

Restaurant
»Restaurant Ritz«
Ganzjährig täglich geöffnet
Mittagessen: 12.00–15.00 Uhr
Abendessen: 20.00–23.15 Uhr
80 Plätze im Restaurant, 150 Plätze im Garten und auf der Terrasse, Stil: Belle Epoque
Abends Hintergrundmusik, Terrasse, Garten, Klimaanlage, Räume für Gesellschaften von 25 bis 500 Plätzen, Bar

Spezialitäten
Ensalada de aguacate y gambas a la albahaca (1800 Ptas)
Crema Fria de melón con almendras tostadas (1400 Ptas)

Papillote de merluza con langostinos al ajo confitado (2800 Ptas)
Suprema de Lubina a la manteca de anchoas (2600 Ptas)
Rosetas de cordero con compota al jenjibre (2800 Ptas)
Menüs: 2750 und 3000 Ptas
Weine: Valdepeñas, Colmenar

Das Ritz von Madrid wurde 1910 eingeweiht. Als Hotel wie als Restaurant ist es weltberühmt, und es hat im Laufe der Jahre gute und schlechte Tage gesehen, aber das Ritz ist immer das berühmte Ritz geblieben. Selbst in Perioden der kulinarischen Krise hat die Küche immer zur Kategorie der Restaurants von Grandhotels und historischen Palästen von Europa gehört. Das Ritz war immer ein Restaurant der großen Küche, der klassischen französischen Küche, wie sie allgemein üblich war, als die Grandhotels die Szene beherrschten. Dennoch wurde die spanische Küche des Hauses niemals vollständig verleugnet. Die »Cocido« des Ritz ist das, was man im Französischen »Pot-au-Feu« nennt, und sie ist vielleicht die einzige authentische madrilenische Platte, die sich mit leichten Nuancen in allen gastronomischen Regionen Spaniens verbreitet hat – die traditionell ein großes Ansehen wegen der Qualität der Produkte und der perfekten Ausarbeitung hatte. Heute ist es schwierig in Madrid, Restaurants zu finden, wo man eine perfekte »Cocido« bekommt. Man tut deshalb gut daran, im Ritz diese »Cocido« zu probieren (Mittwoch ist der einzige Tag der Woche, wo man sie dort serviert). Heute hat jedoch der kulinarische Stil des Ritz durch die Ankunft eines jungen Küchenchefs, des Franzosen Patrick Buret, gewechselt, der die Kunst zu kochen direkt von Paul Bocuse gelernt hat, und der danach seine Kenntnisse im Restaurant »La Ferme Saint Simon« in Paris praktiziert hat, einem Restaurant, das im Guide Michelin zwei Sterne erhielt. Dort war er Küchenchef. Buret hat offensichtlich eine Revolution im Ritz von Madrid ausgelöst. Die übliche Consommé, die gebratene Seezunge, das Châteaubriand wurden ersetzt durch eine ultra-moderne und ultra-persönliche Küche im Geist von Bocuse. Sein Frühlingsteller und sein Tomatensorbet, das Mosaik vom Kalbsbries und Rochen mit grünem Pfeffer, das gedämpfte Lachsschnitzel mit Minze und mit Grapefruitbutter, das Magere von der Ente mit Senfkörnern oder die Lammnüßchen mit Ingwerkompott sind zur Zeit die Gerichte, die man im Hotel Ritz probieren kann. Es sind Platten der neuen Küche, aber einer Küche mit Maß. Patrick Buret ist sozusagen ein revolutionärer Bürger, der nicht übertreibt, der nicht in die Unsitte verfällt, seinen Launen nachzugeben. Die Küche von Buret ist neu, aber vernünftig: Die Kochzeiten al dente oder rosé sind perfekt, Kombinationen der verschiedenen Geschmäcker sind immer mit einem Sinn für Harmonie gemacht, wenn auch manchmal etwas verrückt wie das Tomatensorbet.

Die Karte des Ritz wechselt mit jeder Saison, viermal jährlich. Der Speisesaal ist aristokratisch und luxuriös. Man kann im Sommer eine wunderbare Terrasse genießen, eine Oase mitten in Madrid, die bestens dekoriert ist und von einem einwandfreien Service bedient wird. Diesen Ort vergißt man so schnell nicht, sieht man von einer Unbequemlichkeit ab, nämlich dem Geräusch des Verkehrs, der sich um das Hotel dreht. Außerordentliche Weinkarte! Leider sind die Preise sehr hoch, aber hat der Luxus überhaupt einen Preis?

Das Hotel gehört fraglos zu den besten der Welt und ist auf eine sympathische

Weise aus einer Mischung von Modernität und altem Stil eingerichtet. Alles ist warm und zeigt nicht jene nüchterne, funktionelle Kälte, die manche Großhotels auszeichnet. Die Hälfte der Bäder hat Außenfenster, alle Doppelzimmer sind mit zwei Waschbecken ausgerüstet, die Duschkabinen sind abgetrennt, die WCs ebenso. Das allein sind Pluspunkte, die nicht jedes Hotel für sich verbuchen kann.

Wenn man schon vergleichen will: Das Madrider Ritz schlägt den Namensvetter in Paris, der nicht zu unseren besten gehören wollte, mindestens um eine Pferdelänge.

Ein elegantes Doppelzimmer im Ritz

88. Hotel Sanvy

Bewertung: Hotel 65 %   Restaurant 17 Punkte

Goya, 3
E-28001 Madrid
Tel.: 91/2760800
Telex: 44994 NHMD
Besitzer: NH Villa de Madrid, S.A.
Direktor: Eduardo Martin
Küchenchef: Jose Manuel Lashayas
Offizielle Klassifizierung: 4 Sterne
Öffnungszeiten: Ganzjährlich
Gruppen nur am Wochenende und im August
Hunde nicht zugelassen

Lage
An einer Straße im Stadtzentrum gelegen, ruhig, Terrasse
Nächster Flughafen: 12 km
Nächster Bahnhof: 2 km

Zimmer und Preise
Insgesamt 141 Zimmer, davon
80 Doppelzimmer mit Bad/WC zu 10900 Ptas
31 Einzelzimmer mit Bad/WC zu 7900 Ptas
13 Doppelzimmer mit Salon und Terrasse
30 Apartments mit Salon zu 12800 Ptas
Preise inklusive Service, zuzüglich Steuern
Frühstück: 700 Ptas
Kinder bis 2 Jahre frei

Einrichtung
Modern. Doppelzimmer, 13–50 qm, Salonecke, 2 Sessel, 1 Stuhl, Frühstückstisch, Schreibsekretär, 1 Kofferablage, alle Zimmer mit Vorraum und Einbauschränken, Tischlampen, Stehlampen, Nachttisch mit Leselampe, großer Spiegel, Minibar, Radio von der Rezeption geregelt, Farbfernseher mit Fernbedienung, Weckruf von der Zentrale, Klimaanlage, Direktwahltelefon
Bettzeugwechsel alle zwei Tage; die Zimmer werden nach der Nachmittagsruhe noch einmal gemacht

Bäder
5–15 qm, alle mit Ventilation, 1 Waschbecken, große Badewanne, in 5 Bädern abgetrennte Duschkabine, Bidet, WC im Bad, Neonlicht
Kleenex, Seife, Schaumbad, Einrichtung zum Schuheputzen, Kamm, Duschhaube, Haartrockner
Täglicher Handtuchwechsel

Service
Portier; der Gast wird auf sein Zimmer begleitet; außer dem Frühstück werden auch Mahlzeiten in den Zimmern serviert von 13.00 bis 14.00 Uhr und von 21.00 bis 24.00 Uhr; Bügeln, Reinigen in 24 Stunden; Zeitungen zum Frühstück; Prospekte, Pläne und Karten für Ausflüge, Fahrpläne für Züge und Flugzeuge
Fahrstuhl, Bar, Boutiquen, 2 Restaurants, Privatparkplatz, Garage, Geldwechsel, Kreditkarten: Amex, Visa, Diners, Mastercard

Sport
Schwimmbad im Freien
Tennis: 2 km
Golf: 6 km

Frühstück
3 Brotsorten, verpackte Butter, Konfitüren Industrieprodukte, Honig, frische Croissants, Tee in Säckchen, frisch gepreßte Fruchtsäfte, Frühstücksbüffet

Restaurant
»Belagua«

Geschlossen: Samstagmittag, Sonntag und im August
Mittagessen: 13.00–16.00 Uhr
Abendessen: 21.00–24.00 Uhr
50 Plätze, modern
Hintergrundmusik, Klimaanlage, Räume für Gesellschaften bis 40 Personen

Spezialitäten
Terrina fria de centollas al cava (1 250 Ptas)
Ensalada de lubina marinada al vinagre de Jerez (1 450 Ptas)
Lubina a las algas con salsa de erizos de-mar (2 100 Ptas)
Menestra de rape y centollo (1 800 Ptas)
Petit tournedo al foie con salsa de trufas (1 800 Ptas)
Solomillo e pato al calvados (1 400 Ptas)

Das jüngste unter den Hotelrestaurants in Madrid, eine Neuschöpfung. Im spanischen Michelin wird das Hotel Sanvy noch charakterisiert als »ohne Restaurant«. Ein junger Küchenchef, José Manuel Lashayas, hat sich nach einer langen Lehrzeit im Hotel »Ercilla« in Bilbao als Neuentdeckung im Hotel »Calderón« von Barcelona bekanntgemacht und jetzt in das Restaurant »Belagua« seinen soliden, intelligenten und interessanten Küchenstil übertragen. Lashayas ist Baske, und die baskische Küche ist auf der Karte des »Belagua« gut vertreten. Es ist eine kreative und sehr persönliche Küche, ganz nahe an der Nouvelle Cuisine angesiedelt. Es gibt hier keine Gazpacho oder Paella, man kann dafür Gerichte probieren, die von einheimischen Produkten gemacht wurden, die sorgfältig ausgesucht sind: die »Berros«, zum Beispiel, das heißt, als Mus verarbeitete Kresse, die einen ausgezeichneten Hummersalat vervollständigt, oder die frische Entenleber, die aus dem baskischen Lande stammt und deshalb von hervorragender Qualität ist, oder die kostbarsten Meeresfrüchte wie z. B. die Meeresspinne oder die Langustinen. Der Chef bietet auch einige traditionelle Spezialitäten an wie den Stockfisch auf Biscayaart, eines der repräsentativsten Gerichte der großen baskischen Küche, in welcher der Stockfisch zu den Königen der Fische gehört. José Manuel Lashayas ist ein großer Künstler mit ständig neuer Phantasie begabt, und alles, was er empfiehlt, zeugt von dem großen begabten Koch. Es ist schwer, in Madrid andere Restaurants zu finden, wo man farcierte Spargel, Blätterteig vom Kalbsbries in Portwein oder ein Sabayon bekommt, das mit spanischem Champagner gemacht wird. »Belagua« ist ein sehr empfehlenswertes Restaurant, das man unbedingt wegen seiner Küche aufsuchen sollte. Der Rahmen zeugt von gutem Geschmack, der Service ist ausgezeichnet, die Höflichkeit gegenüber den Gästen ist ebenso perfekt wie die Präsentation der Gerichte. Interessante Weinkarte.

Zu den insgesamt 141 Zimmern des im Zentrum von Madrid gelegenen Hotels gehören auch 24 Schlafzimmer mit Salons, 45 Suiten und 2 Suiten mit je zwei Schlafzimmern. Der Komfort ist modern und funktional und kann sich mit dem aller großen Hotelketten messen. Wer fernsehen will, muß sich in einen dafür extra reservierten Gemeinschaftsraum begeben. Für Autofahrer wichtig: es gibt eine private Garage des Hotels mit Waschservice. Eine schöne Terrasse, ein Swimmingpool mit Solarium und Vorräumen ergänzen das Angebot, das auch für Geschäftsleute wegen der umfangreichen Konferenzräume interessant ist. Telex und Selbstwahltelefone stehen reichlich zur Verfügung.

Das Frühstück kann auf dem Zimmer eingenommen werden, wird aber auch in der neuen Cafeteria vom Büffet serviert. Wie immer, ist natürlich das Angebot am Büffet wesentlich umfangreicher, als es beim Zimmerfrühstück gereicht wird.

Ein ausgezeichnetes Hotel mit gutem Restaurant ebenso für Geschäftsleute wie für Touristen geeignet.

Speisesaal in Sanvy

89. Ampurdán

Bewertung: Hotel 55 % Restaurant 16 Punkte

Antigua Crta. de Francia, km 763
E-Figueras (Gerona)
Tel.: 0034/72/500566
Telex: 57032 A. P. H. E. (Hotel Ampurdán)
Inhaber und Küchenchef: Jaume Subiros Jorda
Offizielle Klassifizierung: 3 Sterne
Öffnungszeiten: Ganzjährlich
Gruppenreisen nicht möglich
Hunde nur in den Zimmern zugelassen

Lage
An der alten Landstraße nach Frankreich, sehr ruhig, privater Garten, Sommerterrasse
Nächster Flughafen: 40 km
Nächster Bahnhof: 2 km (Figueras)

Zimmer und Preise
Insgesamt 42 Zimmer, alle mit Balkon oder Terrasse, davon
33 Doppelzimmer mit Bad/WC zu 6800 bis 7500 Ptas
9 Einzelzimmer mit Bad/WC zu 4500 bis 5100 Ptas
3 Apartments mit Salon zu 8500 Ptas
Preise inklusive Service und Steuern
Frühstück zu 510 Ptas

Einrichtung
Modern. Doppelzimmer 17 qm, 2 Sessel, Tisch, 1 Kofferablage, alle Zimmer mit Vorraum und Einbauschränken, Tischlampen, Nachttisch mit Leselampe, Lüster, indirekte Beleuchtung, großer Spiegel, Minibar nur in den Apart-

ments, Farbfernseher nur in den Apartments, Weckruf von der Zentrale, Klimaanlage, Direktwahltelefon
Täglicher Bettzeugwechsel

Bäder
8 qm, Ventilation, 1 Waschbecken, große Badewanne, Bidet
Seife, Schaumbad, Rasierspiegel, Einrichtung zum Schuheputzen
Täglicher Handtuchwechsel, WC im Bad

Service
Portier; der Gast wird auf sein Zimmer begleitet; keine Mahlzeiten auf dem Zimmer; Waschen 24 Stunden; Reinigen 48 Stunden; Prospekte, Fahrpläne für Züge und Flugzeuge
Fahrstuhl, Bar, Privatparkplatz, abgeschlossene Garage, Kreditkarten: Amex, Diners, Master, Visa

Sport
Tennis: 2 km, Golf: 40 km

Frühstück
4 Brotsorten, verpackte Butter, für das Haus hergestellte Konfitüren, Honig, frische Croissants, Kaffee Spezialmischung, Tee in Säckchen, frisch gepreßte Fruchtsäfte, Frühstücksbüffet

Restaurant
Ganzjährig täglich geöffnet
Mittagessen: 13.00 bis 15.30 Uhr
Abendessen: 20.30 bis 22.30 Uhr
98 Plätze, modern
Sommerterrasse, Garten, Klimaanlage, Privatsalon für 20 Personen, Bar, Bar mit Salon

Spezialitäten
Ensalada de Habas a la Menta (425 Ptas)
Terrina de Salmón fresco salsa mimosa (710 Ptas)
Ensalada de escalivada con sardinas en aceite (475 Ptas)
Pequenos rapes de la costa con Mostaza (1 600 Ptas)
Rodaballo a los dos Vinos (1 800 Ptas)
Lubina a la nage de Ceps (1 950 Ptas)
Tarta de Queso fresco con fresas de Bosque (475 Ptas)
Weine: Bodegas Trobat, Garriguella, Vino de Capmany

Vor knapp 30 Jahren war das Ampurdán ein »Motel« mit sehr bescheiden eingerichteten Zimmern und winzigen Bädern. Danach hat sich das Hotel langsam zu einem sehr komfortablen Hotel entwickelt.

Von Anfang an war jedoch das Ampurdán ein außerordentliches Restaurant. Im Michelin hat es schon lange einen Stern. Der Gründer des Hauses, Josep Mercader ist gestorben, war ein außerordentlicher Küchenchef. Er gehörte zu den besten Küchenmeistern seines Landes. Für ihn war der Hauptpfeiler der guten Küche das qualitätvolle Grundprodukt, und in der Tat hat diese Hotelküche nur Produkte erster Wahl verwendet: Die Gemüse kamen aus den Gemüsegärten der eigenen Region oder aus der Boqueria, dem interessantesten Markt von Barcelona. Fische und Meeresfrüchte werden aus den nahegelegenen Fischereihäfen der Costa Brava geliefert. Die Provinz Gerona ist außerdem berühmt für die Qualität ihrer Fleischsorten, unter denen das Ampurdán natürlich die besten aussucht. Der Rest der Zutaten wird nach denselben Kriterien ausgesucht. Außerdem muß man bedenken, daß Mercader Schule gemacht hat für eine örtliche und traditionelle Küche, welche ihre Spezialitäten auf der gewohnten Basis sorgfältig bearbeitete. Viele Platten der katalanischen Küche werden im Ampurdán auf besondere Art präsentiert, weil hier die phantasievolle Zubereitungsart des Kochs und sein Streben dominieren, eine leichtere Küche, als man sie früher in Katalonien gewohnt war, anzubieten. Die ganze Speisekarte des Ampurdán zeigt ein sehr hohes kulinarisches Niveau, von der wir einige Spezialitäten nennen wollen: Das Wild wird hier sehr originell und köstlich zubereitet, außerdem gibt es ein paar interessante Vorgerichte, die Anchovis, ein typischer Appetithappen, den man zum Aperitif ißt, eine Schöpfung von Josep Mercader. Daneben darf man die großartigen Desserts nicht vergessen, besonders die Minz-Sorbets. Der einfach ausgestattete Speisesaal hat aber einen gewissen Charme. Ausgezeichnete Weinkarte mit spanischen und französischen Gewächsen sowie mit einigen interessanten Spirituosen aus Spanien.

Geschmackvolles Zimmer im Ampurdan

90. Hotel Ercilla

Bewertung: Hotel 55 % Restaurant 17 Punkte

Ercilla 37–39
E-Bilbao-11
Tel.: 0034/4/4124300 und 4438800
Telex: 32449 GHRE
Besitzer: Grand Hotel Ercilla S.A.
Direktor: Augustin Martina Bueno
Küchenchef: Angel Lorente
Offizielle Klassifizierung: 4 Sterne
Öffnungszeiten: Ganzjährig
Gruppenreisen möglich
Hunde nicht zugelassen

Lage
Zentral, an einer Durchgangsstraße
Nächster Flughafen: 7 km
Nächster Bahnhof: 500 m

Zimmer und Preise
Insgesamt 350 Zimmer, davon
232 Doppelzimmer mit Bad/WC zu 11000 bis 12000 Ptas
118 Einzelzimmer mit Bad/WC zu 7300 Ptas
2 Zimmer mit Balkon
1 Apartment mit Salon zu 13000 bis 14000 Ptas
Preise inklusive Service, zuzüglich 6 % Steuern
Frühstück zu 600 Ptas
Spezialpreise für Kinder

Einrichtung
Modern. Doppelzimmer 12–20 qm, Salonecke, 1 Sessel, 1 Stuhl, Tisch, Schreibtisch, 1 Kofferablage, alle Zimmer mit Diele und Einbauschränken, Nachttisch mit Leselampe, Tischlampen, Stehlampen, Lüster, indirekte Beleuchtung, großer Spiegel, Radio »Self-Service«, Farbfernseher, Satellitenfernsehen mit 4 Kanälen, Weckruf von der Zentrale, Klimaanlage
Täglicher Bettzeugwechsel, die Zimmer werden nach der Nachmittagsruhe noch einmal gemacht

Bäder
8–10 qm, Ventilation, 1 Waschbecken, große Badewanne, abgetrennte Duschkabine, Bidet, WC im Bad, Neonlicht und normale Beleuchtung
Zahnpasta, Kleenex, Seife, Schaumbad, Schwamm oder Waschlappen, Einrichtung zum Schuheputzen
Täglicher Handtuchwechsel

Service
Portier; der Gast wird auf sein Zimmer begleitet; außer dem Frühstück werden auch Mahlzeiten auf den Zimmern serviert, von 13 bis 16 Uhr und von 21 bis 24 Uhr; Bügeln, Waschen und Reinigen 1 Tag; Wagen waschen und auftanken; Zeitungen zum Frühstück
Prospekte, Pläne und Karten für Ausflüge, Fahrpläne für Züge, Flugzeuge, Autobusse
3 Fahrstühle, Bar, Diskothek, Boutiquen, 2 Restaurants, Privatparkplatz, abgeschlossene Garage, Geldwechsel, Kreditkarten: Amex, Diners, Eurocard, Master Card, 6000, Visa

Sport
Tennis: 15 km
Golf: 15 km

Frühstück
3 Brotsorten, verpackte Butter, Konfitüren Industrieprodukte, Honig, frische Croissants, Tee in Säckchen, frisch gepreßte Fruchtsäfte

Restaurant
»Bermeo«
Geschlossen: Sonntagabend

Mittagessen: 13.00 bis 16.00 Uhr
Abendessen: 21.00 bis 24.00 Uhr
150 Plätze, Hintergrundmusik, Klimaanlage, Räume für Gesellschaften, Bar, Bar mit Salon

Spezialitäten
Espárragos de Cascante (1 100 Ptas)
Pimientos Rellenos de Centollo (1 350 Ptas)
Marmitako (850 Ptas)
Merluza Mariscada (1 450 Ptas)
Chipirones en su Tinta (1 750 Ptas)
Bacalao a la Vizcaina (1 150 Ptas)
Weine:
Rioja Alavesa, Txakoli

Von außen gehört das Hotel in die Reihe jener nüchternen, architektonisch langweiligen Betonkästen, die wenig persönlichen Stil zeigen. Das Innenleben ist etwas anregender, wenn auch die Zimmer dem nüchternen äußeren Stil entsprechen. Die Bäder leiden unter den üblichen Schwächen der meisten Großhotels, weil sie oft für ein Doppelzimmer nur ein Waschbecken und das WC ins Bad integriert haben. Auch die Dekoration des Restaurants ist nicht gerade umwerfend, dafür jedoch ist die Qualität der Gerichte um so eindrucksvoller. Dies ist auch der Hauptgrund, warum wir dieses Haus in unsere Sammlung aufgenommen haben.

Das Aufleben einer guten Küche in den Hotelrestaurants von Spanien vollzog sich am Ende der siebziger jahre auch im »Bermeo«, dem Restaurant des Hotels Ercilla. Bilbao ist eine der Hauptstädte des Baskenlandes, einer spanischen Region, die sich durch eine großartige kulinarische Tradition auszeichnet. Die Basken verehren die Küche, und man kann sagen, daß fast jeder Baske ein Feinschmecker ist. Die Küche dieser Region unterscheidet sich sehr von der anderer Gebiete. Drei Saucen bestimmen die baskische Küche: die Biscaya-Sauce, die Sauce »Pil-Pil« und die grüne Sauce. Sie können noch eine vierte sehr originelle Sauce hinzufügen: die Tintensauce des Tintenfisches, welche die »Txipirones en su tinta« begleitet. Die Meeresküche des Baskenlandes wird vor allem durch den Stockfisch bestimmt. Von ausgezeichneter Qualität sind auch die Fleischsorten, das Wild und die Gemüse. Man sollte besonders die Pilze erwähnen, welche die Basken sehr lieben und die sie auf verschiedene Art zubereiten. Diese baskische Küche wird mit äußerster Perfektion im »Bermeo« gemacht, das man als eines der besten Restaurants des baskischen Landes und selbst ganz Spaniens bezeichnet. Man darf übrigens nicht vergessen, daß es das Baskenland war, wo man für den Rest von Spanien in der Mitte der siebziger Jahre die französische neue Küche eingeführt hat, einen Kochstil, der sich überall durchgesetzt hat, obwohl er meistens dem örtlichen Geschmack angepaßt wurde. Obwohl diese Mode nicht mehr in Spanien aktuell ist, ist das beste der Nouvelle Cuisine in den anspruchsvollen Restaurants geblieben: Im »Bermeo« zum Beispiel, wo man die baskischen Gerichte aktualisiert hat, weniger schwer, einfacher und al dente präpariert mit einer strengen Auswahl der besten Produkte. Angel Lorente, der Küchenchef des »Bermeo«, serviert eine Küche, die bestens ausgewogen zwischen klassischen, regionalen und bürgerlichen Gerichten präsentiert wird. Das keineswegs luxuriöse Restaurant ist jedoch recht geschmackvoll dekoriert worden. Der Service ist beispielhaft liebenswürdig. Die Kundschaft setzt sich aus allen Leuten zusammen, die in Bilbao etwas bedeuten: Politiker, Künstler, Schriftsteller, Schauspieler und durch die Corrida bekannte Sportler. Wer »in« in Bilbao sein will, muß die Bar des Hotels Ercilla frequentieren oder im Restaurant Bermeo speisen.

91. Hotel Rincon De Pepe

Bewertung: Hotel 55 %   Restaurant 16 Punkte

C/Apóstoles, 34
E-30001 Murcia
Tel.: 0034/68/212239
Telex: 67116 RDEP-E
Besitzer: Raimundo González Frutos
Küchenchef: Francisco González Romero
Offizielle Klassifizierung: 3 Sterne
Geschlossen: Im Juni, Juli, August sonntags geschlossen, in den übrigen Monaten Sonntagabend
Gruppenreisen möglich
Hunde nicht zugelassen

Lage
Im Stadtzentrum, Geschäftsviertel, jedoch an einer ruhigen, verkehrsarmen Straße, Terrasse mit Blick auf die Kathedrale
Nächster Flughafen: 45 km
Nächster Bahnhof: 1 km

Zimmer und Preise
Insgesamt 123 Zimmer, davon
104 Doppelzimmer mit Bad/WC zu 6325 bis 7272 Ptas
13 Einzelzimmer mit Bad/WC zu 5060 bis 5819 Ptas
6 Apartments mit Salon zu 12650 bis 14544 Ptas
Preise inklusive Service, zuzüglich 6 % Steuern
Normalfrühstück: 500 Ptas
Halbpension: 1750 Ptas pro Person zuzüglich Zimmerpreis
Vollpension: 3000 Ptas pro Person zuzüglich Zimmerpreis
Zusatzbett: 1500 Ptas

Einrichtung
Klassisches Mobiliar. Doppelzimmer 20 qm, Salonecke, 1 Sessel, 2 Stühle, Tisch, Schreibsekretär, 1 Kofferablage, alle Zimmer mit Diele und Einbauschränken, Tischlampen, Nachttisch mit Leselampe, großer Spiegel, Radio vom Empfang geregelt, Farbfernseher, Weckruf von der Zentrale, Klimaanlage, Direktwahltelefon in allen Zimmern
Täglicher Bettzeugwechsel, die Zimmer werden nach der Nachmittagsruhe noch einmal gemacht

Bäder
6 bis 8 qm, 30 % mit Außenfenstern, 70 % mit Ventilation, 1 bis 2 Waschbekken, große Badewanne, Bidet, WC im Bad, normale Beleuchtung
Zahnpasta, Kleenex, Seife, Schaumbad, Schwamm oder Waschlappen, Einrichtung zum Schuheputzen, Kamm, Schuhanzieher, Duschhaube, Rasierapparat, Nähzeug. Täglicher Handtuchwechsel

Service
Portier; der Gast wird auf sein Zimmer begleitet; außer dem Frühstück werden auch Mahlzeiten auf den Zimmern serviert von 12.00 bis 24.00 Uhr; Bügeln, Waschen und Reinigen max. 24 Stunden; Wagen waschen und auftanken; Zeitungen zum Frühstück; Prospekte, Pläne und Karten für Ausflüge, Fahrpläne für Züge und Flugzeuge, Flugreservierung, Zug- und Hotelreservierung, Mietwagen, touristische Informationen, Auskünfte über Museen, Wege, Theater, Kino, Veranstaltungen etc.
2 Fahrstühle, Bar, Restaurant, Privatparkplatz, abgeschlossene Garage, Geldwechsel, Kreditkarten: Amexco, Diners, Mastercard, 6000, Visa etc.

Gesellschaftsraum im Rincon de Pepe

Sport
Tennis: 1 km, Golf: 40 km

Frühstück
Mehr als drei Sorten hausgebackenes Brot, offene Butter, hausgemachte Konfitüren, Honig, frische Croissants und alles, was sonst gewünscht wird, Kaffee Spezialmischung, echter Tee in Blättern, frisch gepreßte Fruchtsäfte

Restaurant
»Rincón de Pepe«
Geöffnet: 12.00–24.00 Uhr
Stil der Einrichtung: Klassisch
Hintergrundmusik, Terrasse, Klimaanlage, Raum für Gesellschaften mit 200 Plätzen, Bar, Bar mit Salon

Spezialitäten
Berengenas a la crema (750 Ptas)
Pimientos del Piquillo en espuma de mero (950 Ptas)
Salmón de rio fresco en hojaldre con salsa de cangrejos (1 475 Ptas)
Dorada del Mar Menor a la sal (1 475 Ptas)
Cordero lechal asado al estilo de Murcia (1 275 Ptas)
Sorbete de higos chumbos (275 Ptas)
Copa helada »Rincón de Pepe« (400 Ptas)
Menü:
600 bis 1 250 Ptas + 6 % Steuern
Weine:
aus Bullas und Jumilla

Murcia liegt knapp 400 km von Madrid entfernt im Südosten Spaniens inmitten der Huerta, dem »spanischen Garten« mit seinen großen Orangenbaum- und Zitronenbaumfeldern. Die Altstadt mit ihren Fußgängerzonen ist immer noch reizvoll. Das 1925 gegründete Hotel ist teilweise regional, teilweise sehr nüchtern eingerichtet, bietet aber jeden modernen Komfort, wie man ihn in anderen Großhotels ebenfalls kennt.

Der Michelin von Spanien gibt immer noch an: »Ohne Restaurant«; aber das Bemerkenswerte ist hier die murcianische Küche, eine der üppigsten und vielseitigsten von Spanien. Merkwürdigerweise ist sie die am wenigsten bekannte und nach außen exportierte Küche des Landes. Auf der Karte des Restaurants, das als klassisch bekannt ist, wird die Küche der Region bestens repräsentiert.

Obwohl hier auch viele Gerichte von anderen spanischen Orten gereicht werden, erreichen die Spezialitäten der Region ihre höchste Perfektion. Deshalb ist das Restaurant auch sehr beliebt bei allen Gourmets und jenen, die die vegetarische Küche des Ortes erforschen wollen, die von den dicken Bohnen, den Artischocken und den farcierten Pfefferschoten bestimmt wird. Gemüsesuppen wie die »Olla Gitana« mit Birnen gehören dazu. Murcia ist außerdem eine Erzeugerregion für einen ausgezeichneten Reis. Man wähle deshalb den Reis »Calasparra«, der außergewöhnlich schmeckt. Und unter den Reissorten der Huerta, die man überall bekommt, sollte man die amüsante und gutparfümierte Gemüse-Paëlla probieren, die ganz ohne Fleisch und ohne Fisch gemacht wird, nur aus Artischocken, dicken Bohnen, jungen Erbsen, zartem Knoblauch und Pfefferschoten... Neben allen diesen Gemüse-Reisgerichten, gibt es auch den Reis, der mit Geflügel oder Wild zubereitet wird. Die Fleischsorten sind bemerkenswert, besonders das Milchlamm, das in Murcia in seinem eigenen Fett geröstet wird und mit Oregano, Knoblauch und Petersilie gewürzt ist. Neben dem Milchlamm gibt es eine opulente Charcuterie, und das Wild, das hier sehr beliebt ist. An zahlreichen Plätzen von Murcia gibt es häufig Perdrix, Kaninchen, Hasen und Wachteln: Aus den Stücken dieses Wildes präpariert man die Gazpacho Galiano, nicht vergleichbar mit der allgemein bekannten andalusischen Gazpacho, der erfrischend kalten Gemüsesuppe aus dem Süden Spaniens. Dann sind da noch die Fische. Murcia liegt 200 km von der Mittelmeerküste entfernt und vor einer natürlichen Lagune, dem Mar Menor, wo man die verschiedenartigsten Fischsorten angelt, die von hervorragender Qualität sind. Die »Calderenta« der Fischer, die »Caldero« von Fischen, der Wolfsbarsch und besonders die Dorade, die in Salz gebacken wird, sind Spezialitäten dieses Restaurants. Neben den regionalen und typisch historischen Gerichten, bietet die Karte auch originelle Eigenschöpfungen des Küchenchefs, die dennoch aus einheimischen Produkten der ersten Qualität gemacht sind.

Das Hotel wurde kürzlich renoviert, und die Zimmer sind, wenn auch etwas nüchtern, sehr komfortabel. Zu ebener Erde gibt es eine Bar, wo die besten Weine des Landes serviert werden, neben einer großen Auswahl von »Tapas« (Appetithappen). Praktisch kann man hier die Spezialitäten der Restaurantkarte in winzigen Portionen erhalten. Im Sommer kann man auf der schönen Terrasse speisen, die den Blick auf die Kathedrale von Murcia freigibt. Unter den spanischen Weinen sollte man vor allem die Weine der Region probieren. Der Service ist tadellos.

92. Hotel Sidi Saler Sol

Bewertung: Hotel 70 % Restaurant 15 Punkte

Playa del Saler
E-46012 Valencia
Tel.: 0034/6/1610411
Telex: 64208 SALER E
Besitzer: Cadena Hotelera Sol
Küchenchef: Rafael Mármol Gonzalez
Offizielle Klassifizierung: 5 Sterne
Öffnungszeiten: Ganzjährig
Gruppenreisen möglich
Hunde in den Zimmern zugelassen

Lage
Am Strand, in der Nähe der Stadt, ruhig; Spazierwege beginnen direkt am Hotel, privater Garten, Terrasse
Nächster Flughafen: 15 km
Nächster Bahnhof: 10 km

Zimmer und Preise
Insgesamt 276 Zimmer, davon
246 Doppelzimmer mit Bad/WC zu 8400 bis 11088 Ptas
30 Einzelzimmer mit Bad/WC zu 6160 bis 7728 Ptas
16 Doppelzimmer mit Balkon oder Terrasse
Apartments mit Salon zu 11088 bis 15120 Ptas
Preise inklusive Service und Steuern
Normalfrühstück: 616 Ptas
Vollpension: 3864 Ptas
Halbpension: 2130 Ptas
Kinder von 2 bis 6 Jahren im Zimmer der Eltern 20 %

Einrichtung
Modern. Doppelzimmer 18–19 qm, Salonecke, 1 Sessel, 1 Stuhl, Tisch, 1 Kofferablage, alle Zimmer mit Diele und Einbauschränken, Nachttisch mit Leselampe, Tischlampen, Stehlampen, großer Spiegel, Minibar; Farbfernsehen via Satellit, nationale und europäische Kanäle; Klimaanlage
Täglicher Bettzeugwechsel; die Zimmer werden nach der Nachmittagsruhe noch einmal gemacht

Bäder
6 qm, Ventilation, große Badewanne, Bidet, WC abgetrennt, Neonbeleuchtung

Zahnpasta, Kleenex, Seife, Schaumbad, Schwamm oder Waschlappen, Spezialpapier zum Schuheputzen
Täglicher Handtuchwechsel

Service
Portier; der Gast wird auf sein Zimmer begleitet; außer dem Frühstück werden auch Mahlzeiten auf den Zimmern serviert, 24 Stunden; Waschen, Reinigen und Bügeln 1 Tag; Zeitungen zum Frühstück
Prospekte, Pläne und Karten für Ausflüge, Fahrpläne für Züge und Flugzeuge
Fahrstuhl, Bar, Boutiquen, 2 Restaurants, Privatparkplatz, Geldwechsel, Kreditkarten: Visa, American Express, Diners, Eurocard

Sport
2 Schwimmbäder im Freien, eines davon beheizt, Hallenbad, hauseigener Tennisplatz, Sauna, Massage, Fitnessraum mit Geräten, Golf: 5 km

Frühstück
2 Brotsorten, verpackte Butter, Konfitüren Industrieprodukte, Honig, frische Croissants, weitere Extras, Markenkaffee, Tee in Säckchen, frisch gepreßte Fruchtsäfte, Frühstücksbüffet mit Aufschnitt, Käse, verschiedenem Gebäck etc.

Restaurant
»Grill Bendinat«
Ganzjährig täglich geöffnet
Mittagessen: 13.30 Uhr
Abendessen: 20.30 Uhr
400 Plätze, modern
Hintergrundmusik, Terrasse, Garten, Klimaanlage, Räume für Gesellschaften mit 40 bis 400 Plätzen, Bar, Bar mit Salon

Spezialitäten
Ensalada de Langosta a la mostaza de antaho (1350 Ptas)
Gambas salteadas al ajo pastor (1350 Ptas)
T-Bone Steak a la brasa de encina (1500 Ptas)
Lenguado al vinagre de yema (1350 Ptas)
Biscuit de Kiwis (400 Ptas)
Pastel de Limon (375 Ptas)
Menü: 2100 Ptas
Weine: Castillo de Liria, Rivarey

Ein supermodernes Hotel am Mittelmeerstrand, wenige Kilometer vor Valencia gelegen. Das Gebäude mutet von außen eher wie eine langweilige Fabrik an und ist innen von einer Modernität, die etwas kühl wirkt. Auch der Speisesaal ist bei aller Eleganz relativ unpersönlich gehalten. Man wird mehr an den Stil amerikanischer Großhotels erinnert. Das Hotel eignet sich ebenso für Touristen wie für Geschäftsleute, die hier ihre Treffen und Konferenzen abhalten wollen. Versammlungsräume verschiedenster Größe stehen zur Verfügung. Sie sind alle mit Filmprojektoren für 8 und 16 mm und für Videosysteme eingerichtet.

Es geht also doch im Gegensatz zur Meinung mancher Hoteldirektoren, die glauben, daß die WCs prinzipiell im Bad selbst installiert werden sollen. Hier sind die WCs zum Glück abgetrennt. Die Zimmer sind nicht sehr groß, bieten aber im übrigen allen modernen Komfort, wie in den amerikanischen Kettenhotels üblich. Die meisten Zimmer haben schöne Balkons, die zum offenen Meer hinausgehen, und die Lage des Hauses ist ideal für sonnenhungrige Badegäste. Auch befinden sich neben dem Hotel zwei große Tennisplätze. Wer das Meerwasser wegen seiner vielbesprochenen Verschmutzung scheut, kann im hauseigenen Swimmingpool baden und sich im Solarium noch zusätzlich sonnen. Auch Golf mit 18 Löchern befindet sich in der Nähe.

In Valencia herrscht das bekannteste Gericht Spaniens, das geradezu eine Marke für die spanische Küche geworden und in der ganzen Welt bekannt ist: die Paëlla. Aber seltsamerweise ist es nicht leicht, in den meisten Restaurants von Valencia wirklich gute Paëllas zu finden, wie man sie hier im Hotel oder sonst zu Hause zubereitet. Der Grill »Bendinat« des Hotels bildet hier eine Ausnahme, weil die Paëlla, die Küchenchef Rafael Mármol zubereitet, ganz perfekt nach den schwierigsten kulinarischen Regeln gemacht ist, die man beachten muß, um eine gute Paëlla zu erzielen. Hier besteht gute Gelegenheit, die echte und authentische »Paëlla Valenciana« zu genießen. Doch das Restaurant bietet noch andere ausgezeichnete Spezialitäten. Da sind zunächst die Schöpfungen des Küchenchefs, eines talentierten Kochkünstlers mit einer Erfahrung, die besten Grundprodukte und anregendsten Gerichte des Landes auszusuchen. Der Stil von Rafael Mármol ist sehr gemischt, denn er verbindet die klassische Küche der großen Palacehotels mit den Rezepten der traditionellen einheimischen Volksküche Spaniens und mit originellen eigenen Ideen, die allem einen besonderen und interessanten Charakter geben. Man findet hier Gerichte auf der Karte des »Grills«, die man in anderen Restaurants von Valencia nicht entdecken kann.

Der Name des Hauses »Bendinat« entspricht einem katalanischen und valencianischen Ausdruck, der wörtlich heißt »gut gegessen«, womit derjenige gemeint ist, der wirklich gut gespeist hat. Sidi-el-Saler ist ein weiteres Beispiel für eine qualitätvolle und ausgezeichnete Hotelküche.

Der Speisesaal in der ersten Etage bietet einen Panoramablick auf das hauseigene Schwimmbecken und auf das offene Meer. Man hat ihn recht elegant und geschmackvoll dekoriert. Die Weinkarte ist ziemlich vollständig und enthält Weine der ersten Güte. Der Service ist gut und entspricht dem Niveau einer anspruchsvollen Klientel. Man sollte noch auf zwei Besonderheiten hinweisen: auf die im Haus zubereitete Pâtisserie und auf ein Büffet, das man im Grillrestaurant in den Sommernächten anbietet. Auf diesem Büffet werden die spektakulärsten und delikatesten Gerichte der Küche von Mármol dargeboten. Wer hier abends diniert, könnte meinen, daß in Valencia ständig Feste gefeiert werden.

England

Von Fritz Beer

Spitzenhotels mit einem Gourmetrestaurant sind ein Statussymbol, um das sich in England jeder ehrgeizige Hotelier bemüht, Hotelketten noch mehr als Einzelbesitzer. Denn der Ruf eines Gourmetrestaurants, gar eines in internationalen Führern ausgezeichneten, gibt sowohl dem eigenen Haus wie den anderen Hotels der gleichen Kette eine besondere Anziehungskraft. Manche Hotels, wie z. B. das Londoner Dorchester mit seinem Zwei-Sterne-Restaurant »Terrace« und dem berühmten Küchenchef Mosimann, messen diesem Ruf solche Bedeutung zu, daß sie, falls notwendig, den Restaurantbetrieb aus der üblichen Gewinnberechnung ausklammern. Seine Qualität ist ihr bestes Werbemedium. Echte Gourmetqualität kann jedoch, wie jeder gute Chef erklärt, nur in einem Restaurant mit höchstens 50 bis 70 Gedekken erreicht werden. Manche große Spitzenhotels in England haben deshalb zwei oder drei Restaurants: eine Imbißstube, die unter phantasievollem Namen auftritt; ein allgemeines, oft auf englische Küche spezialisiertes Restaurant, und das Gourmetlokal.

Überraschenderweise sind auch in einigen Gourmetlokalen manche Desserts, vor allem Torten und der berühmte englische Pudding, enttäuschend. Die Reichhaltigkeit der Käseplatte wechselt von Restaurant zu Restaurant. Es ist empfehlenswert, englische Spezialkäse mit ihrem herben Geschmack zu probieren, wie z. B. Wensleydale, der mit Portwein serviert wird.

So sehr Hotelmanager und Innenarchitekten sich auch um einen individuellen Charakter im Stil und der Ausstattung bemühen, so haben doch sehr viele internationale Hotels in allen Ländern doch eine unverkennbare Ähnlichkeit in ihrer Dekoration und dem Standard ihres Luxus. Wir haben es deshalb in diesem Führer besonders betont, wenn ein Haus sich durch eine individuelle Note, einen persönlichen Geschmack auszeichnet, wie z. B. »Blakes« oder »Capital«.

Manche Londoner Hotels bemühen sich, den ausgewogenen internationalen Charakter ihres Hauses durch eine diskrete Selektion ihrer Gäste zu sichern, also eine zu große Zahl etwa amerikanischer oder arabischer Touristen zu vermeiden. Natürlich würden sie das niemals zugeben.

In den meisten der hier angeführten Hotels ist eine typische Bestimmung der englischen Bauvorschriften entweder umgangen oder überwunden worden: das Verbot von Mischhähnen (die angeblich die Reinheit von Trinkwasser gefährden können, wenn das heiße, also auf dem Durchlauf durch die Wärmeanlage vielleicht infizierte Wasser, durch eine »Syphon«-Wirkung, in die Kaltwasserleitung gesaugt wird). Aber es gibt noch Badezimmer, die zwar mit allem Luxus ausgestattet sind, aber auch an der Wanne zwei separate Hähne haben und das Duschen in wohltemperiertem Wasser nur einem geduldigen Gast gestatten, der mit dem Feingefühl etwa eines Klavierstimmers das Ungestüm der beiden Hähne gegeneinander auswiegt.

93. The Connaught Hotel

Bewertung: Hotel 90 %   Restaurant 15 Punkte

Carlos Place, Mayfair
GB-London W1Y 6AL
Tel.: 0044/1/4997070
Cable: Chataigne
Besitzer: The Savoy Co. PLC
Managing Director und Generalmanager: P. Zago
Küchenchef: M. Bourdin
Offizielle Klassifizierung: 5 Sterne
Öffnungszeiten: Ganzjährig
Keine Gruppenreisen
Hunde nicht zugelassen

Lage
Mitten in Mayfair, Grosvenor Square, Berkeley Square, Hanover Garden und Hyde Park in der Nähe
Nächster Flughafen: Heathrow

Zimmer und Preise
Insgesamt 90 Zimmer, davon
37 Doppelzimmer mit Bad/WC – Preis auf Anfrage
29 Einzelzimmer mit Bad/WC – Preis auf Anfrage
24 Apartments mit Salon – Preis auf Anfrage
Kontinentales Frühstück: £ 5.20 pro Person zuzüglich 15 % Service
Englisches Frühstück à la carte

Einrichtung
Stilzimmer, verschieden eingerichtet

Bäder
Ziemlich groß, WC integriert, z. T. Außenfenster

Service
Portier, Reinigung montags bis samstags am selben Tag
2 Fahrstühle, Cocktailbar, 2 Restaurants, Geldwechsel
Kreditkarten: Access, Eurocard, Mastercard

Frühstück
2 Brotsorten, offene Butter, beste englische Konfitüren, Honig, frische Croissants, Kaffee und Tee in der jeweils besterhältlichen und am meisten nachgefragten Sorte, frisch gepreßter Orangensaft

Restaurants
»Grill Room«
Geschlossen: an den Wochenenden und in den Ferien
Geöffnet: 18.00 bis 22.15 Uhr
35 Plätze
Stil der Einrichtung: Traditionell, intim, grün

»Restaurant«
Ganzjährig täglich geöffnet 18.30 bis 22.15 Uhr
80 Plätze, traditionell, Mahagonitäfelung
Klimaanlage, 2 kleine Räume für formelle Mittag- und Abendessen, maximal 20 Plätze, kleine formelle Cocktailbar, Lounge nur für Hotelgäste, formelle Kleidung, keine Jeans, Pfeife rauchen nicht gestattet

Spezialitäten
Croustade d'Œufs de Caille Maintenon (£ 5.65)
Paté de Turbot froid au Homard, Sauce Pudeur (£ 7.75)
Rendez-vous du Pêcheur, Sauce Légère au Parfum d'Armorique (£ 14.50)

Salmi de Canard Strasbourgeoise en Surprise (£ 15.80)

Bread and Butter Pudding (£ 4.70)
Feuilles d'Automne en Surprise (£ 5.80)

Der Direktor des »Connaught« schrieb mir auf die Bitte, meine Fragebogen wegen der notwendigen Daten in einem Hotelführer auszufüllen und eine Besichtigung durch meinen Londoner Mitarbeiter, Fritz Beer, zuzulassen, folgenden Brief:

»Es ist liebenswürdig von Ihnen, an das Connaught zu denken. Ich darf Ihnen jedoch zur Kenntnis geben, daß wir noch nie öffentliche Werbung gesucht haben. Seit 30 Jahren ist es unsere Politik gewesen, für das Connaught und seine Einrichtungen nicht zu werben. Ich danke Ihnen für Ihr Verständnis und wünsche Ihnen Erfolg für Ihre Publikation. – P. Zago, Managing Director.«

Ehrlich gesagt, ich habe auch von diesem Haus keine andere Antwort erwartet. Als ich vor Jahren dort mit meiner Frau zum ersten Mal wohnte und speiste, verdankten wir das nur dem Londoner Tourismusbüro, welches die Direktion dringend gebeten hatte, uns aufzunehmen. Sonst wären wir schon damals als nicht blaublütige »Continentals« gar nicht hineingekommen. Wenn ich heute trotz der recht arroganten Absage an unseren Mitarbeiter das Haus in die Reihe der »Besten in Europa« aufnehme, so geschieht es um der Objektivität willen; denn unbestreitbar gehört das Connaught zu den englischsten aller britischen Traditionshotels. In Egon Ronays Londoner Hotelführer erhielt das Haus die Note 92/100 und das Restaurant zwei Sterne.

Die Zimmereinrichtungen sind in der Tat die eines First-Class-Hotels. Der Service ist einmalig aufmerksam und schnell. Die Fassade verrät keinen Glanz, sieht man von der bravourösen Uniform des Türhüters ab, doch ein höchst luxuriöses Innenleben mit allem erdenklichen Komfort erwartet den Gast. Nichts ist aufdringlich und modern, hier wohnt man konservativ, diskret, wahrhaft nobel und unglaublich zuvorkommend von einem Service alter Schule betreut. Allerdings muß man sich am Empfang erst einmal einer sehr strengen Blickprüfung unterziehen lassen, ob man denn auch würdig sei, in diesem ehrwürdigen Haus zu nächtigen.

Das Frühstück ist so englisch, daß man sich, von den Eier-, Fisch- und Fleischspeisen verführt, das Mittagessen sparen kann. Nachmittags treffen sich hier vor allem ältere Damen der Londoner Gesellschaft, um den Tee zu nehmen. Jeden Fremdling erkennen ihre scharfen Augen an irgendeinem ganz und gar unenglischen Detail, und sie mustern ihn so ungeniert, wie der Naturforscher eine ihm noch unbekannte Käferart betrachtet: leicht erstaunt, daß es so etwas auch noch gibt.

In den beiden Restaurantsälen herrscht ebenfalls der ganz und gar unverdorbene englische Stil, zuweilen nur durch etwas lautere, reiche US-Bürger aufgelockert. Doch im allgemeinen bleibt man im Connaught vornehm zurückhaltend und kümmert sich nicht um seinen Nachbarn. Während die Pariser eine kontaktfreudige Neugier an den anderen Gästen auch in den versnobtesten Luxusrestaurants deutlich erkennen lassen und stets zu einem kleinen Wortgeplänkel von Tisch zu Tisch bereit sind, vor allem, wenn der Nachbar Ausländer ist, bedeutet der Fremde für den noblen Londoner nichts als reine Luft, durch die man glatt hindurchschaut. Nicht mal ein Kopfstand auf dem schöngedeckten Tisch könnte im Connaugt den Briten von echtem Schrot und Korn zum Hinblicken bewegen.

Es ist schon ein sehr interessantes Ereignis, in dieses Restaurant zu gehen, doch sei vorweg gesagt, daß es gar nicht so einfach ist, hier einen Tisch zu bekommen. Denn zwischen dem Fremdling und dem Platz an der konservativen Sonne steht manche Frage: Ist der Einlaß begehrende ein VIP, hat er Beziehungen in London, kann man sicher sein, daß er sich nicht danebenbenimmt?

Selbstverständlich zieht man sich hier festlich an: Damen in Abendroben fallen nicht auf, und auch ein Smoking ist durchaus üblich. Jeans sind verboten.

Nun wird sich der Leser höchst mißtrauisch fragen, ob es sich denn für den Gourmet lohnt, hier zu essen. Die Antwort ist ein eingeschränktes Ja. Nicht alle Zubereitungen entsprechen dem hohen Stand der Kochkunst, wie ihn »Gavroche«, »Waterside-Inn« oder das »Capital« erreicht haben. Doch kann man im ganzen recht gut speisen.

Rotweine werden – wie in fast allen englischen Restaurants – auch hier viel zu warm gelagert und kommen im Sommer dann mit rund 25 Grad weit überhitzt an den Tisch. Als ich seinerzeit eine Flasche aus dem Keller verlangte, gestand der Kellner, daß man nicht über den Schlüssel zur Eingangstür verfüge.

Eine weitere Unsitte muß man in Kauf nehmen: Fast alle Gerichte werden mit einem Mal auf den Teller vorgelegt. Ergebnis: Die Teller sind so überladen, daß man nur mit akrobatischen Fähigkeiten essen kann – übrigens eine in London weitverbreitete Unsitte.

Dennoch: Wem es gelingt, im Connaught wohnen und essen zu dürfen, dem ist ein Ereignis besonderer Art sicher. Leider ist es dem Normalsterblichen nicht besonders anzuraten, in diesem Haus um Einlaß nachzusuchen. Die dem Fremdling oft verschlossene Tür gehört nun einmal zur besten Londoner Arroganz.

Von außen unscheinbar: Das Connaught im Nobelviertel Mayfair

94. Inn on the Park

Bewertung: Hotel 70 % Restaurant 13 Punkte

Hamilton Place, Park Lane
GB-London W1A 1AZ
Tel.: 0044/1/499-0888
Telex: 22771
Besitzer: Four Seasons Hotels
Direktor: Ramon Pajares
Küchenchef: Eric De Blonde
Offizielle Klassifizierung: 5 Sterne
Öffnungszeiten: Ganzjährig
Gruppenreisen nicht möglich
Hunde nur nach vorheriger Vereinbarung auf dem Zimmer zugelassen

Lage
Ruhig, einige Parks in der Nähe, privater Garten
Nächster Flughafen: 40 km (45 Min.)
Nächster Bahnhof: 3 km (5 Min.)

Zimmer und Preise
Insgesamt 228 Zimmer, davon
134 Doppelzimmer mit Bad/WC zu £ 165.–
68 Einzelzimmer mit Bad/WC zu 135.– bis £ 145.–
26 Suiten mit Salon ab £ 260.–
Preise inklusive Service, zuzüglich Steuern (15 %)
Kontinentales Frühstück: £ 6.–
Englisches Frühstück: £ 8.25

Einrichtung
Modern. Doppelzimmer 40 qm, Salonecke mit Tisch und Sesseln, 3 Sessel und Stühle, Frühstückstisch, 1 Kofferablage, alle Zimmer mit Diele und Einbauschränken, Tischlampen, Stehlampen, Nachttisch mit Leselampe, großer Spiegel, Minibar, Radio, Farbfernseher, automatischer Wecker
Täglicher Bettzeugwechsel. Die Zimmer werden nach der Nachmittagsruhe noch einmal gemacht

Bäder
6 qm, Ventilation, 1 Waschbecken, große Badewanne, Bidet, WC im Bad, Neonlicht, Handtuchtrockner
Kleenex, Schaumbad, Seife, Waage, Rasierspiegel, Schwamm oder Waschlappen, Einrichtung zum Schuheputzen, Bademäntel, Badeöl
Täglicher Handtuchwechsel

Service
Portier, alle Mahlzeiten werden auch in den Zimmern serviert, 24-Stunden-Zimmerservice, Reinigen 1 Tag bei Abgabe bis 9.00 Uhr, Wagen waschen und auftanken, Zeitungen zum Frühstück, Prospekte, Pläne und Karten für Ausflüge, Concierge-Service
3 Fahrstühle, Bar, Zeitungsstand, Porzellan, Florist, Juwelier, Theaterkarten, 2 Restaurants, Garage, Geldwechsel, Kreditkarten: Barclay, Visa, Access, Eurocard, Mastercard, Carte Blanche, Diners Club, American Express

Sport
Tennis: 5–6 km

Frühstück
5 Brotsorten, offene Butter, Konfitüren Industrieprodukte, Honig, frische Croissants, Eier, frische Früchte, Käse, Gebäck, Müsli, Fisch, 37 Sorten Tee, frisch gepreßte Fruchtsäfte, Frühstücksbüffet

Restaurants
»Lanes«
Ganzjährig täglich geöffnet 7.00 bis 15.00 Uhr, 16.00–24.00 Uhr
80 Plätze
Hintergrundmusik, Klimaanlage, Räume für Gesellschaften bis 500 Plätze, Bar, Lounge

Die Queen Anne Suite

Menüs: Lunch: Ab 16,75 £, Dinner: Ab £ 22.–

»Four Seasons«
Ganzjährig täglich geöffnet
Lunch: 12.00–15.00 Uhr
Dinner: 19.00–23.00 Uhr
80 Plätze, elegant mit Antiquitäten
Hintergrundmusik, Klimaanlage

Spezialitäten
Steak and Beignet of salmon, butter sauce with Scallops, wild rice (£ 16.–)
Roast duck with kumquats and spices fresh dat and fig puree, sweet an sour souce (£ 15.50)
Roast rack of Lamb, Market Vegetables with starter and sweet (£ 15.75)
Chicken in Puff Pastry with Aubergines and Courgettes (£ 15.75)
Fritter of Cold »Brandade« Tomato Sauce (£ 15.75)
Steamed Lobster in Sauternes wine (£ 27.–)
Menüs: Lunch: Ab £ 15.75, Dinner: Ab £ 25.–

Im »Goldenen Quadrat« Londoner Luxushotels, zwischen Park Lane, Piccadilly, Regent- und Brook Street, ist »Inn on the Park« das jüngste und sein Management deshalb wohl auch das beflissenste. Denn als es 1970 eröffnete, hatte es den Vorsprung und den Ruf der lange etablierten und international renommierten Hotels in seiner Nachbarschaft einzuholen. Das ist ihm jetzt gelungen: Egon Ronay hat es zum zweiten Mal als »Bestes Hotel des Jahres« anerkannt und eine Umfrage unter 80 Generaldirektoren internationaler Banken sprach ihm die Nummer »Vier« unter den Londoner Luxushotels zu. So wie sein unmittelbarer Nachbar, das Inter-Continental, liegt es zwischen Green Park und Hyde Park, ein paar Schritte von Piccadilly. Sein Betriebsstil ist stille, unaufdringliche Eleganz und intensive persönliche Betreuung. Deshalb hat es z. B. der kontaktscheue und exzentrische amerikanische Multimillionär Howard Hughes für ein ganzes Jahr seines notorischen Eremiten-Daseins als ideale Residenz gewählt. Das Management verzeichnet in seiner Gastkartei die Wünsche und Gewohnheiten aller seiner Gäste, und wenn Sie wiederkommen, werden Sie z. B. in Ihrer Zimmerbar das Mineralwasser oder die Whiskysorte Ihrer Wahl finden, das zusätzliche Kopfkissen auf dem Bett oder, falls Sie an Bandschäden leiden, eine orthopädische Matratze. Mit einem Stab von 400 Angestellten für 228 Zimmer ist diese individuelle Betreuung gesichert.

In Hotels dieser Klasse sind Zimmer, Aufenthaltsräume und Badezimmer immer in einem Luxusstil eingerichtet, der sich zwar im Dekor aber nicht in seiner Qualität unterscheidet. Solche Hotels konkurrieren nur in den »Extras«, die sie dem Gast bieten. Im »Inn of the Park« sind die Bademäntel und Handtücher von Christian Dior »kreiert«, beim Concierge können Sie einen Jogging-Suit für Ihren Morgenlauf zum Buckingham-Palast leihen, und die Konferenzschaltung der zwei Telephone in Ihrem Zimmer und des dritten im Badezimmer ermöglicht ein Simultangespräch mit sechs anderen Teilnehmern. TV-Süchtigen wird, von Satelliten übertragen, ein 24-Stunden-Nachrichtendienst aus den USA und drei Unterhaltungsprogramme geboten. Das Hotel hat zwei Restaurants, das populäre »Lanes« und für Gourmets das »Four Seasons«. In beiden können diätbeflissene Gäste außer der normalen Speisenauswahl auch eine in Kalorien, Cholesterol und Sodium beschränkte Mahlzeit einnehmen, deren drei oder vier Gänge höchstens 750 Kalorien erreichen und dennoch sehr schmackhaft sind. Besonders gut ist im »Lanes« die reiche Auswahl von Hors d'œuvres.

Seit Oktober 1985 ist der Chef des »Four seasons« Philippe Boulot. Er hat sich seine Sporen im 2-Sterne-Restaurant des »Hotel Nikko« in Paris, im berühmten »Maxim's« und im 3-Sterne-Restaurant »Jamin« verdient. Hier ist er zwar nahe, aber doch nicht ganz an die volle Erfolgsspitze gerückt. Die Auswahl der Vorspeisen und der Fischgerichte ist reich und oft auch phantasievoll, aber die Zusammenstellung der Fleisch- und Geflügelgerichte ist bloß traditionell. Manche Saucen konkurrieren zu sehr mit dem Naturgeschmack des Fleisches. Das ist ein Manko in einem Restaurant, das einen Exklusivvertrag mit dem vielleicht besten schottischen Angus-Beef-Züchter hat, der auf vier Wochen Vorausbestellung besteht, um Qualität zu garantieren. Vorbehaltlos zu empfehlen ist, falls Sie karibische Gerichte lieben, Kalbsfilet mit Huhn, Seezunge und Garneelen auf Reis à la Créole serviert.

Und dann die Weinkarte, die längste und reichste in London, 380 Spitzenweine und eine besonders gute Auswahl von Chateau Latours, die bis 1928 zurückreichen, einschließlich des Wunderjahres 1945. Falls diese Riesenweinliste Sie zu ertränken droht, lassen Sie sich vom Sommelier Dominique beraten. Er ist trotz seiner jungen Jahre ein verläßlicher Führer durch diese Weltauswahl.

95. Blakes Hotel

Bewertung: Hotel 75 %   Restaurant 16 Punkte

33 Roland Gardens
GB-London SW7 3PF
Tel.: 0044/1/3706701
Telex: 8813500
Facsimile No. 01/3730442
Inhaberin: Anouska Hempe-Weinberg
Manager: Robert Wauters
Küchenchef: James Robins
Offizielle Klassifizierung: 5 Sterne
Geschlossen: 25. und 26. Dezember
Keine Gruppenreisen
Hunde nicht zugelassen

Lage
Zentral, aber ruhig
Nächster Flughafen: 10 km
Nächster Bahnhof: 3 km

Zimmer und Preise
Insgesamt 50 Zimmer, davon
19 Doppelzimmer mit Bad/WC zu 135.– bis £ 205.–
10 Einzelzimmer mit Bad/WC zu 85.– bis £ 135.–
3 Doppelzimmer mit Balkon
21 Suiten mit Salon zu 175.– bis £ 310.–
Preise inklusive Service und Steuern
Kontinentales Frühstück: £ 5.75
Englisches Frühstück: £ 7.75

Einrichtung
Unterschiedlich, von der Inhaberin gestaltet. Doppelzimmer 13 qm, Salonekke, 2 Sessel, 2 Stühle, Frühstückstisch, 1 Kofferablage, 20 der Zimmer mit Diele und Einbauschränken, Tischlampen, Stehlampen, Nachttisch mit Leselampe, Lüster, Punktstrahler, großer Spiegel, Minibar, Radio in einigen Räumen, Farbfernseher
Täglicher Bettzeugwechsel. Die Zimmer werden nach der Nachmittagsruhe noch einmal gemacht

Bäder
7,5 qm, einige mit Außenfenster, 1 Waschbecken, große Badewanne, WC im Bad, Handtuchtrockner
Zahnpasta auf Wunsch, Kleenex, Schaumbad, Seife, Waage, Rasierspiegel, Einrichtung zum Schuheputzen
Täglicher Handtuchwechsel

Service
Portier, der Gast wird auf sein Zimmer begleitet, außer dem Frühstück werden auch Mahlzeiten auf den Zimmern serviert, 24-Stunden-Zimmerservice, Reinigen 7 Stunden, Tankstelle in der Nähe, Prospekte, Pläne und Karten für Ausflüge, Fahrpläne für Züge und Flugzeuge
2 Fahrstühle, Bar, Geldwechsel, Kreditkarten: American Express, Diners Club, Visa, Access, Eurocard

Sport
Sauna
Tennis: 1,5 km

Frühstück
Diverse Brotsorten, offene Butter, hausgemachte Konfitüren, Honig, frische Croissants, Weiteres nach Karte, frisch gepreßte Fruchtsäfte

Restaurant
»Blakes Hotel-Restaurant«
Geschlossen: 25. und 26. Dezember
Lunch: 12.30–14.00 Uhr
Dinner: 19.30–23.30 Uhr
40 Plätze, modern, Hintergrundmusik, Klimaanlage, Bar, Lounge

Spezialitäten
Blakes Blini of Best Beluga (£ 23.50)
Filetto Carpaccio con Parmigiano (£ 6.95)
Gyuniku Terivaki with Saki (£ 14.95)
Roast Rack of English Lamb with Rosemarin (£ 12.95)
Menü: £ 26.–

»Blake's« ist Bessers Geheimtip für den jüngeren und zivilisierteren Teil der internationalen »Schickeria«: ein Hotel in einem Westlondoner Wohnviertel (zwischen Brompton Road und Fulham Road, in der Nähe der großen Museen), das – in der Sprache der Hausmakler – »mondän zu werden droht«. Aus zwei engbrüstigen viktorianischen Wohnhäusern, die wie verstaubte Bürovorsteher im Stehkragen aussahen, hat die australische Schauspielerin und Innenarchitektin Anoushka Hempel Ende der Siebzigerjahre ein entzückendes Luxushotel in ihrem unnachahmlichen individuellen Geschmack geschaffen – Jugendstil und Biedermeier, viktorianisch und modern, verziert und geschmückt wie eine Bühnenszene, mit Versatzstücken aus den geschmackvollsten Ecken der Welt. Jedes Zimmer ist eine Augenweide, in dunklen Pastellfarben und mit großen Spiegelwänden, farbige alte Kupferstiche an den Wänden, überraschend exzentrische Möbelstücke, ein Messingbett und eines im Sezessionsstil, eine Zimmerbar mit einem undefinierbaren chinesischen Lackmöbelstück (Präsentierbehälter der Mandschu-Kaiser für die Köpfe enthaupteter Mandarine?), Wandtapeten mit nachgedruckten viktorianischen Kupferstichvignetten, usw.

Blake's ist eine Phantasiewelt, ein Hotel, in das Schauspieler, Fernsehregisseure und Artisten flüchten, nachdem sie sich im »Dorchester« oder »Inn On The Park« interviewen ließen, oder wo sie nach einer Nacht- und Morgenarbeit um drei Uhr nachmittags frühstücken können. In Paris würde es im Künstlerquartier auf dem linken Seineufer stehen und die Preise eines Luxushotels auf dem rechten Ufer verlangen. In London gilt es als superschick und wird von seinen Stammgästen nur mit der Bitte empfohlen, seine Existenz vor Snobs und Spießern zu verheimlichen.

Blake's Manager, Robert Wauters, 32, gilt als der »alte Mann« des Hauses, weil alle seine 92 Angestellten (für höchstens 82 Gäste) unter 30 Jahre alt sind. Er hat sein Metier mit Kartoffelschälen im Londoner Ritz begonnen, aber wählt seine Mitarbeiter nicht nach dem Stammbaum ihrer Lehrzeit aus, sondern nach ihrer Persönlichkeit, die dem Charakter des Hauses entsprechen soll: freundlich, flink und informell. Küchenchef James Robins, mit 26 Jahren der jüngste Gourmetmeister Londons, hat die Anerkennung der kritischsten Schlemmerexperten gefunden, seiner Chefkollegen in den Londoner Luxusrestaurants, die – wie z. B. Anton Mosiman – bei ihm ihren Gaumen auffrischen.

Sie werden wahrscheinlich die Hilfe des Restaurant-Managers, Steven Watt, brauchen, um sich in der Speisekarte zurechtzufinden. Denn sie enthält in ihrer internationalen Auswahl viele Gerichte, die zwar bekannt sind, aber durch ihre Zubereitung »nach dem Geschmack des Hauses« – ein unerwartetes Gewürz, eine überraschende Mischung von Zutaten, eine gemilderte Schärfe ostasiatischer Rezepte – trotz ihres alten Namens eine neue Küche sind. »Pfannkuchen mit Kaviar« oder »Langustinen-Salat mit Lammzunge und knusprigen Speckschnittchen« als Vorspeise? »Schottenlachs in Butterteig mit Ingwer und Rosinen« als Hauptgericht oder, nachdem Ihnen erklärt wurde, was das ist: »Gyuniku Teriyaki in Sakiwein«? Und ein hauchzartes »Soufflé Grand Marnier«?

Die Weinkarte reicht vom Muscadet de Sèvre, 1985, für bloß £ 9.85 bis zum Château Lafite Rothschild, 1er Cru 1970, Pauillac, für £ 200. Der Château Gazin, Pomerol, 1981, (£ 20.50) fließt beschwingend sanft über die Zunge.

96. The Berkeley

Bewertung: Hotel 70 %   Restaurant 14 Punkte

Wilton Place
GB-London SW1X 7RL
Tel.: 0044/1/2356000
Telex: 919252
Besitzer: Savoy Hotel PLC
Direktor und Generalmanager: Stefano Sebastiani
Küchenchef: C. Schmidl
Offizielle Klassifizierung: fünf Sterne, de luxe
Öffnungszeiten: Ganzjährig
Gruppenreisen nicht möglich
Hunde nicht zugelassen

Lage
Angrenzend an Knightsbridge, mit Blick auf den Hydepark, zur Parkseite Verkehrslärm, Spazierwege am Hotel
Nächster Flughafen: Heathrow 25 Minuten mit dem Wagen
Nächster Bahnhof: Victoria Station 5 Minuten mit dem Wagen

Zimmer und Preise
Insgesamt 160 Zimmer, davon
117 Doppelzimmer mit Bad/WC zu 150. bis £ 185.–
16 Einzelzimmer mit Bad/WC ab £ 115.–
27 Apartments mit Salon ab £ 290.–
Preise inklusive Steuern und Service
Kontinentales Frühstück: £ 4.50 oder à la carte

Einrichtung
Individuelle Einrichtung. Große Zimmer, Doppelzimmer mit Salonecke, mindestens 2 Sessel, Schreibsekretär, Kofferablage, alle Zimmer mit Vorraum, zum Teil mit separatem Ankleideraum, Tischlampen, Stehlampen, Nachttisch mit Leselampe, Wandleuchten, großer Spiegel, Radio, Farbfernseher
Täglicher Bettzeugwechsel. Die Zimmer werden nach der Nachmittagsruhe noch einmal gemacht

Bäder
Groß, alle ohne Fenster, mit Ventilation, mindestens 1 Waschbecken, große Badewanne, Bidet, WC im Bad, Handtuchtrockner
Kleenex, Badesalz, Seife, Rasierspiegel, Schwamm oder Waschlappen, Schuhputzservice, Bademäntel und Hausschuhe
Täglicher Handtuchwechsel

Service
Portier, der Gast wird auf sein Zimmer begleitet, außer dem Frühstück werden auch Mahlzeiten auf den Zimmern serviert, 24-Stunden-Service, Reinigen am selben Tag, Wagen waschen und auftanken, Prospekte, Pläne und Karten für Ausflüge, Fahrpläne für Züge und Flugzeuge, andere Informationen auf Anfrage
Fahrstuhl, Baı, Damen- und Herrenfriseur, Blumengeschäft, 2 Restaurants, Tiefgarage
Geldwechsel, alle wichtigen Kreditkarten

Sport
Beheiztes Hallenbad mit Schiebedach und Sonnenterrasse, Tennis im Hydepark, Sauna, Massage, Übungsgeräte beim Swimmingpool

Frühstück
4 hausgemachte Brotsorten, offene Butter, hausgemachte Konfitüren, Honig, frische Croissants, Weiteres à la carte, Kaffee und Tee Hausmischung, frisch gepreßte Fruchtsäfte

Restaurants
»The Berkeley Restaurant«
Geschlossen: Samstag
65–75 Plätze, traditionell
Gesellschaftsräume:
The Billett – 10 Plätze, Crystal Room – 50 Plätze, Tattersall – 30 Plätze, Ballroom – 180 Plätze
Perroquet Bar, Lounge für Drinks und Kaffee

Spezialitäten
Medaillon de Turbot au Celèris et Moutarde (£ 11.–)
Truite Saumonée et Barbue au Noilly Prat (£ 10.–)
Gratin de Homard sur Lit d'Epinards (£ 15.–)
Médaillons de Veau Farçies au Foie Gras (£ 11.–)
Cotellettes d'Agneau au Romarin et Ratatouille (£ 10.–)
Menü: £ 35.–, Lunch: £ 15.–

»The Berkeley Buttery«
Geschlossen: Sonntag und im August
75–85 Plätze, traditionell
Menü: £ 25.–, Lunchbüffet: £ 8.50

Mehrere Londoner Spitzenhotels haben das Image einer altehrwürdigen konservativen Eleganz von jeder Gastgeneration der nächsten vererbt, diskret und perfekt. Trotz modernster Einrichtungen und luxuriösen Komforts vermitteln sie – wohl absichtlich – den Eindruck, daß sich zwischen ihren vier Wänden, wie in einem alten Familienheim, nichts ändert, weil alles immer schon ausgezeichnet war. Sie finden es unter ihrer Würde, sich anzupreisen, weil, so glauben sie wohl, wer etwas ist, ihre Vorzüge ohnehin kennt. Das Berkeley Hotel, kaum 25 Jahre alt, wurde in einem Stil gebaut und wird in einer Art und Weise geführt, als ob es schon Generationen lang am Rande des Hydeparks gestanden hätte, im Belgravia Viertel, zwischen dem eleganten Mayfair und dem mondänen Knightsbridge. Das macht es besonders anziehend für eine bestimmte Gruppe von Gästen, meist in den mittleren und älteren Jahren, weil ihnen hier die Atmosphäre eines englischen Landsitzes oder eines der berühmten Londoner Herrenklubs vermittelt wird: ruhig, bequem und unmodisch.

Es ist allerdings nicht alles perfekt. Die Cocktailbar serviert Champagnerdrinks mit Orangensaft aus der Dose; eine Zitronenscheibe für den (ausgezeichneten) Räucherlachs wird nicht auf einem Teller, sondern auf der Spitze eines silbernen Zitronenquetschers aus der Küche gebracht; und neben dem hohen Standard geschmackvoller Ausstattung der meisten Zimmer und aller Apartments erscheinen einige kalt oder unpersönlich.

Das Berkeley hat ein geheiztes Schwimmbad über dem obersten Stockwerk. Wenn an einem warmen oder windlosen Tag sein Dach geöffnet wird, kann ein Gast sich der ungewöhnlichen Illusion hingeben, daß er über der Dachlandschaft von London schwimmt.

Im Restaurant des Berkeley fühlt man sich vom ersten Augenblick an wohl. Seine Chintz-Stores, Polsterbänke, alten Kupferstiche, Blumenarrangements und freundliche Beleuchtung schaffen einen idealen Hintergrund für die Gourmetqualität seiner Küche. Sie bietet eine individuelle Auswahl vieler internationaler Spitzengerichte. Die Abendspeisekarte beginnt mit den speziellen Empfehlungen des Chefs, als Vorspeise z. B. Krevetten- oder Hummersoufflé oder einem hauchdünnen Pfannkuchen über Langustinen und als Hauptgericht drei kleine Lammkoteletten mit Rosemarin und Ratatouille. In der Hauptkarte ist das »Parfait de Foie Gras au Gelée de Porto« empfehlenswert, die Leber wird jede Woche frisch aus Frankreich eingeflogen; Crabmeat Westside, weißes Krabbenfleisch in Weißwein, Sahne und Safran gedünstet; oder Wildbraten, in einer zartgewürzten Rotweinsauce, mit heißem Dörrobst serviert, das in diesem Saft mariniert wurde.

Die Weinkarte bietet neben einer traditionellen Auswahl guter französischer, deutscher und italienischer Weine zu mäßigen Preisen, auch ein Sonderangebot exklusiver, vornehmlich französischer Spitzenweine aus dem Berkeleykeller, zu entsprechenden Exklusivpreisen. Der 1981er Burgunder Mercurey ist weder exklusiv noch teuer, aber ausgezeichnet.

Der Ballsaal im Berkeley

97. Capital Hotel

Bewertung: Hotel 65 %   Restaurant 16 Punkte

22–24 Basil Street, Knightsbridge
GB-London SW3 1AT
Tel.: 0044/1/5895171
Telex: 919042
Besitzer: Capital Hotels (Knightsbridge) Limited
Direktor: David Levin
Küchenchef: Brian Turner
Offizielle Klassifizierung: 4 rote Sterne
Öffnungszeiten: Ganzjährig
Gruppen auf Anfrage
Hunde in den Zimmern zugelassen

Lage
Zentral, ruhig, Fußwege beginnen direkt am Hotel (Hydepark)
Nächster Flughafen: Heathrow: 24 km
Nächster Bahnhof: Victoria Station: 3 km, U-Bahn: 50 m

Zimmer und Preise
Insgesamt 56 Zimmer, davon
36 Doppelzimmer mit Bad/Dusche/WC
120.– bis £ 140.–
20 Einzelzimmer mit Bad/Dusche/WC
£ 100.–
6 Doppelzimmer mit Balkon oder Terrasse
Suiten nach Anfrage
Preise inklusive Service und Steuern
Normalfrühstück: 5.50 bis £ 7.50

Einrichtung
Stilmöbel, Fin de Siècle, elegant. 2–4 Stühle, Schreibtisch, Frühstückstisch, Kofferablage, die meisten der Zimmer mit Diele und Einbauschränken, Tischlampen, Stehlampen, Nachttisch mit Leselampe, Wandleuchten, großer Spiegel, Minibar auf Wunsch, Radio, Farb-TV, Direktwahltelefon. Täglicher Bettzeugwechsel. Die Betten werden nachmittags noch einmal gemacht

Bäder
Ventilation. 1 Waschbecken, große Badewanne, WCs nicht abgetrennt, Handtuchtrockner
Zahnpasta, Kleenex, Schaumbad, Seife, Rasierspiegel, Schwamm oder Waschlappen, Einrichtung zum Schuheputzen, Shampoo, Bademantel, Zahnseide, Mundwasser
Täglicher Handtuchwechsel

Service
Portier, der Gast wird auf sein Zimmer begleitet, außer dem Frühstück werden auch Mahlzeiten auf den Zimmern serviert, Reinigen 8 Stunden, Wagen waschen, Zeitungen zum Frühstück, Prospekte, Pläne und Karten, Fahrpläne für Flugzeuge und Züge, Theaterkarten, Mietwagen
Fahrstuhl, Bar, Klimaanlage, Privatparkplatz, offene und geschlossene Garage
Kreditkarten: American Express, Diners, Visa, Carte Blanche, Access, Mastercharge

Sport
Tennis: 6,5 km
Golf: 16–19 km

Frühstück
5 Brotsorten, offene Butter, hausgemachte Konfitüren, Honig, frische Croissants, englisches Frühstück, frisch gepreßte Fruchtsäfte

Capital Hotel-Restaurant
Mittagessen: 12.30–14.30 Uhr
Abendessen: 18.30–22.30 Uhr
40 Plätze, klassisch
Raum für Gesellschaften, 22 Plätze, Bar, Lounge

Spezialitäten
Mousseline von Jakobsmuscheln à la Crème d'Oursins (£ 6.50)
Marinierter Lachs (£ 9.50)
Gefüllte Artischockenherzen à la Nissarda (£ 7.–)
Lammcarré mit Petersilie und Kräutern der Provence (für zwei Personen £ 28.50)
Marquise au Chocolat Blanc, Sauce au Café (£ 5.–)
Menü: Lunch: £ 16.50, Dinner: £ 18.50

Wenn Sie Luxus in angenehmer Stille lieben, die Atmosphäre gepflegter Exklusivität, dann ist dieses kleine Hotel das Juwel, das Sie suchen. Es liegt hinter Harrods, dem reichsten Warenhaus Westeuropas, und nur ein paar Schritte von Knightsbridge, der elegantesten Einkaufsstraße Londons; gleich um die Ecke von Rotten Row, dem Reitweg durch den Hydepark, auf dem man heute, so wie vor Hunderten Jahren, die Offiziere der Garderegimenter, die Damen aus dem Mayfairviertel und die Herrenreiter aus Belgravia beim Morgentrab beobachten kann.

Im vergangenen Jahr wurde das Fin-de-Siècle-Dekor des Hauses in seinen privaten Räumen – Zimmern, Korridoren, Toiletten, Stiegenaufgängen usw. – durch die intime, pastellfarbene Ausschmückung ersetzt, die mit dem Namen Laura Ashley verbunden ist. Eine besonders anmutige Attraktion, die für Männer allerdings nicht zugänglich ist, sind die Damentoiletten, mit Waschbecken aus Messing, die wie zierliche Punchbowlebecken aussehen, mit gerüschten Vorhängen und einem originellen Blumendekor.

Während des Umbaus wurde die Zahl der Zimmer von 60 auf 56 reduziert, um jeden einzelnen Raum zu vergrößern und die Einrichtung einer Sitzecke mit elegantem Tisch und Lehnstühlen zu ermöglichen.

Alle Zimmer haben eingebaute Schränke, Klimaanlage, Farbfernseher, direkten Telefonanschluß, 24-Stunden-Zimmerservice und allen anderen Komfort eines Luxushotels. Nur eines gibt es nicht: die üblichen Reproduktionen von Seelandschaften, badenden Nymphen und chinesischen Fächerfrauen, die Hotelwände in so vielen Ländern schmücken. Statt dessen gibt es viele Originalradierungen, alte Drucke und moderne Graphiken. Hier kann man sich wohl fühlen, weil Manager Keith Williams den modernen Luxustrend vom Grandiosen zum Intimen verwirklicht hat. Sowohl in den stillen Aufenthaltsräumen, in den zwei privaten Speisezimmern für Parties und Empfänge (bis zu 22 Personen) wie auch in der Cocktailbar und im Restaurant.

Kerzenlicht und Blumendekor der zwölf Tische im Restaurant bestärken diesen Eindruck der Intimität. Während Sie Ihre Vorspeise verzehren, z. B. die empfehlenswerte »Consommé de Volailles aux Quenelles de Foie«, können Sie durch die weite Durchreiche zur Küche beobachten, wie Chef Brian Turner Ihr Hauptgericht zubereitet. Lassen Sie sich bei der Auswahl vom Restaurantmanager Dieter Schuldt aus Cuxhaven beraten. Er hat dieses Restaurant betreut, seitdem es 1971 eröffnet wurde. Er weiß über jeden der 214 Weine im Hotelkeller Bescheid, vom Veuve Clicquot-Ponsardin über Château Latour Grand Cru bis zu einem seltenen und exquisiten Burgunder, La Tache, Grand Cru, Domaine de la Romanée-Conti. Die Auswahl von Burgunderweinen ist besonders gut.

Herr Schuldt wird Ihnen im besten Waterkant-Deutsch verraten, welches Gericht auf der Speisekarte dem Chef an diesem Tag am besten gelungen ist. Eine schwierige Wahl, weil der wohlverdiente Michelin-Stern dieser Küche die Nouvelle-Cuisine-Qualität aller Gerichte garantiert. Auf keinen Fall sollten Sie die »Consommé de Volailles aux Quenelles de Foie« versäumen. Und, falls Sie und Ihr Partner Lammfleisch lieben, als Hauptgericht das delikateste »Carré d'Agneau Persillé aux Herbes de Provence«, das für zwei Personen bestellt werden muß. Für die Nouvelle Cuisine werden Gemüse al dente zubereitet, und falls Ihnen das nicht gar genug ist, wird der Chef Ihnen gerne entsprechen. Vermutlich wird er das, allerdings nur im stillen, für eine Barbarei halten.

Ein eleganter Speisesaal
im Capital Hotel

98. Hyatt Carlton Tower

Bewertung: Hotel 70% Restaurant 15 Punkte

21 Cadogan Place
GB-London SW1X 9PY
Tel.: 0044/1-235-5411
Telex: 21944
Besitzer: Carlton Tower Ltd
Direktor: Pierre Bonard
Küchenchef: Bernard Gaume
Offizielle Klassifizierung: 5 Sterne
Öffnungszeiten: Ganzjährig
Kleine Touristengruppen
Hunde nicht zugelassen

Lage
Zentral gelegen, ruhig, Park, Spazierwege beginnen am Hotel
Nächster Flughafen: 24 km
Nächster Bahnhof: 2 km

Zimmer und Preise
Insgesamt 223 Zimmer, davon
149 Doppelzimmer mit Bad/WC zu 150.– bis £ 178.–
13 Einzelzimmer mit Bad/WC zu 122.– bis £ 148.–
82 der Zimmer mit Balkon
61 Suiten ab £ 240.–
18 Suiten mit Salon
Preise inklusive Service, zuzüglich Steuern

Frühstück
Kontinental: £ 5.30
Englisch: £ 7.90
Kinder unter 18 Jahren im Zimmer der Eltern frei

Einrichtung
Modern. Doppelzimmer 28–56 qm, Tisch, 1 Sessel, 1 Stuhl, Schreibsekretär, in den Suiten Frühstückstisch, 2 Kofferablagen, 24 der Zimmer mit Vorraum und Einbauschränken, die meisten Zimmer betritt man direkt vom Flur aus, Tischlampen, Stehlampen, Nachttisch mit Leselampe, großer Spiegel, Minibar, Radio, Farbfernseher, Direktwahltelefon
Täglicher Bettzeugwechsel. Die Zimmer werden nachmittags noch einmal gemacht

Bäder
ca. 4 qm, alle mit Ventilation, 1 Waschbecken, in einigen Suiten 2 Waschbekken, große Badewanne, abgetrennte Duschkabine und Bidet in einigen Suiten, abgetrenntes WC in einigen Suiten
Kleenex, Schaumbad, Seife, Waage, Vergrößerungsspiegel, Schwamm oder Waschlappen, Einrichtung zum Schuheputzen, Shampoo, Duschhaube
Täglicher Handtuchwechsel

Service
Portier, der Gast wird auf sein Zimmer begleitet, Mahlzeiten auch auf dem Zimmer, 24-Stunden-Zimmerservice, Reinigen am selben Tag, Wagen waschen, Zeitungen zum Frühstück, Prospekte, Pläne und Karten für Ausflüge und andere Informationen beim Concierge
3 Fahrstühle, 3 Bars, Boutiquen, 3 Restaurants, abgeschlossene Garage, Geldwechsel, Kreditkarten: Amex, Visa, Diners, Mastercharge, Carte Blanche

Sport
Sauna, Massage, Fitnessraum
Tennis in unmittelbarer Umgebung
Golf: 10 Min.

Frühstück
3 Sorten Brot, verpackte Butter, offene Butter im Restaurant, Industriekonfitüren, Honig, aufgebackene Croissants, reichliches englisches Frühstück, 8 Sorten Tee, frischgepreßte Fruchtsäfte

Restaurants
»Rib Room«
Ganzjährig täglich geöffnet
Lunch: 12.30–14.45 Uhr
Dinner: 18.30–23.00 Uhr
86 Plätze, holzgetäfelt
A La Carte Dinner: £ 25.– inklusive Wein
Lunch: £ 18.50

»Chelsea Room«
Ganzjährig täglich geöffnet
Lunch: 12.30–14.25 Uhr
Dinner: 19.00–23.00 Uhr
66 Plätze, hell, luftig
Pianospieler, Raum für Gesellschaften 14 Plätze, Ballsaal für 240 Personen, Bar, Lounge

Spezialitäten
Foie Gras au Cassis (£ 10.–)
Noisettes de Chevreuil au Poivre Noir et Armagnac (£ 12.50)
Nougat glacé aux Pruneaux (£ 4.50)
Lemon Chiffon Pie (£ 2.50)
Menüs: Lunch: £ 18.50, Dinner: £ 32.–

Es gibt in London kein Hotel, in dem mehr deutsche Regierungsmitglieder, Politiker und Prominente gewohnt haben, als im Carlton. Es liegt zwischen Hydepark, Harrods und Chelsea, nur einen Sprung weit von der deutschen Botschaft. In seinen Empfangsräumen und Apartments ist häufiger deutsch-englische Politik debattiert worden als irgendwo anders. Der intime Speisesaal im 18. Stock, in dem deutsche Bundeskanzler und Minister Gastgeber für ihre englischen Kollegen oder das deutsche Pressekorps in London waren, hat jetzt einem luxuriösen Penthouseapartment für »Prinzen, Diplomaten, Stars und Staatsoberhäupter« Platz gemacht. Seinen Gästen steht sowohl ein »typisch englischer« Butler zur Verfügung wie auch ein strenger, aber diskreter Sicherheitsapparat.

Apartments und Zimmer in den oberen Stockwerken bieten einen ungewöhnlich weiten Rundblick auf das Londoner Dächermeer und den fernen Horizont am Rande der Stadt. Die Kombination sanfter Pastellfarben, in denen eine prominente Gruppe von Innenarchitekten das Dekor des Hauses neu gestaltet hat, schafft eine Atmosphäre von Eleganz und Intimität, aber in dem für seine kulinarische Qualität zu Recht angesehenen »Chelsea«-Restaurant ist dieses Ambiente nicht ganz gelungen. Das Prunkstück der Aufenthaltsräume ist die Chinoiserie, eine Kombination von Empfangshalle, Teestube, Restaurant und Treffpunkt. Seine orientalische Ausschmückung und sein traditioneller englischer »Afternoon Tea« – mit einer Auswahl von acht verschiedenen Teesorten und kleinen zarten Teekuchen, die mit dicker Devonshire-Sahne auf Fruchtmarmelade serviert werden – hat ihm 1984 den Titel »Englands Teestube des Jahres« eingetragen.

Einzigartig für ein Londoner Hotel ist der neue »Gesundheitsklub«, eine zweistöckige Glaskonstruktion über dem oberen Stockwerk des Hinterflügels. Neben den traditionellen Einrichtungen und Geräten fürs Gesund-Trimmen, Sauna und Solarium, gibt es hier auch ein Strudelbad und – für Gäste unter starkem Streß – einen »Beruhigungsraum«.

Das »Rib-Room«-Restaurant, auf englische Küche spezialisiert, erhebt – so wie ein halbes Dutzend anderer Gaststätten – den Anspruch, das beste Roastbeef Londons zu servieren. Es ist tatsächlich besonders zart und saftig, vor allem wenn Sie es als »underdone« bestellen.

Das »Chelsea«-Restaurant ist die Domäne des Küchenchefs Bernard Gaume. Seine Kochkarriere führte ihn durch Spitzenhotels in Frankreich und der Schweiz bis zum berühmten »Gleneagles« in Schottland und – wie er augenzwinkernd verrät – einem Offizierskasino während seiner Militärdienstzeit in Nordafrika. Er ist Mitglied des exklusiven »Klubs der Neun« in England und der Académie Culinaire de France. »Meine Küche drückt nicht eine Lebensphilosophie aus«, erklärt er, »sondern den Spaß am Essen. Saucen, Wein, Gewürze und Sahne, delikat zubereitet und sparsam zugemischt, decken den ursprünglichen natürlichen Geschmack von Fleisch, Fisch und Wild nicht zu, sondern verstärken ihn. Wer will denn Gemüse essen, die bloß in heißes Wasser getaucht wurden?«

Er hat seinen Michelin-Stern wohl verdient, z. B. mit seinen Steingarnelen in kühler Gurkensuppe oder der Krabbenpastete mit Safranmayonnaise als Vorspeise; einem »Civet de Homard« (Hummerklein), in rotem Wein geschmort, leicht gewürzt und mit Pilzen serviert; Entenbrust mit Schnitten in Apfelsaftessig und Honigsauce zubereitet; und als Nachtisch Nougatscheiben vom Eis mit Cointreau.

Speisesaal im Hyatt Carlton Tower

99. The Dorchester

Bewertung: Hotel 80% Restaurant 18 Punkte

Park Lane
GB-London, W1A 2HJ
Tel.: 0044/1/6298888
Telex: 887704 – Dorch G.
Fax: 01/409 0114
Besitzer: Sultan von Brunei
Generalmanager: Wolfgang Nitschke
Küchenchef: Anton Mosimann
Öffnungszeiten: Ganzjährig
Gruppenreisen möglich
Hunde nicht zugelassen

Lage
Ruhig, zentral, Spazierwege beginnen am Hotel (Hydepark)
Nächster Flughafen: 24 km
Nächster Bahnhof: 3 km

Zimmer und Preise
Insgesamt 275 Zimmer, davon
Doppelzimmer mit Bad/WC zu £ 175.–
Einzelzimmer mit Bad/WC zu £ 145.–
3 Doppelzimmer mit Balkon oder Terrasse
75 Suiten, davon 67 mit Salon, zu £ 250.– bis £ 800.–
Preise inklusive Service und Steuern
Kontinentales Frühstück: £ 5.50
Englisches Frühstück: £ 8.40

Einrichtung
Traditionell, englisch. Jeder Raum anders eingerichtet, Doppelzimmer mit Salonecke, Schreibtisch und Eßtisch, 2 Sessel, 2 Stühle, je 1 Kofferablage pro Person, in den großen Suiten Vorraum mit Einbauschränken, Tischlampen, Stehlampen, großer Spiegel, Minibar, Radio, Farbfernseher
Täglicher Bettzeugwechsel. Die Betten werden nachmittags noch einmal gemacht

Bäder
Alle Bäder mit Außenfenster und Ventilation. 1 Waschbecken, große Badewanne, Bidet. WCs nicht abgetrennt, z. T. Handtuchtrockner
Kleenex, Schaumbad, Seife, Waage, Rasierspiegel, Schwamm oder Waschlappen, Einrichtung zum Schuheputzen, Bademantel
Täglicher Handtuchwechsel

Service
Portier, der Gast wird auf sein Zimmer begleitet, außer dem Frühstück werden auch Mahlzeiten auf dem Zimmer serviert, 24-Stunden-Zimmerservice, Reinigen am selben Tag, Wagen waschen und auftanken; Zeitung zum Frühstück, Prospekte, Karten, Fahrpläne für Flugzeuge und Züge sowie andere Informationen
Fahrstuhl, Telefon direkt und über Zentrale, Bar, Friseur, Schönheitssalon, Verkaufsvitrine, 2 Restaurants, Klimaanlage, Privatparkplatz, geschlossene Garage, Geldwechsel, alle gängigen Kreditkarten

Sport
Reiten, Joggen, Schwimmen in der Nähe
Golf: ca. 10 km

Frühstück
5 Brotsorten, offene Butter, Konfitüren Industrieprodukte, Honig, frische Croissants, alles Sonstige auf Wunsch, 13 Teesorten, frischgepreßte Fruchtsäfte

Restaurants
»The Grill«
Ganzjährig täglich geöffnet
Frühstück: 7.00, sonntags 8.00 bis 10.00 Uhr
Lunch: 12.30–15.00 Uhr
Dinner: 18.30–22.30 Uhr
87 Plätze, antik, spanischer Stil, Klimaanlage, Veranstaltungsräume, Bar, Lounge

Spezialitäten
Aylesbury Dick mit Zwiebel- und Honigbrühe (£ 14.–)
Pochiertes maisgefüttertes Hühnchen mit Rohkostsalaten (£ 9.20)
Symphonie von Meeresfrüchten im eigenen Saft (£ 8.20)
Gebratenes Hochlandwild mit Thymian (£ 12.90)
Geschmorter Truthahn mit Zuckermais und Rosinenfüllung (£ 9.80)
Bread and Butter Pudding (£ 3.50)
Menü: £ 16.50
Weine: Three Choirs, Ditchling

»The Terrace«
Ganzjährig geöffnet
Sonntags geschlossen
Nur Dinner: 18.00 bis 1.00 Uhr
80 Plätze, Klimaanlage

Spezialitäten
Crèpinette de Pintade au Chou Braisé, Petites Légumes du Marché
Feuilleté de Ris de Veau aux Ecrevisses
Symphonie de Fruits de Mer »Naturelle«
Coup de Mer cuit à la Vapeur »Orientale«
Rosette de Bœuf Pochée Sabayon Parfumé aux Grains de Moutarde
Composition d'Agrumes et leurs Sorbets, Sauce Orange Parfumée à l'Estragon
Menü: Überraschungsmenü £ 66.–
Weine: Three choirs, Ditchling

Wenn Sie in einem Luxushotel wohnen wollen, in dem jedes Gastpaar von fünf Angestellten betreut wird und der Küchenchef eine neue kulinarische Philosophie geschaffen hat, mit der er zwei Michelin-Sterne und den Ruhm des besten Kochs in London gewann, dann ist das Dorchester Ihre Wahl. Es liegt in der Park Lane, gegenüber dem Hydepark und am Westrand des eleganten Mayfairviertels. Es gehört zu der kleinen Gruppe Londoner Luxushotels, in denen die englische Königin Gala Diners für ausländische Staatsmänner gibt, die nicht auf offiziellen Staatsbesuch in England weilen, also nicht im Buckingham Palast bewirtet werden.

Der Sultan von Brunei, der das Dorchester vor ein paar Jahren erwarb, stellte dem Management die Aufgabe: sich nicht bloß auf den Ruf seiner etablierten Eleganz und seines individuellen Service zu verlassen und damit – wie ein paar andere Londoner Spitzenhotels – zunehmend zu verstauben, sondern durch immer neue Raffinements und Modernisierung diesen Ruf ständig neu zu verdienen.

Seit Februar 1985 ist mit dieser Aufgabe als Generalmanager der Berliner Wolfgang Nitschke betraut, dessen Erfahrung von Melbourne bis Kanada und Madeira bis Teheran reicht. Ein Innenarchitekt, der auch für die Familie der Königin arbeitet, hilft ihm, bei der individuellen Neuausschmückung – 80 Zimmer im vergangenen Jahr, jedem Raum den gewünschten Charakter zu geben: ein elegantes englisches »Zuhause«, modern, ohne die behagliche Atmosphäre zu zerstören. Ein Luxusapartment wird von dieser Modernisierung allerdings ausgeschlossen, die inzwischen historisch gewordene, vom Bühnenbildner Oliver Messel entworfene Zimmerflucht, die £ 800.– pro Nacht kostet. Als Marlene Dietrich zum letzten Mal in London auftrat, bat sie den Gast im Messelapartment, ihr doch diese gewohnte und geliebte Unterkunft zu überlassen. Danny Kaye überreichte ihr den Schlüssel mit einem riesigen Blumenstrauß, der – wie ein großer Teil des Blumendekors im Hotel – aus Singapur eingeflogen wurde.

Es ist über die Vorzüge des »Terrace«-Restaurants im Hotel und die Kochkunst seines Chefs, des Schweizers Anton Mosimann, so viel geschrieben worden, daß das andere Restaurant, der »Grill«, oft überschattet wird. Aber er hat mit seiner traditionellen englischen Küche, nicht zuletzt dem zartesten schottischen Roastbeef, 1983/4 den Titel »Restaurant des Jahres« und im Gault-Millau Guide 15 von 20 Punkten gewonnen.

Anton Mosiman jedoch ist eine Klasse für sich. Er hat seine Cuisine Naturelle mit dem Ziel entwickelt, daß gesundes Essen nicht langweilig sein muß, sondern ausgezeichnet sein kann. »Man soll sich auch nach der Mahlzeit frisch und fit fühlen«, erklärt er, »die Zubereitung eines Gerichts darf nicht den natürlichen Geschmack seiner Bestandteile (Ingredients) ersticken.« Also kein Öl, Butter, Rahm oder Alkohol, nur wenig Salz oder Zucker und absolut frische Produkte, deren eigener, definierbarer Geschmack durch ausgewählte Kräuter und Gewürze betont aber nicht übertönt wird. In seinem englischen Buch »Der Weg zu Gesundheit und langem Leben« erklärt Mosiman, daß die beste Küche auch die gesündeste ist und eine ausgezeichnete Mahlzeit auch mit billigen Zutaten zubereitet werden kann. In einem Fernsehprogramm kochte er ein köstliches Abendessen für 4 Personen, das bloß 5 £ kostete. Aber was Sie im »Terrace« vorgesetzt bekommen, wird von seiner 85köpfigen Küchenmannschaft aus den besten und teuersten Produkten Londoner Märkte zugerichtet. Höchstens auf dem Pariser Gemüsemarkt und auf dem Fischmarkt in Tokio könnte man vielleicht eine bessere Auswahl finden, meint er.

Die Nouvelle-Cuisine-Gerichte sind auf der Speisekarte des »Terrace«-Restaurants mit C. N. gekennzeichnet, z. B. als Vorspeise marinierter schottischer Lachs mit Kräutern und Joghurt. Empfehlenswert ist Ragout de Homard aux Nouilles Vertes, ein delikates Hummergericht mit grünen Nudeln, oder in der Pfanne gebratenes Perlhuhn auf Endivien mit Sahne (Pintade aux Endives à la Créme). Falls Sie die Auswahl auch mit der freundlichen Hilfe des aus Bonn stammenden »Terrace«-Managers Peter Buderath zu schwer finden, verlassen Sie sich auf das Menü Surprise. Es besteht aus 6 leichten Gängen, und weder Herr Buderath noch der Besser-Guide werden Ihnen verraten, was es ist.

100. Birmingham Metropole and Warwick Hotels

Bewertung: Hotel 60 % Restaurant 13 Punkte

National Exhibition Centre
GB-Birmingham B40 1PP
Tel.: 0044/21/780-4242
Telex: 336129
Besitzer: Lonrho PLC
Direktor: Graham Golby
Küchenchef: Benkt Persson
Offizielle Klassifizierung: de luxe
Geschlossen: 23. Dezember bis 1. Januar
Gruppenreisen möglich
Hunde in den Zimmern zugelassen

Lage
Ruhig, im eigenen Park, Spazierwege beginnen direkt am Hotel, Privatpark, Terrasse

Nächster Flughafen: 3 km
Nächster Bahnhof: 1 km

Zimmer und Preise
Insgesamt 694 Zimmer, davon
484 Doppelzimmer mit Bad/WC zu 56.– bis £ 75.–
198 Einzelzimmer mit Bad/WC zu £ 65.–
Alle Doppelzimmer mit kleinem Balkon
9 Suiten mit Salon, 3 Suiten mit Salonecke zu £ 210.–
Preise inklusive Service, kontinentalem Frühstück und Steuern
Englisches Frühstück: £ 4.–
Kinder im Zimmer der Eltern Spezialpreise

Einrichtung
Modern. Doppelzimmer 23 qm, Doppelzimmer mit Salonecke, Schreibtisch und Frühstückstisch. 1–2 Sessel, 1 Stuhl, 1 Kofferablage, 9 Suiten mit Vorraum, Tischlampen, Nachttisch mit Leselampe, großer Spiegel, Minibar nur in den Suiten, Radio, Farbfernseher, automatischer Wecker, Direktwahltelefon
Täglicher Bettzeugwechsel

Bäder
Ventilation, 1 Waschbecken (in den Suiten 2), normale Badewanne, Bidet in 6 Suiten, WC im Bad, Neonlicht
Kleenex, Schaumbad, Seife, Spezialpapier zum Schuheputzen, Shampoo, Duschhaube, Fön in den Suiten
Täglicher Handtuchwechsel

Service
Portier, außer dem Frühstück werden auch andere Mahlzeiten auf den Zimmern serviert, 24-Stunden-Service, Reinigen 8 Stunden, Prospekte, Pläne und Karten, Fahrpläne für Flugzeuge und Kursbüchern für Züge, Informationen über kulturelle Veranstaltungen und Restaurants
Fahrstuhl, 4 Bars, 1 Shop, Friseur, 3 Restaurants, Klimaanlage, Privatparkplatz, Geldwechsel, Kreditkarten: American Express, Diners Club, Visa, Access

Sport
Sauna, Massage, 3 Squash-Plätze
Tennis: 5 km
Golf: 5 km

Frühstück
Mindestens 3 Brotsorten, abgepackte Butter, Konfitüren Industrieprodukte, Honig, frische Croissants, englisches Frühstück, frisch gepreßte Fruchtsäfte, Frühstücksbüffet

Restaurant
Sonntags geschlossen
108 Plätze
Klimaanlage

Birmingham war seit den Gründerjahren das industrielle Zentrum Englands, eine reiche und konservative Stadt. Was es an Hotels und Restaurants zu bieten hatte, war lange Jahre dementsprechend solid, traditionell und manchmal leicht verstaubt. Als es in den Nachkriegsjahren seine industrielle Bedeutung mit moderneren Städten zu teilen hatte, erwarb es unter verwöhnten internationalen Hotelgästen und Gourmets den Ruf einer Wüste. Das wurde völlig anders, als in den Siebzigerjahren am Rande der Stadt das National Exhibition Centre entstand, ein supermoderner internationaler Ausstellungs- und Konferenzkomplex, und damit die Notwendigkeit für entsprechende erstklassige Hotels und Restaurants.

Die schwierige Kombination von Qualitätshotel und Gourmetrestaurant ist in Birmingham bisher nur zwei Unternehmen gelungen, dem »Plough and Harrow Hotel« in der Vorstadt Edgbaston und dem Metropole Hotel neben dem Exhibition Centre. Ein Teil des Plough Hotels stammt aus dem 17. Jahrhundert, und seine Atmosphäre ist trotz aller Modernisierung behaglicher alter Komfort geblieben. Das 1976 eröffnete Metropole wurde für den modernen Luxusreisenden und internationale Konferenzdelegierte oder Ausstellungsteilnehmer geplant. Es genießt alle Vorzüge seiner Lage: absolute Ruhe, kurze Anfahrt von den Autobahnen M4 und M42, ausreichende Parkplätze und in der idealen (und deshalb geräuschfreien) Entfernung vom Bahnhof Birmingham International.

Im Hauptgebäude des Metropole sind die Doppelzimmer untergebracht, die Apartments, Konferenzsäle, Kino, Sauna, Solarium, Squash Courts, zwei Restaurants und ein »Pub«, das Cotswold Arms. Es ahmt getreu eine typisch englische, viktorianische Kneipe nach, mit einer Ausnahme: man kann beim Trinken (oder Imbiß) bequem sitzen. Die Einzelzimmer liegen im angeschlossenen Warwick Hotel. Ein kleiner See und Park bilden den Rahmen. Alle Zimmer haben Klimaanlage und bieten den üblichen Komfort erstklassiger Hotels. Die Apartments haben besonders geräumige Salons.

Ein Hotelkomplex mit 700 Zimmern und 1200 Betten hat zwei Probleme zu lösen: trotz seiner Größe dem Gast das Gefühl der Intimität und Behaglichkeit zu vermitteln und eine Küche zu organisieren, die sowohl die Ansprüche einer Großkonferenz wie die eines Ehepaares in den Flitterwochen befriedigt. Die erste Aufgabe hat der Architekt durch eine ingeniöse Aufteilung der Aufenthaltsräume, Konferenzräumlichkeiten und Speisesäle gelöst; die zweite ist dem schwedischen Küchenchef Benkt Persson durch eine Küchenorganisation gelungen, in der Gourmet-betreuung, Galadiners und ein gutes Tagesmenü ausgezeichnet nebeneinander leben.

Es ist fast bedauerlich, wenn man das Metropole als Einzelgast besucht. Man hat zwar im Terrace-Restaurant (mit einem Blick auf den See) eine köstliche Gourmetauswahl – und falls die Tageskarte es vorsieht, sollte man Noisette de Veau Surprise und Framboises Gratinees Sabayon nicht versäumen –, man kann unter 220 Weinen aus aller Welt wählen, aber die kulinarische Spitzenleistung Chef Perssons sind drei historischen Menüs für Galadiners gewidmet: das Menü des Winterpalastes des Zaren; der großen transatlantischen Luxusliners; und der Königlichen Kronjuwelen. Wer würde Assiette Zarina Elisabeth verschmähen (Wildpastete, Enten-Galantine, mit Portwein, Birnen und Zwiebeln zubereitet)? Oder Noisette d'Agneau Truffées Piemontaise, Zucchinis Farcis aux Echalottes? Und gebratenes Rebhuhn à la Petro, zubereitet mit Haselnußbutter, Morellokirschen und Portweingewürzten Preiselbeeren?